高职高专课程改革成果教材 汽车类

汽车营销基础与实务

主　编　陈永革　何　瑛
副主编　陈　诚　徐雯霞　汤宇娇
参　编　王国方　周鑫林
主　审　陈昌明

机械工业出版社

全书分上、下两篇，共十四章。上篇为汽车营销基础，主要讲述汽车营销基本概念、汽车市场营销环境分析、汽车市场分析、汽车消费者购买行为分析、汽车产品策略、汽车定价策略、汽车销售渠道策略、汽车促销策略和汽车市场营销战略九部分内容；下篇为汽车营销实务，主要讲述汽车营销人员、汽车销售技巧、汽车销售实务、汽车配件销售与管理和二手车评估与销售五部分内容。通过上、下两篇十四章内容的学习，学生可以比较完整地掌握汽车营销的基本概念、主要内容和操作实务。

本书可作为高职高专汽车技术服务与营销专业、汽车运用与维修专业的教材，亦可供相关专业及从事汽车营销人员技能培训与学习参考。

本书配有电子课件，凡使用本书作为教材的教师可登录机械工业出版社教育服务网 www.cmpedu.com 下载。咨询电话：010-88379375。

图书在版编目（CIP）数据

汽车营销基础与实务/陈永革，何瑛主编. —北京：机械工业出版社，2014.10
（2021.7 重印）
高职高专课程改革成果教材. 汽车类
ISBN 978-7-111-48441-7

Ⅰ.①汽… Ⅱ.①陈…②何… Ⅲ.①汽车-市场营销学-高等职业教育-教材
Ⅳ.①F766

中国版本图书馆 CIP 数据核字（2014）第 255226 号

机械工业出版社（北京市百万庄大街22号　邮政编码100037）
策划编辑：葛晓慧　责任编辑：葛晓慧
版式设计：霍永明　责任校对：薛　娜
封面设计：马精明　责任印制：李　昂
北京捷迅佳彩印刷有限公司印刷
2021年7月第1版·第9次印刷
184mm×260mm·17.75 印张·434 千字
标准书号：ISBN 978-7-111-48441-7
定价：42.00 元

电话服务　　　　　　　网络服务
客服电话：010-88361066　机　工　官　网：www.cmpbook.com
　　　　　010-88379833　机　工　官　博：weibo.com/cmp1952
　　　　　010-68326294　金　书　网：www.golden-book.com
封底无防伪标均为盗版　机工教育服务网：www.cmpedu.com

前　言

进入21世纪以来，汽车进入家庭的巨大市场需求拉动汽车营销服务行业步入了快速发展的轨道。时至今日，汽车营销服务行业已形成汽车（含进口车）销售、汽车配件销售、二手车交易、汽车金融、汽车保险、汽车租赁、汽车拍卖等不同的销售服务方式和汽车品牌销售专卖店、汽车大卖场、汽车有形市场、汽车销售连锁等不同的销售服务业态，为汽车产业的发展做出了巨大贡献。

在中国汽车工业协会草拟的"十二五"（2011—2015年）汽车产业发展规划中，预测在2015年，我国汽车年产量、销量将达到2500万辆，汽车保有量将达到1.5亿辆。汽车营销服务行业发展将面临着拓展服务领域、加快转型升级的机遇与挑战，对从业人员素质提出了更高要求，需要一批懂营销、懂技术、懂服务的高素质汽车营销服务人才。但是，汽车营销服务行业人才状况仍是制约汽车营销服务行业持续发展的主要"瓶颈"，加快培养汽车营销服务人才，提升汽车营销服务人员的水平，已经成为全国开办汽车类专业的高等院校的迫切任务。

为了满足新形势下对汽车营销服务高级专业人才培养的需求，我们编写了《汽车营销基础与实务》一书。在本书的编写过程中，我们按照技能型人才培养最本质的特征，强调以知识为基础，以能力为重点，知识、能力、素质协调发展。在教学内容方面坚持以实用为目的，以必需、够用为原则，为培养我国汽车市场营销技能型高级专业人才服务，力求做到：第一，普及汽车营销基本知识；第二，提高学生从事汽车营销的实务能力；第三，便于教师开展教学实践。但限于知识与能力，不妥与缺点在所难免，恳请各位读者批评指正。

本书由陈永革、何瑛任主编，陈诚、徐雯霞、汤宇娇任副主编，陈昌明任主审；参加全书编写工作的有陈永革、何瑛、陈诚、徐雯霞、汤宇娇、王国方、周鑫林；陈永革、何瑛、陈诚、徐雯霞、汤宇娇对全书进行了统稿。

本书的编写和出版是在机械工业出版社有关领导和编辑的精心策划和认真指导下完成的，在此表示衷心的感谢。

编　者

目 录

前言

上篇 汽车营销基础

- 第一章 概述 …………………………………………………………………… 3
  - 第一节 汽车市场 …………………………………………………………… 3
  - 第二节 汽车市场营销 ……………………………………………………… 9
  - 第三节 汽车市场营销观念的演变 ………………………………………… 15
- 第二章 汽车市场营销环境分析 ……………………………………………… 20
  - 第一节 汽车市场营销宏观环境分析 ……………………………………… 20
  - 第二节 汽车市场营销微观环境分析 ……………………………………… 25
  - 第三节 汽车市场营销环境分析方法及应对策略 ………………………… 29
- 第三章 汽车市场分析 ………………………………………………………… 33
  - 第一节 汽车市场调研 ……………………………………………………… 33
  - 第二节 汽车市场预测 ……………………………………………………… 37
  - 第三节 汽车市场细分与目标市场选择 …………………………………… 44
- 第四章 汽车消费者购买行为分析 …………………………………………… 55
  - 第一节 影响汽车消费者购买的因素 ……………………………………… 55
  - 第二节 汽车消费市场购买行为分析 ……………………………………… 61
  - 第三节 汽车业务市场购买行为分析 ……………………………………… 68
- 第五章 汽车产品策略 ………………………………………………………… 76
  - 第一节 汽车产品组合 ……………………………………………………… 76
  - 第二节 汽车产品寿命周期及其策略 ……………………………………… 80
  - 第三节 汽车产品品牌与商标策略 ………………………………………… 85
- 第六章 汽车定价策略 ………………………………………………………… 95
  - 第一节 影响汽车定价的因素 ……………………………………………… 95
  - 第二节 汽车定价目标 ……………………………………………………… 103
  - 第三节 汽车定价方法和策略 ……………………………………………… 106
- 第七章 汽车销售渠道策略 …………………………………………………… 121
  - 第一节 汽车销售渠道中的中间商 ………………………………………… 121
  - 第二节 汽车销售渠道的管理 ……………………………………………… 129
- 第八章 汽车促销策略 ………………………………………………………… 136
  - 第一节 汽车人员促销策略 ………………………………………………… 136
  - 第二节 汽车广告策略 ……………………………………………………… 140

  第三节 汽车销售促进策略 ·· 146
  第四节 汽车公共关系策略 ·· 150

第九章 汽车市场营销战略 ·· 155
  第一节 汽车服务战略 ·· 155
  第二节 顾客满意战略 ·· 158
  第三节 汽车市场竞争战略 ·· 165

下篇 汽车营销实务

第十章 汽车营销人员 ·· 183
  第一节 汽车营销人员的职责 ··· 183
  第二节 汽车营销人员的基本能力 ··· 185
  第三节 汽车营销人员的商务礼仪 ··· 187
  第四节 优秀汽车营销人员应具备的条件 ··· 189

第十一章 汽车销售技巧 ·· 195
  第一节 汽车销售流程 ·· 195
  第二节 销售人员的自身准备 ··· 196
  第三节 访问客户 ·· 197
  第四节 提供咨询 ·· 201
  第五节 车辆展示 ·· 204
  第六节 顾客异议处理 ·· 205
  第七节 缔结成交 ·· 210
  第八节 售后服务 ·· 212

第十二章 汽车销售实务 ·· 216
  第一节 汽车消费信贷代理服务 ··· 216
  第二节 汽车保险的投保 ·· 229
  第三节 汽车销售操作实务 ·· 233

第十三章 汽车配件销售与管理 ··· 235
  第一节 汽车配件的基本类型 ··· 235
  第二节 汽车配件的采购 ·· 238
  第三节 汽车配件的销售 ·· 244
  第四节 汽车配件的保修索赔 ··· 252

第十四章 二手车评估与销售 ·· 259
  第一节 二手车鉴定估价 ·· 259
  第二节 二手车的鉴定评估与销售 ··· 269
  第三节 二手车鉴定评估实例 ··· 273

参考文献 ·· 278

目 录

第一节 青年期的生理发展 140
第二节 青少年公共关系的发展 150

第九章 青年时期的心理发展 152
第一节 青年期的概述
第二节 青年期的认知
第三节 青年期的情感与个性

第三编 成年与老年的发展

第十章 成年期的人格 181
第一节 成年期人格的概述 183
第二节 中年人的生理发展 187
第三节 成年期的认知发展 193
第四节 成人个性的特点与社会性 199
第十一章 成年期的心理 202
第一节 成年期 ....
第二节 成年人职业与工作 ....
第三节 学习、教育 ....
第四节 休闲、娱乐 ....
第五节 情感、恋爱 210
第六节 婚姻、家庭 ....
第十二章 成年期的变化 ....
第一节 个性与自我的变化 215
第二节 衰退的征兆 220
第三节 更年期与变化 ....
第十三章 老年期的生理变化 225
第一节 老化的生理与心理 ....
第二节 老年期的特点 228
第三节 老年期的生理 241
第四节 老年期的心理发展 252
第十四章 老年期的社会发展 ....
第一节 老年期的概述 258
第二节 老年期的变化与特点 269
第三节 老年期的变化方向 273

参考文献 279

上篇

 汽车营销基础

第一章 概述

学习目标：

了解汽车市场的含义；了解汽车市场营销的概念，理解"市场营销最主要的不是推销，推销只是市场营销的一个职能"的深刻含义，掌握市场营销活动应从消费者开始，活动的核心是如何满足消费者的需求；了解汽车市场营销观念的演变过程及各阶段的主要特点，理解汽车市场营销观念是汽车市场营销活动的出发点，它正确与否决定了汽车企业的兴衰；掌握以汽车市场营销观念或汽车社会营销观念作为策略导向，企业应遵循的宗旨。

汽车市场营销作为一门新兴的学科，包含市场营销的传统理论，同时也包含了许多汽车方面的专业知识和技能，它将管理类的知识与汽车工程领域的知识有机地进行了结合，对汽车工业的发展具有非常重大的意义。本章将讨论汽车市场的含义、汽车市场营销的概念和汽车市场营销观念的演变。

第一节 汽车市场

在现代社会经济条件下，几乎所有的经济现象与经济活动都与市场有关，几乎所有经济方面的学科也都不同程度地涉及市场。

一、市场的概念

市场是商品经济中社会分工的表现。列宁说过："哪里有社会分工和商品生产，哪里就有市场。"所以，市场是与商品生产、商品交换联系在一起的，两者同时产生，同时发展。市场是商品交换关系的总和，它反映了社会生产和社会需要之间、商品可供量与有支付能力的需求之间、生产者和消费者之间、国民经济各部门之间的经济关系。所以，研究和掌握这些关系，了解市场运行机制，认识市场调节的方法和手段，对于发展商品生产是十分重要的。

1. 市场的定义

市场的概念是随着商品经济的发展而不断深化的，它的内涵也在不断地拓宽。

（1）古代的市场概念 "日中为市，至天下之民，聚天下之货，交易而退，各得其所。"（易·系辞下）

（2）近代的市场概念 狭义的市场概念是商品交易的场所；广义的市场概念是商品交换关系的总和。

（3）当代的市场概念 市场由一切具有特定需求或欲望，并且愿意和可能从事交换，来使需求和欲望得到满足的潜在顾客所组成[美国市场营销大师菲利普·科特勒(Philip Kotler)]。

(4) 现代的市场概念　市场＝人口＋购买力＋购买欲望

2. 市场机制

市场是一个有机体,由各要素(价格、利率、工资、供求、竞争等)组成。各要素之间是互相联系、互相制约、共同作用的,可谓"牵一发而动全身"。市场机制是指市场有机体内各要素之间互为因果、互相制约的联系和作用,它是价值规律的实现形式。

在上述各要素中,价格是市场的核心,价值规律是商品经济的基本规律,价值规律是通过价格与供求之间的互相影响来实现的。而价格与供求的互相影响、制约又是市场机制的核心,所以,市场机制是价值规律的实现形式。

市场机制是基础性调节手段,其作用不可替代。企业通过市场机制可以合理配置市场资源,有效调节供给与需求,实现市场供求平衡,从而激励企业提高效率,促进社会经济的发展。

3. 宏观调控

为了实现社会总供给与总需求的动态平衡,克服社会生产的盲目性,指导企业制定经营战略,政府必须引进宏观调控方法来调节经济运行。宏观调控是指国家或政府从经济运行总体高度对国民经济活动进行的调节和控制,其核心是实现社会总供给与总需求的平衡。

随着商品经济的高度发展,经济活动的货币信用化程度大大提高,资金运动与实物运动在时间上和空间上的分离使各种经济信息的流量大大增加,信息传递的时间延长,商品生产者在一个狭小的范围内很难准确地把握经济活动的全貌,对较长时期的经济发展趋势也难作出合乎规律的预测。尤其是经济活动一旦超出一定范围,生产者对市场的反应就会出现滞后的现象,这种"时滞效应"往往使供给的改变落后于需求的变化,使社会生产具有很大的盲目性,进而又造成经济周期性的振荡和资源的大量浪费。因此,管理者必须引进宏观调控方法调节经济运行,实现社会总供给与总需求的动态平衡,从而推动市场经济稳定发展。

二、市场的作用

根据市场的概念,市场具有以下三大功能。一是实现的功能。市场可以实现商品交换、货币易位,从而使消费者获得利益,生产者获得价值的补偿。二是调节的功能。市场通过市场供求与价格的相互作用以及市场竞争的开展,对生产者、经营者和消费者的买卖行为起调节作用,最终使供求平衡,促进社会资源合理配置。三是反馈功能。市场是信息汇集的场所,它为企业的微观决策和政府的宏观决策提供依据。所以,市场在实现社会再生产、反映国民经济发展状况,以及开展市场竞争等方面发挥着重要作用。

1. 市场是进行商品生产的必要条件

企业的生产经营活动离不开市场。首先企业必须从市场采购生产必需的各种原材料、能源等物资,同时,企业又必须通过市场进行产品销售,取得利润以维持企业的再生产。企业生产不断扩大,需要市场不断扩大。一个企业只有生产出社会需要的产品,不断提高产品对市场的适应能力,才会有生命力。

2. 市场是联系生产和消费的纽带

任何产品的生产,最终都是为了消费。因此,市场就必然将生产和消费紧密地联系起来,即是实现社会再生产的桥梁和纽带。人们的各种需要只有通过市场才能得到满足,而生产企业也只有通过市场才能满足人们的需求。如果没有市场这个中间环节，企业生产的产品就无法进入消费领域，消费者的需要也就得不到满足。市场作为衔接产、供、销的场所，灵敏地反映着消费者的需求。企业只有通过市场了解这种需求，才能真正做到按需生产，既充分又合理地满足社会的需要。

3. 市场是企业进行竞争的场所

市场的存在必然会导致企业之间的竞争。市场是经济竞争的场所，优胜劣汰。市场竞争既是一种压力，也是一种动力，它促使企业改善经营管理、不断提高产品质量、增加品种、降低成本，学会按经济规律办事，改善服务态度，从而使人们的需要能得到更好地满足，企业的经济效益也相应得到更大的提高。

4. 市场是调节供求的一种手段

产品要经过在市场上销售后才能进入消费领域，因此，社会再生产过程中必须保持的产需比例关系会在市场上灵敏地反映出来。在这个意义上，市场可以被看做是国民经济发展的晴雨表，它如同一面镜子能反映经济发展的速度和比例、繁荣和衰退。通过市场情况的提示，国家可以采用行政、法律和经济手段调节产需之间的比例关系，从而促进国民经济的健康发展。而对需求面大、需求量广，与人民生活密切相关的商品，国家实行市场调节，即根据市场来调节产销之间的比例关系。市场对商品供求关系的这种调节作用是十分重要的，它是市场经济不断健康发展、日益兴旺的重要保证。

三、市场的特性

1. 形成市场的基本条件

市场是沟通生产和消费的桥梁，生产者和消费者通过市场发生经济联系，实现价值转移。因而，商品经济的规律，如价值规律、竞争规律等，只有通过市场才能发生作用。所以，形成市场的基本条件可以归纳为：有买卖双方，有可供交换的商品，有买卖双方都能接受的交易价格及其他条件。有了这三个条件，才能实现商品的交换，形成现实的而不是观念上的市场。

2. 形成买卖行为的三要素

市场在一定的时间和空间内集中可供交易的商品，而且，这些商品都能满足用户的需要，才能成交。所以，只有通过形成买卖行为的三要素：消费者、购买力和购买欲望的结合，才能促成买卖行为。

3. 现代市场交易的内容

根据现代产品的概念，需要即产品，有形、无形皆产品，所以，现代市场交易的内容可分为有形贸易和无形贸易两大类。所谓有形贸易，也称为实物商品交易，是指一般商品实体的买卖，属于"硬件"交易；所谓无形贸易，则指劳务、工业产权（如商标、专利）、技术知识等交易，属于"软件"交易。现代市场交易的内容既可能是单一的有形贸易或单一的无形贸易，也可能是两者的结合。

四、中国汽车及零部件市场

我国汽车市场的建立与发展是同我国汽车工业的发展相一致的。党的十一届三中全会以后，我国汽车工业的产销系统由较为封闭的状态逐渐转为开放的系统，汽车生产的市场导向取代了计划指导。目前，汽车作为商品进入市场交换体系，多渠道、少环节的汽车商品市场流通体系已初步形成。

（一）中国汽车及零部件市场的特点

1. 市场随国民经济运行的波动而波动

我国汽车的市场运行随国民经济运行的波动而波动，其波动呈现出明显的周期性特点，且与宏观经济的波动周期在时间上有明显的对应关系。从20世纪80年代开始，我国汽车市场已出现三次周期性波动，每次波动两者都基本同步。每个波动周期大体都包括了衰退、低谷、复苏和高涨四个阶段，两者在这四个阶段的运行也是基本一致的。因此，汽车营销人员应注意研究国民经济运行的波动性，从而推测汽车市场的运行规律，为汽车营销寻找机会。

2. 汽车产品发展快但开发能力不足

我国汽车产品数量和品种发展都非常快，但产品水平低，产品开发能力不足。就汽车产品总体水平而言，同汽车工业发达国家相比存在很大差距，大约落后于汽车工业发达国家10~15年，甚至更长。汽车产业研发能力的薄弱，将直接影响到我国汽车工业的健康和持续发展，进而导致产品结构不合理。产品缺乏国际竞争力是制约汽车工业发展的最大障碍。近几年，汽车工业发达国家制衡我国汽车工业发展的措施已经从"要求调低关税"调整到"通过策略性的合资合作有效避免技术外流"上来。例如，日本汽车公司虽与中方合资合作逐渐频繁，但并未带来多少真正先进的技术，许多中日合资汽车制造企业仍以半散件组装（Semi Knocked Down，SKD）、全散件组装（Completely Knock Down，CKD）为主。从整个国家利益来看，汽车产业空白不能只依靠SKD、CKD来填补，必须通过提高国产化率和科技水平、加强核心竞争能力来真正发展汽车产业。因此，必须在消化吸收国外汽车工业先进技术的基础上，保持独立自主性。由此可见，提高研发能力就显得更为重要。

3. 汽车零部件工业落后于整车的发展

除极少数合资企业产品外，我国汽车零部件工业产品水平和技术开发能力比整车更为落后，并且直接导致整车产品的质量提高速度缓慢。零部件工业是汽车工业发展的基础，汽车工业对国民经济的带动作用主要体现在零部件工业上。为此，我国必须高度重视和支持零部件工业的发展，对零部件行业所面临的困难应认真研究加以解决。

4. 汽车及零部件服务贸易水平更为落后

汽车服务贸易领域包括汽车及零部件的国内流通、汽车进出口经营权、进口车和国产车的分销服务、公路交通运输业（汽车维修业）、分期付款业务、汽车保险业务、汽车租赁等。服务贸易涉及汽车从出厂至汽车报废时的方方面面，国外将其比喻为汽车工业发展的血液，其重要性不言而喻。国内目前的主要问题是市场机制远没有贯穿到有关政策以及汽车生产企业和流通企业中去，我国的汽车企业还没有完全适应买方市场条件下以及开放市场条件下市场销售的要求。其具体表现为：

1) 汽车生产企业与流通企业之间的经济关系不稳定。

2) 大部分汽车经销商还没有建立起整车销售、零配件供应、旧车销售、维修和信息反馈等一体化的服务体系。

3) 未实施严格的区域负责制，汽车价格混乱。

4) 销售统计工作不完善，损害了其作为统计资料的社会效益。

5) 旧车市场发育不完善。我国目前尚无一套完整的旧机动车交易的管理法规和规章制度，故面临许多问题亟待解决。

6）汽车租赁市场有待于逐步完善。

7）金融业对汽车销售流通领域的支持力度不足，国外一些通行的做法，如汽车销售融资（汽车分期付款）尚未在我国有效地展开。

8）我国的大多数经销商"坐商"习惯依然严重，经营与服务意识薄弱，缺乏对市场的研究和不同用户购车特点及消费心理研究。

9）汽车管理部门的用户服务意识不适应市场经济要求。

5. 价格过高制约着汽车工业的发展

价格是汽车消费链中一个至关重要的问题。汽车及零部件价格过高，将会成为制约我国汽车工业发展的关键因素。从全球范围来看，中国汽车业劳动报酬相对低廉，但销售成本较高，导致汽车价格过高。国家发展改革委员会公布，目前我国汽车行业利润率约为22%，而全球汽车行业的平均利润率仅为3%~5%。由于政府对汽车市场有着许多行政干预，目前我国的汽车贸易不是在一种自由市场体制下的贸易。我国作为世贸组织的成员，政府的这种干预将逐渐演变为一种对汽车市场的引导，再加之逐渐降低关税并取消进口配额，中国汽车行业的利润将会降到15%以下。

6. 巨大的潜在市场优势受政策环境制约

目前，我国千人汽车保有量约为90辆，而世界平均为150辆，持续、快速的经济增长为汽车进入家庭提供了基础。由此可见，我国的汽车市场潜力十分巨大，2015年潜在需求有望超过2500万辆。潜在的大市场为我国汽车工业进一步的持续发展提供了坚实的保证，同时，也吸引了几乎所有的汽车跨国公司来中国投资或经营。

面对潜在的大市场，我国汽车工业发展的市场环境和政策条件不理想，其主要表现为汽车税费不合理（多、杂、重），各地的市场保护和限制政策、城市交通基本设施建设和交通管理滞后，汽车保险市场混乱，汽车售后和维修服务与市场经济要求相差悬殊，造成汽车有效需求不足，从而在较大程度上制约了我国汽车工业的发展，极大地限制了汽车销售的增长。

7. 经济、政策因素对汽车消费市场影响大

我国汽车消费市场受宏观经济、政策因素影响很大，是一个典型的政策市场。我国三次汽车销售高峰和供求关系的剧烈变化就是一个很好的佐证。

8. 汽车消费结构的主体向个人购车转变

汽车市场消费结构从公款购车为主向个人购车为主转变，购买汽车已经成为许多中国老百姓的现实需求。计划经济时代，汽车一直被作为生产资料管理，然而，随着改革开放后中国经济的快速发展，这一情况发生了根本性的变化；绝大多数的汽车购买者已把汽车作为消费品来使用，而不再是把它当做纯粹的生产工具。随着人民生活水平的提高，个人购车比例逐年快速增长，中国汽车市场的消费结构已经发生重大变化。在一些经济相对比较发达的城市，私人购车已经达到很高的比例，如北京、上海、广州、成都等。这将促使企业改变观念，把市场开拓的重点放在私人购车市场上，并促使政府开始调整政策培育市场。

（二）我国汽车市场的类型

我国汽车市场的类型，即我国汽车的主要需求域有以下四种类型。

1. 公务用车市场

从一般概念来讲，公务用车主要是指国家权力机关、职能部门、科研事业单位和各种社会团体等的用车。以辅助政府机构的运行和职能部门、社会团体开展活动为主要功能的公务用车具有非盈利的特征，对用户来讲，车辆购置与运营费用不与其活动本身的经济效益挂钩，购车资金来源一般是财政拨款。单位拥有汽车的数量一般以其行政级别为依据，并按照国家有关规定的配车标准与实际需要和可能购置，其中单位数量、级别和规模是决定这一领域车辆需求的基本因素。

从我国的现行情况来看，公务用车大体可以划分为两种：一是政务用车，国家机关、各级政府和各种团体单位一般以辅助公务和各种社会活动为主要职能的用车；二是业务用车，公安、交通、司法、工商、税务、海关、商检、环境保护、科技普及等主要执行监督、检查等职能部门以及科研事业单位的用车。

公务用车市场需求领域的特点：

1) 在汽车市场中，这一需求领域发育较早。
2) 其发育和发展主要受社会的发展和我国体制的影响。
3) 需求比较稳定，需求的实现依靠国家和地方的财政拨款。
4) 需求以国家允许的范围为界限。
5) 在需求品种上，明显以乘用车为主要车型，品种结构比较集中，市场规模巨大。

2. 商务用车市场

商务用车是规模最大的用车市场，是指生产企业和经营单位为生产经营而使用的各种车辆。它所涉及的领域相当广泛，既有工业、农业、建筑等生产部门，也有贸易、金融、保险、商业等经营服务单位。这其中包括全民所有制和集体所有制，也包括外资、合资以及私有制企业等多种成分的经济实体。

在这一需求领域中，工业企业是最主要的用户之一。汽车是现代工业发展离不开的交通工具，现代工业的发展带来了大规模的汽车需求。除此之外，商业企业和建筑企业也是商业用车的较大部门。这几年商业部门随国民经济的发展而异常迅速地发展，其中管理机构、经营机构、仓储运输机构等庞大的商业体系提供了广阔的汽车市场。而金融、保险、贸易等行业部门的用车量也具有相当的规模，各单位办公业务用车随着业务量和机关数量的增加而不断增加。另外，由于农村经济的搞活和乡镇企业的蓬勃发展，这个市场具有相当大的规模，一般分为农业生产和农村生活用车及乡镇企业用车。这里面包括农副产品收获和运输、农用生产资料运输、农村生活品运输、建筑材料运输和客流交通五方面的用车。乡镇企业用车主要是生产经营用车与管理人员商务活动用车。

商务用车市场需求领域的基本特点是：

1) 与其他需求域相比，其规模最大。
2) 它以生产发展和经营活动的拓展为原动力。
3) 以自身的经济实力为购车后盾。

3. 经营用车市场

一般来说，经营用车是指以汽车为资本，直接通过汽车运营盈利和发展的用车，这类用车体现着社会化服务与盈利创收的双重功效。在经营用车的范围内，主要有城镇交通中的公共汽车、出租汽车，城镇间、乡村间的长途与中短途公路客货运输用车，以及与旅游设施配套、为旅游者提供服务的旅游用车等。

我国的城镇公共交通一直是由国家和地方财政支持承办的，即属于社会公益事业。近几年由国营、集体、个体全方位发展，改变了原来公交车辆一统天下的状况，加之地铁和出租车市场的增长，原来的公共交通发生了一些变化，但从总体来看，城市公共交通的主导地位不会动摇，公共交通用车仍将占有一定比例。由于公路运输部门是经济实体，必须依靠汽车的运营来创造财富而实现其发展，所以与公务用车存在不同。这几年，由于高速公路里程的不断增加，公路客货运输对车辆的类型、性能等都提出了不同的要求。

在经营用车市场中，出租车用车市场占有很大的一部分，尤其是随着国民经济的发展，各大、中城市都在调整发展规划，所以各汽车企业应密切重视这一市场的发展。占领这一市场不仅是增加汽车的销量，更重要的是要塑造企业形象。目前大部分的城市出租用车基本属于中、低档，相当一部分是低档微型车，这与我国国民经济发展的现状是相符合的。但由于旅游用车主要用于城市中，在城市的风景点和城市到城市间接送旅游者，因而在性能上要求安全、舒适和豪华。旅游用车不仅随国外旅游者的增加而扩大，而且人民生活水平不断地提高也会促进旅游业的发展，所以，这个需求将会进一步增加。因此，根据社会需求状况与经营效益来确定其规模是这一市场的突出特点。

4. 私人用车市场

从世界范围来看，分布最为广泛、需求最为强劲的就是私人用车市场，它占据了每年世界汽车销量的绝大部分。所谓私人用车是指为满足个人（或家庭）各种需要的各类汽车。

目前，我国的私人用车大体包括纯私人生活用车，兼有经营与私人生活用车双重用途的车辆和以生产与经营为主用车。从规模上看，我国目前的私人用车主要体现出以生产为目的的生产用车为主。兼有经营与私人用的车辆主要集中在城镇出租汽车行业，车型集中在微型轿车、微型面包车和低档轻型客车上；拥有这类车的主要目的是以车辆为资本通过车辆运营盈利，同时也为私人生活提供交通便利。单纯私人用车的数量近两年来增长速度非常快，这主要是大中城市和一些富裕程度达到相当水平的农村的单纯私人用车数量快速增长。从前面的分析可知，我国的私人用车也将随着国家相关利好政策的出台和实施而将进入一个销售高潮，尤其是单纯作为消费用的私人用车。

第二节 汽车市场营销

市场营销作为一门建立在经济科学、行为科学和现代管理理论基础上的应用科学，它是一门能使企业在市场竞争中成为强者、能有效应对各种需求状况的管理学科。

一、市场营销的概念

（一）市场营销的定义

市场营销是一个与市场紧密相关的概念，并且随着市场概念的不断深化而发展。世界上有许多学者和组织都给市场营销下了定义，他们分别从宏观角度和微观角度来研究市场营销的内涵。

菲利普·科特勒于1984年从微观的角度对市场营销下了定义：市场营销是指企业的这种职能，"认识目前未满足的需要和欲望，估量和确定需求量大小，选择和决定企业能最好地为其服务的目标市场，并决定适当的产品、劳务和计划（或方案），以便为目标市场服务"。

美国市场营销协会（AMA）于1985年对市场营销下了更完整和全面的定义："市场营销是对思想、产品及劳务进行设计、定价、促销及分销的计划和实施的过程，从而产生满足个人和组织目标的交换。"这一定义更为全面和完善地阐述了市场营销的内涵，主要表现在：

1）产品的概念扩大了，它不仅包括产品或劳务，还包括思想和服务。

2）市场营销的概念也扩大了，市场营销活动不仅包括盈利性的经营活动，还包括非盈利组织的活动，即市场营销的理论适应于一切组织。

3）强调了交换过程的作用。

4）突出了市场营销计划的制订与实施，即强调了市场营销策略的有效性。

综上所述，可以将市场营销的概念作如下表述："市场营销是与市场有关的人类活动，即以满足人类各种需要和欲望为目的，通过市场变潜在交换为现实交换的活动"。这一概念的要点是：

1）市场营销是一种人类社会活动，是有目的、有意识的行为。

2）市场营销的研究对象是市场营销活动和营销管理。

3）满足和引导消费者的需求是市场营销的出发点和中心，不仅要满足消费者的现在需求，还包括未来潜在的需求。

4）市场调查，分析环境，选择目标市场，开发产品，定价、分销、促销和提供服务以及它们之间的协调配合，实施最佳的市场营销组合，是市场营销活动的主要内容。

5）不同的企业有不同的经营环境，企业的目标是多种多样的，但无论是什么样的目标，都必须通过有效的市场营销活动完成交换，与顾客达成交易才能实现。实现企业目标是市场营销活动的目的。

6）市场营销与销售、促销是有区别的。现代企业市场营销活动包括市场研究、市场需求预测、新产品开发、定价、分销、物流、广告、人员推销、销售促进、售后服务等。销售仅仅是现代企业市场营销活动的一部分而且不是最重要的部分，而促销只是一种手段。市场营销是一种真正的战略，它意味着企业应该"先开发市场，后开办工厂"。

7）市场营销的含义不是固定不变的，它随着企业市场营销实践的发展而发展，但核心却是交换，即市场营销的核心是交换。

（二）市场营销的核心概念

要真正理解市场营销的概念，必须搞清楚市场营销所涉及的一些核心概念。

1. 需要、欲求和需求

这一组概念是市场营销定义和市场营销学所要研究的最基础的概念，也是市场营销活动的前提和根据。这三个概念既密切相关又有明显的区别。

（1）需要　市场营销所讲的需要是指人类的需要，是指个人感到没有得到某些满足的状态。这里的个人指的是消费者。需要存在于人本身的生理需要和自身状态之中，如需要食物、衣服、尊重等。市场营销者不能创造这种需要，而只能适应它。

（2）欲求　欲求也称欲望，是指对于上述基本需要的具体满足的企求，是由个人文化背景及生活环境的陶冶所表现出来的人类的需要。人的欲求还受社会、机构等因素的影响，因而，欲求会随着社会条件的变化而变化。市场营销者能够影响消费者的欲求，如建议消费者购买某种产品。

(3) 需求　需求是指人们有能力并愿意购买某种物品的欲望。可见，消费者的欲望在有购买力作后盾时就变成为需求。许多人想购买奥迪轿车（有这种欲望），但只有具有支付能力的人才能购买。因此，市场营销者不仅要了解有多少消费者欲求其产品，还要了解他们是否有能力购买。

2. 产品

人类靠产品来满足自己的各种需要和欲求。因此，可将产品表述为能够用以满足人类某种需要或欲望的任何东西。产品包括有形的与无形的，可触摸的与不可触摸的。有形产品是为顾客提供服务的载体。无形产品或服务是通过其他载体，诸如人、地、活动、组织和观念等来提供的。

3. 效用、价值

在对能够满足某一特定需要的一组产品进行选择时，人们所依据的标准是各种产品的效用和价值。

(1) 效用　效用是消费者对满足其需要的产品的全部效能的估价，是指产品满足人们欲望的能力。效用实际上是一个人的自我心理感受，它来自人的主观评价。

(2) 价值　顾客选择所需的产品除效用因素外，产品价格高低也是因素之一。价值是消费者的付出与所获效用（常称为利益）之间的比率。营销者可以通过多种途径来提高消费者的价值，如增加产品效用，即增加产品所带来的利益；降低成本；增加利益并降低成本；增加利益并提高成本，但利益的增加超过成本的增加；降低利益并降低成本，但成本的降低高于利益的降低。

4. 交换、交易

(1) 交换　交换是指通过提供某种东西作为回报，从别人那里取得所需物的行为。它是市场营销的最核心概念。交换的发生必须具备五个条件：①至少有两方；②每一方都有被对方认为有价值的东西；③每一方都能沟通信息和传送物品；④每一方都可以自由地接受或拒绝对方的产品；⑤每一方都认为与另一方进行交换是适当的或称心如意的。具备了上述条件，但交换能否真正发生，还取决于交换以后双方是否都比交换以前好（至少不比以前差）。

(2) 交易　交换应看做是一个过程而不是一个事件。如果双方正在进行谈判，并趋于达成协议，这就意味着他们正在进行交换。一旦达成协议，就是发生了交易行为。交易是交换活动的基本单元，是由双方之间的价值交换所构成的行为。

5. 关系市场营销

关系市场营销是指企业与其顾客、分销商、经销商、供应商等建立、保持并加强关系，通过互利交换及共同履行诺言，使有关各方实现各自目的。企业与顾客之间的长期关系是关系市场营销的核心。建立关系是指企业向顾客做出各种许诺，保持关系的前提是企业履行诺言，发展或加强关系是指企业履行从前的许诺后，向顾客做出一系列新的许诺。关系市场营销强调顾客忠诚度，保持老顾客比吸引新顾客更重要。企业的回头客与企业顾客的比例越高，市场营销费用越低。

6. 市场营销网络

关系市场营销的最终结果将为企业带来一种独特的资产，即市场营销网络。所谓市场营销网络是指企业及其与之建立起牢固的互相信赖的商业关系的其他企业所构成的网络。在市场营销网络中,企业可以找到战略伙伴并与之联合,以获得一个更广泛、更有效的地理占有。借助该网络,企业可以找到战略伙伴并与之联合,以获得一个更广泛、更有效的活动空间,可在全球各地市场上同时推出新产品,并减少由于产品进入市场的时间滞后而被富有进攻性的模仿者夺走市场的风险。市场营销管理也正日益由过去追求单项交易的利润最大化,转变为追求与对方互利关系的最佳化。

7. 市场营销者

在交换双方中,如果一方比另一方更主动、更积极地寻求交换,则前者称为市场营销者,后者称为潜在顾客。所谓市场营销者,是指希望从别人那里取得资源并愿意以某种有价之物作为交换的人。市场营销者可以是卖主,也可以是买主。假如有几个人同时想买正在市场上出售的某种稀缺产品,每个准备购买的人都尽力使自己被卖主选中,这些购买者即在进行市场营销活动。在另一种场合,买卖双方都在积极寻求交换,那么,双方都称为市场营销者,这种情况称为相互市场营销。

二、汽车市场营销的相关概念

我国汽车市场主要是由生产资料市场、消费品市场及服务市场构成的商品市场流通体系。汽车市场营销是指汽车商品从生产领域到消费领域转移过程中所采取的经营方法、策略和销售服务。

(一) 汽车市场营销的功能

汽车市场营销作为汽车企业一种活动,有如下四项基本功能:

1. 发现和了解消费者的需求

现代市场营销观念强调市场营销应以消费者为中心,汽车企业也只有通过满足消费者的需求,才可能实现企业的目标。因此,发现和了解消费者的需求是市场营销的首要功能。

2. 指导企业经营战略决策

企业经营战略决策正确与否是企业成败的关键,企业要谋得生存和发展,很重要的一点是要做好经营战略决策。企业通过市场营销活动分析市场营销外部环境的动向,了解消费者的需求和欲望,研究竞争者的现状和发展趋势,结合自身的资源条件指导企业在产品、定价、分销、促销和服务等方面作出相应的、科学的有效决策。

3. 稳定现有市场开拓新市场

企业市场营销活动的另一个功能就是通过对消费者现在需求和潜在需求的调查、了解与分析,保持和稳定现有市场,充分把握和捕捉市场机会,积极开发产品,建立更多的分销渠道及采用更多的促销形式,开拓新市场,增加销售。

4. 最大限度满足消费者的需要

满足消费者的需求与欲望是企业市场营销的出发点和中心,也是市场营销的基本功能。企业通过市场营销活动,从消费者的需求出发,并根据不同目标市场的顾客,采取不同的市场营销策略,合理地组织企业的人力、财力、物力等资源,为消费者提供适销对路的产品,搞好销售后的各种服务,让消费者最大限度的满意。

(二) 汽车市场营销的意义

1. 开展汽车市场营销是市场经济的要求

在市场经济条件下,生存的规则是通过竞争实现优胜劣汰。汽车企业如果不能顺应环境的变化，只会造车而不会卖车，只会生产而不会经营，那就必然会得到市场的惩罚，而且最终也造不好车，企业也不会获得发展的能力。而运用现代的市场营销理念来指导汽车生产与汽车销售是企业在市场竞争中获胜的唯一法宝。

2. 汽车市场营销是促进企业发展的主要动力

汽车市场营销的功能决定了在世界汽车技术和成本日益接近的形势下，只有营销才能最大限度地满足消费者的需要，才能保持和稳定现有市场，抓住市场机会开拓新市场，提高汽车企业的经济效益。所以，汽车市场营销是促进企业发展的主要动力，是企业竞争制胜的最好途径。

3. 汽车市场营销是我国汽车企业走向世界的需要

在中国加入WTO后的今天，汽车企业开展汽车市场营销是与国际汽车市场接轨的必然。更重要的是，中国汽车企业要想在世界汽车工业中占有一席之地，除努力提高汽车制造技术外，还应不断通过汽车市场营销的方法和成功的实践来达到跻身世界汽车工业前列的目的。

（三）汽车市场营销的内容

汽车市场营销的中心任务是使企业的各项经营活动以满足消费者的需求为转移，并在此前提下实现企业自身的经济效益。现代营销观念认为，汽车营销活动包含的内容有以下几个方面。

1. 资金流

汽车商品的生产经营活动是以货币（含支票、汇票、期票、信用卡、现金等形式）为媒介的商品交换活动，完成汽车商品所有权的转移。购买包括原材料供应，对于汽车销售企业包括进货中买什么车、买多少辆车、向谁买、何时买的决策；汽车销售包括寻找市场、分销、促销、售后服务等决策。在这些决策中，资金流活动是市场营销的基本和主要内容。

2. 物流

物流是商品流通中汽车原材料、零部件、汽车商品的实体运动，包括进料、分发、加工、装配、储存和保管、提车、运输等一系列过程；同时，也包括汽车产品销售后的客户提车、运输、上牌照等投入使用前的整个过程。在这个全部过程中，物流将伴随着商流而实现汽车商品所有权的转移。所以，物流是实现商品流的必要条件。

3. 信息流

信息流是指对汽车市场的调查、分析、预测和市场信息的搜集、整理、筛选、传播和应用活动。在汽车商品的商流和物流的过程中，信息流也在不停地运动，以各种信息的方式展示出过程的状态。企业可以通过这些市场信息的反馈，指导生产经营决策，引导市场消费需求。所以，信息流是现代市场营销的一个重要内容。

（四）汽车市场营销的特征

我国汽车市场主要是由生产资料市场、消费品市场及服务市场构成的商品市场流通体系。汽车及零部件产品市场营销特征可以归纳如下：

1. 政策性强

在我国，对汽车营销权有严格的限制和规定。从事汽车生产的企业，必须按规定报经主管部门批准，并列入国家年度汽车生产企业报告及产品报告内，才准生产。同样，从事汽车产品销售的企业，必须事先报请国家工商总局或各省市工商局批准，给予汽车经营销售权后才能开展销售活动。各级工商局审批汽车营销权非常慎重，其营销权限往往严格控制在一定的范围内，企业不得超越权限经营。目前，汽车及零部件的销售权正在朝着以生产厂为中心而辐射的售后服务中心转移。由于汽车营销的政策规定很多，而且随时间经常变化，因此营销商必须十分注意学习有关政策规定，遵纪守法，文明经商。

2. 技术性较高

仅从汽车销售企业来看，在汽车营销过程中，从进货时选择车型，提车时检查、验收产品质量情况，储运过程中汽车使用、停车维护，销售汽车时宣传性能特点，一直到售后发生质量问题的处理等都涉及对各种汽车技术状况的了解程度。而且，大多数购买者会提出一系列技术问题，要解释清楚，弄明白后才下决心购买。而对于汽车制造商来讲，科学技术水平已经成为企业获得生存和发展的重要因素之一，是企业核心竞争力的主要内容。

3. 需用资金多

现在一辆汽车的价格少则3万~5万元，多则100万元以上，甚至更高。所以，企业从事汽车营销必须要有足够的启动用流动资金，满足进料、进货、运输和储存的需要。对于汽车销售商来讲，为了使顾客有挑选的余地，要有一定数量的库存。由于占用资金多，随之而来的是银行贷款多，利息负担重，所以，汽车企业必须慎重地考虑如何加速资金周转问题，避免金融风险。

4. 商品维护复杂

营销汽车必须有一定的库存车辆，以便客户选择，而且从外地远程进货时，一般是整批采购，要求有较大的仓库。存放时间长的应当在室内存放，尤其是客车，长期放在露天，日晒雨淋，接触风沙泥土，对汽车产品有损伤，塑料管子和密封件也易老化。所以，库存车辆要有专人维护，机件要及时检查和涂油，冬天要把水套中的水放干净以免冻坏气缸体，蓄电池要定期充电等；如果将商品车放在储运公司，每年要付仓储费，又会增加流通费用。总之，这些工作都是区别于其他产品市场营销的。

5. 经营风险大

汽车市场受国家宏观调控、经济政策及国民经济发展影响较大，可以认为汽车市场是十分敏感的市场，有时一年变两次，大起大落。因此，汽车营销是一种风险经营，企业必须随时审时度势、正确决策。

（五）汽车市场营销的目标

营销目标是对企业经营销售活动的未来成果所做的设想和努力发展的方向，通常以定量方式体现出来，它是营销战略的核心。汽车市场营销目标包括汽车销售额和销售增长率、汽车销售地区的市场占有率（市场份额）、利润和投资收益率、产品质量、劳动生产率、产品创新、企业形象等。其中，利润和投资收益率是企业最重要的核心目标；投资收益率是指一定时期内企业的纯利润与该企业全部投资（自有资金）的比率，这是衡量和比较企业利润水平的主要指标。市场占有率是指一定时期内一家企业汽车销售量（或销售额）在同一市场的同类产品销售总量（总额）中所占的比重，又称市场份额。

营销目标有长期目标和短期目标之分，长期目标有3年、5年、10年不等；短期目标一般为当年所要实现的目标。确立营销目标可以为企业营销活动提供行动的指南，使企业实现外部环境、内部条件和战略任务三者之间的动态平衡；使企业获得长期、稳定、协调的发展；有助于建立企业风格，改进企业的公共关系。

（六）汽车市场营销的战略

企业的市场营销战略是指企业管理者为了实现企业经营目标，在现代市场营销观念的指导下，对企业在一定时期内市场营销发展的总体设想和规划。企业的市场营销战略以企业的外界环境为背景，以企业自身经营活动为基础，二者互相结合，从而作出正确、可行的决策。

就汽车市场营销而言，企业的营销活动就是企业适应环境变化，并对变化环境作出积极反应的动态过程。汽车营销战略决策是汽车营销过程的中心内容，决策是否正确是决定营销活动成败的关键。所以，汽车企业市场营销战略的决策程序是一项完整的系统工程，具体内容如下：

1）确定企业任务和目标。
2）进行环境和形势分析。
3）拟定预选战略方案。
4）综合评价选优战略决策。

第三节 汽车市场营销观念的演变

市场营销观念也称为市场营销哲学，是企业管理者对于市场的根本态度和看法，是一切经营活动的出发点。具体来讲，它是企业在开展市场营销活动的过程中，在处理企业、顾客和社会三者利益方面所持的态度、思想和观念。它是企业拓展市场、实现经营和销售目标的根本指导思想，即如何处理企业、顾客和社会三者利益之间的比重，以什么为中心来开展企业的生产经营活动。所以，市场营销观念的正确与否对企业的兴衰具有决定性作用。

现代汽车企业的市场营销观念可归纳为六种，即汽车生产观念、汽车产品观念、汽车推销观念、汽车市场营销观念、汽车社会市场营销观念和汽车整体市场营销观念。

一、汽车生产观念

汽车生产观念是在卖方市场条件下产生的，它是指导企业行为的最古老的观念之一。这种观念产生于20世纪20年代以前，在资本主义工业化初期以及第一次世界大战末期和战后一段时期内，由于物资短缺，市场产品供不应求，生产观念在企业经营管理中颇为流行。企业经营不是从消费者需求出发，而是从企业生产出发。其主要表现是"我生产什么，就卖什么"。显然，汽车生产观念是一种重生产、轻市场营销的经营哲学。

二、汽车产品观念

汽车产品观念认为，消费者最喜欢高质量、多功能和具有某种特色的产品，企业应致力于生产高价值的产品，并不断加以改进。特别是当企业发明一项新产品时，最容易滋生产品观念。此时，企业患了"**市场营销近视症**"，即不适当地把注意力放在产品上，强调生产优质产品，而不是放在市场需要上，在市场营销管理中缺乏远见，只看到自己的产品质量好，看不到市场需求在变化，最终致使企业经营陷入困境。

三、汽车推销观念

汽车推销观念（或称销售观念）表现为"我卖什么，顾客就买什么"。它产生于20世纪20年代末期，由于大规模生产的推广，产品产量迅速增加，逐渐出现了市场产品供过于求，卖主之间竞争激烈的新形势，迫使企业重视采用广告术与推销术去推销产品。汽车推销观念认为，消费者通常表现出一种购买惰性或抗衡心理，如果听其自然，消费者一般不会主动足量购买某一企业的产品，因此，企业必须积极推销和大力促销，以刺激消费者大量购买本企业产品。这种观念虽然比前两种观念前进了一步，开始重视广告术及推销术，但其实质仍然是以生产为中心、以企业为中心，不考虑顾客的需求，不研究市场的变化。

四、汽车市场营销观念

汽车市场营销观念是作为对上述诸观念的挑战而出现的一种新型的企业经营哲学。这种观念是以满足顾客需求为出发点的，即"顾客需要什么，就生产什么"。20世纪50年代中期，当时社会生产力迅速发展，市场表现为供过于求的买方市场，在广大居民的购买力迅速提高的同时，对产品的选择范围扩大了，企业之间为了实现产品的让渡价值而竞争加剧。许多企业开始认识到，必须转变经营观念，才能求得生存和发展。市场营销观念认为，实现企业各项目标的关键，在于正确确定目标市场的需要和欲望，并且比竞争者更有效地传送目标市场所期望的产品或服务，进而比竞争者更有效地满足目标市场的需要和欲望。

汽车市场营销观念的出现，使企业经营观念发生了根本性变化，也使市场营销学发生了一次革命。市场营销观念同推销观念相比具有重大的差别。推销观念注重卖方需要，以卖主需要为出发点，考虑如何把产品变成现金，即强调工厂、产品导向、推销、盈利。市场营销观念则注重买方需要，考虑如何通过制造、传送产品以及与最终消费产品有关的所有事物，来满足顾客的需要，即强调以市场为中心、以顾客为导向、协调的市场营销和利润。所以从本质上说，汽车市场营销观念是一种以顾客需要和欲望为导向的哲学，是消费者主权论在企业市场营销管理中的体现。

世界上许多优秀汽车企业都是奉行汽车市场营销观念的。例如，日本本田汽车公司（以下简称"本田公司"）要在美国推出一种新型汽车——雅阁牌汽车。在设计新车前，他们派出工程技术人员专程到洛杉矶地区实地考察高速公路的情况，他们又专门修了一条14.5km长的连路标和告示牌都与美国公路一模一样的高速公路；并在设计行李箱时，设计人员亲自到停车场看人们如何取放行李。结果本田公司的雅阁牌汽车一到美国就备受欢迎，被称为是全世界都能接受的好车。

五、汽车社会市场营销观念

汽车社会市场营销观念是对市场营销观念的修改和补充。它产生于20世纪70年代，当时西方资本主义出现能源短缺、通货膨胀、失业增加、环境污染严重、消费者权益保护运动盛行的新形势。汽车市场营销观念回避了消费者需要、消费者利益和长期社会福利之间隐含着冲突的现实。汽车社会市场营销观念认为，企业的任务是确定各个目标市场的需要、欲望和利益，并以保护或提高消费者和社会福利的方式，比竞争者更有效、更有利地向目标市场提供能够满足其需要、欲望和利益的产品或服务。汽车社会市场营销观念要求市场营销者在制定市场营销政策时，要统筹兼顾企业利润、消费者需要的满足和社会利益，正确处理它们三者的利益比重关系。

上述五种市场营销观念，其产生和存在都有其历史背景和必然性，都是与一定的条件相联系、相适应的。当前，我国企业正在从生产型向经营型或经营服务型转变，企业为了求得生存和发展，必须树立具有现代意识的市场营销观念、社会市场营销观念。但是，必须指出的是，由于诸多因素的制约，事实上，目前我国还有许多企业仍然以产品观念及推销观念为导向。

六、汽车整体市场营销观念

汽车市场营销管理哲学在经历了汽车生产观念、汽车产品观念、汽车推销观念、汽车市场营销观念、汽车社会市场营销观念五个阶段之后，继续随着实践的发展而不断深化、丰富，出现了以下一系列新的观念，如汽车整体市场营销、顾客让渡价值、顾客满意等观念。其中，汽车整体市场营销观念对于汽车企业提高核心能力具有特殊意义。

1992年，美国市场营销学家菲利普·科特勒提出了跨世纪的市场营销新观念——整体市场营销（Total Marketing）。他认为，从长远利益出发，企业的市场营销活动应囊括构成其内、外部环境的所有重要行为者，他们是：供应商、分销商、最终顾客、职员、财务公司、政府、同盟者、竞争者、传媒、一般大众。汽车整体市场营销观念认为，21世纪的市场营销，要求企业既进行外部市场营销，又进行内部市场营销。汽车整体市场营销主要包括两个方面：

1. 职能部门的配合

内部市场营销是指卓有成效地聘用、训练和尽可能激励员工很好地为顾客服务的工作。事实上，内部市场营销必须先于外部市场营销。企业内部各职能部门（营销、生产、研究发展、人事、财务）均各有职责。实行以顾客为导向的企业，营销部门的任务主要是研究、认识和服务顾客，其他部门均应积极配合营销部门争取顾客。各部门必须在增进企业整体利益的前提下，采取多方面的协调行动，为争取顾客发挥应有的作用。

2. 营销机能的配合

营销机能包括产品、定价、分销、促销四大因素，在需求的满足上，依靠发挥四大因素的整体效应。任一因素的特殊优越，并不能保证营销目标的实现。例如，分销渠道不仅要与产品品质一致，还要与价格一致；促销活动也必须与产品品质、价格和分销渠道相一致。同时，企业所有营销努力，还必须在时间与空间上协调一致，才能获得最大的效益。所以，为实现营销活动的整体化，在营销部门内往往按商品类别或按商场设置经理，以便使产品及市场都受到应有的重视。

案例分析

老福特谈他自己的缺点

在世界汽车工业的发展史上，美国汽车大王亨利·福特（Henry Ford，1863—1947）是一位叱咤风云的大人物，他对人类的贡献不仅仅在于他发明的汽车生产流水线使得寻常百姓买得起汽车，更在于他的生产实践推动了人们对生产方式和管理科学的研究，使管理从经验转变为科学。然而就是这样一位在历史上留下重重一笔的世界级人物，也只能辉煌一时，未能辉煌一世。福特和他的汽车王国到底发生了一些什么？

福特曾先后于1899年、1901年与别人合伙经营汽车公司，但均因产品（高价赛车）不适合市场需要，无法销售而告失败。

福特汽车公司创办于1903年，第一批福特汽车因实用、优质和价格合理，一开始生意就非常兴隆。1906年，福特重蹈覆辙，面向富有阶层推出豪华汽车，结果大众都买不起，福特汽车的销售量直线下降。1907年，福特总结了过去的经验教训，及时调整了经营指导思想和经营战略，实行"薄利多销"，于是销售量开始回升。当时，全国经济衰退已露头角，许多企业纷纷倒闭，唯独福特汽车公司生意兴隆，盈利125万美元。到1908年年初，福特按照当时大众（尤其是农场主）的需要，做出了明智的战略性决策，从此致力于生产规格统一、品种单一、价格低廉、大众需要而且买得起的T型车，并且在实行产品标准化的基础上组织大规模生产。此后十余年，由于福特汽车适销对路，销售量迅速增加，产品供不应求，福特汽车公司在商业上获得了巨大成功，产销量最高一年达100万辆。到1925年10月30日，福特汽车公司一天就能造出9109辆T型车，平均每10秒生产一辆。在20世纪20年代前期的几年中，福特汽车公司的纯收入高达5亿美元，成为当时世界上最大的汽车公司。

到20世纪20年代中期，随着美国经济增长和人们收入、生活水平的提高，形势又发生了变化。公路四通八达，路面大大改善，马车时代坎坷、泥泞的路面已经消失，消费者也开始追求时髦。简陋而千篇一律的T型车虽价廉，但已不能招徕顾客，因此福特T型车的销售量开始下降。面对现实，福特仍自以为是，一意孤行，坚持其生产中心观念，置顾客需要的变化于不顾，诚如他自己宣称："无论你需要什么颜色的汽车，我福特只有黑色的（卖给你）。"1922年，他在公司推销员全国年会上听到关于T型车需要根本改进的呼吁后，静坐了两个小时，然后说："先生们，据我看，福特汽车的唯一缺点是我们生产得还不够快。"就在福特固守他的陈旧观念和廉价战略的时候，通用汽车公司（GM）却时时刻刻注视着市场的动向，并发现了良机，意识到有机可乘，及时地做出了适当的战略性决策：适应市场需要，坚持不断创新，增加一些新的颜色和式样的汽车（即使因此需相应提高销售价格）上市。于是雪佛兰汽车开始挤占T型车的市场份额。1926年T型车的销量陡降。到1927年5月，福特汽车公司不得不停止生产T型车，改产A型车。这次改产，福特汽车公司不仅耗资1亿美元，而且在这期间通用汽车公司乘虚而入，占领了福特汽车市场的大量份额，致使福特汽车公司的生意陷入低谷。后来，福特汽车公司虽力挽狂澜，走出了困境，但从此失去了其领先地位。

老福特谈他自己的缺点并没有谈对，他没有认识到：在动态市场上，顾客的需要是不断地变化的，正确的经营指导思想是正确经营战略和企业兴旺发展的关键。如果经营观念正确，战略得当，即使具体计划执行得不好，经营管理不善，效率不高，也许还能盈利；反之，如果经营指导思想失误，具体计划执行得越好，就会亏损越多，甚至破产倒闭。

从老福特的经历可以看到，任何一个企业家，纵然他曾是多么耀眼的明星，如果他不能高瞻远瞩，洞察事物发展的客观规律，及时形成一些新理念、新观念，并在实践中自觉应用，制定正确的发展战略，他终将难免失误，损失明星的风采。但对身处实践的企业家来说，要做到这些远不是在别人实践基础上进行理论总结那么容易。而上述综合能力正是企业家的天才，它要求企业家必须坚持理论学习，善于总结实践经验和具有过人的智慧。

讨论题：
1. 老福特是否说对他的缺点，请运用本章学习的汽车市场营销观念来进行分析。
2. 通过福特汽车公司兴衰的案例，你得到了哪些有用的启示？

本 章 小 结

本章是整本书的导论，通过分析汽车市场营销的方方面面，说明了我国汽车企业搞好汽车市场营销的重要性，同时也说明了今后我国汽车市场将面临机会和挑战并存的局面。为了能应对这样的挑战，企业管理者必须确立正确的汽车市场营销观念，认识新的汽车市场营销特点，探索新的汽车市场营销规律，创造新的汽车市场营销方法，开展新的汽车市场营销活动，促进汽车市场营销活动的开展。

思 考 题

1. 什么是汽车市场？什么是汽车市场营销？
2. 为什么汽车消费者需求是汽车市场营销活动的起点和中心？
3. 简述汽车市场营销观念的演变过程。
4. 市场营销观念应遵循的宗旨是什么？

第二章 汽车市场营销环境分析

学习目标：

理解汽车市场营销环境的概念和特点；了解市场营销环境分析是汽车市场营销活动的出发点，并且有助于汽车企业抓住市场机遇，规避风险和进行营销决策；掌握汽车市场营销宏观环境所包括的内容和具体的分析方法；理解汽车市场营销微观环境是指与汽车企业市场营销活动有密切关系的环境因素，对汽车企业当前或今后的经营活动产生直接影响。

目前，我国汽车市场正处于高速发展时期，竞争日益激烈。各汽车企业在发展中如何做到结合自身实际扬长避短，抓住市场机遇，规避风险，这是各汽车企业都必须面对的问题。因此，对汽车市场营销环境的研究具有极其重要的意义。本章将讨论汽车市场营销的宏观环境因素和微观环境因素，并着重论述了汽车市场营销环境的分析方法及应对策略。

第一节 汽车市场营销宏观环境分析

汽车市场营销的宏观环境通常是指一个国家的政治法律环境、经济环境、自然环境、人口环境、社会文化环境、科技环境等方面，它是汽车企业不可控制的因素。企业可以通过调整营销策略和控制内部管理来适应宏观环境的变化。宏观环境对市场营销来说十分重要，在宏观环境下的市场需求是企业发展的基本条件。宏观环境的状况和变化对汽车企业有着重大的影响，只有分析透彻了才可能找到商机，规避其风险，否则将陷入被动局面。

一、政治法律环境

汽车营销的政治法律环境包括政治形势、经济政策和法律法规等方面。政治形势就是指当前国际、国内政治形势大的态势与走势。经济政策主要包括与汽车营销有关的国家财政政策、货币政策、价格政策、劳动工资政策与对外贸易和国际收支政策，如汇率、进出口关税率、资本和技术引进政策等。法律法规主要指国家主管部门及地方政府颁布的与汽车营销有关的各项法规、法令、条例等。

世界上许多国家为了发展自己国家的汽车工业，保护国内汽车市场，纷纷营造一个有利于本国汽车企业的政治环境。在我国，个别轿车产地或有关方面出于局部利益的需要，往往采取一些地方保护措施，这种不公正的政策环境将会逐步得到改善。

二、经济环境

经济环境指企业营销活动所面临的外部社会经济条件，其运行状况和发展趋势会直接或间接地对企业营销活动产生影响。经济环境对汽车市场营销影响较大的因素主要有国民经济发展水平、国民收入水平、消费储蓄与信贷及消费者支出模式等几个方面。

（一）国民经济发展水平

经济学家通过研究认为，国民经济的发展与国民经济的生产总值紧密相关，并有一个从量变到质变的过程。一般来说，当人均国民生产总值从 300 美元上升到 1000 美元时，经济就进入了起飞前的准备阶段；当人均国民生产总值超过了 1000 美元时，经济就会进入高速发展的起飞阶段。起飞阶段的国民经济已经克服了经济发展的各种障碍，获得了一种前所未有的，使经济持续、协调、高速发展的力量。与此同时，市场规模会迅速扩大，投资机会将大量增加，信息竞争会成为市场竞争的焦点，市场交易也会成为企业的基本活动，从而使企业的市场营销进入一个前所未有的时期。

西方经济学家们在衡量某一国家和地区的经济发展水平时，往往从产品销售的角度把它划分为农产品自给自足阶段、前工业或商业生产阶段、初级制造业生产阶段、非耐用品或半耐用消费品生产阶段、耐用消费品与生产资料生产阶段和出口制成品生产阶段六种类型。在进入耐用消费品与生产资料生产阶段之后，不但人们生活必需的冰箱、彩色电视机等会普及，而且价格相对昂贵的汽车也会先后走进人们的家庭之中。毫无疑问，我国的经济发展水平越过了耐用消费品与生产资料生产阶段，正迈步走在出口制成品生产阶段，汽车消费已经日益清晰地成为大众消费的主要目标。

（二）国民收入水平

国民收入不但是国民经济发展的必然结果，而且是国民经济发展的客观表现。收入影响消费，高收入引起高消费。在我国，汽车更是处在高消费的巅峰。

在市场营销学领域，国民收入主要是指消费者的工资、奖金、补贴、福利等以及他们的存款利息、债券利息、股票利息、版权稿酬、专利拍卖、外来赠款、遗产继承等一切可以视为收入的全部现金收入。但是，消费者往往并不能将其全部收入用于消费，而是要首先扣除作为一个公民所必需承担的社会责任和义务，如所得税、人口税等，这是由国家支配的部分；其次才是消费者个人可以支配的收入。同时，个人可以支配的收入也并不意味着消费者可以随心所欲地购买任何商品，他们还必须扣除为满足生理、安全等基本需要所必需的部分，如食品、药品、房租、水电、教育、保险、分期付款、抵押贷款的开支等。这部分开支既有固定的数量，又有固定的结构，实质上是社会为满足劳动力再生产所花费的代价。在消费者的全部收入中扣除由国家负责支配的部分和个人基本需要所必需的部分之后，剩余的才是个人可以任意支配的收入。

德国统计学家恩斯特·恩格尔（Ernest Engel，1821—1896）曾经从统计学的角度描述了国民收入与其消费结构之间的关系。1867 年，他通过对德国、英国、法国、比利时等国家职工家庭收支预算的调查分析，提出了著名的"恩格尔定律"，又称"恩格尔系数"。该定律认为，随着消费者家庭收入的不断增加，其家庭支出也会相应提高。但是，用于购买食品等基本生活用品的支出在支出总额中所占的系数反而会降低；用于住房的支出保持稳定；用于家庭储蓄和服饰、交通、通信、保健、娱乐、教育、旅游的支出会相应增加。

家庭经济承受能力是轿车进入家庭的先决条件，国际上通常以轿车的价格与人均 GNP 的比值（R）来衡量家庭购车能力。由于世界各国的家庭收入结构、消费结构、货币实际购置力以及发展轿车的政策不同，各国的 R 值有较大差异。汽车价格按国际市场普通级轿车价格7000美元（相当于人民币6万元）计，年使用费按行驶10000km需人民币6000元计，根据对目前已拥有轿车的家庭抽样调查，测算出轿车大量进入中国家庭的R值为2.0~3.0。由此计算出中国家庭购置轿车应具备的能力为：

$$人均GNP_{min} = \frac{车价}{R_{max}} = \frac{6万元}{3.0} = 2万元$$

$$人均GNP_{max} = \frac{车价}{R_{min}} = \frac{6万元}{2.0} = 3万元$$

从宏观上来看，家庭人均收入 = 人均GNP（人均国民生产总值）×（家庭实际人均收入占人均国民生产总值的百分比）=（2~3）万元×0.55 =（1.1~1.65）万元。

由此得出：家庭年收入 = [（1.1+1.65）/2]万元×3.5（家庭平均人口数）= 4.8万元，即家庭年收入达到5万元左右才具备购买轿车能力。这样，按轿车的各种使用费占家庭收入的12%计算时，积攒三年左右便可购买一辆轿车。

当然，GNP并不是衡量经济发展水平的唯一标准，对于不同的国家来说，文化传统、消费环境以及汽车消费政策和汽车发展水平等也是影响汽车消费的重要因素。据权威部门调查，中国家庭消费愿望排名第一位的是住宅，第二位的是子女教育，第三位的是医疗保险，第四位的才是汽车。

（三）消费储蓄与信贷

在消费者实际收入为既定的前提下，其购买力的大小还要受储蓄与信贷的直接影响。从动态的观点来看，消费者储蓄是一种潜在的、未来的购买力。在现代市场经济中，消费者的储蓄形式有银行存款、债券、股票、不动产等，它往往被视为现代家庭的"流动资产"，因为它们大都可以随时转化为现实的购买力。在正常状况下，居民储蓄同国民收入成正比变动，但在超过一定限度的通货膨胀的情况下，消费者储蓄向实际购买力的转变就极易成为现实。消费者信贷是指消费者以个人信用为保证先取得商品的使用权，然后分期归还贷款的商品购买行为。它广泛存在于西方发达国家，是影响消费者购买力和消费支出的另一个重要因素。在西方国家，消费者信贷主要有四种形式：日常用品的短期赊销、购买住宅时的分期付款、购买耐用消费品时的分期计息贷款以及日益普及的信用卡信贷。因此，研究消费者信贷状况与了解消费者储蓄状况一样，都是现代企业市场营销的重要环节。

（四）消费者支出模式的变化

所谓消费者支出模式，其内容是指消费者收入变动与需求结构变动之间的关系。其变化状况主要受恩格尔定律的支配，即随着家庭收入的增加，用于购买食物的支出比例将会下降，用于住宅、家务的支出比例则大体不变，而用于服装、交通、娱乐、保健、教育以及储蓄等方面的支出比例会大大上升。除此以外，消费者支出模式的变化还要受两个因素的影响：一个是家庭生命周期；另一个是消费者家庭所处的地点。显然，同样的年轻人，没有孩子的家庭与普通家庭的消费方式差异较大。家庭所处的位置也会构成家庭支出结构的差异，居住在农村与居住在城市的家庭，其各自用于住宅、交通以及食品等方面的支出情况也必然不同。从经济学的角度来看，居民收入、生活费用、利率、储蓄和借贷形式都是经济发展中的主要变量，它们直接影响着市场运行的具体情况。因此，注意研究消费者支出模式的变动走势，对于企业市场营销来说具有重大意义，它不仅有助于企业在未来时期内避免经营上的被动，也有助于企业制定适当的发展战略。

企业市场营销的重要任务之一就是要把握市场的动态变化。市场是由购买力、人口两种因素所共同构成的。因而了解购买力的分布、发展和投向，是企业宏观营销环境的重要内容。

三、自然环境

自然环境系指影响社会生产的自然因素，主要包括自然资源和生态环境。自然环境对汽车企业市场营销的影响是：

1）自然资源的减少将对汽车企业的市场营销活动构成一个长期的约束条件。由于汽车生产和使用需要消耗大量的自然资源，汽车工业越发达，汽车普及程度越高，汽车生产消耗的自然资源也就越多，而自然资源总的变化趋势是日益短缺。

2）生态环境的恶化对汽车的性能提出了更高的要求。生态与人类生存环境总的变化趋势也是日趋恶化，环境保护将日趋严格，而汽车的大量使用又会产生环境污染，因而环境保护对汽车的性能要求将日趋严格，这对企业的产品开发等市场营销活动将产生重要影响。

汽车企业为了适应自然环境的变化，应采取的对策包括：

1）发展新型材料，提高原材料的综合利用。例如，第二次世界大战以后，由于大量采用轻质材料和新型材料，每辆汽车消耗的钢材平均下降10%以上；自重减小达40%。

2）开发汽车新产品，加强对汽车节能、改进排放新技术的研究。例如，汽车燃油电子喷射技术、主动和被动排气净化技术等都是汽车工业适应环境保护的产物。

3）积极开发新型动力和新能源汽车。例如，国内、外目前正在广泛研究电动汽车、燃料电池汽车、混合动力汽车以及其他能源汽车等。

四、人口环境

人口环境是指汽车市场营销所面临的人口数量和人口结构。从市场营销的角度来看，人口数量意味着消费数量，即市场容量和市场潜量；而人口结构，如年龄、性别、职业、地位以及文化程度、经济收入等，即人的个性心理特征和个性心理倾向等，则意味着消费选择和消费结构。

人口统计变化对所有汽车企业的市场营销具有重要影响。汽车的购买量是同人口直接相关的。在人口统计因素中，应重点关注人口总量及其增长、人口的地理分布、人口的年龄分布和人口的收入分布等因素。因为人口因素是变化的，汽车企业在考察上述因素时，静态描述是重要的，但更重要的是考察其变化趋势，尤其重要的是，在对多个因素的交叉分析中注意发现对营销战略有意义的信息。

随着亚洲新兴工业国的迅速崛起和对外开放，亚洲汽车市场近年来成为全球汽车工业争夺的主要对象。对美国汽车制造商来说，中国和印度是最具吸引力的亚洲汽车市场，就是因为这两个国家是世界上人口最多的国家，人口增长率高，是最广阔的汽车市场。

一般来说，人口环境对汽车市场营销的影响主要表现在以下两个方面：

（一）消费者的年龄结构与汽车市场营销

汽车区别于其他车辆的显著特点是速度，风驰电掣、急如流星。因此，在传统观念里，汽车只是年轻人的大玩具。如果以此定位，汽车市场的容量显然非常有限。为了扩大市场容量，汽车生产厂家必须将目标市场向前和向后延伸。

向前延伸的基本含义是占领少年汽车市场,生产出符合少年消费者需要的汽车来。德国宝马汽车公司就曾经为1~3岁的小驾驶人设计并生产出了第三款"婴儿赛车"。该车型通体白色,点缀着黑色斑点,状如小狗,非常可爱。汽车虽然只是儿童用车,却仍然具有典型的宝马汽车特征。肾型格栅、双圆形前照灯并拥有宝马汽车的品牌标志。其价格仅为135马克,一经推出,就受到了广大儿童消费者的欢迎。

向后延伸的基本含义是占领老年汽车市场,生产出符合老年消费者需要的汽车来。美国福特汽车公司率先推出了"福特老人"系列轿车。该类汽车是专门为60岁以上的老年人设计的。考虑到老年人大多腿脚不便、反应迟钝的特点,"福特老人"轿车不但车门较宽、门槛较低,而且特别配备了助动型驾驶座、放大的仪表盘和后视镜,按钮制动以及自动锁车系统等以方便老人出入。当然,该款汽车的价格也比普通汽车的价格略低,以照顾退休老人收入有所降低的特点。有关资料显示,世界上年龄最大的汽车驾驶人是加拿大阿尔伯塔省卡尔加里市一位名叫汤姆的世纪老人。1998年,当他已经101岁的时候,仍然顺利通过了视力检查和家庭医生的批准,领到了为期两年的新驾驶执照。

(二)消费者的性别结构与汽车市场营销

现代社会,随着职业女性的增加和经济地位的提高以及其自立、自主意识的增强,已经有越来越多的女性,特别是西方国家的女性,成为现实的或者潜在的汽车消费者。在德国,不但57%的女性拥有自己的汽车,而且她们还要求拥有专为女性生产的汽车。在美国,女性消费者不但占据了汽车销售额的51%,而且影响着80%以上的购车决定。显然,女性已经成为汽车消费市场中一支举足轻重的力量。为此,汽车厂家和商家都开始重视女性顾客。一些著名汽车企业还专门聘请女性来担任企业的董事、经理和设计师等以顾及女性消费者的需要。

除此以外,家庭结构也是影响汽车市场营销的重要因素。

五、社会文化环境

汽车市场营销的社会文化环境主要包括人们的价值观念、宗教信仰、消费习俗、审美观念等与汽车消费有关的文化环境。

如今我国汽车消费者选购车型的意向,从以往的单单考虑价格因素,开始转向关注质量、品牌和售后服务。这些消费价值观念的变化,向汽车市场营销提出了更高的要求。

由于不同的宗教信仰在色彩观念上有相当的差别,因此,在一些国家和地区进行汽车市场营销时,就必须郑重考虑汽车颜色的问题。

日本的汽车销售商们就很会根据本国年轻人的汽车消费习俗制订一些促销措施,鼓励汽车消费。日本的年轻人毕业就业时喜欢自立门户,在外租公寓住。他们肯定买不起汽车,于是汽车销售店向这部分消费群体提供赊销或分期付款;倘若刚开始暂时没有这些年轻人喜欢的品牌的汽车,销售店还会先给一辆半旧汽车供其暂时使用,等所要的汽车到了再去换,来鼓励这些汽车潜在消费者购买。

另外,在我国,两厢轿车开始并没有像三厢轿车那样受到普遍欢迎,这与我国传统的审美观念有一定的关系。国人认为,所谓"轿"车,就得有头有尾,像一乘轿子一样,没有尾部的两厢车,怎么能算"轿"车呢?这也许是两厢车走遍全世界,在中国却遇到这种审美观念的"打击"。

六、科技环境

作为汽车营销环境的一部分，科技环境不仅直接影响汽车企业内部的生产和经营，还同时与其他环境因素相互依赖、相互作用，特别是与经济环境、社会文化环境的关系紧密。技术革命不仅使原有的汽车产品变得陈旧落伍，而且改革了汽车生产、销售人员的原有价值观。所以，如果汽车生产企业不及时跟上，就可能被淘汰。

当今世界汽车市场的竞争实际上是一场现代科技的较量，是技术创新的竞争。世界各大汽车制造企业，都把主攻方向放在广泛应用和发展以现代微电子信息技术为代表的高新技术、新能源、新动力、新材料、新装备和新工艺上，以及围绕安全、环保、节能、清洁、舒适和多功能等领域，开发研制、生产各类汽车新车型，占领新一代车型的技术制高点，增强产品的高科技含量。

新科技带来了汽车市场营销策略的革新，即产品策略、定价策略、分销策略和促销策略的革新。

科技环境系指一个国家和地区整体科技水平的现状及其变化。科学与技术的发展对一个国家的经济发展具有非常重要的作用。世界汽车技术竞争的历史显示，20世纪60年代以前是汽车制造竞争阶段，以提高效率和降低成本为目的；20世纪70年代是汽车性能竞争阶段，以降低汽车振动、减小噪声和提高汽车使用寿命为目的；20世纪80年代是汽车造型竞争阶段，以虚拟成型技术和柔性生产技术为特征；进入20世纪90年代以后，汽车技术的竞争则进入了汽车仿真设计的竞争阶段，以汽车车型的快速更新作为占领市场的重要手段。科技环境对汽车市场营销的影响如下：

1) 科技进步促进综合实力的增强，国民购买能力的提高给企业带来更多的营销机会。

2) 科学技术在汽车生产中的应用改善了产品的性能，降低了产品的成本，使汽车产品的市场竞争能力提高。如今，世界各大汽车公司为了满足日益明显的差异需求，汽车生产的柔性多品种乃至大批量定制现象日益明显，这都是现代组装自动化、柔性加工、计算机网络技术发展和应用的结果。再从汽车产品来看，汽车在科技进步的作用下，已经经历了原始、初级和完善提高等几个发展阶段，汽车产品在性能、质量、外观设计等方面获得了长足的进步。

3) 科技进步促进了汽车企业市场营销手段的现代化，引发了市场营销手段和营销方式的变革，极大地提高了汽车企业的市场营销能力。企业市场营销信息系统、营销环境监测系统以及预警系统等手段的应用，提高了汽车企业把握市场变化的能力；现代设计技术、测试技术以及试验技术，加快了汽车新产品开发的步伐；现代通信技术、办公自动化技术，提高了企业市场营销的工作效率和效果，等等。

第二节 汽车市场营销微观环境分析

汽车市场营销微观环境是指与汽车企业关系密切、能够影响汽车企业服务顾客能力的各种因素，它包括汽车企业内部环境、供应商、营销中介、顾客、竞争者和公众等。这些因素构成汽车企业的价值传递系统。营销部门的业绩建立在整个价值传递系统运行效率的基础之上。汽车企业不仅要注视汽车市场营销宏观环境的变化，而且要了解汽车市场营销活动的所有微观环境因素，这些因素影响汽车市场营销目标的实现。因此，汽车企业能否成功地开展市场营销活动，不仅取决于能否适应宏观环境的变化，还取决于能否适应和影响微观环境的变化。

一、汽车企业内部环境

汽车企业内部环境是指汽车企业的经济实力、经营能力及企业文化等因素，是汽车企业内部环境的重要因素。

（一）汽车企业的经济实力

所谓经济实力是支撑企业市场营销成功的物质基础，它往往以企业规模、生产能力和市场占有率等显性特征表现出来。

世界汽车市场经过大型汽车生产厂家的联合并购和资本合资，对汽车的生产和消费都带来了巨大影响。其中，世界最大的汽车生产和消费国——美国，其国内汽车市场的销售规模高达 1700 万辆。在我国，上海汽车工业总公司也同样保持着产销两旺的发展势头。可见，企业经济实力的提高，对提高企业的营销能力和竞争能力具有相当重要的意义。

（二）汽车企业的经营能力

所谓经营能力是支撑企业市场营销成功的精神基础，它往往以企业效益、产品销量和销售增长率等指标表现出来。

世界各大汽车公司的经营者们，无一不是资本或资产运营的高手。他们或者通过控股来取得其他汽车企业的所有权，或者通过参股来取得其他汽车公司的经营权。总之，他们都是通过对其可支配资本或资产的经营，来求得经济效益的最大化。在我国，1997 年，上海汽车工业（集团）总公司作为独家发起人，在上海汽车有限公司资产重组的基础上，采取社会募集方式设立了上海汽车股份有限公司。重组后的上海汽车股份有限公司，其账面净资产由 69616 万元增值为 106554 万元。自此以后，上海汽车股份有限公司每年都通过发行股票、收购股权、全资收购、协议受让，以及用权益法替代成本法的形式，非常成功地进行着资本或资产经营，雪球越滚越大，实现了经济实力与经营能力的协调发展。

（三）汽车企业的企业文化

在市场经济体制下，各个企业是真正意义上的独立实体。面对激烈的市场竞争，企业要生存发展，就不能不更加依托一种精神力量。所谓企业文化，就是企业这一独立的经济实体以在长期的生产经营过程中逐步生成和发育起来的企业哲学、企业精神为指导、为核心的共同价值准则、行为规范、道德规范、生活信念和企业的风俗、习惯、传统等，以及在此基础上生成、强化起来的共同的经营指导思想、经营意识等。一般可表现为三种形态：第一种是以人（人的观念、精神）为载体的精神文化；第二种是以企业各种制度为载体的制度文化；第三种是以企业生产资料、产品（商品）、各种硬件设施等为载体的物质文化。

企业文化作为企业各种实践活动的投射、凝结和反映，其内容是一个庞大的复杂的体系。首先是作为其最高层次文化的企业哲学，然后是在企业哲学指导下的目标文化（企业目标）、政治文化（企业民主）、规范文化（企业道德）、制度文化（企业制度）、团体文化（企业群体意识）、功能文化（各种德、智、体、美活动）和实体文化（企业实体），而这一切的集中体现，即企业的主导文化——以人的素质为中心的企业精神。这是现代企业文化的一个总体构架。

企业严格的管理制度和优良的技术设备，以及企业员工团结进取的开拓精神，都需要人的精神支柱来表现，它可以使企业有秩序的营销管理更加完善，使不善的管理得以弥补和改善。许多企业良好的经营业绩都表明，谁拥有文化优势，谁就可以获得更大的竞争优势、效益优势和发展优势。所以说，企业文化对企业的市场营销有着重要影响，企业应当重视文化建设。

二、供应商

供应商是指向企业提供生产经营所需资源（如设备、能源、原材料、配套件等）的组织或个人。供应商的供应能力包括供应成本的高低（由原材料价格变化所引起）、供应的及时性（由供应短缺或延迟、工人罢工所引起），它们是营销部门所需要关注的因素。这些因素短期将影响销售的数额，长期将影响顾客的满意度。

据记载，1992年通用汽车公司只有其德国子公司欧宝公司盈利。该公司盈利的原因就在于其供应部最高经理罗佩茨先生出色的采购才能，使得欧宝公司从价格低廉的配套零部件中受益。大众汽车公司为摆脱不景气局面，不惜重金，于1993年将罗佩茨"挖走"，任命其担任供应董事，希望借此扭转大众公司的亏损状况。就连大众汽车公司董事长也说："就大众汽车公司而言，罗佩茨的重要性比我还高。"罗佩茨的"跳槽"虽因涉嫌窃取了通用汽车公司的商业秘密（在其加入大众汽车公司的前一周曾参加了通用汽车公司高层关于产品规划的会议），而在世界上引起了一场轩然大波。但此例的确说明了生产供应者对企业市场营销和其经济效益的重要性。所以，企业应处理好同生产供应商之间的关系，为企业的市场营销营造较为有利的环境。我国不少的汽车企业对其生产供应者采取"货比三家"的政策，既与生产供应者保持大体稳定的配套协作关系，又让生产供应者之间形成适度的竞争，从而使本企业的汽车产品达到质量和成本的相对统一。实践表明，这种做法对企业的生产经营活动具有较好的效果。

对汽车企业的市场营销而言，企业的零部件（配套协作件）供应商尤为重要。汽车企业不仅要选择和规划好自己的零部件供应商，还应从维护本企业市场营销的长远利益出发，配合国家有关部门对汽车零部件工业和相关工业的发展施加积极影响，促其发展，以改变目前我国的汽车零部件工业和相关产业发展相对滞后的状况，满足本企业生产经营及未来发展的配套要求。特别是现代企业管理理论非常强调供应链管理，汽车主机企业应认真规划自己的供应链体系，将供应商视为战略伙伴，不要过分牺牲供应商的利益，而应按照"双赢"的原则实现共同发展。

三、营销中介

营销中介是指协助汽车企业从事市场营销的组织或个人。它包括中间商、实体分配公司、营销服务机构和财务中间机构等。中间商是销售渠道公司，能帮助企业找到顾客或把产品销售出去。中间商包括批发商和零售商。寻找合适的中间商并与之进行有效的合作并不是一件容易的事。制造商不能从很多独立的小型经销商中任意挑选，而必须面对具备一定规模并不断发展的销售机构。这些机构往往具有足够的力量操纵交易条件，甚至将某个制造商拒之门外。

实体分配公司帮助企业在从原产地至目的地之间存储和移送商品。在与仓库、运输公司打交道的过程中，企业必须综合考虑成本、运输方式、速度及安全性等因素，从而决定运输和存储商品的最佳方式。

营销服务公司包括市场调查公司、广告公司、传媒机构、营销咨询机构，它们帮助汽车企业正确地定位和促销产品。由于这些公司在资质、服务及价格方面变化较大，汽车企业在作选择时必须认真。

四、顾客

顾客是企业产品销售的市场，是企业赖以生存和发展的基础。企业市场营销的起点和终点都是满足顾客的需要，汽车企业必须充分研究各种汽车用户的需要及其变化。

一般来说，顾客市场可分为五类：消费者市场、企业市场、经销商市场、政府市场和国际市场。消费者市场由个人和家庭组成，他们仅为自身消费而购买商品和服务。企业市场购买商品和服务是为了深加工或在生产过程中使用。经销商市场购买产品和服务是为了转卖，以获取利润。政府市场由政府机构组成，购买产品和服务用以服务公众，或作为救济物资发放。国际市场由其他国家的购买者组成。每个市场都有其各自的特点，销售人员需要对此作出仔细分析。

五、竞争者

汽车市场营销微观环境中的第五个因素是竞争者。从汽车消费需求的角度划分，企业的竞争者包括愿望竞争者、平行竞争者、产品形式竞争者和品牌竞争者。

愿望竞争者是指提供不同产品以满足不同需求的竞争者。对汽车制造商来说，生产摩托车等不同产品的厂家就是愿望竞争者。如何促使消费者更多地首先购买汽车，而不是首先购买摩托车等其他产品，这就是一种竞争关系。平行竞争者是指提供能够满足同一种需求的不同产品的竞争者。例如，自行车、摩托车、小轿车都可以作为家庭交通工具，这三种产品的生产经营者之间必定存在着一种竞争关系，它们也就相互成为各自的平行竞争者。产品形式竞争者是指同生产汽车，但提供不同级别、款式、性能汽车产品的竞争者。例如，轿车有微型轿车、普通轿车、中级轿车、中高级轿车和高级轿车之分，这些就是产品形式竞争者。品牌竞争者是指生产汽车类同，但品牌不同的竞争者。一般来讲，在目前中国的中级轿车市场中，生产帕萨特轿车的上海大众与生产雅阁轿车的广州本田就是互为品牌竞争者。

在汽车行业的竞争中，卖方密度、产品差异、市场进入难度是三个特别需要重视的方面。卖方密度是指同一区域市场中同一级别（或品牌）汽车经销商的数目。该数目的多少，在市场需求量相对稳定时，直接影响到某一级别（或品牌）汽车市场份额的大小和竞争激烈的程度。产品差异是指不同级别（或品牌）汽车性能等的差异程度。这种不同汽车之间的差别，实际上也存在着一种竞争关系。市场进入难度是指某个新汽车企业在试图加入汽车行业时所遇到的困难程度。在新兴的亚洲汽车市场上，新加坡和越南都对外国汽车公司的进入设置了不少障碍，获得当地政府准许进入这些市场就特别困难。

六、公众

公众是指对企业的营销活动有实际的潜在利害关系和影响力的一切团体和个人，一般包括融资机构、新闻媒介、政府机关、协会、社团组织以及一般群众等。

公众对企业市场营销的活动规范、对企业及其产品的信念等有实质性影响：如金融机构影响一个企业获得资金的能力；新闻媒体对消费者具有导向作用；政府机关决定有关政策的动态；一般公众的态度影响消费者对企业产品的信念等。现代市场营销理论要求企业采取有效措施与重要公众保持良好关系、树立良好企业形象。为此，企业应适时开展正确的公共关系活动。

第三节　汽车市场营销环境分析方法及应对策略

一、汽车市场营销环境分析的方法

汽车企业只有不断地适应各种营销环境的变化，才能顺利地展开营销活动。为此，汽车企业除了在技术上建立预警系统，监视环境变化以加强营销环境变化的预测外，还必须掌握分析环境变化的具体方法，从而主动调整营销策略，使企业的营销活动不断地适应营销环境的变化。

对企业而言，并非所有的营销机会都具有相同的吸引力，也不是所有的环境威胁都产生相同的压力。因而企业对于每种营销环境的变化给企业带来的机会或环境威胁，应从数量上或程度上予以分析，运用比较的方法，找出和抓住最有吸引力的营销机会，避开最严重的环境威胁，这种分析方法就是环境分析。

营销环境分析的具体方法可以通过选择"潜在吸引力（或危害性）"和"成功可能性（或出现威胁的可能性）"两个指标进行。根据这两个指标的具体特点去评价某种环境变化的具体特点。营销环境分析的具体过程可用图2-1表示。如果某种环境变化对企业营销机会的潜在吸引力大，而企业营销活动成功可能性也大，即处于图2-1a中阴影部分，表明该种环境变化将对企业的营销活动非常有利，企业应当抓住这样的机会。反之，如果某种营销环境变化对企业营销活动的潜在危害性大，而这种威胁出现的可能性也大，即处于图2-1b中阴影部分，表明该种环境变化将对企业的营销活动产生非常不利的影响，企业应及时调整营销策略，甚至改变营销战略，以避开或减轻营销环境变化对企业营销活动的威胁。

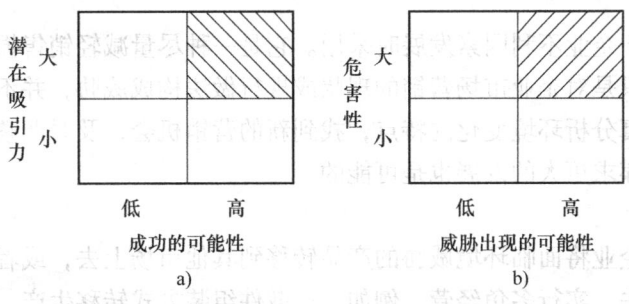

图2-1　营销环境分析方法

a）机会分析　b）威胁分析

弄清楚自己的营销机会和环境威胁，是企业取得营销业绩和谋求发展的基本前提。如果综合地考察企业面临的营销机会和环境威胁，企业在营销环境的变化过程中所处的地位和类型可能是：理想企业、风险企业、成熟企业、困难企业，如图2-2所示。显然，以理想企业所处的环境最好,以困难企业所处的环境最差。对于进入新的历史时期的我国汽车企业而言,大型汽车企业(集团)更多的可能属于风险企业,而某些中小型企业,尤其那些经营思想不端正、市场营销能力差的企业,则更多的可能属于困难企业。因此,各汽车企业对自己所处的地位和类型应保持清醒的认识。

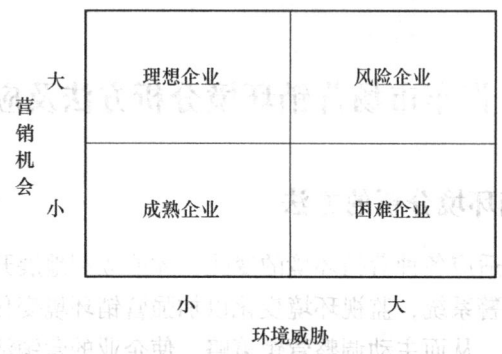

图 2-2　营销环境变化时企业的类型

二、汽车企业应对环境变化的策略

(一)企业对策和措施

对汽车企业来说,市场营销最大的挑战莫过于环境变化对汽车企业造成的威胁。而这些威胁的来临,一般又不为汽车企业所控制,因此汽车企业应做到冷静分析、沉着应对。面对环境威胁,汽车企业可以采取以下三种策略:

1. 对抗策略

这种策略要求尽量限制或扭转不利因素的发展。比如,企业通过各种方式促使或阻止政府或立法机关通过或不通过某项政策或法律,从而赢得较好的政策法律环境。显然企业采用此种策略时必须要以企业具备足够的影响力为基础,一般只有大型企业才具有采用此种策略的条件。此外,企业在采取此种策略时,其主张和所作所为,不能倒行逆施,而应同潮流趋势一致。

2. 减轻策略

此种策略适宜于企业不利因素发展时采用。它是一种尽量减轻销售损失程度的策略。一般而言,环境威胁只是对企业市场营销的现状或现行做法构成威胁,并不意味着企业就别无他途。企业只要认真分析环境变化的特点,找到新的营销机会,及时调整策略,不仅减轻营销损失是可能的,谋求更大的发展也是可能的。

3. 转移策略

这种策略要求企业将面临环境威胁的产品转移到其他市场上去,或者将投资转移到其他更为有利的产业上去,实行多角经营。例如,以散件组装方式转移生产、产品技术等都是转移市场的做法。但转移市场要以地区技术差异为基础,即在甲地受到威胁的产品,在乙地市场仍有发展前景。企业在决定多角经营(跨行业经营)时,必须要对企业是否在新的产业上具有经营能力作审慎分析,不可贸然闯入。

总之,当企业在遇到威胁和挑战的时候,营销人员,尤其是管理者,应积极寻找对策,率领全体员工努力克服困难。

（二）汽车企业调节市场需求的策略

调节市场需求的水平、时间和特性，使之与供给相协调，是营销管理者的重要任务。现代市场营销理论总结出多种调节市场需求的方法，具体如下：

1. 扭转性经营

扭转性经营即采取适当的营销措施，改变用户对本企业产品的信念和态度，把否定需求改为肯定需求。此策略适合在用户对本企业产品存有偏见或缺乏了解等情况下采用。

2. 刺激性经营

刺激性经营即企业应设法引起用户的注意和兴趣，刺激需求，扩大需求规模。此策略一般适合于企业成功的新产品在推向市场时采用。

3. 开发性营销

当用户对现有产品已感到不满足，希望能有一种更好的产品取代时，即意味着某种产品有了潜在的需求，企业应该尽快推出适合用户需要的新产品，将用户的潜在需求变为现实需求。

4. 维持性营销

当产品呈现供求不平衡时，企业可以通过宣传引导、提价等措施，以抑止部分需求，实行维持性营销。

5. 限制性营销

当产品供过于求时，企业可以加强促销，以扩大需求，必要时还必须减少产品的供给，实行限制性营销。

有人说市场营销管理的实质就是需求管理，这说明了调节市场需求对企业市场营销的重要性，它体现了汽车企业市场营销的高超技艺。

案例分析

日本丰田公司应对环境变化的办法

1970年，美国发布了限制汽车排放废气的《马斯基法》，而丰田公司早在1964年就把省油和净化技术列为自己的技术发展战略，并一直进行相应的技术研究。为了研制废气再循环装置和催化转化器，丰田公司在7年间投入了10000亿日元的资金和1万人的力量，仅废气处理系统就开发出丰田催化方式、丰田稀薄燃烧方式、丰田触媒方式三种，并很快在"追击者"高级轿车上安装了这些装置，从而在这一技术领域把美国公司远远甩在了后边。同时，丰田公司还与其他日本汽车厂家一起开发了节约燃料25%~30%的省油车，以后又开发出了防止事故发生和发生事故后保证驾驶人员安全的装置。这些对受石油危机冲击后渴望开上既经济又安全轿车的美国人来说，无异于久旱逢甘露。5年间，在其他厂家的汽车销售直线下滑的情况下，丰田公司在美国的销售额却增加了2倍。

一位美国汽车行业人士事后对照丰田公司的做法和当时美国汽车公司的反应，发表了这样的看法：

"在1973年阿以战争和接着出现的石油危机之后，对一些问题的回答是非常清楚的。整个世界陷入一片混乱之中，对这种局势我们必须立即做出反应。小型的、节油的、前轮驱动的汽车是今后的趋向。

"做出这样的推测不必是什么天才,只需要看看对底特律来说最可怕的1974年的销售数字就行了。通用汽车公司的汽车销售总数较上年下降了150万辆,福特公司的销售数也减少50万辆。小型车大多来自日本,而且销路极好。

"在美国要提高生产小型车的效率是很费钱的事情。但是,有些时候,你除了做出巨额投资之外,没有任何其他的选择。通用汽车公司耗资数十亿美元来生产小型汽车。克莱斯勒公司也对节油型号的汽车投入了一大笔钱。但是,对亨利(福特的董事长)来说,生产小型车是没有出路的。他最喜欢用的说法'微型汽车,低微利润'。

"你仅能靠小型汽车赚钱,这毕竟是对的——至少在美国是这样。这一点,一天天变得更正确。但是这并不意味着我们就不应该制造小型汽车,即使不出现第二次石油短缺的前景,我们也必须使我们的经销商保持心情舒畅。如果我们不向他们提供消费者需要的小型汽车,这些经销商便会与我们分手,另谋出路,甚至去为本田或丰田公司工作。

"严酷的现实是,我们必须照顾购买力较低的那部分市场。如果再加上爆发石油危机的因素,这种论点就更是正确无疑了。我们不提供小型节油的汽车,就像开一家鞋店而告诉顾客:'对不起,我们只经营9号以上的鞋'。

"制造小型汽车已成为亨利不愿意谈及的事。但是我坚持我们必须搞一种小型的、前轮驱动的汽车——至少在欧洲搞一种小型车的确很有意义。

"于是派遣我们的高级产品的设计师到大西洋彼岸去工作,很快就装配出了一辆崭新的假日型汽车。他是一种前轮驱动和配有横置发动机的型号很小的汽车,简直妙不可言,也很受市场欢迎。"

讨论题:

1. 运用本章学习的知识结合美国汽车行业人士对丰田公司的评价,分析丰田公司应对环境变化时,所采用的成功策略。
2. 通过丰田的案例,在实际汽车营销中,你得到了哪些有用的启示?

本 章 小 结

本章从汽车市场营销环境的概念入手,阐述了汽车市场营销环境的特点及其对汽车企业加快发展的意义。汽车企业营销环境可分为宏观环境和微观环境两部分。宏观环境主要有政治法律、经济、自然、人口、社会文化及科技等环境因素;微观环境主要有企业内部环境、供应商、营销中介、顾客、竞争者和公众等环境因素。汽车企业必须研究营销环境,以寻找机遇,规避威胁。

思 考 题

1. 汽车企业为什么要进行市场营销环境分析?
2. 如何分析汽车企业的宏观环境?它由哪些因素组成?
3. 如何分析汽车企业的微观环境?它由哪些因素组成?
4. 你认为汽车企业可以通过哪些策略调整市场需求?
5. 选择一个你熟悉的汽车企业,就它目前的经营状况以及消费者的市场反应,说说它的主要优势和劣势。结合国家的汽车工业政策,谈谈企业应怎样调整措施,扩大市场。

第三章 汽车市场分析

学习目标：

理解汽车市场调研是汽车营销管理的起点，是汽车企业赢得市场的竞争武器之一；掌握汽车市场调研所涉及的内容、调研步骤和方法；理解汽车市场预测并了解预测的步骤和方法对提高汽车市场营销水平具有重要的现实意义；理解目标市场营销能帮助汽车企业更好地识别营销机会，为每个市场开发适销对路的产品。

我国汽车工业正处于迅速发展时期，呈现出市场需求大，推出的新车型多，市场竞争日趋激烈，潜在客户中持币待购者众多，对车型的挑剔十分严格等特点。因此，汽车企业必须进行市场分析，对市场的现状、今后的发展趋势进行调查，用以指导本企业的产品开发和生产，达到适应市场、服务于消费者以及企业发展的目的。本章主要论述了汽车市场分析的三个环节：汽车市场调研、汽车市场预测、汽车市场细分与目标市场选择。

第一节 汽车市场调研

市场营销面对的是市场，而市场是在不断变化着的，正所谓"变化比计划快"。同时，在市场中，企业还将面临各种各样的竞争，企业的每一步决策都将对企业的发展产生很大的影响。因而，为了企业的发展，企业决策者在做出决策之前，必须通过对市场的调查和预测，掌握市场的发展趋势，从中寻找营销机会，避开和减少风险，并在此基础上做出企业的营销决策。

一、汽车市场调研的基本概念

当今困扰汽车企业发展的有四大问题：①多变的外部环境；②急剧发展的科学技术；③挑剔的客户；④强大的竞争对手。汽车企业要解决这些问题，就需要对市场进行调研。汽车市场调研是伴随着市场的产生而出现的一种正确认识市场的管理活动。它是用科学的方法，通过对汽车市场现象考察，系统地搜集、记录、整理和分析市场信息，了解汽车市场发展变化的本质及其发展规律的一种理性认识的视察活动。它将为汽车市场预测与营销决策提供依据。

汽车市场调研包含了以下三方面的含义：

1) 汽车市场调研是一种有目的、有意识的认识活动。
2) 汽车市场调研的对象是整个市场体系，其中特别要把对汽车市场体系具有决定性作用的消费者市场作为研究对象。

3) 汽车市场调研的方法包括感性认识的方法和理性认识的方法。

二、汽车市场调研的种类

常见的汽车市场调研有以下几类：

1) 根据汽车市场商品消费目的的不同划分，汽车市场调研包括：①消费者市场调研；②生产者市场调研。这两个市场是相互联系的，它们之间最基本的关系就是生产者市场的购销活动要以消费者市场为基础。因此，即使产品不与最终消费者发生直接关系，也要对消费者市场进行市场调查。譬如在经济萧条时，汽车以经济型为主，则零配件商也要相应地生产较低价格的零配件。

2) 根据汽车市场调研内容划分，汽车市场调研包括：①汽车市场营销环境调研；②营销组合策略调研，如调查价格走势、产品开发与技术发展趋势，产品与售后服务质量状况等；③竞争对手调研；④用户购车心理与购买行为调研；等等。

3) 根据汽车市场调研的地域空间层次的不同划分，汽车市场调研包括：①国际性市场调查；②全国性市场调查；③地区性市场调查。各个不同地区对汽车型号、价格的要求将有很大的区别。

4) 根据汽车产品是否已经进入市场划分，汽车市场调研包括：①产品进入市场前调研；②产品进入市场后调研。汽车产品进入市场前的调研主要应弄清目标市场是什么、有哪些有利与不利因素以及生产发展趋势等问题。而汽车产品进入市场后的调研则应着重对本企业产品的市场规模、市场结构、市场占有率、与竞争对手相比在营销组合策略上存在的差距以及营销环境的新变化等做出调研。

三、汽车市场调研的步骤

汽车市场调研的步骤一般可分为调研准备，初步调研，制订、实施调研计划，以及调研总结四个阶段。

（一）调研准备

汽车市场调研第一步要做的工作就是调研准备。首先，企业必须明确调研目标，确定指导思想，限定调查的问题范围。企业市场营销涉及的范围很广，每次调研活动不可能面面俱到，而只能针对企业经营活动的部分内容展开调研。例如，企业调研的目的是制订市场营销的战略规划，还是为了改进企业市场营销活动的效果等。如果调研的目标和指导思想不明，调研肯定是盲目的，调研效果就会欠佳。调研目标一般应由企业营销综合职能部门提出，主管领导批准。调研目的和指导思想一经确立，调研人员在以后的调研活动中应始终围绕本次调研的总体目标和指导思想进行工作。

其次，在明确了调研的目标之后，企业就应成立专门对该次调研负责的调研工作小组，这可以使调研工作有计划、有组织地进行。另外，如果调研活动规模较大，则所需工作人员就会较多，涉及跨部门甚至跨企业、跨行业的合作，为保证调研活动取得有关方面的支持，还必须成立调研领导小组。调研工作小组的职能就是具体完成调研工作，其组成人员可以包括企业的市场营销、规划（或计划）、技术研究、经营合理、财务或投资等多方面的人才，这些人员的来源既可以只限于企业内部，也可以来自企业以外的单位或组织（诸如相应的研究机构等）。而领导小组成员一般包括工作小组组长（课题负责人）以及主要参加部门的相应负责人。

(二) 初步调研

为了使调研活动更能满足已明确的调研目标,在正式调研之前,调研工作小组应先进行初步的调研,以找出市场的主要问题。在这一步骤中,调研工作小组可以对市场进行初步的分析,访问一些有经验的专业人员,找出达到调研目的的问题关键所在,并由此来确定市场调研的范围。

(三) 制订、实施调研计划

这是整个市场调研过程中最复杂的阶段。在这一阶段,主要有以下几项工作:

1) 选择和安排调研项目,即要取得哪些项目的资料。这一点取决于所决定的调查项目。

2) 选择和安排调研方法,即取得资料的方法。这一点包括了在哪些地区调研;调研的对象是谁;采用何种调研方法(访问法、观察法、实验法还是留置问卷法等)。

3) 选择和安排调研人员,即要确定参加人员的条件和人数,并在此基础上对调研人员进行必要的培训。

4) 选择和安排调研费用,即编制调研预算,力求以最少的投入取得最好的效果。

5) 选择和安排工作进度日程和工作进度的监督检查。

6) 选择和安排调研人员的工作考核。这一项要在调研工作中进行,以利于工作的及时推进。

(四) 调研总结

这一阶段由整理调研资料和提出调研报告两部分组成。

整理调研资料包括对调研所得资料的编校、分类、统计和分析等。调研工作小组应对调查得到的资料及被调查者的回函分门别类地统计分析和编辑整理,应审查资料之间的偏差以及是否存在矛盾。因为被调查者的知识、专业存在差别,对同一问题的回答往往不一致,甚至截然相反,此时就应分析矛盾的原因,判断他们回答的根据是否充分,等等。此外,调研工作小组还应从调查资料中优选信息,总结出几种典型观点或意见。整理资料是一项烦琐而艰辛的工作,因此调研人员必须有耐心、细致的工作作风;同时,要注意有条不紊地工作和尽可能地提高工作效率。如有条件,调研人员应采用计算机等先进手段辅助信息处理。

接下来要在整理调研资料的基础上提出调研报告,这是市场调研的必然过程和最终结果。调研报告编写的程序应包括:主题的确立、材料的取舍、提纲的拟定和报告的形式。在编写调研报告时,要注意紧扣调研主题,力求客观、扼要并突出重点,使企业决策者一目了然;要求文字简练,避免或少用专门的技术性名词,必要时可用图表形象说明。

调研活动结束后,工作小组应对本次调研活动进行工作总结,交流有关经验,总结有关教训,以便为今后的调研工作做好服务。

四、汽车市场调研的方法

汽车市场调研的方法可以分为间接资料调研方法和直接资料调研方法。

间接资料调研方法是从各种文献档案中收集资料,因此间接资料又被称为二手资料。间接资料调研方法的优点是调研的费用低,速度快,调研的范围广,而且既不受时间、空间的限制，也不受调研人员主观的干扰，其反映的信息内容较为真实、客观。但它也有很明显的缺点，如调研的目的性没有直接资料强，获得的资料时效性也有可能不强，而且获得的资料也需要进行进一步的加工处理，其分析工作的难度也较高，等等。另外，由于间接资料是各个企业都有可能获得的，因而在市场调研中，更多的是采用直接资料调研的方法。

直接资料调研即通过调查收集的资料来进行调研分析，因此直接资料也被称为第一手资料。一般，直接资料调研分为访问法、观察法和实验法。其中最常用的是访问法，又被称为询问法，包括直接询问和间接询问。直接询问即直接向被调查者提出问题；间接询问则是迂回地向被调查者询问。有时，通过间接询问，更能了解到被调查者不愿说明的真实原因。

访问法是收集原始资料最主要的方法，具体形式可分为面谈、电话访问、邮寄问卷、留置调查等多种形式。各种形式各有优缺点，调查者可根据具体情况选择使用。一般来讲，面谈直接灵活，资料可信度和回收率高，但费用高、时间长，适用于内容多而复杂的调研，而且对调研人员的要求较高；电话访问可以节省时间，但被调研的母体较不完整，调研结果的差别程度也不清楚，因而一般电话访问中的问题应采用"是否法"为宜，而且要求调研人员的语言要流畅；邮寄问卷成本低、调研范围广，但缺点在于问卷的回收率低，所以企业往往采用抽奖等形式来刺激回收率；留置调查即问卷定期回收的调研方法，优点在于被调查者可以有充裕的时间来考虑问题，且问卷的回收率较高，但它调研的区域有限，费用较高，且不利于对调查人员的有效监督。除访问法外，企业对有的调研也可以采取市场实验的调研方式，它是从自然科学的实验求证理论移植到市场调研中来的。它的优点在于可以获得第一手的资料，数据比较客观，可信度较高；其缺点是实践中可能存在不可控的实验因素，因而会在一定程度上影响实验的效果。另外，实验法只是用于对当前市场现象的影响分析，它对历史情况和未来变化的影响较小，因而它的应用受到局限。一般来讲，改变商品品质、变换商品包装、调整商品价格、推出新产品等均可用实验法来测试其效果。例如，企业可以通过对新产品的试销收集市场信息，观察市场反应与企业营销组合要素之间的因果关系等。这类调研对改进和制定更科学的营销策略，效果十分明显。另外，较常用的市场调研方法还有观察法。这种方法的优点是可以观察到人们不愿意透露的情报，其缺点是时间长、成本高。它经常被应用于产品的经营现场，如汽车销售现场等。

调查者除了应注意选择效果好的调研形式外，还应根据调研目标的不同，结合具体调查特点选择使用一种或几种方法。

各种调查方法的主要特点是：

1）个案调查法。这类调查方法以个别案例进行深入解剖，适合要求深入了解的调查。

2）重点调查法。这类调查方法选择重点调查对象进行深入的调查，有时可与个案调查同时进行。

3）抽样调查法。这是一种对局部进行调查，得出整体结论的方法，适合于调查问题具有很多样本的情况。

4）专家调查法。它是向专家进行调查，调查结论一般具有较高的权威性。

5）全面调查法。它是对全部对象进行调查，适合于样本数目少的调查。

6）典型调查法。它是根据调研任务和对被调查者进行科学分析，有意识地选择其中的**典型对象作为调研对象**。

第二节 汽车市场预测

我国的汽车市场比较特别，其运行规律极为复杂，汽车市场经常出现剧烈波动，并且经常会向汽车生产、经销企业反馈一些虚假信息，给企业的汽车营销工作带来了很多困难。因此，在加强研究我国汽车市场运行规律的基础上做好预测工作，对于提高市场营销水平具有重要的现实意义。

一、市场预测的基本概念

所谓市场预测就是在市场调研的基础上，利用预测理论、方法和手段，对未来一定时期内，决策者关心的市场需求、供给趋势和营销的影响因素的变化趋势和可能水平作出判断，为营销决策提供依据的科学化服务过程。它具有服务性、描述性和系统性的特点。市场预测的作用可归结为以下几点：

1）市场预测有利于适应和满足消费需要。
2）市场预测有利于提高企业的经营管理和决策水平。
3）市场预测有利于提高企业的经济效益。
4）市场预测有利于企业对市场机制的利用程度。

科学的营销决策不仅要以市场调研为基础，而且要以市场预测为依据。市场预测大致包括市场需求预测、市场商品供给预测、产品价格预测、科学技术发展趋向预测、企业生产经营能力预测、竞争形势预测、企业财务及环境意外事件预测，等等。对企业而言，最主要的是市场需求预测。

从我国目前对汽车市场预测的现状看，尚存在这样一些问题：①预测缺乏系统性和经常性，同时，预测花费的时间长、费用高；②统计工作薄弱，数据十分缺乏，直接阻碍了预测工作的发展；③汽车市场本身尚处于发育阶段，随时都可能表现出不成熟的特点，这为我国汽车市场预测工作带来了很多的困难，市场预测的准确性难以提高，加之研究工作薄弱，以及受部分人对市场预测的准确性片面苛求的影响，预测人员工作压力大。总之，我国汽车市场的预测水平有待提高。

市场预测的步骤一般可分为明确预测目标、搜集资料、对资料进行分析判断，建立预测模型，并在此基础上作出预测三个步骤。

迄今为止，市场预测理论产生了很多预测方法，目前有近400余种，但常用的方法并不多，大约有十几种。归纳起来，市场预测方法大体可分为两大类：一类是定性预测方法，即质的预测方法；另一类是定量预测方法，即量的预测方法。前者容易把握事物的发展方向，对数字要求不高，能节省时间，费用小，便于推广，但往往带有主观片面性，数量不明确；后者则相反。人们在实际的市场预测活动中，往往将两种预测方法相结合运用，即定量预测的结论必须接受定性分析的指导。只有如此，企业才能更好地把握汽车市场的变动趋势。

二、汽车市场预测的步骤

根据市场预测的目的、内容、方法的不同，汽车市场预测的步骤不完全一致。但从市场预测的一般步骤来看，主要有以下几步：

（一）确定预测目的

进行一次成功的市场预测，首先要有明确的目的。明确汽车市场预测的具体目的是指：为什么要进行这次预测，预测的对象、地区、具体内容、要求的精度等应明确。目的明确，才便于收集资料，选用合适的预测方法。

（二）收集、整理历史资料和现实资料

用于预测的资料按其来源可以分为两种：一是原始资料，也称初级资料。它是直接调查市场收集到的第一手资料。这些资料常反映现实市场的状况，是市场预测中很重要的资料。二是次级资料，也称二手资料。它是各级政府、主管部门公布的资料或企业内部积累的历史资料，如各种公报、年鉴、报告等公布的资料，各种报纸、杂志公布的资料等。这些资料都是现成的，收集整理比较省事，企业在市场预测中应该充分利用。无论是原始资料还是次级资料，企业的市场预测人员在将其用于预测前必须整理分析，对于出现的异常数据需要进行修正处理，对于残缺而又不可少的数据应设法弥补，以免采用模型预测时出现偏差。

（三）分析影响市场的有关因素

影响市场的因素很多，有的可以量化，有的则无法量化。为了保证预测的有效性，在实施预测之前，市场预测人员应分析影响市场的因素，以便在市场预测中能将定量分析与定性分析相结合。一般来讲，考虑的因素越多，描述的情况就会越全面，所以市场预测人员应尽量将有影响的因素全部找到。能够量化的纳入模型，采用定量方法预测；无法量化的，运用经验判断方法分析其对预测对象的影响程度。在定性与定量结合分析时，企业要考虑多种因素的不同组合可能带来的后果。

（四）选择预测方法

预测方法是根据预测期的长短、范围以及所占有的资料数量来确定的。若不能占有较充分的数据，如新产品的需求预测、劳动力需求结构预测等，应采用定性的预测方法；若预测时能够占有充分的数据，并且未来的市场变化与历史的规律差异不大时，宜采用定量的预测方法。不同的定性、定量方法适用的预测期有所不同，在实施预测时，市场预测人员应根据具体的预测目的选用不同的预测方法。为保证预测结果有效，通常将几种预测方法结合运用，以互相补充。

（五）实施预测

一旦预测方法确定，就可以进行实际的市场预测。市场预测人员在采用几种不同模型或方法预测时，如果预测结果相差很多，要结合定性分析，对结果作必要的调整或修改。运用模型预测时，市场预测人员要先试行预测，对模型的预测精度进行评价，精度较为满意时再进行正式预测。

（六）分析评价预测结果的可靠性

任何一种预测方法的预测结果都不可能与实际情况完全符合，要求预测百分之百准确是不实际的。但一个成功的预测，应尽可能接近实际，若偏差太大，将失去预测的意义。由于市场预测是为企业经营决策服务的，因此市场预测的好坏在很大程度上决定着企业经营决策的成败。在分析评价预测结果的可靠性时，市场预测人员应考虑预测结果在未来什么样的条件下发生，其发生的可能性有多大，并结合预测对象近期的变化幅度一起考察，在充分研究分析预测结果可靠性的基础上，最后形成预测的分析报告。

三、汽车市场定性预测方法

(一) 定性预测方法

定性预测方法又称为判断分析预测法。它是由预测者根据占有的历史资料和现实资料，依据个人经验、知识和综合分析能力，对市场质的变化规律定性作出判断，再以判断为依据做出量的测算。它主要是依靠市场调研，采用少量数据和直观材料来做出预测的，这类方法有时也用来推算预测对象在未来的数量表现，但主要用来对预测对象未来的性质、发展趋势和发展转折点进行预测，适合于数据缺乏的预测场合，如技术发展预测，处于萌芽阶段的产业预测，长期预测，等等。定性预测的方法易学易用，便于普及推广，但它有赖于预测人员本身的经验、知识和技能素质。不同的预测人员对同一问题预测结论的价值往往有着巨大差别。

定性预测方法的理论依据是相似类推原则。这一原则包括两个内容：①按发展时间顺序类推，即利用某一事物与其相似的其他事物在发展时间上的差别，把先发展的事物的表现过程类推到后发展的事物上去，从而对后发展的事物的前景作出预测。例如，通过对某些国家家用轿车普及过程的研究来预测我国家用轿车走向家庭的时间、车型以及购买特点和政策特点等，就属于时间类推。以时间类推的关键是把握事物的发展过程是否相似。如果相似性太小，那么预测就会失败。②由局部类推总体，即通过抽样、调查研究某些局部或小范围的状况，去预测整体和大范围的状况。例如，通过对一省一市汽车更新工作的调查，来预测全国汽车更新工作的情况。由局部类推总体时，应注意局部的特征是否反映了整体的特征，是否具有代表性，如果不是，预测就可能失败。

(二) 常见的定性预测方法

1. 德尔菲法

该种方法是在20世纪40年代末期由美国兰德公司（RAND）首创并使用的，50年代以后在西方发达国家广泛盛行的一种预测方法。至今，这种方法已经成为国内、外广为应用的预测方法，它可以用于技术预测和经济预测，短期预测和长期预测。尤其是对于缺乏统计数据的领域，需要对很多相关因素的影响作出判断的领域，以及事物的发展在很大程度上受政策影响的领域，更适合用德尔菲法进行预测。

这种方法是按规定的程式，采用背对背的反复函数方式进行预测。它的预测过程与市场调研的过程基本一致。首先，由预测主持人将需要预测的问题一一拟出，然后分寄给各个专家，请他们对预测问题一一填写自己的预测看法，最后，将答案寄回主持人。主持人进行分类汇总后，将一些专家意见相差较大的问题抽出来，并附上几种典型的专家意见请专家进行第二轮预测。如此循环往复，经过几轮预测后，专家的意见便趋向一致或者更为集中，主持人便以此作为预测结果。由于这种方法使参与预测的专家能够背靠背地充分发表自己的看法，不受权威人士态度的影响，因而保证了预测活动的民主性和科学性。

2. 集合意见法

集合意见法就是集合企业内部经营人员、业务人员等的意见，凭他们的经验和判断共同讨论市场趋势而进行市场预算的方法。由于经营管理人员、业务人员等对市场的需求和变化较为熟悉，因而他们的判断往往能反映市场的真实趋势。

该种方法首先由预测者根据企业经营管理的要求，向研究问题的有关人员提出预测项目和预测期限的要求，并尽可能提供有关资料。然后，有关人员根据预测的要求及所掌握的资料，凭个人经验和分析判断能力提出各自的预测方案。接下来，预测的组织者计算有关人员预测方案的方案预测值，并将参与预测的有关人员进行分类，计算各类综合期望值，最后确定最终的预测值。

定性预测方法还有社会（用户）调查法（即面向社会公众或用户展开调查）、小组讨论法（会议座谈形式）、单独预测集中法（由预测专家独立提出预测看法，再由预测人员予以综合）、领先指标法（利用与预测对象关系密切的某个指标变化对预测对象进行预测，如通过对投资规模的监控来预测汽车需求量及需求结构）、主观概率法（预测人员对预测对象未来变化的各种情况做出主观概率估计）等。

总之，随着社会经济及科学技术的发展，预测方法也在不断地发展和完善，汽车市场营销预测人员应不断加强理论学习，并通过预测，总结出一些实用方法。

四、汽车市场定量预测方法

定量预测方法是依据必要的统计资料，借用数学方法特别是数理统计方法，通过建立数学模型，对预测对象未来在数量上的表现进行预测等方法的总称。汽车市场定量预测方法有：

（一）时间序列预测法

时间序列是指各种经济指标统计数据，按时间先后顺序排列而成的数列。时间序列预测法，就是将购买力增长、经济发展等变数相同的一组观察值，按时间的顺序加以排列，构成同级的时间序列，并运用一定的数学方法使之向外延伸，由此预计时差带来的发展变化趋势，最终确定市场预测值。它具有以下特点：

1）假定事物的过去会同样延续到未来。
2）时间序列的数据变动同时存在着规律性和不规律性。
3）不考虑市场发展的因果关系。

时间序列预测模型有多种，这里只介绍较常用的简易平均法和指数平滑法模型。

1. 简易平均法

简易平均法是通过一定观察期时间序列的数据求得平均数，以平均数为基础确定预测的方法。这是市场预测中最简单的定量预测方法。

简易平均法有很多种，最常用的有算术平均法、加权平均法和几何平均法等。

算术平均法即根据对 n 个观察值计算平均值来作为预测值，它最大的优点是计算十分方便。算术平均法的数学模型为

$$X = \bar{X} = \sum_{i=1}^{n} X_i \tag{3-1}$$

式中　　X——预测值；

　　　　X_i——第 i 期的实际值；

　　　　n——资料期数。

加权平均法是在预测中根据每个预测值的重要性给予不同的权数，而算术平均法对所有观察值不论新旧在预测中一律同等对待，这是不符合市场发展的实际情况的。加权平均法的数学模型为

$$X = X_W = \frac{\sum_{i=1}^{n} W_i X_i}{\sum_{i=1}^{n} W_i} \tag{3-2}$$

式中 W_i——第 i 期实际值的权数。

几何平均法又称为比例预测法，其前提条件是预测对象的发展过程一贯是上升的或是下降的，同时促其上升或下降的速度大体接近。几何平均法的数学模型为

$$X = G = \sqrt[n]{X_1 X_2 \cdots X_n} \tag{3-3}$$

式中 G——几何平均值。

2. 指数平滑法

指数平滑法的原理就是认为最新的观察值包含了最多的未来信息，因而应赋予最大的权重，越远离现在的观察值则应赋予越小的权重。通过这种加权的方式平滑掉观察值序列中的随机信息，找出发展的主要趋势。

指数平滑法的主要过程是：首先选择数学模型；其次建立指数平滑模型。指数平滑法的数学模型为

$$S_t = \alpha \cdot Y_t + (1 - \alpha) S_{t-1} \tag{3-4}$$

式中 S_t——第 t 期的平滑值；

Y_t——第 t 期的观察值；

S_{t-1}——第 $t-1$ 期的平滑值；

α——加权系数。

指数平滑法可分为一次、二次和高次平滑。一次平滑即是对原始观察值的平滑，如式(3-4)。二次平滑即对一次平滑值再平滑。高次平滑的概念依此类推。

指数平滑模型的建立包括加权系数 α 的选择、初始值的确定和模型系数的计算。

（1）α 值的选择　α 值表明了预测人员对近期观察值信息的倚重程度。经验表明，α 值一般应在预测人员由式（3-5）计算的 α 值附近，选择 α 值原则是检验误差最小。

$$\alpha = \frac{2}{N+1} \tag{3-5}$$

式中 N——观察值数目。

在选择 α 值的过程中，若参考下列原则则有利于尽快找到合适的 α 值：①若观察值的发展趋势比较稳定，应选择小一点的 α 值，以包含长一些的时间序列信息；②若观察值的发展趋势已经发生了系统的改变（如有拐点）或有理由认为近期数据更好地反映了发展趋势，则应选择大一些的 α 值。

（2）初始值的确定　指数平滑法模型是一个迭代计算过程，所以首先必须确定初始值 S_0。它的确定既可利用一定的数学方法进行计算，又可根据经验直接给定。利用数学方法计算一般比较复杂，且有赖于足够的观察值数目，意义通常不大。更多情况下，可以采用直接将前几个观察值的平均值作为初始值的方法。

（3）系数的确定　在 α 值和初始值确定之后，模型中的系数就可以根据式（3-4）确定了。

指数平滑法的特点，一是需存储的数据少，二是能够用于中短期预测。

(二) 因果分析预测法

因果分析预测法是从事物变化的因果关系出发，寻找市场发展变化的原因，分析原因与结果之间的联系结构，建立数学模型，据以预测市场未来的发展变化趋势和可能水平。

因果分析预测法中最常用的有回归预测模型和经济计量预测模型，这里只以回归预测模型为例说明。

回归预测模型是基于惯性和相关理论的统计学模型，是最常用的预测模型之一。通常情况下，只选用一元线性回归预测模型。

一元回归分析法是在考虑预测对象发展变化本质的基础上，分析变量随一个自变量变化而变化的关联形态，借助回归分析，建立它们之间因果关系的回归方程式，描述它们之间的平均变化数量关系，并以此进行预测的方法。

1. 回归预测模型的建立与检验

一元线性回归预测模型的标准形式（回归直线方程）为

$$Y = A + BX \tag{3-6}$$

式中　Y——预测变量；

　　　X——已知自变量；

　　A、B——回归系数。

模型的检验通常包括：相关系数检验、模型的 T 检验与 F 检验、回归系数检验。对一元线性回归模型而言，这些检验是等价的。这里我们选择相关系数检验。

相关系数有两种定义形式：

（1）拟合优度形式

$$R = \frac{\sum_{i=1}^{n}(Y_i - \bar{Y})^2}{\sum_{i=1}^{n}(X_i - \bar{X})^2} \tag{3-7}$$

（2）相关系数形式

$$R^2 = \frac{1/n\sum_{i=1}^{n}X_iY_i - XY}{\sqrt{1/n\sum_{i=1}^{n}X_i^2 - X^2}\sqrt{1/n\sum_{i=1}^{n}Y_i^2 - Y^2}} \tag{3-8}$$

R 值越大，表明回归方程的线性程度越显著。

2. 一元线性回归预测的步骤

1）确定预测目标和影响因素。根据决策目的的需要，明确进行预测的具体目标，分析寻找影响预测目标的相关因素，并判断选出主要的影响因素，也就是决定自变量和因变量。

2）收集整理自变量和因变量观察样本资料。根据预测要求，通过市场调查，收集纵断面观察样本资料或横断面观察样本资料。

3）建立一元回归方程预测模型。

4）进行相关分析、方差分析和显著性检验。

5）根据模型进行预测。经过了相关分析与显著性检验后，利用达到某一显著水平的一元回归分析方程预测模型进行实际预测，包括计算预测值和置信区间。

（三）类比预测模型

类比预测方法是以某个国家或地区为类比对象，研究预测目标与某个指标之间的数量关系，然后根据本国或本地区该指标的发展变化测算预测目标值，从而达到预测目的。例如，某汽车公司与研究机构曾经以部分国家为类比对象，通过研究人均国民收入和人口数量两个指标与轿车保有量之间的关系，预测我国未来第 t 年的轿车保有量。其类比预测模型为

$$\begin{cases} Y_t = P_t Q_0 R_t \\ R_t = \dfrac{C_{lt}}{I_0 (1+i)^n} \\ C_{lt} = C_{l0}(1+q)^t \end{cases} \tag{3-9}$$

式中　Y_t——第 t 年轿车保有量（辆）；

　　　P_t——第 t 年人口预测数（千人）；

　　　Q_0——采集数据基准年度类比国人均轿车保有量（辆/千人）；

　　　R_t——轿车保有量修正系数；

　　　I_0——采集数据基准年度类比国人均国民收入（美元）；

　　　C_{l0}——采集数据基准年度本国人均国民收入（美元）；

　　　C_{lt}——第 t 年人均国民收入预测值（美元）；

　　　i——类比国年均通货膨胀率；

　　　q——人均国民收入增长率；

　　　n——类比年份与基准年份年份差。

例如，已知类比国基准年份的人均国民收入 I_0 与人均轿车保有量 Q_0，我国目前的人均国民收入 C_{l0}，以及未来的增长速度 q，即可以计算出未来第 t 年我国的国民收入 C_{lt}，将此 C_{lt} 折算到基准年份后除以类比国人均国民收入 I_0，即可得到 R_t，然后乘以我国第 t 年的人口预测数 P_t 以及类比国的人均轿车保有量 Q_0，即可求出我国未来第 t 年的轿车保有量 Y_t。

（四）弹性系数法

此方法的数学模型为

$$\begin{cases} Y_t = Y_0(1+I)^t \\ I = E_s q = \dfrac{I'}{q'} q' \end{cases} \tag{3-10}$$

式中　Y_t——第 t 年预测对象预测值；

　　　Y_0——预测对象目前的观察值；

　　　I、I'——预测对象在过去和未来的平均增长率；

　　　t——预测年份与目前的时差；

　　　E_s——弹性系数，如过去年份汽车保有量的增长率与工农业增长速度（增长率）之比；

　　　q'、q——对比指标过去和未来的数值，如工农业增长速度。

例如，过去几年某地区的汽车保有量年均增长率为 15%，工农业增长速度为 10%，两者之间的系数为 1.5，若未来 t 年内工农业增长速度为 8%，则汽车保有量的增长率即为 12%，代入式（3-10）即可预测第 t 年的汽车保有量。

五、及时调整市场预测结果

在市场营销预测结果做出之后，并不意味着这将是一成不变的"终结果实"，优秀的企业市场营销者会根据市场的变化和社会的进步，不断地进行新的市场调研，不断地及时调整已有的市场营销预测方案，以此来指导企业的发展。如果做不到这一点，则企业是无法得到长期发展的。

美国福特汽车公司在早期通过对美国汽车市场的调研和预测，引入生产流水线而大大降低了汽车的生产成本，并因此降低了汽车的价格，从而扩大了市场的占有率，成了世界最大的汽车生产商。当时巨大的市场需求量使福特声称"让消费者的需求见鬼去吧，我们只生产黑色的车！"。随着福特汽车不断普及，美国汽车市场的需求发生了很大的变化：汽车保有量的提高使消费者不再满足于有车，还要有自己喜欢的车。对于这一点，福特没有重视，缺乏对市场的进一步掌握。而就在同一时期，美国的通用汽车公司通过生产不同花色、不同颜色的车而崛起，渐渐取代福特汽车公司而成为世界第一大汽车生产商。这就是及时调整市场营销调研和预测结果的重要价值。

第三节　汽车市场细分与目标市场选择

社会和经济的发展使得任何企业的管理者都深深地感受到，凭借自身企业单一的力量要为整个市场服务是不可能的，其原因可能是顾客人数太多、分布太广，也可能是习惯和要求差别太大。实际上，每个企业的服务对象都只是市场上的部分顾客。因此，从顾客中寻找、辨认对企业最有吸引力并能为之提供最有效服务的特定部分，把它作为自己的目标市场，千方百计地在目标市场上比竞争者服务得更好，这就需要市场细分与目标市场决策。目前，除了个别车型外，我国汽车市场已经进入买方市场，消费者的选择余地大大增加，相对应地，汽车及零部件生产、销售企业之间的竞争也日趋激烈化，企业要想在整个汽车市场上占据一席之地，就必须在进入市场之前，通过对整个市场的细分找准适合自己发展的目标市场，确定自己在市场中的竞争地位。

现代市场营销的核心可以概括为 STP 营销，即细分市场（Segmenting）、选择目标市场（Targeting）和市场定位（Positioning），如图 3-1 所示。生产什么样的产品，满足哪一部分顾客的需求，其前提是对市场进行细分并选择相应的目标市场。

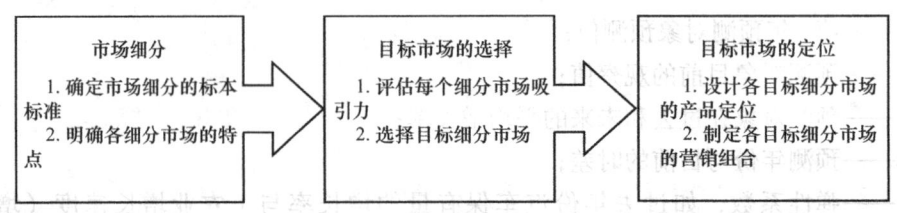

图 3-1　目标市场营销的内容和基本步骤

一、汽车市场细分

市场细分是企业选择目标市场实行目标市场营销的前提和基础，同时也是企业进入市场的有效途径和策略。

(一) 市场细分的概念

所谓市场细分就是企业在对市场进行充分调研分析后，根据消费者对产品和营销组合的不同需求，把市场分割为具有不同需要、特征或行为的购买者群体，并勾画出细分市场的轮廓，目的是针对每个购买者群体采取独特的产品或市场营销组合策略，使企业找到并描述自己的目标市场，确定针对目标市场的最佳营销策略以求得最佳收益。对市场细分概念的理解应注意以下几点：

1) 不同消费者群体的不同需要、欲望与购买行为是由一系列具体因素引起的，因此企业在实施市场细分时，就应以影响消费者需要、欲望与购买行为的有关因素为基本线索和依据进行。

2) 第一个细分市场是一个由若干独立消费者构成的群体，分属于同一细分市场的消费者具有相近的需求倾向，分属于不同细分市场的消费者则在需求倾向上存在着明显的差异性。当然，这并不是说各个不同的市场部分在消费需求上毫无共同之处。但是，各个不同的市场部分在消费需求上必须存在着明显的不同点。

3) 不同的细分市场在需求倾向上的差异性，不仅可以表现在对产品的要求上，而且可以表现在对市场营销组合其他构成因素的要求上，甚至综合表现在对企业整个市场营销组合要求的异同上。因此，企业在选择某一细分市场为目标市场之后，需要注意从整体营销活动和整个营销组合的角度与其保持适应性。

4) 市场细分不是简单分解，而是一个分类组合过程。市场细分从某种意义上可以说是企业从更具体的角度寻找和选择市场机会，以使企业能够将具有特定需要的顾客群与企业的营销组合对策有机地衔接起来。

(二) 市场细分的作用

企业通过对市场进行细分，实行目标市场营销战略，不仅可以改善企业经营、提高经营效果，而且也能起到对社会资源优化配置，避免大量重复建设和重复投资所造成的资源浪费。它的作用主要体现在：

1. 有利于选择目标市场

市场细分有利于企业巩固已有市场并发现新的市场机会，适当选择目标市场。企业通过市场细分来分析研究市场，认识到消费需求的差异性，从而获得发展的机会。

2. 有利于制订营销策略

市场细分有利于企业针对目标市场需求特点，开发适销对路的产品，制订更有效的营销策略。企业通过市场细分，可以根据市场需求及竞争等方面的变化情况及时地调整自己的营销对策，提高应变能力。

3. 有利于满足消费需要

市场细分有利于满足千差万别、不断变化的消费需要。在众多企业实行市场细分策略的情况下，尚未满足的社会消费需要就会逐一为不同的企业选为自己的市场机会和目标市场。

4. 有利于营销组合决策

科学的市场细分对企业在产品定位、价格制定、渠道规划和促销策略等营销要素的组合决策有着重要的指导意义。

5. 市场细分适合任何企业

对市场细分不仅适用于实力较强的大企业，而且对中小型企业也十分适用。中小型企业通过对市场进行细分，可以选择大企业舍弃的、市场需求相对较小的子市场，充分利用自身资源局部优势，以求得生存空间。

（三）市场细分的依据

一种产品的整体市场可以细分是因为消费者或用户在需求上存在差异，而对一种产品的多样化需求通常是由多种因素造成的，因而这些因素也就成了市场细分的依据。从消费者市场来看，影响需要倾向的因素归纳起来主要有地理环境、人口统计、消费心理、消费行为、消费受益等。以这些因素为依据进行市场细分，就形成了以下五种市场细分的基本形式。

1. 按地理环境细分

按地理环境细分就是按照消费者所处的地理位置、自然环境来细分市场，具体的细分变量包括地区、城市、乡村、城市规模、人口密度、不同的气候带、不同的地形地貌等。

2. 按人口统计细分

按人口统计细分就是按照人口统计因素来细分市场，具体的细分变量包括年龄、性别、职业、收入、教育、家庭人口、家庭生命周期、国籍、民族、宗教、社会阶层等。

3. 按消费心理细分

按消费心理细分就是按照消费者的心理特性来细分市场，具体的细分变量有个性、价值取向、生活方式、购买动机等。

4. 按消费行为细分

按消费行为细分就是根据消费者的消费或购买行为来细分市场，具体的细分变量如消费者进入市场的程度（如经常购买、初次购买、潜在购买者等）、消费者所处购买过程的阶段、购买或使用产品的时机与方式、消费的数量规模、对品牌的忠诚程度、对产品的信念和态度等。

5. 按消费受益细分

按消费受益细分就是根据消费者期望获得的利益或使用目的的不同来细分市场，而消费者期望获得的利益与使用的目的，可从其对产品内容的某一方面或多个方面的特定要求上反映出来。

一般来讲，对需求差异小的产品市场可以使用较少的因素和变量进行细分，对需求差异大的产品市场则需要使用较多的因素和变量进行细分，对某些产品的整体市场还要运用多种因素和变量逐级、逐层进行细分，这样才能从中筛选出适当的细分市场。

二、汽车目标市场策略

在现代营销活动中，对任何企业而言，并非所有的环境机会都具有同等的吸引力，企业的营销活动应根据自身实际情况选择目标市场。所谓目标市场就是企业决定要进入的市场部分，即企业拟投其所好为之服务的顾客群。企业的整个营销活动都是围绕其目标市场进行的，因此正确地选择目标市场、明确企业具体的服务对象关系着企业任务和目标的落实，是企业制定营销策略的首要内容和基本出发点。

（一）选择目标市场的方法

市场细分是企业选择和确定目标市场的前提和基础，企业确定目标市场的方式有两种：

一是在一种产品的整体市场为同质市场或企业认为可以将其视为同质市场时，企业无需进行市场细分，可以将该产品的整体市场作为自己的目标市场；二是在一种产品的整体市场为异质市场时，企业通常要先进行市场细分，然后选择其中的一个或数个细分市场作为自己的目标市场。

在企业以市场细分为基础选择目标市场时，可以借助产品—市场矩阵图进行。该图是一个以市场类型（产品整体市场的各个市场部分）为横坐标，以产品类型（产品的各种具体类型或者各个细分市场对产品的具体要求）为纵坐标的二维平面图，图内有若干个对应于一定类型产品的市场部分。企业在对各个市场部分进行认真的分析评价后，便可以根据战略计划的要求、自身的生产经营条件、市场销售潜量、市场竞争状况及其他有关因素，选择和确定本企业要进入的细分市场。下面以轿车产品为例进行说明，轿车产品可以分为微型轿车、中档轿车和豪华轿车，对不同的用户需求（如家庭、企业和政府）进行不同市场细分，利用不同档次的轿车对不同需求的客户进行目标市场锁定，见表3-1。

表3-1　汽车产品—市场矩阵图

顾客需求		家　庭	企　业	政　府
产　品	微型轿车			
	中档轿车			
	豪华轿车			

（二）目标市场的评价

企业在对目标市场选择以后，应对选择方案进行评价。一般评价主要从以下几个方面进行展开：

1. 市场规模和增长潜力评估

企业对市场规模和增长潜力的评估主要是对目标市场的规模与企业规模和实力进行比较，以及市场增长潜力的大小等方面进行评估。

2. 市场吸引力评估

所谓吸引力是指企业在目标市场上长期获利能力的大小，它主要取决于现行竞争者、潜在竞争者、替代产品、购买者和企业生产供应商对企业形成的机会和威胁等因素。

3. 企业自身目标和资源

对于具有一定规模、增长潜力和吸引力的市场，企业还应对自身是否具有充足资源来进入并在该市场中获胜等方面进行评估。

企业对目标市场进行科学评估以后，在进入之前还应根据自身情况选择进入目标市场的营销战略。

（三）目标市场的营销策略

在市场细分、选择目标市场之后，企业还要确定目标市场营销策略，即企业针对选定的目标市场确定有效地开展市场营销活动的基本方针。企业确定目标市场的方式不同，选择的目标市场范围不同，其营销策略也就不一样。可供企业选择的目标市场营销策略主要有以下几种：

1. 无差异性营销策略

当企业面对的是同质市场或同质性较强的异质市场时，便可以采用无差异性营销策略开展市场营销活动。从实际情况来看，这一策略对拥有广泛需求，能够大量生产、大量销售的产品基本上都是适用的。因此，不仅是同质市场，即便是异质市场（现实的或潜在的），只要具备上述条件，实行这种策略也基本上是合理的。这种策略的基本特点是：企业不进行市场细分，将某一产品的整体市场作为自己的一个大的目标市场；营销活动只注意市场需求的共同点，而不顾及其存在着的差异性；企业只推出一种类型的标准化产品，设计和运用一种市场营销组合方案，试图以此吸引尽可能多的购买者，为整个市场服务。

需要指出的是，在某一产品的整体市场上常常会有若干个实行无差异性营销策略的相互竞争的企业，它们为了使自己的产品能够在市场上建立起特定的形象，取得竞争优势，提高产品销售量，往往在实行该种营销策略的同时实施产品差异化策略，力求使自己的产品与竞争者的产品有所区别，但这并不意味它们的目标市场不同，也不表明它们从根本上改变了实施的目标市场营销策略。

（1）无差异性营销策略的主要优点　其优点表现为：

1）采用这种营销策略的企业一般可以设立大规模的单一产品生产线、广泛和大众化的销售渠道，通过大量的广告和统一的宣传等开展强有力的促销活动，因而往往能够在消费者或用户的心目中树立起"超级产品"的形象。

2）大批量生产、储运和销售，可以降低单位产品的成本，无差异的广告宣传等促销活动可以节省促销费用，不搞市场细分也会相应地减少市场调研、产品开发、制订多种市场营销组合方案等方面所要耗费的人力、物力和财力资源，而这种经济性也正是该种策略理论的主要基础。

（2）无差异性营销策略的局限性　其局限性主要表现为：

1）由于消费需求不断变化，一种产品长期为所有消费者或用户接受的情况越来越少，许多过去的同质市场已经转变为异质市场或正在向异质市场转化，因此在现代社会经济条件下这种策略的适用范围越来越小。

2）当同行业中的多个企业都采用这种策略时，必然造成某一产品整体市场上的竞争日趋激烈，而在较小的部分市场上消费者的特殊需求却得不到满足，这对生产经营者和消费者来说都是不利的。

3）由于许多同质市场都是潜在的异质市场，因此一些企业在试图运用该策略吸引尽可能多的顾客时，常常在竞争中被另一些想方设法为整体市场中得不到满足的顾客提供适合他们需要的产品的企业所战胜，从而使自己的竞争努力受挫，处于被动的境地。

鉴于以上原因，不少过去长期实行无差异性营销策略的企业，都随着环境的变化被迫转而采用了其他的目标市场营销策略。

2. 差异性营销策略

差异性营销策略是企业面对异质市场时可以选择的一种目标市场营销策略。这种策略的基本特点是：企业在对异质市场进行细分的基础上，从产品的整体市场中选择多个乃至全部细分市场为自己的目标市场，并根据每个目标市场的需要分别制定相应的市场营销组合方案，提供特定的产品，在多个市场部分上有针对性地开展营销活动。

（1）差异性营销策略的优点　其优点主要表现为：

1）由于企业针对各个细分市场的要求实行了产品和市场营销组合的多样化策略，因而可以较好地满足一种产品整体市场中各个消费者的不同需要，提高企业的适应能力和竞争能力，扩大产品销售面。

2）如果企业在数个细分市场上都取得了较好的营销效果，就能树立起良好的企业形象，大大提高消费者或用户对该企业及其产品的信赖程度、接受速度和购买频率，从而形成较大的优势。

鉴于以上原因，现在有相当多的企业都采用了这种目标市场营销策略，并取得了成功。

（2）差异性营销策略的局限性 其局限性主要表现为：

1）由于运用这种策略的企业进入的市场部分较多，而且针对各个细分市场的需要实行了产品和市场营销组合的多样化策略，因此就使企业的业务范围较宽、业务内容较为繁杂、业务量较大、生产经营费用较高、力量的使用较为分散、管理的难度较大。因此，有些企业在采用这一策略时，采取了只对产品的整体市场进行粗分或少进入一些细分市场的做法，以缓解上述问题的出现，避免对企业产业的不利影响。

2）这种营销策略的基本特点决定了对它的采用要受到企业资源能力的很大限制，因此实行此策略的多为资源丰富、实力雄厚、物质技术力量强、专业人才较多、经营管理基础好的大企业。

3. 集中性营销策略

集中性营销策略也是企业面对异质市场时可以选择的一种目标市场营销策略。这种策略与前两种策略有较大的不同，它不是面向产品的整体市场，也不是把力量分散地使用于若干个细分市场，而是集中力量进入一个细分市场或是对该细分市场进一步细分后同时进入其中几个更小的市场部分，为目标市场开发一种理想的产品，实行高度专业化的生产和营销，集中力量为之服务。实行这种策略的企业，希望的不是在产品的整体市场或较多的细分市场上拥有较小的份额，而是力求在一个较小或少数几个更小的细分市场上取得较高的甚至支配地位的市场占有率和竞争优势。

（1）集中性营销策略的优点 其优点主要表现为：

1）由于企业集中力量于一个细分市场或其中几个更小的市场部分上，因而便于深入了解目标市场的需求情况，开展具有针对性的营销工作，易于迅速占领市场并获得优势，提高其在目标市场上的知名度。

2）由于企业的目标市场范围较小，集中使用力量，实行了生产和营销等方面的专业化，因而可以减少投资和资金占用，降低生产成本和经营费用，加快资金周转，提高投资收益率，取得较好的经营效益。

这种策略主要适用于小企业。小企业由于资源力量有限，因而无力在产品的整体市场或多个细分市场上与大企业抗衡，但在大企业未予注意和不愿顾及的某个细分市场上全力以赴，易于取得成功。寻找市场缝隙，实行集中性营销，为自己创造成长的小气候是小企业变劣势为优势的一种明智的选择。

（2）集中性营销策略的局限性 其局限性主要是实行这种策略的企业要承担较大的潜在风险。由于企业选定的目标市场范围窄小、业务单一，因而市场需求一旦发生较大的变化或遇到强有力的竞争对手侵入，企业往往会因回旋余地小而陷入困境。因此，采用这种策略的企业，首先必须密切注意目标市场的需求动向及其他营销环境因素的变化，制定适当的应急措施；其次是自身的力量一旦有了增强，就要寻找机会，适当地扩大目标市场的范围或实行多角化经营。

以上可供企业选择的三种目标市场营销策略，企业在决定采取何种策略时，应全面考虑企业的资源条件、经营管理能力、产品的性质、产品所处的市场生命周期阶段、市场的性质、市场的供求状况和发展趋势、竞争对手的实力及其采取的目标市场营销策略等多方面的因素，然后权衡利弊才可做出抉择。此外，企业的目标市场营销策略应保持相对稳定，但随着上述各种条件和影响因素的变化，企业也应适时地加以必要的调整。

三、汽车目标市场定位

汽车企业选定目标市场后，由于汽车及零部件目标市场的需求仍是多方位的，不同方位的需求强弱程度不同，而且被同类汽车及零部件产品所满足的程度也不一样，因此仍需采取进一步的汽车及零部件产品市场定位策略，才有可能制订出针对性更强的有效汽车及零部件市场营销组合。

（一）目标市场定位的概念

汽车产品在市场上品牌繁多，各有特色，而广大用户又都有着自己的价值取向和认同标准，汽车企业要想在自己的目标市场取得竞争优势，就必须在充分了解用户和竞争对手两方面情况的基础上，确定本企业产品的市场位置，树立产品特色，这个过程即是目标市场定位。由此可见，目标市场定位是指企业以何种产品形象和企业形象出现，达到给目标客户留下深刻印象的效果。

产品形象和企业形象是指用户对产品和企业形成的印象。譬如，大家经常所说的"物美价廉""经济实惠""技术先进"等都属于产品形象的范畴。国内外的众多大企业都十分重视市场定位，精心地为其企业及每一种汽车产品赋予鲜明的个性，并将其传给目标消费者。例如吉利、夏利、羚羊、佳宝、哈飞等品牌的汽车，其主要针对的是中低收入者，其定价一般在10万元以下；赛欧、宝来、爱丽舍、波罗等品牌的汽车主要针对的是中等收入的城市人群，其定价一般在10万~20万元；别克、帕萨特、奥迪以及一些进口汽车（如雷克萨斯、宝马、奔驰等）品牌针对的是高收入人群，定价一般在30万元左右或以上。当然，上述所列的仅仅是市场定位中价格的因素。对于除价格因素外的功能因素、质量因素、销售渠道因素和促销因素等也可以进行同样的分析。

（二）目标市场定位的步骤

对于某一特定的汽车产品，汽车企业在进行市场定位时所面临的是将要参与竞争的整个汽车产品市场，这是市场定位的前提。市场定位的实际操作流程如下：

1. 整体市场的分析

在对汽车市场整体分析的过程中，必须对下列问题进行准确的回答：

1）全局观念的市场到底有多大？
2）这个市场的增长率是多少？
3）当前的市场是如何被细分的？
4）当前的市场趋势是否能指明近期细分市场的主要变化？
5）目前本公司参与竞争的是哪一细分市场，所占份额有多大？
6）竞争者所占有的市场份额有多大？

要对上述问题得出切实的答案，就要求企业必须开展细致和全面的前期市场调研工作；同时，在考察汽车市场时，还必须研究以下两个重要问题，即①在竞争中取得成功的关键是什么；②到底是什么因素决定谁是竞争中的赢家。它们是产品质量、产品的多样性、价格、包装、分销能力、广告能力、新产品的不断导入，还是有知识的销售人员？

总之，企业对目前市场的了解越清楚，对潜在的增长来源越明确，则对目标市场的定位越准确。

2. 竞争对手的分析

在对整个产品市场分析的基础上，企业进一步就要对所面临的主要竞争对手进行分析，充分分析竞争对手的竞争优势。一个好的市场营销策划无非是要让自己的产品胜过竞争者，不断地扩大自己的市场占有份额。在做市场定位时，企业要尽可能多地了解竞争对手，这样自己才能立于不败之地。竞争对手的分析主要有以下内容：

1）谁是我们的主要竞争者？
2）他们的目标是什么？
3）他们的实力如何？
4）他们目前以哪些细分市场为目标？
5）他们将来可能参与哪些细分市场？
6）他们的产品质量、价格、分销、广告和促销等方面的情况如何？

所有这些都是为了了解竞争者的策略、资源和个性，以便企业在进行市场定位决策时做到有的放矢，并能作出预测。

3. 公司内部分析

只对整个产品市场和主要竞争对手的分析是不够的，在了解整个产品市场和竞争对手的基础上，企业必须要对自身有一个正确的认识，包括本企业的情况和自身产品的情况，其关键问题包括：

1）从企业规模、市场份额、资金来源、历史记录和现行市场定位的记录来看，企业在市场中所处的地位如何？
2）企业是处于领导地位还是仅仅是一个追随者？
3）企业的经营管理目标和策略是什么？
4）与竞争者相比，本企业的优势和弱点是什么？
5）为实现目标，有哪些资源可供使用？
6）本企业所处行业的关键性成功因素是什么？

4. 产品的市场定位

在上述三个方面分析的基础上，企业就可以在特定的目标市场上，对自身的产品进行市场定位。在此过程中，首先要做的是从上述整个市场、竞争对手和自身分析的事实和数据中，挑选出加以考虑的重要因素。这些重要因素包括：

1）市场上的品牌定位。
2）消费者动机和购买方式。
3）分销渠道和真正确定消费者有效购买产品的因素。
4）广告策略和大量吸引购买力的促销手段。
5）影响分销商和消费者对产品反应的可能定价抉择。

在上述基础上，企业应把产品特征、质量、价格、企业形象和已树立的声誉进行综合的考虑，对自身产品进行准确的定位。企业必须认识到，如果一个品牌不在某些对消费者有意义的方面独具一格，那么它成功的可能性就很小，因此企业在目标市场定位时，必须针对主要竞争对手的劣势，寻找自身产品的差异化，或成本比竞争对手低，或消费者认同的产品功能或特性比竞争对手高。

（三）目标市场定位策略

企业在进行目标市场定位过程中，一方面要了解竞争者产品的市场定位，另一方面要研究目标用户对产品的各种属性的重视程度，然后选定本企业产品的特色和独特形象，从而完成市场定位。在准确做到市场定位的基础上，企业要对采取何种市场定位战略进行决策。市场定位策略类型包括：

1. 产品差别化策略

产品差别化策略的根本是通过提高顾客的认可效用来提高产品价值。如果顾客能够感知到一种产品的独特性，总会有一部分顾客愿意为此支付较高的溢价。因此，产品差别化策略是从产品质量、产品特色等方面实现差别的战略。企业常常寻求产品特征的方法是现产品的差别化，如丰田的安装、本田的外形、日产的安装、三菱的发动机等都是富有特色的。

2. 服务差别化策略

在传统观念中，汽车销售是企业经营工作的"终点"，只要产品卖出去就万事大吉了。如今，许多汽车生产厂家都认识到：卖车不是卖产品，而是卖服务；服务应贯穿于汽车产品的售前、售中及售后的每个环节；产品营销是落实"以客户为中心"的企业经营方针的"起点"，是为顾客提供服务的开始。正是由于观念的转变，所以服务营销模式受到了企业的广泛重视。近年来，各汽车企业都紧紧围绕服务营销的理念提出了各自的产品定位策略方针，通过服务差别化提高顾客的总价值，从而击败竞争对手。在对汽车等技术密集型的产品市场定位中，实行服务差别化策略是非常有效的。

3. 人员差别化策略

人员差别化策略是通过聘用和培训比竞争对手更优秀的人员以获取差别化优势的策略。实践证明，市场竞争归根到底是人才的竞争，一个有优秀领导和勤奋员工组成的企业不仅能保证产品质量，而且能保证服务的质量。人员的素质通常包括人员的知识、技能、责任心、品质和沟通能力等方面。

4. 形象差别化策略

形象差别化策略是指企业在产品的核心部分与竞争者无明显差异的情况下，通过塑造不同产品形象以获取差别化的策略。例如，奇瑞汽车以新产品"QQ"新奇的车型外观、内饰和配置打入微型轿车市场，已逐渐成为年轻一代时尚生活理念新的代言品。

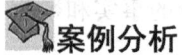案例分析

"丰田汽车"——车到美国也有路

丰田汽车公司是日本最大的汽车制造商，也是世界十大汽车工业公司之一。它创立于1933年，创始人是丰田喜一郎。丰田汽车公司的成功之路一向被世人视为经典案例，尤其是丰田车打入美国市场的过程，更是经典中的经典。然而，丰田汽车并非在一开始就"车到美国也有路"，初入美国时，面对德国大众以及美国本土的几个汽车厂家，丰田汽车遭遇了相当大的挫折。当时丰田汽车公司出口美国的是一种名为"光环"的轿车。但光环轿车

在美国市场的激烈竞争中一败涂地，导致丰田汽车公司出师不利，首战即告负。面对困境，丰田汽车公司不得不重新考虑怎样才能成功打进美国市场。它制定了一系列的营销战略，这当中关键的一步就是进行大规模的市场调查工作，以把握美国的市场机会。

调查工作主要分以下几个方面进行。首先，丰田汽车公司对美国的代理商及顾客需要什么，以及他们无法得到的是什么等问题进行彻底研究。除了日本政府提供信息外，丰田汽车公司还利用商社、外国人及本公司职员来收集信息。通过多种渠道的搜集，丰田汽车公司得到了美国市场的一些新的需求信息。经过调查，他们发现美国人把汽车作为地位或性别象征传统观念正在逐渐减弱，汽车作为一种交通工具，人们越来越重视其实用性、舒适性、经济性和便利性。其次，丰田汽车公司还研究了竞争对手的不足和缺陷，制订了"攻占角落"的营销策略。例如，丰田汽车公司在市场调研中发现，美国底特律的汽车制造商们骄傲自大、因循守旧、墨守成规，对竞争者的挑战、政府的警告、消费者拒绝购买和库存量的直线上升熟视无睹，继续大批量生产大型豪华汽车。小型汽车的空白市场给丰田轿车的侵入提供了机遇。再次，丰田汽车公司还详细研究了外国汽车制造商在美国的业务活动，向竞争对手学习，从而制订出更好的销售和服务战略。丰田汽车公司委托一家美国调研公司去访问大众汽车的拥有者，以了解顾客对大众车的满意和不满之处。调查表明，大众"甲壳虫"汽车的成功原因主要有两个：一是它建立了能够提供优良服务的机构，从而消除了顾客对需要时买不到零配件的忧虑；二是其价格具有相当的吸引力。

市场调研只解决了"生产什么和为谁生产"的问题，要让顾客把车买回家还得解决营销层面的难题。丰田汽车公司遇到的问题有三个：如何建立自己的销售网络；如何消除美国人心目中"日本货就是质量差的劣等货"的旧印象；如何与德国的小型汽车抗衡。丰田汽车公司以"人有我优"作为应对策略，即质量优、价格优、服务优。根据市场调研结果，丰田汽车公司开发了一种新产品——皇冠牌汽车，一种更经济实惠的美国式汽车。这种美国化的汽车被称为"底特律"式车。其漂亮的外形和车箱内符合美国人"口味"的装饰完全不同于过去的试验型客车：为手臂较长的人设置了靠手，并按照美国汽车的式样对座位进行了改变，安排了较大的伸脚空间；同时，产品的质量、可靠性和维修等也得到了同样的关注。新产品真正做到了"美国化"。

在定价方面，为吸引大量新的购买者并使经验曲线迅速下降，丰田汽车公司将产品的售价定得比竞争对手低得多。这项战略促进了产品销售并降低了产品成本，成本的降低进一步拉低了价格。丰田的价格战略产生了"滚雪球"效应：丰田皇冠汽车定价低于 2000 美元，之后推出的丰田"柯罗拉"（Coralla）汽车定价低于 1800 美元。这种进攻战略，为丰田汽车公司赢得了一个既讲究质量，又经济实惠的形象。经过不懈努力，到 1980 年，丰田汽车在美国的销售量已达到 58000 辆，两倍于 1975 年的销售量，丰田汽车占据了美国进口汽车 25% 的市场份额。丰田汽车公司在占领美国中档汽车市场后并不满足，采取乘胜追击的战略，20 世纪 80 年代后期又争夺美国的高档豪华汽车市场。有了前车之鉴的丰田汽车公司把市场调研工作做得非常充分：派出专家小组前往美国，与山姆大叔同吃同住，并运用问卷、座谈会等方式对市场需求的每一细节都进行了调查。经过 5 年多的精心研究，丰田汽车公司推出了"雷克萨斯"汽车。"雷克萨斯"汽车一改过去日本汽车经济实用的中低档形象，定位为豪华轿车。仅上市两年，其业绩就赶上了在高档车市场已苦心经营数十年的"宝马"汽车。

从初入美国市场遭受挫折,到如今在美国市场呼风唤雨,丰田汽车公司成功的关键就在于通过市场调研不断地发现消费者需求的变化,并据此对产品加以改进。丰田汽车公司真正实践了"了解顾客"的口号。丰田汽车公司占领市场的战略就是不断完善其产品,以满足消费者的要求。从汽车的经济性、安全性到外形和车速,丰田汽车公司都不断改进,使其产品的性能、质量不断提高。丰田汽车的产品系列也从中低档汽车发展到豪华汽车,逐步获得了优质产品的良好名声。从而使丰田汽车在世界市场上失去价格竞争优势的情况下,销量仍能增加。丰田汽车的美国之路告诉我们,任何企业在进入一个新市场时,市场调研都是关键的环节。汽车企业应做好市场调研,并针对其结果制订产品价格、销售网络、服务体系等方面的策略。

讨论题:

1. 结合本章内容通过案例分析丰田汽车公司如何使自己的新产品真正做到了"美国化",从而成功占领美国市场。
2. 结合本章内容通过案例分析丰田"柯罗拉"(Coralla)汽车在美国市场获得成功的原因。
3. 结合本章内容通过案例分析"雷克萨斯"汽车在美国市场获得成功的原因。
4. 结合本章内容通过案例分析丰田汽车公司在美国汽车市场中的整体战略。

本 章 小 结

本章详细论述了汽车市场分析的内容,包括汽车市场调研的步骤和方法,着重从定性和定量两个方面介绍了科学的市场预测方法,并且分析了汽车市场细分、汽车目标市场选择和汽车目标市场定位这三个主要步骤。

思 考 题

1. 简述汽车企业开展汽车市场调研与预测的必要性。
2. 如何设计汽车市场调查方案?你认为应如何开展汽车市场的调研?
3. 市场细分时通常选用多个标准交叉使用,试问这比使用单个标准易产生什么问题?请举例说明两种细分方法的区别。
4. "细分市场越细越好"的说法对吗?为什么?
5. 企业应如何进行有效的汽车产品市场定位?
6. 阐述目标市场的范围策略和营销策略。

第四章 汽车消费者购买行为分析

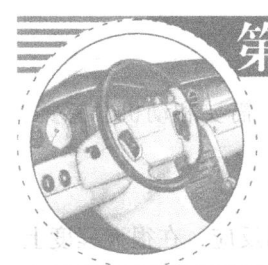

学习目标：
  了解研究汽车消费者购买行为的要素及其模式；理解影响汽车消费者购买行为的各种因素；把握我国汽车消费者购买行为的特点，帮助汽车企业按照汽车市场实际情况实施汽车市场营销策略；理解业务市场购买行为的分类方法、影响因素及其购买过程。

  汽车产品具有消费品和生产品的双重特征，所以，汽车市场主要可以分为汽车消费者市场和汽车业务市场。汽车购买行为不仅包括汽车消费者也包括汽车业务市场购买行为，这两个市场的购买行为虽然有一些相似之处，但也有其各自的特点。汽车购买行为分析主要是指研究个人、集团和组织如何选择、购买、使用汽车和获得相关的服务，以满足他们自己的需要。

第一节 影响汽车消费者购买的因素

  面对同样的市场营销刺激因素，不同的购买者会有不同的反应，即表现出不同的行为，这是因为购买者行为受多种因素影响。影响购买者行为的主要因素如图 4-1 所示。

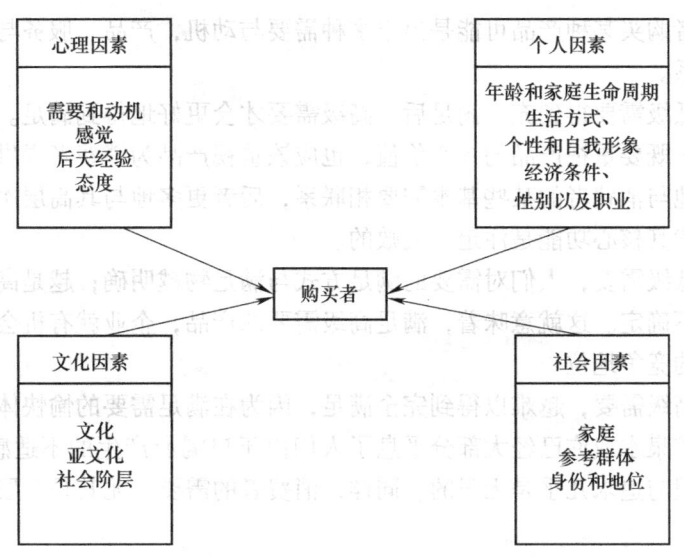

图 4-1 影响购买者行为的主要因素

一、心理因素

一个人的购买行为会受到四个主要心理因素的影响。这些因素是：需要和动机、感觉、后天经验和态度。

（一）需要和动机

消费者为什么购买某种产品，为什么对企业的营销刺激有着不同的反应，在很大程度上和消费者的购买动机密切相关。购买动机研究就是探究购买行为的原因，即寻求对购买行为的解释，以使企业营销人员更深刻地把握消费者行为，作出有效的营销决策。

1. 消费者需要

消费者需要是指消费者生理和心理上的匮乏状态，即感到缺少什么，从而想获得他们的状态。需要是和人们的生活紧密联系在一起的，人们购买产品、接受服务，都是为了满足一定的需要。一定需要满足后，又会产生新的需要。因此，人们的需要绝不会有被完全满足和终结的时候。正是需要的无限发展性，决定了人类活动的长久性和永恒性。消费者需求满足的过程如图4-2所示。

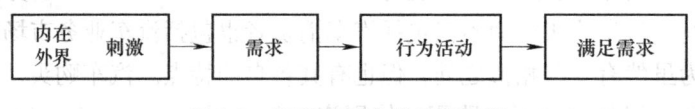

图4-2 消费者需求满足的过程

2. 需要层次论

美国心理学家马斯洛将人类需要按由低级到高级的顺序分成五个层次，即生理需要、安全需要、社交需要、自尊的需要、自我实现的需要。马斯洛认为上述五种需要是按从低级到高级的层次组织起来的，只有当较低层次的需求得到了满足，较高层次的需要才会出现并要求得到满足。从消费者行为分析的角度来看，这一理论对理解消费者行为动机具有重要价值。

首先，消费者购买某种产品可能是出于多种需要与动机，产品、服务与需要之间并不存在一一对应的关系。

其次，只有低级需要得到充分满足后，高级需要才会更好地得到满足。所以，企业在开发、设计产品时，既要重视产品的核心价值，也应该重视产品为消费者提供的附加价值，因为前者可能更多地与消费者的某些基本需要相联系，后者更多地与其高层次需要联系，用产品的附加功能取代其核心功能是注定要失败的。

再次，越是低级需要，人们对需要的满足方式与满足物越明确；越是高级需要，人们对满足这种需要越不确定。这就意味着，满足高级需要的产品，企业就有机会和可能创造产品差异，取得有利的竞争地位。

最后，越是高级需要，越难以得到完全满足，因为在满足需要的愉快体验中又会产生更高的需要。一瓶矿泉水或许已经大部分平息了人们由于口渴所产生的不适感，而人们对爱、尊重和知识的渴望与追求几乎是无限的。同样，消费者的需要，尤其是高层次需要也没有终结的时候。

3. 消费者动机

一个人的购买动机是一种被刺激的需求，它以迫使人们采取相应的行动来获得满足。人们从事任何活动都由一定动机所引起。引起动机有内、外两类条件，内在条件是需要，外在条件是诱因。消费者具体购买动机主要有八种：

（1）求实动机　它是指消费者以追求商品或服务的使用价值为主导倾向的购买动机。在这种动机的支配下，消费者在选购商品时特别重视商品的质量、功效，要求"一分钱一分货"，相对而言，对商品的象征意义、所显示的"个性"、商品的造型与款式等不是特别强调。比如，消费者在购买农用车、轻型车、微型车时，这种求实购买动机就较常见。

（2）求廉动机　它是指消费者以追求商品、服务的价格低廉为主导倾向的购买动机。在求廉动机的驱使下，消费者选择商品以价格为第一考虑因素。他们宁肯多花体力和精力，多方面了解、比较产品价格差异，选择价格便宜的产品。相对而言，持求廉动机的消费者对商品质量、花色、款式、包装、品牌等不是十分挑剔，而对降价、折让等促销活动怀有较大兴趣。

（3）求便动机　它是指消费者以追求商品购买和使用过程中的省时、便利为主导倾向的购买动机。在求便动机的支配下，消费者对时间、效率特别重视，他们特别关心能否快速方便地买到商品，讨厌过长的候购时间和过低的销售效率，对购买的商品要求携带方便，便于使用和维修。一般而言，成就感比较高、时间机会成本比较大、时间观念比较强的人，更倾向于持有求便的购买动机。求便动机的消费者希望前往能够将购车手续全部办好、售后服务及时的商家购车。

（4）求新动机　它是指消费者以追求商品、服务的时尚、新颖、奇特为主导倾向的购买动机。在这种动机的支配下，消费者选择产品时，特别注重商品的款式、色泽、流行性、独特性与新颖性，相对而言，产品的耐用性、价格等成为次要的考虑因素。一般而言，在收入水平比较高的人群以及青年群体中，求新的购买动机比较常见。他们在选购汽车时注意追求汽车的造型新颖和别致，是新产品的倡导者。

（5）求美动机　它是指消费者以追求商品欣赏价值和艺术价值为主要倾向的购买动机。在这种动机的支配下，消费者选购商品时特别重视商品的颜色、造型、外观、包装等因素。求美动机的核心是讲求赏心悦目，注重商品的美化作用和美化效果，在受教育程度较高的群体以及从事文化、教育等工作的人群中是比较常见的。女性消费者购车时求美动机比较明显。

（6）求名动机　它是指消费者以追求名牌、高档商品，借以显示或提高自己的身份、地位而形成的购买动机；同时，还隐含着减少购买风险、简化决策程序和节省购买时间等因素。高收入阶层消费者追求高档、名牌轿车在一定程度上是受求名购买动机的影响。在公众的心目中，汽车这种商品一向被认为是可以反映拥有者身份、地位、财富、品位的一种商品，它既是一种具有代步作用的耐用品，同时又具有某些类似高档时装、珠宝首饰之类奢侈品的特征。因此，汽车行业完全可以利用消费者追求时髦的求名购买动机来增加销售额。

（7）模仿动机　它是指消费者在购买商品时无意识地模仿他人的购买行为而形成的从众购买动机。模仿是一种很普遍的社会现象，其形成的原因多种多样。有出于羡慕、钦佩和获得认同而产生的模仿；有由于惧怕风险、保守而产生的模仿；有缺乏主见，随大流或随波逐流而产生的模仿。持模仿动机的消费者，其购买行为受他人影响比较大。一般而言，普通消费者的模仿对象多是社会名流或其所崇拜、仰慕的偶像。利用明星制作广告的目的之一就是要刺激受众的模仿动机，促进产品销售。

（8）好癖动机　它是指消费者以满足个人特殊兴趣、爱好为主导倾向的购买动机。其核心是为了满足某种嗜好、情趣。比如，国外的汽车收藏者，他们对汽车的选择以符合自己的需要为标准，不关注其他方面。

在此需要指出的是，上述购买动机绝不是彼此孤立的，而是相互交错、相互制约的。在有些情况下，一种动机居支配地位，其他动机起辅助作用；在另外一些情况下，可能是另外的动机起主导作用，或者是几种动机共同起作用。因此，在调查、了解和研究过程中，营销策划人员对消费者购买动机切忌作静态和简单的分析。

（二）感觉

这是影响个人购买行为的另一个重要心理因素。一个被动机驱使的人随时准备着行动，但具体如何行动则取决于他对情境的感觉。具体来说，人们对相同的刺激会有下列三种不同的感觉：

1. 选择感觉

一个人不可能全部接收他所接触的任何信息，有的被注意，有的被忽略掉。一般来讲，购买者愿意接收能够满足眼前需求的信息、与购买者所持的态度和看法相一致的信息，而拒绝那些与其态度和看法相冲突的信息、购买者未知领域的信息等。

在汽车市场营销领域中，外观、价格、广告、品牌、性能等都是潜在消费者接收与否的信息。如果企业要使自己所发布的信息成为购买者可接收的信息，首先必须使这些信息与消费者的需求和看法协调一致。另外，这些信息还必须减少消费者的存疑。

2. 选择扭曲

有些信息被购买者注意和接收，但其影响作用不一定会与信息发布者原来所预期的相同。因为在购买者对其所接收信息进行加工处理的过程中，每一个人都会按照自己的一套方法加以组织和解释。也就是说，购买者一旦将信息接收过来，就会将它扭曲，使其与自己的观点和以前接收的信息协调一致起来，因此就使得接收到相同信息的购买者会有不同的感觉。

3. 选择记忆

人们对其接触、了解过的许多信息常常会遗忘，只记得那些与其观点、意气相投的信息，即购买者往往会记住自己喜爱品牌的优点，而忘掉其他竞争品牌的优点。

由于上述三种感觉加工处理程序，使得同样数量和内容的信息，不同的购买者会对其产生不同的反应，而且都会在一定程度上阻碍购买者对信息的接收。这就要求市场营销人员必须采取相应的市场营销策略，如大力加强广告宣传，不断提高和改善商品的质量和外观造型等，以打破各种感觉障碍，使企业的汽车产品信息更易为消费者所注意、了解和接收。

（三）后天经验

所谓后天经验是指影响人们改变行为的经验。它既可表现为公开行动的改变，也可表现为语言和思想上的改变。后天经验论者认为：人们的购买动机除了少数基于本能反应和暂时生理状态（如饥饿）外，大多数是后天形成的；人类后天经验的形成是驱力、刺激物、提示物、反应和强化相互作用的结果。驱力或动机，是引发行动的内在动力；反应则是指消费者为满足某一动机所做出的反应或选择；刺激物或提示物是决定人们何时、何处以及如何反应的微弱刺激因素；强化是指如果某一反应能使消费者获得满足，那么消费者便会不断做出相同的反应和选择。

后天经验理论对市场营销人员有多方面的意义：首先，它说明要发挥市场营销作用就要按一定的价格、在一定的地点和时间将商品提供给消费者满足其需求（驱力所向的需求）。其次，既然购买是需求的反映，企业必须广泛运用信息通报手段，通过说明各种疑难问题的解决办法，促进动机实现或使反应强化等来使购买者产生需求欲，进一步做出购买反应。

（四）态度

态度是人们对某个事物所持的持久性和一致性的评价和反应。态度影响个人对其他人、其他事物和事件的判断方式和反应方式。态度是由认识、动情、追求三部分组成的。态度一旦形成，不会轻易改变。作为企业，应注意研究消费者态度的形成过程，以引导消费者对企业及产品产生肯定的正方向的态度，这对企业产品的销售是极其有利的。

二、个人因素

（一）年龄和家庭生命周期

消费者的需求和购买能力往往会因年龄的不同而发生变化。家庭生命周期是指一个以家长为代表的家庭生命的全过程，从青年独立生活开始，到年老后并入子女的家庭或死亡时为止。显然，在不同阶段，同一消费者及家庭的购买力、兴趣和对商品的偏好会有较大差别。例如，上海别克轿车外观沉稳、庄重、气派，成为35~45岁以及45岁以上事业有成、稳健持重型顾客的主要购买品牌。

（二）生活方式、个性和自我形象

生活方式是一个人在生活中所表现出来的活动、兴趣和看法的整体模式。不同的人追求不同的生活方式，所以人们对产品的喜好和追求也就不同。个性是指一个人特有的心理特征，它会导致一个人对其所处的环境做出相对一致和持续不断的反应。一个人的个性，会通过自信、支配、自主、顺从、交际、保守和适应等性格特征来表现。企业依据个性因素细分市场，可以为其产品更好地赋予品牌个性，以期与相对应的消费者个性相适应。在现实社会中，每个人都在追求自我形象的塑造，会驱使消费者寻求与其自我形象相一致的产品、品牌，采取与自我形象相一致的消费行为。SUV概念车就是为追求时尚和个性化的消费者设计的。

（三）经济条件、性别以及职业

经济条件决定购买能力，直接影响购买决定。同时，不仅男女有别，一个人的职业也会影响其消费模式。高、中、低档轿车就是针对不同经济收入的消费者，而女性消费者也成为汽车厂家锁定的目标，推出了各种女士专用车。

三、文化因素

文化因素对个人需求和购买行为的影响极其深广。其中，最主要的有文化、亚文化及社会阶层三个方面。

（一）文化

一个人在社会中成长，受到家庭以及社会组织潜移默化的影响，习得一套基本的价值观念、风俗习惯和审美观，并形成一定的偏好和行为模式。

1. 价值观念

价值观念是人们对社会生活中各种事物的态度和看法。不同的文化背景下，人们的价值观念相差很大。在现代文明中，汽车可能是司空见惯的商品，而在另一种文化下，如边远落后的地区，汽车对他们就毫无意义可言。

2. 风俗习惯

风俗习惯是人们在一定的社会物质生产条件下长期形成并世代相传的，成为约束人们思想、行为的规范，并且影响消费者的购买行为。

3. 审美观

不同的消费者有不同的审美观。审美观不是一成不变的，会受到社会舆论、社会观念等多种因素的影响，并制约着消费者的欲望和需求。

（二）亚文化

由于各种因素的影响，使人们的价值观念、风俗习惯及审美观表现出不同的特征，这就是亚文化。

1. 民族亚文化

每个民族在宗教信仰、节日、崇尚爱好、图腾禁忌和生活习惯方面，都有其独特之处，会对该民族的消费习惯产生深刻的影响。

2. 宗教亚文化

世界上有许多种宗教，不同的宗教有不同的文化倾向和戒律，影响消费行为。

3. 地理亚文化

不同的地区会有不同的风俗、习惯和爱好，从而使消费行为带有明显的地方色彩。美国人的奔放、日本人的精细、德国人的严谨、英国人的贵族遗风，这些地理亚文化直接影响着不同国家汽车的设计风格和消费者的购车偏好。

（三）社会阶层

在一个社会里，每一阶层的成员具有类似的行为、举止和价值观念。具体来讲，社会阶层有以下几项特征：①同一阶层的成员，行为大致相同；②人们依据所处的社会阶层，可排列出其地位的高低；③社会阶层不单由某一变数所决定，而是由职业、收入、财富、教育、价值观等综合决定；④个人可能晋升到更高阶层，也可能下降到较低阶层。不同社会阶层的人，在购买行为上和购买种类上都具有明显的差异性。因此，汽车企业要将此作为细分市场的一项重要因素。

四、社会因素

消费者的购买行为还会受到社会因素的影响，这些社会因素主要有：家庭、参考群体、身份和地位等。

（一）家庭

家庭成员是对消费者行为影响最大的主要参考群体，如父母、配偶和子女。双亲直接教导和潜移默化获得的心智倾向和知识对消费者潜意识的行为有明显的影响；配偶和子女则是其购买决定的直接参与者。

（二）参考群体

参考群体是指能够影响一个人的态度、意见和价值观念的一群人。参考群体可以分为所属群体与相关群体。

1. 所属群体

所属群体由与一个人直接接触、关系密切的一群人组成，包括家庭成员、邻居、至亲好友、同事、同学、社会团体成员等，对一个人的影响最大。

2. 相关群体

相关群体是指个人不属于这一群体，但态度与行为受其影响。比如"追星族"，有关明星的一举一动，无不在他们身上引起巨大反响。

参考群体的存在，可以为其成员展示各种可供选择的消费方式，如引起成员的仿效欲望，形成一种无形的压力，从而促使成员的行为趋于一致。

（三）身份和地位

每个人的一生中都会参加许多群体和各类社会组织的活动。一个人在群体中和组织里的位置，可用身份和地位来确定。消费者往往会结合考虑自己的身份和社会地位做出购买选择。对于汽车这种高档耐用消费品来讲，一个人的身份和地位在很大程度上会影响其购买选择。

第二节 汽车消费市场购买行为分析

汽车消费者是指为了消费而购买和使用汽车商品的人，它包括个体消费者和家庭消费者两类，具体表现为个人消费。从这个角度来说，这里的汽车商品是最终消费品，它不用于再生产。汽车消费者所组成的市场称为汽车消费市场。

一、汽车消费市场的主要特点

我国汽车消费市场的主要特点有：

（一）汽车消费市场容量极大

无论是从发达国家的发展历史来看，还是从我国近几年的国家政策及汽车销售数量的增长来看，我国的私人汽车消费市场在不断地壮大，而且将成为我国汽车消费的主体市场。

（二）汽车消费品属高档耐用选购品

消费者在挑选和购买汽车产品的过程中要特别比较其可靠性、安全性、价格、式样等特性。因此，消费者在购买汽车产品时，往往会跑多家汽车市场去比较其品质、价格和式样。同时，汽车消费者购买汽车，绝大多数属小型即单件购买。

（三）汽车消费需求具有多样性

因为汽车消费者市场范围广、人数多，各人的购买因年龄、收入、地理环境、气候条件、文化教育、心理状况等的不同而呈现很大的差异性。他们自然会有千差万别的爱好和兴趣，对于轿车的需求也是不同的。这就是汽车消费品需求的多样性特征。因此，汽车企业在组织生产和货源时，必须把整个市场进行合理细分，不能把汽车消费者市场只看做一个包罗万象的统一大市场。

（四）汽车消费需求随着时代的发展而发展

人们对汽车商品的需求会随着生产力的发展和人民生活水平的改善而不断提高。大力发展家用轿车已经成为我国汽车工业的一个目标。同时，汽车消费需求常常受到时代精神、风尚、环境等的影响。对于美国来说，每当经济周期处于发展期的时候，豪华型轿车就会成为汽车市场的主流产品；而当经济衰退或者石油价格上升时，低耗油的经济型轿车就会成为市场的宠儿。在我国，低耗油的经济型轿车将会成为市场的主流产品。

（五）汽车消费需求具有明显的层次性

人们的需求是具有层次性的，虽然各个层次之间难以截然划分，但总是遵循着马斯洛的需要层次理论，先满足最基本的生活需要，再满足高层次的社会需要和自我实现需要。在社会经济水平比较低下时，人们首先需要满足的是基本的生活需要，而当经济发展后，购买商品时将更多地满足社会性、精神性。

（六）汽车消费需求具有连带效应

许多消费品之间具有互补作用，也有一些可以互相替代。互补型的商品具有"一荣俱荣，一辱俱辱"的特点；而对于可以互相替代的商品，一旦某种商品销量上升，其他的就会下降，也就是处于竞争状态。譬如说，汽车销量上升时，汽车装潢业、维修维护业的业绩也会上升；但是，如果一段时间内二手车市场相对繁荣，不可避免地会使一手车市场的销售量下降。

（七）汽车消费市场属非专业购买

大多数消费者购买汽车商品都缺乏汽车方面专门知识，一般消费者很容易受广告宣传或其他促销方法的影响。因此，企业必须十分注意广告及其他促销工作，努力创名牌，建立良好的商誉，这样有助于扩大产品销路，有助于市场竞争地位的巩固。

（八）促销可诱导汽车消费需求

汽车企业可以通过营销活动的努力来转移或改变人们的汽车消费需求。首先，潜在的汽车消费需求可以通过促销诱导，使之成为现实的消费需求。甚至，汽车企业可以通过营销活动创造出消费需求。例如，20年前还不了解家庭轿车的中国消费者，这20年来通过广告宣传，年轻一代不但希望拥有家庭轿车，同时也接受了将私家车作为人生价值判断的一项标准。

二、汽车消费者购买行为的基本模式

消费者行为是指消费者在寻求、购买、使用、评估和处理预期能满足其需要的产品和服务所表现出来的行为。消费者购买行为研究就是研究人们如何作出花费自己可支配的资源（时间、金钱和精力）到有关消费品上的决策。

消费者接受外部刺激所做出的反应是购买者行为的外显现象，可以通过直接观察或访问去了解；至于消费者是如何消化各种外部刺激，进而形成自己的独特反应，则是一个难以揣摩的问题，这是购买者复杂的内在心理作用过程的结果，即所谓的"黑箱作业"的结果。但是这种导致各种具体购买行为形成的购买者心理过程，却是现代企业市场营销决策人员必须了解的问题。

消费者购买行为模式如图4-3所示。

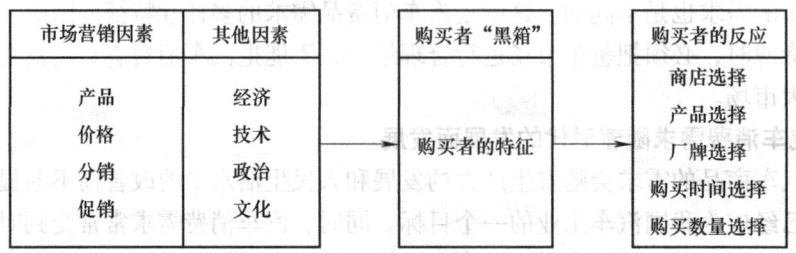

图4-3 消费者购买行为模式

购买行为的形成经过如下三个阶段:

(一) 投入刺激

消费者购买行为中的投入因素,首先,是各种宏观环境刺激,即"大气候",即市场环境中的经济、技术、政治、文化等因素,对"黑箱"发生显著的影响;其次,是各个企业的市场营销刺激,包括产品、价格、分销、促销等因素。同时,这些因素的变化和不同组合形式,又成为影响消费者"黑箱"的具体而又直接的"小环境"。

(二) 黑箱作业

"黑箱作业",首先是消费者的心理活动。外部刺激和消费者个人特征活动中对各种事物的认识、情绪和意志,并制约其反应。然后是消费者的购买决策过程。它从消费者认识到需要开始,购后使用、消费完毕告一段落,往复循环又不断变化。在这个过程中,消费者必须作出一系列的判断和决定。

(三) 产出反应

在诸多因素的共同作用下,消费者最终将作出一定的反应,决定如何满足需要和欲望。消费者行为从此开始,由观念形态进入现实之中,决定购买什么、为何购买、由谁购买、何时购买、何地购买、如何购买,等等。

所以,通过对消费者购买行为的研究分析,一个企业既要善于利用"大气候",营建利于自己市场营销的"小环境",也要善于分析消费者"消化"外部刺激和"产出"的规律性,这样才能制订出有效的市场营销战略。

三、消费者购买行为分析

消费者的购买行为会因为购买决策类型的不同而变化,在购买日常生活用品和购买耐用品时会存在很大的不同。越是复杂的决策,参与决策的人就可能越多。消费者本身在购买决策的过程中会发生复杂的心理活动,这种复杂的心理活动支配着消费者的行为。美国学者阿萨尔根据消费者在购买过程中参与者的加入程度和品牌的差异程度,将消费者的购买行为分为以下四种类型。

(一) 复杂的购买行为

汽车商品属于价格昂贵、有风险的商品,消费者在购买时往往会格外谨慎,并且注意现有各品牌或各品种商品之间的差别,这就是复杂的购买行为。由于通常情况下购买汽车的消费者不可能熟悉汽车行业或者熟悉汽车构造,因此,当他们在选购汽车之前往往要有一个学习、了解商品的过程。若所购买的商品价格越昂贵,占其收入的比重越高,这个学习的过程就越长、越复杂。这个过程可以分为三个步骤。首先,消费者产生对产品的信念;其次,对产品和品牌形成态度;最后,采取购买行动。

在汽车销售过程中,现场的销售人员对交易的成功与否起着极其重要的作用,消费者通常会征询销售人员的意见,并根据他们的介绍和反应作出判断。作为销售人员,必须认真观察消费者的举动,并尽可能收集有关信息,以评估消费者的需要;同时,在做产品介绍和示范时,要体现出专业化的特点(专业化可以给消费者带来安全感和信任感),并突出该产品品牌的优势,强调品牌的市场地位、影响和特点,从而提高该品牌汽车在消费者心目中的地位。例如,上海大众要求帕萨特销售人员在和客户接触过程中必须了解客户需求,明确客户对帕萨特的认知和偏好,所以要求他们:有针对性地介绍帕萨特产品的基本知识和帕萨特助理式服务的基本知识；帮助客户明确对产品的需求，包括型号、颜色、车型、基本装备和选装件；以及在车辆介绍服务中要求强调专业化，即语言表述简洁，专业术语得当，并辅以通俗性的解释等。

在这种复杂的购买行为中，朋友和亲属的意见也会影响消费者的购买决定。曾经有美国学者作出统计，企业每得罪一位顾客，就会直接或者间接失去25位顾客。在汽车营销活动中，企业应当注意这个统计数据。

（二）减少失调的购买行为

当品牌之间差异很小，但是该类商品的价格又比较高或者购买风险高的时候，消费者也会在购买时持谨慎态度。此类产品的营销重点在于介绍产品的用途和特点，帮助消费者建立购买信心。

（三）习惯性的购买行为

许多产品的购买是在消费者低度介入，并且所购买商品的不同品牌没有多大差别的情况下完成的。绝大多数食品和日用消费品都属于此类商品。消费者往往会因为习惯而长期购买某一品牌的产品，但是，他们对该品牌并不了解，也称不上是品牌忠诚者。他们对该品牌的好感或者习惯，会很容易因为外界的刺激而改变。例如，当别的品牌产品进行折扣销售时，消费者会毫不犹豫地放弃原先习惯的品牌。此类商品的营销活动中，广告和销售促进都是转移消费者注意力的一种有效手段，尤其以电视广告的影响力最为强烈。

（四）寻求品牌的购买行为

这是指一些消费者低度介入那些差异很大的品牌。在这种情况下，消费者会经常改变品牌选择，并且，改变品牌选择并非因为对产品不满意，而是由于市场上有大量可选择的品种。消费者的好奇心在这种购买行为中起了很大作用。

显然，消费者这四种比较典型的购买行为，对于汽车生产和销售企业来说，需要研究的只是第一种购买行为。这是由汽车商品本身的特征所决定的。

四、汽车消费者购买决策过程

（一）参与购买的角色

对于许多产品来说，识别购买者是相当容易的。例如，购买日用品的通常都是女性。但是，对于其他的商品，如汽车，即使是现场销售人员，可能也需要经过一段时间的观察才能确定谁在这笔交易中占主导地位。在很长一段时间内，人们主观认为，在汽车购买中占据决定地位的是男性，因此，大多数汽车广告的表现主题是"成功男士"。然而，1999年美国汽车行业作出的市场调查显示：近十年以来，女性在购车过程中占决策地位的比例越来越高。意识到这一点后，美国著名的整车生产企业都推出了一些以"独立、能干的女性"为诉求对象的广告。在一个购买决策中，尤其是在复杂购买行为的决策中，可以区分出这样五种角色：

1. 发起者

发起者是指首先提出或者有意向购买产品或服务的人。

2. 影响者

影响者是指其看法或建议对最终决策具有一定影响的人。假设一个家庭决定购买一辆轿车，这个家庭的亲朋好友、家庭中的妻子以及这个家庭中已经成年的孩子，都可能扮演着影响者的角色。

3. 决策者

决策者是指在整个购买行动中起决定性作用的人。上面提到的那个购车家庭中的丈夫往往是决策者。

4. 购买者

购买者是指最终实际采购的人，通常也是家庭中的丈夫。

5. 使用者

使用者是指实际消费或使用产品或服务的人。实际购车的人以及扮演决策者的人都未必是最终的产品使用者，可能是丈夫要送车给妻子，也可能是父母为孩子购车。

（二）消费者的购买程序

消费者的购买活动是一个解决需要问题的过程。在这个过程中，既有看不见的心理活动，又有表露于市场上的有形活动。一般来讲，消费者的这一决策过程有五个阶段。图4-4即为消费者购买决策过程的模型。

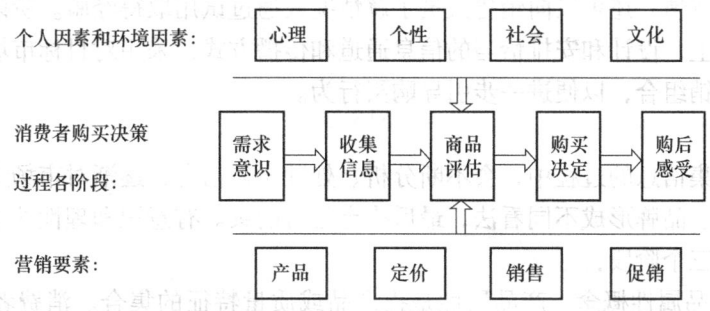

图4-4 消费者购买决策过程的模型

1. 需求意识

需求意识是指消费者发现现实状况与其所想达到的状况之间有一定的差距，产生了相应解决问题的要求。购买过程的起点是消费者意识到某种需求，促使消费者认识到需求的因素有：

1）物品的短缺。由于没有，消费者要考虑购买问题。

2）收入的变化。收入增加、收入减少都会使消费者认识到新的需要。

3）消费的潮流。比如，摩托车取代已有的自行车，轿车取代已有的摩托车。

4）促销的力度。轿车的大幅降价会强有力地影响消费者的购买欲望。

任何购买行为都是由动机支配的，而动机有时由需求所引发，因此，需求是购买过程的起点。如上所述，需求可以由内在或者外在的刺激引起，同时，营销活动也可以唤起需求。尤其是当一个新产品问世时，需求通过一系列营销活动使消费者认识到该产品的作用，从而引发需求。例如，安全气囊从发明至今，并没有确切的试验或调查数据可以证明其对于减低车祸时的伤亡率有多大帮助，但是，经过各个生产厂家的宣传，人们已经认定安全气囊对于行车安全有十分重要的作用，所以，时至今日，安全气囊已经成为中高档汽车的必备配件。

2. 收集信息

消费者的需求一旦被唤起，同时，又有满足这个需求的能力，消费者就会转入信息收集阶段，通过信息的收集来确定消费者是否需要实行购买行动，以及购买什么样的品牌或品种。由于汽车商品的特征，消费者在产生购买汽车的需求时，对信息的收集会比较注重，所耗费的时间也会较长。汽车营销人员需要关注的是，消费者通常通过什么样的渠道来获得信息。消费者的信息来源有四个方面：

（1）个人来源　这是指通过家庭、朋友、熟人、邻居等获得信息，即经由私人交往范围掌握的有关信息。

（2）商业来源　如广告、推销人员介绍、经销商推荐、产品包装和展销等企业促销手段提供的信息，是企业可控制的信息来源。

（3）公共来源　这是指通过各种新闻媒介、消费者权益组织的评价、官方公布的材料得到的信息。

（4）经验来源　亲自经由产品使用、消费、试验所得到的看法，这是一种有限的信息来源。

对于购买汽车，消费者可以通过熟人、同事、亲友等个人消息来源收集信息，也可以到汽车销售点了解行情，还可以向销售人员了解情况或通过试用取得经验。所以，企业要在调查、分析的基础上，设计和安排恰当的信息通道和传播方式，采用对目标市场影响最大、信息数量最多的促销组合，以便进一步引导购买行为。

3. 商品评估

消费者在收集信息的过程中，会不断分析、处理所得信息，逐渐对市场上能够满足其需要、欲望的产品、品牌形成不同看法，最后决定是否购买。有意识和理性的消费者对产品的判断，一般分为三个阶段：

（1）建立产品属性概念　产品属性是指产品或质量特征的集合。消费者对各种产品属性的关心程度因个人重视程度不同而异。

（2）建立品牌形象概念　品牌形象是指对某一特定品牌所持的信念。比如，确认哪种品牌在哪一种属性上占优势，哪一种属性上相对较差。

（3）建立"理想产品"概念　消费者期望从产品中得到满足，市场上实际出售的各个品牌未必完全符合其理想，消费者只能在"理想产品"概念的前提下，选择最接近"理想"的品牌。购买汽车的人需要对不同厂家生产的汽车及车型有所了解，知道有什么差别。人们可以根据面漆颜色、款式、价格、声誉、质量和服务情况等依据，从可供选择的商品中选择最符合自己需要的品种。

在信息收集过程中，消费者会自然形成一组被选方案；再根据所收集的信息加以细分、对比，从而作出选择。消费者在方案评估中的心理活动以及用以评估各方案的依据，对于营销人员来说是十分重要的。例如，一个汽车消费者在收集资料后可能初步确定会在大众、通用或者丰田这三家公司的产品中选择其需要的汽车。最终，该消费者选择了大众。汽车营销人员所感兴趣的就是：该消费者选择大众的理由是因为品牌的知名度、产品的功能恰好符合他的要求，还是受到朋友的影响。营销人员如果能够掌握这些信息，就可以改进营销手段。厂家也可以根据这些信息，考虑是否要改进现有的产品或者开发新品种的汽车。

4. 购买决定

通过选择评价，消费者最后作出的决定有两种：一是现在买；二是以后买。购买决定的基础是理性和感性购买动机。理性购买动机是消费者在对产品各种特点（成本、质量及用途）进行详细分析评估的基础上才作出购买决定，是属于理性购买的范围；感性购买动机导致非理性购买决定，许多非理性购买决定是在一时冲动的情况下作出的。汽车产品的购买多属于理性购买。

消费者一旦决定实现购买意向，必须做出以下五个方面的购买决策：

1）品牌决策——最终决定购买哪种品牌。
2）经销商决策——到哪一家商店购买。
3）数量决策——买多少。
4）时机决策——什么时间购买。
5）付款方式决策——一次付款还是分期付款，现金购买还是其他方式购买。

在评价阶段，消费者最终只是在被选择的各品牌之间产生一种偏好。但是，这种偏好和最终的购买决策之间仍然会出现不统一。其他人的态度，预期购买收益的变化和新产品上市，以及消费者自身对于未来情况的预测，都可能改变其最终的决策。例如，消费者在评估阶段已经产生对奥迪轿车的偏好，但是，由于其工作的行业突然出现不景气现象，许多同行业的公司纷纷开始裁员，那么该消费者可能出于对未来经济状况的预期降低而放弃这次购买，或者选择价格相对低廉的经济型轿车。轿车的价格大战使得很多潜在消费者抱着观望的心态，等待更低的价格出现，这种持币待购的现象使价格大战并没有得到预期的效果。

5. 购后感受

消费者购买商品以后，会通过使用或消费检验自己的购买决策，重新衡量购买是否正确，确认满意程度，以便作为今后类似购买活动的参考。例如，消费者对自己购买的大众桑塔纳轿车"高度满意"，今后，当他打算另一次购买汽车时，如打算购买一种高档轿车，他很可能根据以往的经验，很自然地继续选择大众的产品，如帕萨特轿车或者奥迪轿车。

根据"预期满意"理论，消费者购后感到满意与否取决于期望与实际效用的一致性，它们存在以下三种关系：

（1）实际效果与预期完全相符 消费者不会不满意。
（2）实际效用大于期望 消费者必然非常满意。差距越大，消费者满意程度越高。
（3）实际效用小于期望 消费者会产生不满意。差距越大，消费者不满意感越强。

消费者使用后的感受是很重要的，企业希望消费者在使用产品后会感到满意，从而成为回头客甚至是持久客户。而感到不满意的消费者可能会抱怨、提出起诉或公开批评这种商品或生产厂家，他们可能不会再买这种产品，而这类顾客更有可能把经历告诉他人。实际上，口头宣传可以成为最具影响力的营销手段，但也可以成为最具打击力的手段。

怀疑购买决定的合理性会造成购买后悔感，有时也称"买主懊悔"。对企业而言，设法消除"买主懊悔"是完全必要的，这对贵重商品尤为重要。为了避免引起"买主懊悔"，汽车企业要使尽可能多的消费者感到满意，营销管理人员应尽力增强消费者的信心，坚信购买决定是正确的。例如，国外大型的汽车公司（如日本丰田汽车公司、美国福特汽车公司、通用汽车公司等）都普遍执行售后汽车产品的"召回制度"和兼营"二手车业务"，通过无偿或少量的有偿服务使顾客满意，增强顾客对产品的满意度和信任感，这对于建立长期稳定的产品销售市场有着重要的意义。上海大众公司的帕萨特助理式服务注重售后服务，要求销售人员定期与完成购买的消费者进行沟通，了解消费者对产品的意见，并协助消费者解决问题；同时，还要求销售人员定期给消费者提供各种相关资料，强化消费者的品牌忠诚度。对

于处理消费者的投诉，要求经销商设专人解决有关投诉的各种问题；负责解决投诉的人员应具备较高的专业素质和协调能力，能够解决有关服务与技术的专业问题；解决投诉一定要有时效性等。

营销人员需要注意的是，即使消费者对所购买的产品表示"满意"，并且出现重购行为，仍然不代表该消费者对该项产品的每一项内容都满意。例如，他可能对所购买汽车从性能到外观都表示满意，但是却认为该汽车经销商在为其上牌照时花费了太多的时间。这些隐藏在"满意"中的不满意，尤其对产品的说明书、经销商的配套服务商的不满意，很可能就注定了该消费者不会成为该品牌的忠诚者。消费者如果对自己购买的汽车"非常满意"，那么，他不仅会出现重复购买，或者对该品牌产生特殊好感，还可能会向熟悉的人推荐该品牌的汽车。这种推荐，对于汽车生产商和经销商来说都是十分宝贵的财富。因此，汽车企业应当关注消费者的购后行为，并且以此作为一项参考依据，用以改进产品或者寻找新需求，并进行新产品或新功能的开发研究。企业经营者还应当关注消费者购买商品后最终是如何处置该商品的。如果购买了一辆汽车后却很少使用，或者很快就购买了另一辆汽车，那么经营者就应当想到，该产品对于这位使用者来说可能存在很大的问题，必须深入调查寻找其真正的原因。

第三节 汽车业务市场购买行为分析

汽车业务市场是一种最为典型的组织机构市场。生产和销售汽车的企业不但出售产品，同时，他们还需要买入大量的原材料、制造件、工厂与设备等。由于汽车商品本身具有消费品和生产资料的双重特征，因此，研究业务市场的购买行为对于汽车市场营销活动具有重要意义。汽车业务市场根据购买者的性质和购买目的不同可以分为汽车产业市场、机构和政府市场。汽车业务市场和汽车消费者市场有许多共同之处，但也有其各自的特点。一般来讲，汽车业务市场与汽车消费市场的主要区别在于两者购买产品的用途与目的不同，如同样都是购买轿车，汽车业务市场购买轿车是通过营运获取利润，而消费者市场购买轿车是为供自己消费使用。

一、汽车业务市场的特点

与汽车消费市场比较，在向业务购买者出售商品或服务的过程中要牵涉更多的项目和资金。所以，汽车业务市场具有以下明显的特点：

（一）市场规模最大

这一市场包括商务用车市场、经营用车市场和公务用车市场，涉及各种领域的经营单位、组织机构、行政事业单位，其中工业企业和交通运输业是最主要的用户。

（二）市场需求衍生

汽车业务市场的需求一方面取决于对消费品的需求，当汽车消费市场的需求情况出现变动时，相应的汽车业务市场上的需求情况也会发生变化。例如，如果汽车租赁行业持续出现疲软，租赁厂商就必然会减少或者停止购买车辆。另一方面，汽车业务市场的需求是以生产发展和经营活动的拓展为原动力。它缘于生产、经营发展的需要，以企业不断追求经济效益为目的，依据社会需求状况与经营效益来确定汽车市场规模。所以，企业以自身的经济实力为购车后盾，根据购车后将带来的经济效益作出购车决策。

（三）购买规模较大

在汽车消费市场上，汽车企业的潜在客户也许就是所处地区的所有人。而对于汽车业务市场，一家汽车销售厂家的潜在客户最多是所处地区的所有企业和组织，并且其购买者绝大多数是企业单位，数目相对汽车消费市场要少得多。但是，它们每次购买数量、金额却很大。一个消费者一般一次只会向一家汽车销售商购买一辆汽车；而一家运输公司一次可能会购买几辆甚至几十辆汽车。又比如汽车零部件的大客户是各主机厂，其总采购数量占零部件生产厂的70%以上。

（四）供需关系密切

在现代汽车市场营销中，许多整车生产厂家有自己固定的原材料和零件的供应商，他们通常签订长期合同，如果不出现特殊事件，这种相互间的供需合作不会轻易中断。例如，世界上最大的汽车零配件供应商德尔福，就固定向诸如通用、福特等整车生产厂供货。中国的浙江万向集团多年来致力于汽车零部件产业，现已拥有万向节、轴承、等速驱动轴、传动轴、制动器、减振器、滚动体、橡胶密封件八大系列，以及悬架、制动两大系统产品。该集团通过实施"三接轨"，即接轨跨国公司运作，接轨先进技术，接轨国际主流市场，在全球市场建立了服务网格，为全球主机及大众客户提供仓储、配送等服务。

（五）需求弹性较小

汽车业务市场的总需求并不受价格变化的影响。对于汽车整车生产厂家来说，只要所生产的车辆的需求没有发生变化，即使零部件价格上升，也不会明显减少对零部件的需求。而在汽车消费市场上，如果汽车的价格上涨，消费者就可能放弃近期的购车计划，从而减少对零部件的需求。

（六）专业专职采购

汽车业务市场上的采购是由受过专业训练的人来执行的，有些企业甚至会选择采购代理商。这和汽车消费市场最大的不同在于，汽车消费市场上的购买者往往对所购买的汽车商品并不熟悉，而汽车业务市场上的采购员通常了解所购买产品的特征，甚至了解生产工艺，并且有较强的选购、比较和议价能力。

（七）多人影响购买

汽车业务购买中的影响者比消费者购买中的影响者多很多。这是因为汽车作为业务品的购买过程除了同一个采购部门的人，企业采购部门的领导乃至工作人员都可能影响最终的购买决策，尤其是在购买主要汽车商品时会有高层管理人员介入。

（八）直接采购商品

汽车业务市场上的购买者通常直接从生产商那里购买产品，而非从中间商环节购买，尤其是采购批量大、价格昂贵、工艺复杂的商品时。例如，一家汽车租赁公司准备购买一批普通型桑塔纳轿车用于租赁业务时，通常会直接和大众公司或神龙公司联系，而不是在经销商处购买。

二、汽车业务市场的顾客

构成汽车业务市场的顾客主要有以下产业的企业：

（一）工业

这里所说的工业企业是指从事工业性产品（服务）的生产经营活动的企业，包括采掘工业和加工工业。工业企业是汽车市场最主要的用户之一，现代工业发展离不开交通工具，现代工业的发展带来了大规模的汽车需求。

（二）农业

从事农、林、牧、渔、采集等生产经营活动的农业企业，采购汽车主要用于农副产品收获运输、农用生产资料运输、农村生活品运输、建筑材料运输、客流交通及乡镇企业用车等。

（三）交通运输业

利用运输工具专门从事公路运输生产或直接为公路运输生产服务的企业，该企业采购的车辆主要用于城镇交通中的公共汽车、出租汽车、城镇、乡村间的长途与中短途公路客货运输用车等。

（四）建筑安装业

建筑安装业的汽车采购企业是指主要从事土木工程和设备安装工程施工的企业，通常包括建筑公司、工程公司和建设公司等，其采购的车辆除客货运输车辆外，还包括特殊要求的工程车辆。

（五）旅游观光业

旅游观光业是指以旅游资源为凭借，以服务设施为条件，通过组织旅行游览活动向游客提供服务的服务型产业。此类产业企业采购车辆以客运为主，并逐步向高档化发展。

（六）商业

这里的商业企业主要是指从事贸易、零售等活动的企业。其车辆主要用于货物运输和商务乘用车。

（七）金融保险业

构成汽车业务市场的金融保险业企业由专门经营货币和信用业务的企业组成，其中主要有银行、保险公司。

三、汽车业务市场购买行为类型

汽车业务市场的购买行为复杂，购买过程不仅要面临一整套决策，而且在决策中还必须考虑各种不同的情况。其主要购买类型有以下三种：

（一）直接重购

直接重购是指对于以前购买过的产品（通常是质量规格相同，又需要不断补充的产品），只要采购部门对以往的购买满意，生产企业就会按照惯例购买一直在采购的产品，甚至定期、定量向同一个供货商购买。采购部门依据过去的订购目录和基本要求，继续向原来的供应商订货，不作较大的变动，只有数量上的调整。因此，在这种情况下，作为已经被列入生产企业供应商名单的供应商，要努力保持产品质量和服务水平，以努力稳定现有顾客和市场占有率；对于那些未被列入生产企业供应商名单的供应商，则应设法争取部分订货，使生产企业通过比较，重新考虑货源，成为他们的供应商。

（二）修整重购

修整重购是指当购买者希望修改产品规格、价格或其他条件时的购买行为。生产企业为了某种原因，诸如开发新产品、改良老产品、增加新业务等原因，改变所购产品的品种、规格、价格或其他条件，甚至变更供应商。修整重购中参与决策的人数比直接重购中的人数要多，对供应商名单内的供应商威胁很大，是一种压力，必须尽全力保住其客户；对于供应商名单外的供应商，则意味着是一种市场机会，以争取到新的订单。

（三）新购

新购主要是指企业为了进行新的生产加工任务或进行设备改造，要求购买新的设备装置的购买活动。新购的参与决策者最多。新购产品成本越高，风险越大，参与决策的人员和所需的市场信息就越多。生产企业首次购买某种产品时，通常有一整套衡量标准，并以此为标准考虑一批可能的供应商。这种情况对于所有的供应商都是一个市场机会。供应商应当设法尽可能接触主要的采购者和影响者；甚至可以组成专门的促销小组，对不同的决策影响者采用不同的对策和措施，并且根据对方的需要对所能提供的产品进行改进，以求达成交易。

四、影响购买行为的主要因素

汽车业务采购人员在作出购买决策时会受到一些因素的影响，而更多的时候，是几个因素共同起作用。一般来讲，对业务采购人员的影响可以分成四类，即环境因素、组织因素、人际关系因素和个人因素。

（一）环境因素

环境因素是指采购人员所处企业的内外部环境，主要是当前和未来的经济状况、本企业产品的需求状况、技术发展水平的变化情况、政治法律环境等，这些因素都会影响采购。例如，如果政府出台限制私人购车的政策，汽车租赁公司根据市场调查，认为未来私人对用车的需求量会增大，那么就可能作出增加车辆购买的决定。如果政府出台环境保护政策，需要买车的企业就应当考虑到，出于保护环境，政府可能在不久之后以法律、法规的形式限制汽车的排量、噪声等指标。所以，企业在当前作出采购决策时就可以考虑购买环保型汽车。又譬如，我国政府曾经多次对国家公务人员和国有企业领导干部的用车标准做出硬性规定，这就限制了此类型企业或组织的购车标准。

（二）组织因素

组织因素是指采购组织的具体目标、政策程序和组织结构。营销人员必须尽量了解采购组织的这些问题，关注采购部门在企业组织结构中的变化趋势。现代企业采购组织有如下几种变化趋势：

1. 地位升级

因为采购部门涉及的管理费用占到企业成本的大部分，特别是汽车行业的企业，它们为了增强竞争能力，开始逐步提升采购部门的地位，并且聘用一些优秀的采购人才。有一些企业还将采购部门经理的职别提高，使他们也跻身于企业的高层管理者行列。

2. 集中采购

企业为了降低成本，通过一些事业部门将商品的采购统一起来，制订统一的采购计划，进行集中采购。

3. 长期合同

企业为了减少每次采购时为决策而花费的时间和费用，同时又可以保证采购商品的质量，业务采购者开始与可靠的供应商维持长期合同。对于汽车业务市场上的营销人员来说，

长期合同最明显的副作用就是加大了开拓新市场的难度。所以，企业必须在产品和服务方面做出更大的努力，争取与客户建立长期合同关系。

4. 强化考核

强化考核主要是指企业建立对采购绩效的评价机制。企业通过激励制度，如同对销售业绩特别出色的工作人员进行奖励那样，也奖励工作特别出色的采购经理人员。这种激励方式可以在企业的采购人员当中引发竞争，采购人员为了实现自己的业绩，会向供应方提出更高的要求，使本企业获得更大的利益。

（三）人际关系因素

一个企业的采购部门由处于不同地位、职权和拥有不同经历的人员组成，这些人员又有不同的偏好。业务市场上的营销人员必须了解客户采购部门的人际关系，研究它们对采购行为的影响，力求准确地捕捉这些人员的各项特征，并且预测他们在一项采购行为中可能有的反应。

（四）个人因素

购买决策过程中每一个参与者都具有自身的特点，汽车消费市场上影响购买行为的个人因素在汽车业务市场上依然会起作用。采购活动中的重要项目，如供货商、型号、价格等可能需要通过集体考虑来决定，受各自习惯的影响较小，但是，对于采购的细节内容，如色彩、包装、造型、款式等，特别是同时有几个被选项目时，个人因素就会起到很大作用。

另外，在汽车业务市场上经常出现跨国采购，由于各个国家具有不同的价值观、利益风俗，所以，营销人员必须研究他国的文化和传统，以及基本的社交礼节。

五、汽车业务购买的参与者

汽车业务购买作为一种组织行为，重要特点之一就是集体决策。采购中心或决策单位是指所有参与了采购决策过程的个人和团体。这些参与者在购买决策过程中分别扮演着以下七种角色中的一种或几种：

（一）发起者

发起者就是提出和要求购买的人。有时发起者可能是使用者。

（二）使用者

使用者也就是具体操作、运用所购产品的有关人员，也往往是最初提议购买的人。使用者对所购产品的品种、规格决策有着重要的影响，在组织购买行为中经常协助确定产品的规格，尤其是技术含量比较高的产品。例如，当一个决定购买一批轿车用做出租车的大用户，可能就会征求企业中现有轿车驾驶人的意见，向他们征询哪种类型的轿车使用起来比较经济方便，并且能满足运输需要。

（三）影响者

影响者是指在采购企业的内部和外部，能够直接或间接影响购买决策的人员。属于影响者的有采购经理、采购员、总经理、生产和办公室人员、研究发展工程师、工程技术人员等。他们在购买上虽然不是决策者，却是相当有影响力的影响者。他们经常协助确定产品规格，并提供方案评价的信息。其中，技术人员往往是重要的影响者，尤其是在企业采购重要生产资料时。

（四）采购者

采购者是正式实施购买行为的人，负责选择供货单位、参加谈判。在较复杂的购买活动中，采购者还包括采购单位内部的高层管理人员。

（五）决策者

有正式和非正式权力决定购买与否、产品要求和供应商的人。在一般的例行采购中，采购者常常就是决策者；若是较复杂的采购，决策的常常是企业领导者。因此，对于供应商来说，查明谁是决策者以便以决策者的需要为目标有效地促成交易是十分必要的。

（六）批准者

批准者是指那些有权批准决策者或采购者所提行动方案的人员。批准者通常是企业的高层管理人员。

（七）控制者

控制者是指在采购企业的内部和外部，能够控制有关信息流向决策者、使用者的人员。比如采购代理商、技术人员，甚至秘书、接待员、电话接线生和门卫，都可以阻拦推销人员与使用者、决策者取得联系。他们不是购买行动的直接参与者，也不对企业决策产生影响，但是，他们往往是有能力影响或阻止销售人员或有关商品信息与采购人员接触。所以，供应商在试图打开某一个企业的市场时，必须和这些人员搞好关系，重视他们在整个购买活动中可能产生的影响。

由于购买行为不同，采购企业中不同成员在整个购买过程中的重要性也就不同。例如，在直接采购时，采购代理人的作用较大；在新任务采购中，其他组织人员的作用较大；在产品选择决策时，工程人员和使用者有较大影响力；而购买者则往往控制着选择供应商的权力。另外，必须注意的是，一些购买轿车的业务单位直接受政府公共部门领导，这些政府部门对购买决策有着举足轻重的作用，营销人员对此切不可掉以轻心，需要认真研究分析。

六、汽车业务购买决策过程

汽车业务用品的购买过程是一个比较复杂的过程，理论上可以划分为八个阶段。在修整重购和直接重购时，可能跳过某些阶段；但是执行新购任务时，通常则要经过这八个阶段。

（一）提出需要

这种认识通常是企业为解决某一个问题而提出的新的采购需求。这可能是因为企业自身的需要。例如，因为企业规模扩大，员工增多，而需要增加生产用车；也可能是由于市场上技术的进步和新产品的出现，发现有新的、更适用的设备值得购买；也可能是企业决定推出某种新产品，需要购买有关设备和原材料；也可能是发现购进的原材料质量不好或不适用，需要更换供应商；也可能是有些设备发生故障或损坏，需要重新购置，等等。

（二）确定需要

汽车业务用户在认识到需要以后，要确定所需购买的品种特征和数量。在这个阶段，供应商要帮助客户确定所需产品的特征和数量。

（三）说明需要

汽车业务用户的采购中心在确定需要以后，会指派专家小组，对所需商品进行价值分析，做出详细的技术说明；同时，拟定所需购买物品的具体技术和规格指标，如所需购买车辆的种类、价格范围、性能等。

（四）物色供应商

汽车业务用户必须寻找所需商品的供应商。如果是初次采购，或所需商品复杂、价值很高，汽车业务用户为此所费的时间就会较长。供应商的任务就是要使自己列入主要被选供应商的范围之内，要制订有力的销售方案，以及在市场上建立良好的信誉。

（五）征求供应建议书

汽车业务用户会邀请其认为合格的供应商提交供应建议书。对于复杂的采购项目，如品种复杂、价值很高的产品，采购人员应要求基本符合企业要求的供应商提供详细的书面建议，以供选择。在一些复杂采购项目中，有些企业会采用招标方法，尤其是在政府采购中这种情况更为常见。这时，供应商就必须按照招标的要求，提供一系列书面材料以及准备标书。

（六）选择供应商

在有了上述工作之后，采购者就能掌握比较丰富的信息，并且从中选定合适的供应商。通常，采购中心的成员将对供应建议书进行讨论，在产量、质量、价格、信誉、技术服务、及时交货能力等方面作出评价，即进行卖主分析，并依据分析结果认定各个供应商的吸引力，最终决定供应商。

（七）签订合约

决定供应商以后，汽车业务用户会根据所需产品的技术说明书、需要量、预期交货时间、退货条件、担保书等，与供应商签订最后的订单。另外，如果采购方有意与供应方建立长期供货关系，在这个过程中，还要添加签订长期供货合同的步骤。

（八）绩效评价

就如同消费品购买过程中有购后行为一样，汽车业务品采购完成后，采购部门也会根据最终的使用情况来对此次采购作出评价。为此，采购部门要听取各方使用者的意见。这些使用者一般分散在企业的各个部门之中。这种对某个供应商的绩效评价可能促使汽车业务用户继续向该供应商要货，也可能导致他们修正或停止采购。

案例分析

消费者购车的三种心态

众所周知，现在的进口汽车或合资汽车大致可分为日系、美系、欧系和韩系。比如日系车比较常见的有马自达、日产、丰田、本田、雷克萨斯等；欧系车常见的有大众、宝马、奔驰、雪铁龙、菲亚特等。两者在外观和内部构造上都有一定区别；日系车的发动机多采用"小马拉大车"的形式，比较省油，这和它的整体设计有关。日系车设计力求物尽其用，没有多余的累赘，由此车身重量较轻，耗油自然要少。欧洲人的身高普遍较高，而且他们比亚洲人更重视舒适实用，欧系车一般车内空间大，车身较重；他们崇尚张扬个性，偏爱动力功能好，因而多采取"大马拉小车"的驱动形式，发动机功率大，油耗相应也大。消费者购车心态大致分为三类：

1. 一见钟情派

有些消费者买车就像找女朋友，看重所谓"第一眼感觉"。车型的外观或者是其整体风格能够引起他的认同和舒适感，再加上足够的品牌质量系数，"移情别恋"的可能性就很小了。在长沙一所中学就职的晏先生不久前买了一辆别克凯越轿车。他对笔者说，他比较喜欢美系车随意简洁的外形设计，而凯越这一车型就很对他的"胃口"，第一眼看到就比较喜欢，而别克又是个不错的品牌，他毫不犹豫地就买了下来。

2. 慎重比较派

就消费者目前的购买力而言，添置一辆新车对大多数人来说不是小事，很多消费者买车除了自己在汽车市场考察一段时间外，还得拉上亲朋好友给自己出谋划策。李先生是省直单位公务员，计划买车已经有一段时间了，但目前尚未实施。说到买什么车，他有些无所适从地表示从经济的角度考虑，日系车、韩系车比较省油，但欧系车、美系车的使用寿命又要长一些，真不知道怎么选择。刘先生现在开的是一辆一年前买的风神轿车，他说当时也考虑了许久，最后综合各种情况觉得买车已是不易，油费是一笔不小的开销，所以还是选择了省油的车型。

3. 理性分析派

有些消费者对汽车的了解比较深入，他们有资格站在专业角度对目前的车市进行一番分析再下定论。湖南的张先生是"汽车发烧友"，对各种汽车的性能以及车市动向了如指掌。他认为，买车不仅要看车的情况，还要看本地的路况更适合什么车。日系车比较划算，但实际上湖南的路况并不好，日系车"小马拉大车"式的发动机不太适合，这样更易产生磨损，从而缩短汽车的实际使用寿命。

讨论题：
1. 结合案例分析影响汽车消费者购买的因素。
2. 结合案例，分析三种不同心态的汽车消费者购买行为。
3. 针对汽车消费者的这三种心态，提出各自的车辆定位和销售建议。

本 章 小 结

本章通过对汽车消费者购买行为及影响因素的分析，为汽车营销的决策者提供了决策的依据；同时，也对汽车消费市场购买行为和汽车业务市场购买行为作了深入的分析。

思 考 题

1. 请简述汽车消费者购买行为的含义。
2. 影响汽车消费者购买行为的因素主要有哪些？
3. 请简述汽车消费者市场特点和业务市场特点的主要区别。
4. 一般汽车消费者主要的购买动机有哪些？
5. 汽车业务市场上影响购买行为的主要因素分为哪几类？分别有什么特点？

第五章 汽车产品策略

学习目标：

理解汽车产品整体概念和汽车产品组合类型，正确选择并应用不同类型的产品组合策略；掌握汽车产品寿命周期概念及各阶段特征，熟悉寿命周期不同阶段的主要策略；掌握汽车产品主要的品牌策略，了解世界汽车品牌策略的发展动向；掌握汽车产品商标的特征，熟知全球汽车产品主要的商标策略。

汽车企业的汽车市场营销活动是以满足汽车市场需求为目的的，而汽车市场需求的满足只能通过提供某种品牌的汽车产品或相应的汽车服务来实现。因此，汽车产品是汽车企业市场营销组合中的一个重要因素。汽车产品策略直接影响和决定着其他汽车市场营销的策略，关系到汽车市场营销的成败，所以汽车产品策略是汽车市场营销组合策略的基础。

第一节 汽车产品组合

一、汽车产品组合概念

汽车产品组合是指一个汽车企业生产和销售的所有汽车产品线和汽车产品品种的组合方式，即全部汽车产品的结构。

汽车产品组合一般由若干汽车产品系列（汽车产品线）组成。所谓汽车产品系列，是指密切相关的一组汽车产品，这些汽车产品能满足类似的需要，销售给同类汽车消费群，而且经由同样的渠道销售出去，销售价格有一定幅度的变动。汽车产品系列由若干汽车产品品种组成。汽车产品品种是指汽车企业生产和销售汽车产品目录上的具体汽车品名和汽车型号。

二、汽车产品组合的类型

汽车产品组合包含广度、深度、长度和相容度等概念。汽车产品组合的广度是指汽车企业生产经营的汽车产品系列（汽车产品线）的个数。汽车产品组合的深度是指每一汽车产品系列所包含的汽车产品品种（汽车产品项目）。汽车产品组合的长度是指汽车产品组合中的汽车产品品种总数。汽车产品组合的相容度是指各条产品系列在生产条件、最终用途、细分市场、分销渠道、维修服务或者其他方面相互关联的程度。

汽车产品组合的广度越大，说明汽车企业的产品系列越多；反之，广度窄，则产品系列少。同样，汽车产品组合的深度越大，说明汽车企业产品的规格、品种就越多；反之，深度浅，则产品就越少。

汽车产品组合具有广度性组合和深度性组合两种类型。汽车超市和汽车专营店所体现的就是这两种不同的汽车产品组合类型，见表5-1。

表5-1 汽车产品组合类型

汽车产品组合类型 经营企业	组合广度	组合深度	组合长度	组合相容度
汽车超市	宽	浅	长	差
汽车专营店	窄	深	短	好

汽车产品组合的广度、深度、长度和相容度对汽车企业的营销活动会产生重大影响。一般而言，增加汽车产品组合的广度，即增加汽车产品系列和扩大经营范围，可以使汽车企业获得新的发展机会，更充分地利用汽车企业的各种资源，也可以分散汽车企业的投资风险；增加汽车产品组合的深度，会使各汽车产品系列具有更多规格、型号的汽车产品，更好地满足消费者的不同需要与爱好，增强行业竞争力；增加汽车产品组合的相容度，则可发挥汽车企业在其擅长领域的资源优势，避免进入不熟悉行业可能带来的经营风险。因此，汽车产品组合决策就是汽车企业根据市场需求、竞争形势和企业自身能力对汽车产品组合的广度、深度、长度和相容度方面做出的决策。

三、汽车产品组合的评价方法

汽车企业为了获得最大的销售额和利润，从汽车市场营销的角度，在一定的市场条件下确定一个最佳的汽车产品组合是十分重要的。波士顿矩阵法就是一种常用的方法。它由美国波士顿咨询公司（BCG）首先创立，简称BCG法。波士顿矩阵法用相对市场占有率和销售增长率把汽车企业的产品分割在四个象限中。

下面以上海大众汽车产品为例介绍波士顿矩阵法（见图5-1）。

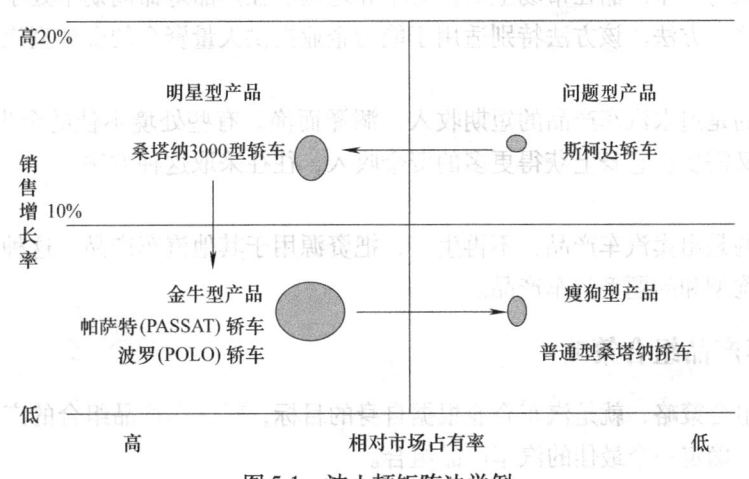

图5-1 波士顿矩阵法举例

图5-1纵坐标为销售增长率，表示每种汽车产品在市场上的年销售增长率，以10%作为分界线，大于10%就是增长率高，小于10%就是增长率低；横坐标为相对市场占有率，表示每种汽车产品的市场占有率与该市场最大竞争者的市场占有率之比。

（一）产品分类

1. 明星型产品

明星型产品相对市场占有率高，销售增长率高。该类汽车产品市场潜力大，企业在市场中占有优势。但这种汽车产品要迅速增长，需要大量资金支撑，因此，最终它的增长速度会减慢下来，成为提供资金的金牛型汽车产品，如图 5-1 中的桑塔纳 3000 型轿车。

2. 金牛型产品

金牛型产品相对市场占有率高，销售增长率低。这类汽车产品活力大，而所需要的资金投入却少，是企业利润的主要来源，这类汽车产品的高额资金收入，可加速资金周转，或支持其他需要资金的汽车产品，如图 5-1 中的帕萨特和波罗轿车。

3. 问题型产品

问题型产品相对市场占有率低，但销售增长率高。这类汽车产品需要投入较多的销售人员和费用，往往要靠其他汽车产品或贷款来提高其相对市场占有率，因此有较大风险，需慎重选择，如图 5-1 中的斯柯达轿车。

4. 瘦狗型产品

瘦狗型产品相对市场占有率低，销售增长率也低。这类汽车产品的市场潜力很小，可能是亏损汽车产品或者仅是保本汽车产品，如图 5-1 中的普通型桑塔纳轿车。

（二）产品组合方法

汽车企业在考虑调整原有汽车产品组合时，通常有四种方法可选：

1. 发展

提高汽车相对市场占有率，有时甚至不惜放弃短期收入来达到这一目的，因为增加市场占有率需要投入一定的资金和时间才能奏效，所以此方法特别适用于新产品的问题型汽车产品。如果这类产品相对市场占有率有较大增长，就会成为明星型汽车产品。

2. 维持

维持是指保持汽车产品在市场上的占有率和地位。在产品寿命周期中处于成熟期的汽车产品大多采取这一方法。该方法特别适用于能为企业提供大量资金的金牛型汽车产品。

3. 收缩

收缩的目的是追求汽车产品的短期收入，涸泽而渔。有些处境不佳的金牛型汽车产品，前景暗淡，却又需要从它身上获得更多的资金收入，往往采取这种方法。

4. 放弃

放弃的目的是出卖汽车产品，不再生产，把资源用于其他汽车产品。这种方法用于没有发展前途的瘦狗型和问题型汽车产品。

四、汽车产品组合策略

汽车产品组合策略，就是汽车企业根据自身的目标，对汽车产品组合的广度、深度和相容度进行决策，确定一个最佳的汽车产品组合。

（一）扩大汽车产品组合策略

扩大汽车产品组合有以下三种方式：

1. 扩大汽车产品组合的广度

扩大汽车产品组合的广度是指一个汽车企业在生产设备、技术力量允许的范围内，既专业又综合地发展多品种。扩大汽车产品组合的广度可以充分利用企业的各项资源，使汽车企业在更大的市场领域中发挥作用，并且能分散汽车企业的投资风险。上海大众公司在扩大汽车产品组合的广度上的做法是：普通型桑塔纳轿车到桑塔纳2000型轿车到帕萨特轿车再到经济型轿车。

2. 加深汽车产品组合的深度

从总体来看，每个汽车企业的汽车产品线只是该行业整个范围的一部分。例如，宝马公司的汽车在整个汽车市场上的定价属于中高档范围。汽车企业加深汽车产品组合的深度，可以占领同类汽车产品更多的细分市场，迎合更广泛消费者的不同需要和偏好。上海大众公司在帕萨特轿车基本型的基础上，研制开发了豪华型车和变形车，就是加深产品组合深度的例子。位于不同市场地位的企业加深汽车产品组合的深度，可以向下（低档）扩展、向上扩展（高档），也可以双向扩展。

3. 加强汽车产品组合的相容度

加强汽车产品组合的相容度是指一个汽车企业的汽车产品应尽可能地配套，如汽车和汽车内饰、汽车涂料等。加强产品组合的相容度，可以提高汽车企业在其行业或某一地区的声誉。但扩大汽车产品组合往往会分散经销商及销售人员的精力，增加管理困难，有时会使边际成本加大，甚至由于新产品的质量性能等问题影响本企业原有产品的信誉。

（二）缩减汽车产品组合策略

该策略也同样有缩减汽车产品组合广度、深度、相容度三种方式。采取缩减策略有以下好处：

1）可集中精力与技术，对少数汽车产品改进品质、降低成本。
2）对留存的汽车产品可以进一步改进设计、提高质量，从而增强竞争力。
3）使脱销情况减少至最低限度。
4）使汽车企业的促销目标集中，效果更佳。

采取该策略会使汽车企业丧失部分市场，增加汽车企业经营风险。因此，一个汽车企业在决定某种汽车产品是否淘汰时，应三思而后行。

（三）高档汽车产品策略与低档汽车产品策略

高档汽车产品策略即产品线向上延伸策略，是在原有汽车产品线内增加高档汽车产品项目，以提高汽车企业现有的声望。高档汽车产品市场具有较大的潜在成长率和较高利润率，汽车企业的技术设备和营销能力已具备加入高档产品市场的条件。采取高档汽车产品策略既可增加原汽车产品的销量，又可逐步推动高价汽车产品的销售。

低档汽车产品策略即产品线向下延伸策略，是在高档汽车产品线中增加廉价汽车产品项目。当高档汽车产品销售增长缓慢，汽车企业的资源设备没有得到充分利用时，为赢得更多的顾客，将汽车产品线向下伸展。汽车企业最初进入高档汽车产品市场的目的是建立品牌信誉，然后再进入中、低档汽车市场，以扩大市场占有率和销售增长率，补充汽车企业的产品线空白。该策略的目的是利用高档汽车产品的声誉，吸引购买力较低的消费者，使其慕名来购买廉价汽车产品。

两种策略都有一定的风险，都可能引起汽车消费者的混淆。例如，采取高档汽车产品策略的汽车企业如果改变企业在汽车消费者心目中的原有形象，是很不容易的，其新增的高档车可能会失去意义；而采用低档汽车产品策略的汽车企业，如果处理不当，会损害企业原有的名牌产品的声誉。

案例分析 5-1

丰田公司的产品延伸策略——双向延伸的成功案例

丰田公司对其产品线也采取了双向延伸的策略。在其中档产品卡罗拉品牌的基础上，为高档市场增加了佳美品牌，为低档市场增加了小明星品牌。该公司还为豪华汽车市场推出了雷克萨斯品牌。雷克萨斯品牌的目标是吸引高层管理者；佳美品牌的目标是吸引中层经理；卡罗拉品牌的目标是吸引基层经理；而小明星品牌的目标是手里钱不多的首次购买者。此种策略的主要风险是有些买主认为在两种型号之间（如佳美和雷克萨斯之间）差别不大，因而会选择较低档的品种。但对于丰田公司来说，顾客选择了低档品种总比走向竞争者好。另外，为了减少与丰田的联系，减低自相残杀的风险，雷克萨斯品牌并没有在丰田的名下推出，它也有与其他型号不同的分销方式。

（四）汽车产品异样化和汽车产品细分化策略

汽车产品异样化和细分化均属扩大汽车产品组合策略。

汽车产品异样化是指在同质市场上，汽车企业为强调自己的产品与竞争产品有不同的特点，避免价格竞争，尽可能地显示出与其他产品的区别，以在不完全竞争市场上占据有利地位。比如，两种汽车产品在动力、安全等性能上没有差别，但可采用不同的设计、造型等。应注意，该策略的实质在于同质汽车产品的异样化，而不是将同质汽车产品异质化。因此采用该策略的汽车企业不能使自己的产品过于独特，以免丧失原有的市场。

汽车产品细分化是指在市场细分化基础上产生的汽车产品策略。它假定市场上总存在着未满足的需求，因此汽车企业总能对同质市场作进一步细分后寻找到未满足的需求，并进入该市场为此生产一些独特的汽车产品。

汽车产品异样化实质上是要求汽车消费者需求服从生产者的意志，而汽车产品细分化则是从汽车消费者的需求出发，而且承认汽车消费者的需求是不同的，它充分体现了汽车市场营销的观念。

第二节　汽车产品寿命周期及其策略

一、汽车产品寿命周期的概念

汽车产品寿命周期是指从汽车产品试制成功投入市场开始到被市场淘汰为止所经历的全部时间过程。它不同于汽车产品的使用寿命，其长短受汽车消费者需求变化、汽车产品更新换代速度等多种市场因素的影响，是汽车产品的市场寿命。汽车产品的使用寿命是指汽车产品投入使用到损坏报废所经历的时间，受汽车产品的自然属性和使用频率等因素的影响。汽车产品从进入市场到被淘汰出市场，便经历了一个寿命周期，一般来说分为四个阶段，即导入期、成长期、成熟期和衰退期（见图5-2）。

导入期是指汽车产品投入市场的初期阶段。在此阶段，汽车消费者对汽车新产品不够了解，所以销售量低，费用及成本高，利润低，有时甚至亏损。

成长期是指汽车产品经过试销，汽车消费者对汽车新产品有所了解，汽车产品销路打开，销售量迅速增长的阶段。在此阶段汽车产品已定型，开始大批量生产。分销途径已经疏通，成本降低，利润增长，同时竞争者也开始加入。

成熟期是指汽车产品的市场销售量已达到饱和状态的阶段。在这个阶段，销售量虽有增长，但增长速度减慢，开始呈下降趋势，竞争激烈，利润相对下降。

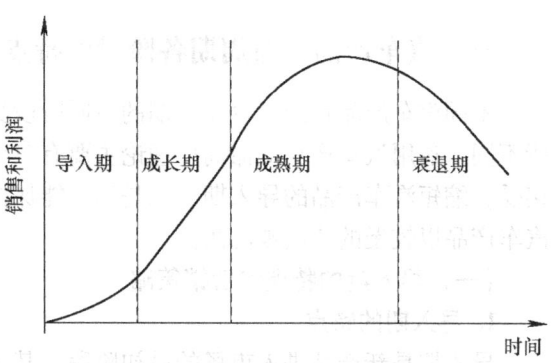

图 5-2　汽车产品寿命周期

衰退期是指汽车产品已经陈旧老化被市场淘汰的阶段。在这个阶段，销售量下降很快，新产品已经出来，老产品淘汰，逐渐退出市场。

各种档次、各种类型的汽车产品寿命周期不同，每种汽车产品经历寿命周期各阶段的时间也不尽相同。有些汽车产品经过短暂的市场导入期，很快就达到成长期、成熟期；而有些汽车产品的导入期经历了许多年才逐步为广大汽车消费者所接受。同时，并不是所有的汽车产品都要经过四个阶段，有的汽车产品一进入市场，尚属导入期即被淘汰；也有些处于成长期的汽车产品，由于营销失策而未老先衰；还有的汽车产品一进入市场就进入成长期等。例如亨利·福特设计的T型车，从投入市场到停产一共经历了20年的时间；而福特公司1957年9月推出埃泽尔车，1959年11月就被迫停产，其寿命周期只有短短两年时间。

二、汽车产品寿命周期各阶段的判断

在汽车产品寿命周期的变化过程中，正确判断出各阶段的临界点，确定汽车产品处在寿命周期的什么阶段，是进行正确决策的基础。一般采用的方法有：

（一）类比法

这种方法一般用于判断汽车新产品的寿命周期。对于正在销售的汽车新产品，由于销售资料不全，很难分析判断，就可以运用类似汽车产品的历史资料，进行比照分析。例如，铃木公司在为铃木武士定位时就是参照了铃木SJ410在美国西海岸的销售情况进行分析的。

（二）销售增长率法

这种方法以各个时期实际汽车销售增长率的数据 $\Delta Y/\Delta X$，制定量的标准来划分寿命周期的各个阶段。其中 ΔY 表示纵坐标上汽车销售量的增长率，ΔX 表示横坐标上时间的增加量。销售增长率的经验数据如下：

$\Delta Y/\Delta X$ 之值大于10%时，属成长期。

$\Delta Y/\Delta X$ 之值在0.1%~10%之间，属成熟期。

$\Delta Y/\Delta X$ 之值在接近0或小于0时，则已进入衰退期。

汽车产品寿命周期理论说明，不会有一种汽车产品经久不衰，永远受消费者的欢迎。因此，汽车企业必须经常对企业的各类汽车产品的市场状况进行分析，适时淘汰老产品，开发新产品，使企业的汽车产品组合处于最优状态。

三、汽车产品寿命周期各阶段的特点和营销策略

不同汽车产品在产品寿命周期的不同阶段具有不同的特点,汽车企业的营销策略也应有所不同。运用汽车产品寿命周期理论主要有三个目的:一是使汽车产品尽快为汽车消费者所接受,缩短汽车产品的导入期;二是尽可能保持和延长汽车产品的成长阶段;三是尽可能使汽车产品以较慢的速度被淘汰。

(一)导入期的特点和营销策略

1. 导入期的特点

导入期是新产品进入市场的最初阶段,其主要特点是:

(1)生产批量小,制造成本高　因为新产品刚开始生产时,技术不够稳定,不能批量生产,次品率较高,市场反应测试、改进费用高,因此制造成本较高。

(2)营销费用高　新产品刚进入市场,消费者对其性能、质量、款式、价格、优点等不了解、不认同,需要企业加大推销和宣传的力度,必然引起营销费用的提高。

(3)销售量小　新产品投入市场,由于消费者不了解,只有少数创新者、早期接受者购买产品,因而销售数量少。

(4)利润低,甚至为负值　在此阶段,产品销售呈缓慢增长状态,销售量小,同时由于投入了大量的新产品开发费用和促销费用,企业几乎无利可图,甚至亏损。

(5)产品价格偏高　新产品刚投入市场时,产品价格定得较高,以便树立起性能好、质量优的高档品牌形象。

2. 导入期的营销策略

在这一阶段,营销策略要突出一个"快"字,即千方百计缩短投入期,使之尽快进入成长期。其中关键环节是要大力宣传和促销,使新产品赢得顾客的了解和欣赏,从而尽快进入市场。导入期的市场策略,单就价格与促销费用两因素考虑,可分为以下四种策略(见表5-2)。

表5-2　导入期的四种市场策略

销售价格	促销费用 高	低
高	高价快速促销	高价低费用
低	低价快速促销	逐步加入市场

(1)高价快速促销策略　这种策略采取高价格,以投入大量广告宣传费用迅速扩大汽车销售量来加速对市场的渗透,以图在竞争者尚未反应时,先声夺人,捞回本钱。这种策略的前提是:消费者愿意支付高价,大部分潜在消费者还不了解此种汽车产品;同时,这种汽车产品应具有老产品所没有的特色,适应汽车消费者的某种需求。

(2)高价低费用策略　此种策略采用高价格,投入少量的广告宣传促销费用,从而带给企业较多利润。这种策略的前提是:汽车产品必须具有独创的特点,填补了市场的某项空白。它对汽车消费者来说主要是有无的问题,选择性小,且竞争威胁不大。

(3)低价快速促销策略　这种策略采用低价格,投入大量广告宣传费用,以求迅速占领或挤入市场。这种策略适合于:市场容量相当大,汽车消费者对这种汽车新产品不了解,

但对价格敏感；潜在竞争激烈；同时，要求企业尽力降低成本，以维持较大的推销费用。

（4）逐步打入市场策略　这种策略采取低价和低促销费用推出汽车新产品，占领新市场。低价的目的是促使市场尽快接受汽车产品，并有效地阻止竞争对手对市场的渗入；低促销费用的目的是降低售价，增强竞争力。此策略的前提是：市场容量大，汽车消费者对价格敏感，有相当的潜在竞争者。

（二）成长期的特点和营销策略

1. 成长期的特点

新产品经过投入期后，消费者对该产品已经熟悉，消费习惯已经形成，销售量随之迅速增长，这种新产品就进入了成长期。成长期产品的特点主要表现在：

（1）产品销售势头强劲，经营结果令人瞩目　由于产品已被广大消费者所接受，形成了相当大的市场需求，销售量增长很快，产品销售额迅速上升。

（2）成本下降，利润增加　新产品经过投入期的不断改进和完善，产品的设计和制造工艺已确定，批量生产的条件也已具备。随着产量的扩大，单位生产成本和销售成本都相对降低，企业利润大幅增长。

（3）竞争激烈　在这一阶段，竞争者看到有利可图，纷纷介入市场参与竞争，当新产品盈利较高时更是如此。

2. 成长期的营销策略

在这一阶段，企业应尽量维持销售的增长速度，营销策略要突出一个"好"字，即把提高产品质量、建立品牌偏好、扩大企业信誉、争取新的顾客为主要目标。基于这种考虑，有如下几种策略可供企业选择：

（1）改善产品品质　如增加新的用途，努力发展产品的新款式、新型号等。对产品进行改进，可以提高产品的竞争能力，满足顾客更广泛的需求，吸引更多的顾客。

（2）寻找新的细分市场　该策略是指通过市场细分，汽车企业积极寻找和进入新的尚未满足的细分市场并开辟新的分销渠道，扩大商业网点，满足更多顾客的需求。

（3）改变广告宣传的重点　该策略是指把广告宣传的重心从介绍产品转向建立产品形象上来，目的是建立品牌偏好，争取新的顾客。

（4）调整产品售价　该策略是指选择适当的时机降低价格或推出折扣价格，可以吸引对价格敏感的消费者采取购买行动，还可抑制竞争。

在这一时期，企业需要在追求高市场占有率与追求眼前高额利润之间作出权衡与抉择。

（三）成熟期的特点和营销策略

1. 成熟期的特点

成熟期是产品生命周期的一个"鼎盛"时期，也是一个由"盛"转"弱"的转折时期。产品经过成长期的一段时间以后，销售量的增长会缓慢下来，利润开始缓慢回落，这表明产品开始走向成熟期。成熟期产品的特点集中体现在以下几个方面：

（1）产品结构基本定型，工艺成熟　在这一阶段，产品在性能及质量方面再度进行改进的余地已经不大。

（2）销售量增长缓慢，在达到顶峰后开始缓慢回落　这一阶段，由于产品已被绝大多数购买者接受，新的消费者基本上不再增加，市场需求量趋于饱和，销售额的维持主要依靠原有消费者的重复购买。

(3) 竞争处于"白热化",利润开始下降　同类产品的竞争日益加剧,企业不得不投入更多的营销费用或开发新的差异性市场以维持其市场地位,由此而导致企业利润逐步下降。少数财力不足或竞争力弱的企业被迫退出市场。

2. 成熟期的营销策略

这一阶段企业的主要任务是集中一切力量,尽可能延长产品生命周期。成熟期是汽车企业获得利润的黄金时期,此时期的策略围绕着如何延长汽车产品寿命,防止过早跌入衰退期而展开,具体有以下几种:

(1) 市场改革策略　该策略是指汽车企业应努力开拓新的目标市场,向市场需求的深度和广度发展。通常有三种形式:①寻找新的目标市场;②刺激汽车消费者增加使用频率;③重新树立汽车产品形象,寻找新的买主。

(2) 产品改革策略　该策略是指汽车企业应提高汽车产品质量,改变汽车产品的特色和款式,向汽车消费者提供新的利益,从而争取新的汽车消费者。

(3) 市场营销组合改革策略　该策略是指汽车企业应改革某些市场组合因素,以刺激销售量。例如,上汽销售总公司为推进桑塔纳的销售,在1999年改变传统的分销渠道,设立地区分销中心,引进了特许经营的营销方式,以改进营销组合。

(四) 衰退期的特点和营销策略

1. 衰退期的特点

在成熟期,产品的销售量从缓慢增加直到缓慢下降,如果销售量的下降速度开始加剧,利润水平很低,通常就可以认为这种产品已进入了衰退期。这个阶段的主要特点是:

(1) 销售量急剧下降　由于产品逐渐老化,具有类似功能的新产品开始进入市场,并逐渐代替老产品,转移了市场需求,购买者的急剧减少导致销售量的严重下滑。

(2) 利润明显下降,部分企业出现亏损　由于经过成熟期的激烈竞争,价格已降到极低的水平,再加上销售减少,资金周转减慢,企业从这种产品中能获得的利润很低,甚至可能出现亏损。

(3) 大量竞争者退出市场　由于销售量下降很快,利润很低,竞争者自然选择退出市场。

2. 衰退期的营销策略

在这一阶段,营销策略要突出一个"转"字,即除了坚守少数确实有利可图的细分市场外,迅速转入新产品或新市场。企业要有计划地"撤",有预见地"转",有目标地"攻"。具体有以下几种策略可供选择:

(1) 维持策略　维持策略即继续沿用原有的营销组合策略,保持原有的细分市场,使用相同的分销渠道、定价及促销方式,直到这种产品完全退出市场为止。

(2) 收割策略　它是指企业利用剩余的生产能力,在保证获得边际利润的前提下,有限地生产一定数量的汽车产品,适应市场上一般老汽车消费者的需要,或者只生产某些零部件满足用户维修的需要。

(3) 榨取策略　该策略是指汽车企业应大力降低销售费用,精减促销人员,增加眼前利润。

(4) 集中策略　汽车企业把人力、物力集中到最有利的细分市场和销售渠道。

(5) 撤退策略　该策略是指汽车企业应撤退老产品,组织汽车新产品上马。撤退时,企业可以把生产该种汽车产品的工艺以及设备转移给并非处在衰退期的其他地区的汽车企业。

汽车产品寿命周期各阶段的特性、目标和营销策略见表5-3。

表5-3 汽车产品寿命周期各阶段的特性、目标和营销策略

比较项目	产品寿命周期	导入期	成长期	成熟期	衰退期
特性	销售	低销售	销售快速上升	销售高峰	销售衰退
	成本	按每一汽车消费者计算的高成本	按每一汽车消费者计算的平均成本	按每一汽车消费者计算的低成本	按每一汽车消费者计算的低成本
	利润	亏损	利润上升	高利润	利润衰退
	汽车消费者	创新者	早期采用者	中间多数	落后者
	竞争者	极少	逐渐增加	数量稳定开始衰退	数量衰退
目标		创造产品知名度和试用	最大限度地占有市场份额	保卫市场份额获取最大利润	对该品牌削减支出和挤取收益
营销策略	产品	提供一个基本产品	提供产品的扩展品、服务、担保	品牌和样式的多样性	逐步淘汰疲软项目
	价格	采用成本加成	市场渗透价格	较量或击败竞争者的价格	削价
	分销	建立选择性分销	建立密集广泛的分销	建立更密集广泛的分销	进行选择:逐步淘汰无盈利的分销网点
	广告	在早期采用者和经销商中建立产品的知名度	在大量市场中建立知名度和兴趣	强调品牌的区别和利益	减少到保持坚定忠诚者需求的水平
	促销	大力加强销售促进以吸引试用	充分利用有大量消费者需求的有利条件,适当减少促销	增加对品牌转换的鼓励	减少到最低水平

第三节 汽车产品品牌与商标策略

一、汽车产品品牌策略

(一) 品牌概念

品牌是一个名字、术语、符号或设计,或者是以上四种组合,用以识别一个或一群出售者的产品或劳务,并以此区别于其他竞争者。品牌不同于招牌。招牌是工厂、商店的名称,一个企业只能有一个名称。一个企业的产品,可以有一个品牌,也可以有若干个品牌。

品牌包括品牌名称和品牌标志。品牌名称为品牌中可以称呼的部分,如"劳斯莱斯"

"林肯""奔驰"等。品牌标志是品牌中易于识别，但无法以口语称呼的部分，如记号、图案、颜色等。

（二）品牌作用

1. 品牌对汽车消费者的作用

（1）便于汽车消费者购买　品牌使汽车消费者易于辨认所需汽车产品与劳务。

（2）便于保护汽车消费者的利益　品牌能表明汽车产品所达到的质量水平以及其他各项标准；同时，便于消费者进行汽车产品的维修及零配件的更换。

（3）有利于促进汽车产品质量的提高　汽车企业产品一旦在汽车消费者心目中树立了良好的声誉，汽车企业就会设法提高汽车产品质量，保住名牌。

2. 品牌对生产者的作用

（1）有利于汽车企业的产品扩大市场占有率　品牌可引起汽车消费者的重复购买，并保证汽车产品不被其他同类产品所替代。优良品牌的汽车产品易于获得较好的市场信誉。

（2）有助于广告促销活动　品牌有助于人们建立对企业的印象，企业宣传品牌远比介绍企业名称或生产技术方便。

（三）品牌含义

品牌的要点是销售商向消费者长期提供的一组特定的特点、利益和服务。品牌还是一个更为复杂的符号，一个品牌能表达出六层含义：

1. 属性

一个品牌首先给人带来特定的属性。例如，梅赛德斯表现高贵、优良制造、高声誉、快捷等。许多年来，梅赛德斯的广告是："其工程质量全世界其他汽车无可比拟。"这是为显示该汽车其他属性而精心设计的定位纲领。

2. 利益

一个品牌不仅仅限于一组属性。汽车消费者不是购买属性，他们是购买利益。属性需要转换成功能和情感利益。

3. 价值

品牌还体现了制造商的某些价值感。自1906年以来，劳斯莱斯公司生产的劳斯莱斯和本特利豪华轿车总共十几万辆，它不仅是一种交通工具，而是英国富豪生活方式的一种标志。

4. 文化

品牌可能附加象征了一定的文化。劳斯莱斯象征着英国贵族；梅赛德斯则体现了德国文化：有组织、有效率、高品质。

5. 个性

品牌还代表了一定的个性。梅赛德斯使人想起一位风度翩翩的老板，或一座质朴的宫殿。

6. 使用者

品牌还体现了购买或使用这种产品的是哪一类消费者。奔驰属于出入上流社会的成功人士；劳斯莱斯是身份显赫的贵族；福特犹如中产阶级白领。

因而，品牌是有灵魂的，是活生生的。一个品牌必须存在于企业中，但又可以独立于它所在的企业之外。例如，劳斯莱斯无论是在被大众并购前或后，其核心价值并没有发生改变。

(四) 品牌策略

1. 生产者品牌与销售者品牌

汽车企业制订品牌策略时，可以采用生产者品牌，或是采用销售者品牌，还可以采用混合式品牌策略。

(1) 将全部产品置于生产者自己的品牌之下　采取这种策略是为了获得自立品牌所带来的利益。同时，许多销售者比较愿意经销生产者已经确立了品牌的商品。

(2) 将全部产品置于销售者品牌之下　采取此策略是因为一些大型商业企业在长期经营中形成了自己的声誉，在汽车消费者心目中产生了较好的评价。对于一些小型汽车生产企业来说，如自身无力发展品牌，为便于销售，往往采用此策略，接受销售者品牌。

(3) 销售者品牌与生产者品牌连用　有些大型商业企业想建立自己的品牌，以便能更有效地控制价格、控制生产者；但为了获得汽车消费者的信任，维持高水平的品质，不得不使用生产者的品牌，将两种品牌连用。专有的大型商店除销售本身品牌的某种产品外，也同时销售其他品牌的同类产品，使之与自己品牌竞争。例如，上海大众（VW）品牌就和上海汽车工业销售总公司的 SAISC 品牌连用。

2. 统一品牌与个别品牌

(1) 统一品牌　它是指一个企业的各种产品都以同一品牌进入市场，即家族品牌。采取这种策略不仅可以大大节约促销费用，而且可以利用统一的品牌建立广告传播体系，声势浩大地将企业精神和产品特点传播给消费者，使消费者对品牌产生强烈和深刻的印象。此外，企业可以借助已成功的品牌推出新产品，使新产品较快地打开销路。只有在家族品牌已在市场上享有盛誉，而且各种产品有相同的质量水平时，该策略才能行之有效。否则，某一产品的问题会危及整个企业的信誉。奔驰汽车很少采用副品牌，对于有重大革新的汽车也只是以不同系列来区分，而上海大众至今为止推出的产品使用的都是大众（VW）这个品牌，而这个品牌也确实在中国市场上得到好评。

(2) 个别品牌　它是指一个企业的不同产品采用不同的品牌。例如，德国大众有大众（VW）、奥迪（Audi）、斯柯达（Skoda）等多个品牌的轿车。这种策略的主要优点在于不致将企业声誉过于紧密地与个别产品相联系，如该产品失败，亦不致对企业整体造成不良后果。同时，个别品牌策略还便于为新产品寻求一个最好的名称，新的名称也有助于建立新的信心。

(3) 个别或统一品牌　它是指企业按产品系列或产品大类划分，同一产品系列的产品采用统一品牌，不同系列的产品采用不同品牌，因为不同产品系列之间关联性较低，而同一产品系列之内的产品项目关联程度较高。对德国大众来说，VW 品牌的产品基本上是中档汽车；而奥迪（Audi）是高档轿车；波罗（POLO）是经济型车。在这种品牌策略下，消费者很容易接受每种品牌所带有的意义。

(4) 将企业名称与个别品牌相结合　这是汽车行业中常见的一种品牌策略，即在企业各种产品的个别品牌名称之前冠以企业名称，可以使产品正统化，享受企业已有的信誉；而个别品牌又可使产品各具特色。例如，通用汽车公司生产的各种轿车分别使用卡迪拉克、雪佛兰、庞蒂克等品牌，而每个品牌前都另加"GM"字样，以表明是通用汽车公司的产品。

3. 多重品牌

多重品牌策略是指一种产品使用两个或两个以上的品牌，使不同品牌的同一产品在市场上彼此开展竞争，有时会导致两者销售量之和大于原先单一品牌的先期产品总销售量。不同质量等级的同一产品也可采用不同品牌或商标，以示两者的区别。采用多重品牌的主要目的在于扩大市场份额。但也要注意其可行性，如不能扩大销量，则徒劳增加费用，导致适得其反的不良后果。

（五）品牌策略在汽车行业的运用

世界第一个汽车品牌是1886年诞生的奔驰。在工业社会进程中，没有任何一个产品的品牌，可以像汽车品牌这样历史悠久，品牌众多。如奔驰、福特、卡迪拉克、雪佛兰、劳斯莱斯、大众、宝马、奥迪等世界著名品牌，给消费者留下美好的品牌印象。

1. 汽车品牌的特征

（1）汽车品牌多以创始人名字命名　世界级汽车品牌的命名、个性和定位与企业的理念相结合，也往往带上创始人的烙印。例如，法国的戴姆勒-奔驰，美国的福特、克莱斯勒，英国的劳斯莱斯，法国的雪铁龙以及日本的丰田，这些品牌都是以创始人的名字直接命名的。这些汽车企业无不承袭了各自创始人的经营理念。1999年福特T型车被评为"世纪名车"，原因就来自于亨利·福特服务于大众，千方百计降低成本，让所有人拥有福特汽车的理念。奔驰公司保持着视质量为生命的传统经营理念。丰田汽车则以其一贯的将顾客利益放在首位的经营理念享誉世界。

（2）汽车品牌和汽车标志的人格化　汽车标志具有品质、身份、地位和时代的象征意义。奔驰象征着上流社会的成功人士；劳斯莱斯是身份显赫的贵族；福特是踏实的中产阶级白领。这种人格化的品牌特征成为社会地位、身份、财富甚至职业的象征，成为车主的第二身份特征。劳斯莱斯除了用两个字母"R"叠合成商标外，还在车头放了一个展翅欲飞的"雅丽小女神"雕像，象征"速度之神"和"狂喜之灵"。

（3）汽车公司往往都实行多品牌策略　德国大众公司拥有大众（VW）、奥迪（Audi）、斯柯达（Skoda）、西亚特（Seat）等九个品牌。通用汽车公司拥有凯迪拉克、雪佛兰、别克、土星等八个品牌。

（4）汽车品牌都针对各自特定的细分市场　奔驰轿车的购买者是年龄偏大、事业有成、社会地位较高、收入丰厚的成功人士。宝马轿车的购买者是年轻有为、富有朝气、不受传统约束的新一代人士。

2. 汽车品牌的意义

（1）汽车品牌是汽车价值的象征　劳斯莱斯代表着高贵，奔驰是高质量的代名词，沃尔沃是安全的保证。

（2）汽车品牌是企业经营理念的象征，代表了企业品牌　如今，汽车品牌已经向企业品牌过渡。奔驰是德国奔驰公司追求质量、创新、服务的象征，丰田则代表日本丰田公司"顾客第一、销售第二"的经营理念。

（3）汽车品牌还是身份和地位的象征　汽车生产厂已从制造汽车过渡到制造品牌、创造价值。汽车经销商也已由销售汽车向销售品牌、传递价值转变。

二、汽车产品的商标策略

（一）汽车商标的概念

汽车商标就是利用文字和图画等符号，向人们表达它所象征的意义，促使人们在见到某种汽车商标后产生一定的联想，以帮助生产者实现营销"诉求"，帮助消费者理解产品生产者所诉求的内容（质量标准或其他特性），并分辨不同的商品。

（二）汽车商标的产生

市场上消费者不得不面对众多的功能近似、价格相近、颜色相同、款式接近的汽车。为了有效地区别这些汽车，生产者采用一种受到法律保护的、独一无二的符号，以文字、图画或文字与图画合一的形式，无声地向目标消费者传达汽车生产商的保证和其他营销信息。汽车商标是汽车企业特定的信息载体，消费者根据这些符号能方便地识别出不同的汽车，并能逐步将这些特定符号与特定的汽车评价（如豪华、高档、轻便、安全、节油、价廉等）联系起来。久而久之，形成具有法律效力的汽车商标。

（三）汽车商标的作用

1. 传播汽车信息

研究表明，消费者总是以汽车商标词汇的发音和图像的意义来区分汽车的。由于消费者读出文字商标比用语言表达某种汽车要容易得多，所以世界上近30%的汽车商标是文字商标。同时，消费者总是将这类文字商标看做是汽车商品的"名字"，并加以传播。但是在汽车生产者看来，汽车商标是具有自己独特意义的符号语言，其内涵比汽车名字复杂得多。所以汽车企业常常通过各种传播媒介宣传其商标及其意义，力图让消费者在记住商标的同时能够联想到企业的"宣言"或"保证"。

2. 识别记忆汽车品牌

消费者比较容易记住相对简单的商标。所以商标本身的可识别性具有特别重要的意义，汽车商标所表现的各种客体在形象上都有广泛的知名度，影响着人们对标有该商标的汽车的兴趣和购买欲望。这就是为什么在世界汽车史上，有那么多汽车商标上都出现了诸如雄狮、雄鹰、皇冠、金盾、金星、飞马等众所周知的象征物的原因。从传播学的角度上讲，汽车商标在发挥帮助理解差别甚至创造差别的过程中，必须借助其他手段，如外部造型、颜色、气缸排量、动力性、安全性、舒适性以及生产者等。但如果不借助于汽车商标，消费者则难以认出甚至不可能分辨出最普通的汽车，甚至汽车专业人士中也没有人能够完全分辨出所有不同的汽车。

3. 刺激购买欲望

汽车企业或产品的商标能够通过一定的形象借喻，向消费者传达直接或间接的汽车商品信息，以刺激购买。著名汽车企业总是努力试图寻找出能够准确反映企业思想和汽车商品属性的词汇或图画形象，以使这些词汇或形象能在消费者的脑海中产生企业所希望的关于特定汽车的印象；同时，尽可能使词汇或形象所代表的属性与消费者所期望的产品属性一致，防止产生歪曲理解而不利于产品销售，这对于不同语言之间的翻译也适用。研究表明，汽车商标对刺激购买欲望的影响一般来说总是积极的。

4. 指明汽车门第

一般情况而言，汽车商标不一定要表明出处或产地，但是事实证明，目前世界上知名的汽车商标总是不可避免地要带有某个特定的文化背景。所以，消费者常常认为，汽车商标与其所代表的汽车生产于相同的文化背景。在许多情况下，知名人士、汽车企业创始人的名字或姓氏等也常用来做商标，如林肯、福特、凯迪拉克、劳斯莱斯等，这类商标也能指明商品的出处。

（四）汽车商标的特征

1. 用人们了解的客体来表现

大部分汽车商标是用人们广泛了解的客体的通用象征来表现的。例如，美国通用汽车公司的"凯迪拉克"豪华汽车商标，是利用底特律发展史上有卓越贡献的安东尼·门斯·凯迪拉克的名字命名的，英文是"Cadillac"，该车标志由冠和盾组成，设计别致、色彩鲜艳、形象高雅、寓意深刻：冠与冠上的7颗珍珠象征着凯迪拉克先生家的皇家贵族尊贵血统，比喻凯迪拉克汽车的华贵与高雅；标志上的盾象征凯迪拉克先生金戈铁马、英勇善战，比喻凯迪拉克汽车拥有强大的市场竞争能力；标志中的盾形纹章表达了底特律人的精神和荣誉。再如，德国大众汽车公司生产的大众牌汽车是世界上最早的面向普通消费者的汽车，其生产的大众牌汽车的商标标志是环形圆圈中一个叠加的"VW"，这个"VW"是德文"Volkswagen"（意思是大众车）的缩写；1981年该公司生产的新型汽车以"桑塔纳"（Santana）命名，寓意该车像美国加利福尼亚盛产名葡萄酒的桑塔纳山谷一样闻名于世，像该山谷中经常刮起的一股股强劲、凛冽的旋风一样（著名的桑塔纳旋风）风靡全球。大众牌汽车的商标标志既是文字标志，也是图案标志，它是商标名称与公司名称高度统一的典范。

2. 间接提供产品信息

有的汽车商标在设计上有意提供产品的间接信息，这些间接信息的功能在于帮助消费者很快联想到特定汽车的性能（如动力、速度、安全、舒适等）。例如，由卡尔·本茨创建的德国奔驰汽车公司始终致力于追求高性能的目标，以生产优质、舒适和华贵的汽车享受世界。奔驰牌汽车的标志是简化了的形似汽车方向盘的一个环形圈围着的一颗三叉星，三叉星表示在陆、海、空领域全方位的机动性，环形圈表示奔驰车行销全球的愿望，该图案简洁朴实，容易识别，是世界汽车商标的经典之作。再如，德国宝马汽车工业有限公司生产的宝马牌汽车是世界高级豪华汽车的典范，其标志的基本图案是一个双圈圆环，外圈上方标有"BMW"字样，是该公司全称的三个首字母缩写；内圆被蓝白间隔地分成四等份，表示蓝天白云和旋转不停的螺旋桨，显示公司历史上在航空发动机技术发展上的领先地位，又象征公司一贯的宗旨——在广阔的时空旅程中，以最先进的技术、最富创意的设计满足消费者最大的愿望。而英国捷豹公司生产的捷豹牌汽车的标志是一只向前猛扑的雄壮的美洲豹，图案形神兼备，既点出生产者的名称，又表现该汽车的动力和速度性能。英国沃克斯豪尔公司的风驰电掣的飞狮、英国宾利汽车公司展翅翱翔的雄鹰、瑞典的沃尔沃（VOLVO：拉丁文"滚动"之意）、我国"红旗"等汽车商标等也属此类。还有一些引进车型的商标，在翻译过程中有改变原有商标象征的现象，使之更适合进口国的文化，如我国市场上的奔驰、佳美、全顺、皇冠等。

3. 反映汽车的人文精神

有的汽车商标在心理上有意或无意地与汽车产品无关，它们或是使用创业者的名字，或是使用公众熟悉的事物或人名，效果也很好。例如，德国大众集团奥迪分部生产的奥迪牌汽车，其标志是四个连环圆圈，它是其前身——汽车联盟股份公司于1932年成立时开始使用的统一车牌标志。四个圆环表示当初公司是由四家公司合并而成的。从该标志的图形来看，似乎是四兄弟手挽手走向未来，体现出团结的力量；四个圆环的半径相等，象征公司平等、互利和协作的敬业精神。福特汽车公司生产的福特牌汽车的标志是以英文"Ford"为主的椭圆形、蓝底白字图案，并形象化地构成一只充满活力的兔子。其构思简朴、设计美观，犹如在温馨的大自然中，一只活泼可爱、雄健温顺的小兔子在向前飞奔。还有的例子，如美国的传世佳作"林肯"、图形化的蝴蝶结"雪佛兰"；意大利的流动米兰市徽"罗密欧"、风驰电掣的"布加蒂"和肃穆的黑色跳马"法拉利"、矩形柜中的法令"菲亚特"；法国永远坚挺拔直的"雷诺"；英国叠姓的帝王之车"劳斯莱斯"；日本丰田的三维空间的"T"、本田让人铭记在心的"H"；中国的"夏利""富康""云雀"等。

据国外最新统计资料显示：世界汽车商标中提供商品直接信息象征的商标，美国占其国内汽车商标总数的20%左右，德国占24%左右，法国和日本汽车商标中很少提供产品的直接信息，英国则占21%左右；汽车商标中包含汽车间接信息的，美国占54%，德国占15%，法国和日本也不多，英国占18%；不包含任何汽车信息的商标，美国占26%，德国和英国各占61%，法国和日本的80%以上的汽车商标不包含任何产品信息。而在世界汽车市场国际化的过程中，各汽车生产者为了向目标国市场顺利推销产品，在文字上都采用了目标国公众所普遍理解的翻译词汇，从而形成了新的商标类型。

世界汽车商标一方面有共同的规律可循，另一方面又受到不同文化背景的影响。表现这种影响规律的手段就是千差万别的具体词汇和具体图案，可以从中窥探出迥然不同的商标心理。这对于我国将汽车作为支柱产业的发展中国家的汽车生产企业而言更具有现实意义。

（五）世界汽车商标的策略

1. 美国汽车商标的个性化策略

美国人在自己的汽车名称中赋予他们所喜欢的专有名词或形容词词汇，如金牛座、土星、野马等，这说明在美国人与汽车的关系带有明显的个性特征，商标变成了另一类型的汽车名称。有时为了适应广告需要，美国汽车商标的名称是很长的词的组合，这种广告旨在让人相信，汽车会"喜欢"自己的驾驶者并"信赖"他（她）；美国汽车的名称同样有"使邻居震惊"的使命，因为美国有的消费者就要求这样，这些名称要么借助于标志缩写来实现，要么借助于一系列标志去实现，如 Prowler（漂游者）；有时，名称伴随着数字组合，或使用古老的名称。在美国，汽车商标中有约60%是英语词汇，对汽车企业而言，它们也愿意使用外来词汇，前提是这些词汇能够给消费者形成印象并创造汽车理想形象。例如，在中国，"Transit"采用了"全顺"这样的半翻译名称，因为这在中国代表吉利。在美国汽车商标中，提供产品直接信息的比例是世界上最高的，这是美国汽车工业的又一特点，虽然有粉饰之嫌，但总的来讲它们能够以简单而适宜的形式向消费者提供必要的信息：汽车所有者要求的速度（如野马、火箭）和所有者的社会地位（凯迪拉克）；还有一些需要是属于美国年轻人的，如"海盗""眼镜蛇"等；另外，虽然有福特这样的公司创造者的名称商标，但以公司创造者的名字命名汽车商标在美国基本不符合大众的普遍心理，所以很少使用。

2. 英国汽车商标的传统化策略

在英国，消费者对自己的汽车常常能够激起非常细腻的情感，因此英国人常把汽车当成活的东西来理解。这给英国汽车商标设计心理提供了初步注解。英国汽车商标使用词汇比使用数字多得多，超过80%的英国汽车是使用英语词汇来表示的。英国汽车工业以自己的产品而自豪，而汽车消费者也分享了这种情感。分析表明，英国汽车商标中英语词汇的词根有45%来自希腊和拉丁语，这说明在英国人（无论是汽车生产者还是汽车消费者）眼里，汽车都应当具有辉煌和雅致的形象。英国汽车商标很少提供产品的直接信息，似乎按照英国人的观点，不存在这样的象征物能和谐地描绘汽车的诱惑力和地位；同时，由于汽车多数是多用途的，因此人们认为如果固定地使用包含直接信息的商标则可能不完善。在英国汽车商标中，间接反映汽车速度的象征物很多，如穆斯登马、美洲豹、金鹊、蹬羚、虎和灵猩等常被英国汽车作为商标的象征物使用。当然，近年来也有使用诸如火箭或战斗机之类的机械来象征汽车的速度的，但是依据英国人的传统，这仍只是个例外，动物仍是现代汽车速度、力量和优雅的主要象征物。在英国汽车商标中，也能体验到一些浪漫主义的氛围。另外，用公司创立者的名字做汽车商标的比例高达21%以上，这是由于英国人相信在汽车工业发展中公司创立者的姓名是产品质量的保证，这与该国家的人们对待汽车生产和汽车消费的态度是相协调的。

3. 德国汽车商标的现代化策略

德国人历来崇尚质量和精益求精，把汽车生产当做一门艺术来对待。所以，德国的一些汽车公司，（如梅塞德斯-奔驰、宝马）的汽车型号没有使用词汇，而是仅使用了数字的组合。因为在德国，普通消费者对数字名称或标志基本满意，他们认为这种标志比词汇意义的商标要好。从传播理论的角度来看，数字和字母方式的汽车商标，当然强调的是纯粹的技术质量，但是他们对还未购买汽车的潜在消费者没有什么说服方面的意义。德国传统的汽车商标有24%提供了产品的直接信息；15%的汽车商标包含了某些汽车形象与普遍了解的事物形象，它们多数是军衔和公民爵位封号的名称；不包含任何产品信息的汽车商标占61%以上，它们之中以企业创立者命名的居多，还有一些专有名词、地理名词等。近年来，德国汽车工业也开始出现了使用关于速度、安全、舒适等与现代观念相协调的文字商标，主要是为了适应品牌世界化的需要。

4. 法国汽车商标的民族化策略

传统上，汽车在法国是这样一种东西：它们不仅是所有者个性意义的代表，还是强化民族自豪感和生产者国家尊严的象征。所以，法国汽车工业在20世纪80年代以前，总是试图在自己的产品市场营销中、在广告中、在商标上反映这种民族情感。但是在过去的10年里，也存在着拒绝浪漫色彩的文字商标的倾向，法国的汽车商标系列有从浪漫词汇向以字母数字组合构成这种较为技术性的体系过渡的明显趋势。然而，当法国汽车工业面对21世纪挑战的时候，其汽车商标又有向文字商标转移的回潮，但不是返回到反映民族自豪感的老样式，而是返回到从心理上最大限度地对未来使用者的想象力起积极作用上来。有资料表明，在法国，对于最普通的汽车，消费者喜欢最平淡无奇的字母、数字组合商标，这种商标给消费者留下的想象空间小，不需要汽车所有者显示知识和身份；而对于高档汽车，消费者倾向于选择词汇和图像商标，以显示民族自豪感和所有者的身份地位。

案例分析 5-2

日产公司中国市场产品策略分析

在中国提起日本车最为人所称道的是丰田和本田，但是日产公司长期霸占着日本第二大汽车生产商的位置，更曾经在20世纪80年代风靡全世界，以其突出的科研实力在车坛独树一帜。在20世纪90年代，中国卖得最火的进口汽车有3款，有今天赫赫大名已经国产的丰田佳美（凯美瑞）、本田雅阁，还有就是已经不太知名没有国产的日产风度（CEFIRO）。

在20世纪90年代日产公司陷入低潮，直到和雷诺公司合资开始了传奇性的复兴，在中国也是走出了这样一个U形轨迹,在本田、丰田公司都已经赚得钵满盆满的时候,日产公司姗姗来迟,但是迅速发力,全面整合于东风有限公司,迅速推出一系列新车,在2005年成为增长最快的汽车公司之一。日产公司投放于中国的产品特点:外形新颖时尚、内部空间宽大、强调乘坐的舒适感。目前在中国国产的产品有三厢颐达轿车、两厢骐达轿车、阳光轿车、蓝鸟轿车、天籁轿车、轩逸轿车,整个产品体系体现了日产公司在中国统一的产品理念,所有产品的外形都体现了车身宽度较大、外形稳重而不乏时尚感觉。

在和雷诺公司合资后,日产公司的新产品都不同程度地带有了雷诺式的法国风情,这点在三厢颐达轿车、两厢骐达轿车身上体现得很明显,它们给喜爱的人一种新潮、美丽而张扬得恰到好处,而天籁轿车和轩逸轿车则更多地表现了稳重、舒适和气派感,至于阳光轿车和蓝鸟轿车的新款都或多或少地贯彻了这种外形设计风格,但是作为日产公司在中国的前两款产品,在中国也应该到了完成历史使命的时候了。日产车系的内饰富有家具色彩,突出温馨特点,动力性、安全性都有着与其价格相适应的表现。日产公司的中国产品策略:

第一步:投石问路。这一阶段的作品就是阳光轿车和蓝鸟轿车,把两款已经在世界车坛搏杀多年的车型拿到中国销售这和世界车坛其他巨头的做法暗合,此时日产公司和雷诺公司的组合还在磨合中,这两款车虽然业绩不佳而双双赢得"肉车"之名,但是意义在于保持了日产公司在中国的存在,为后来的发力打下了不错的基础。

第二步:突然发力——集中抢占中级车市场。2004年下半年天籁的出世打响了日产公司抢占中国市场第二阶段的发令枪,随后在2005年日产公司推出了三厢颐达轿车和两厢骐达轿车,并相继改款了阳光轿车、蓝鸟轿车,在2006年推出了轩逸轿车,产品几乎全部集中于中级车价格区间,在10万~25万区间布置了自己全系列六个子品牌。这在中国汽车市场实为罕见,即使手牵两家、纵横中国20多年的大众也没有,这在2005年取得了丰厚的回报:在中国整体车市增长放缓的大势下,东风日产仍然取得了非常出色的业绩,全年共实现整车销售156516辆的佳绩,年销量净增近10万辆,增长幅度高达160%。

日产公司在中国是一个激进的中庸者,中庸表现于其产品游走于另类张扬与传统保守之间,既有颐达轿车和骐达轿车这样带有鲜明法兰西风格的作品,也有天籁轿车、轩逸轿车这样带有传统日系车风格的产品。急进表现于产品的引入快速而不保守,与其他两家日本厂商相比,具有了本田公司引入产品的世界同步性,不像丰田公司一样总是引入慢一代的产品,也具有了丰田公司短时间内多品牌引入,不像本田公司靠一款雅阁打拼多年,显得诚意十足。

讨论题:

1. 日产公司投放于中国的产品在整体上树立了怎样的形象?
2. 日产公司成功抢占中级车市场的事例,给我们什么样的启示?
3. 结合本章内容通过案例分析日产公司在中国作为激进的中庸者,运用怎样的产品策略达到其进入中国市场的目的。

本 章 小 结

汽车产品策略是汽车企业获得良好经济效益的基础,也是汽车市场营销策略组合的首要问题。

本章介绍了汽车产品整体概念和汽车产品组合策略，阐述了汽车产品的寿命周期及其策略。最后，探讨了汽车产品的品牌和商标策略，提出创造新品牌及商标将有利于提升汽车的产品价值，扩大市场份额。

思 考 题

1. 如何理解汽车产品整体概念以及各层次间的关系？
2. 产品组合的调整主要有哪些策略？以你熟悉的汽车品牌为例，运用波士顿矩阵法评价其产品组合。
3. 汽车产品寿命周期各阶段的主要特征是什么？可采用哪些主要营销策略？
4. 汽车品牌和商标的内涵、特征包括哪些内容？汽车企业应当如何运用好品牌和商标策略？

第六章 汽车定价策略

学习目标：

了解汽车价格的构成、影响因素、定价程序及其价格体系；理解汽车定价的各种不同目标；掌握汽车定价方法，并能够运用本章所学的理论知识在具体项目中制订切合实际的汽车定价策略。

市场营销由四个基本要素组成，即产品、促销、分销和定价。企业通过前三个要素在市场中创造价值，通过定价从创造的价值中获取收益。在营销组合中，价格是唯一能产生收入的因素，其他因素表现为成本。价格也是营销组合中最灵活的因素，它与产品特征和分销渠道不同，它的变化是异常迅速的。因此，定价策略是企业营销组合的重要因素之一，它直接决定着企业市场份额的大小和盈利水平。

第一节 影响汽车定价的因素

影响产品定价的因素很多，有企业内部因素，也有企业外部因素；有主观因素，也有客观因素。概括起来，影响产品定价的因素大体上有定价目标、产品成本、市场供需、市场竞争和其他因素五个方面。企业在定价时必须首先对以上诸因素进行充分分析，以认识各因素与汽车产品价格之间的关系，然后再根据实际情况选择合适的定价策略。

一、定价目标

在市场经济体制下，企业作为自主经营、自负盈亏的独立经济主体，其总体经营目标是获取最大利润。企业的定价决策必然要受这一总体目标的支配，并为实现这一总体目标而努力。因此，价格策略运用得好坏、产品价格制定得恰当与否，直接影响着企业市场占有率的高低、生命力的强弱以及企业成长、发展、壮大的可能性。定价目标是指企业通过制定产品最优价格来谋求经济利益最大化的目标。它是定价决策的基本前提和首要内容，是实现企业总体目标的保证和手段；同时也是企业整体营销战略在价格上的反映和实现，是企业制订价格策略的指导思想和总体方向。定价目标一般可分为利润目标、销售额目标、市场占有率目标、稳定价格目标和提高顾客满意度目标。

（一）利润目标

利润目标是企业定价目标的重要组成部分。获取利润是企业生存和发展的必要条件，是企业经营的直接动力和最终目的。因此，利润目标为大多数企业所采用。由于企业的经营哲学及营销总目标不同，这一目标在实践中有两种形式：

1. 以追求最大利润为目标

最大利润有长期和短期之分，还有单一产品最大利润和企业全部产品综合最大利润之别。一般而言，企业追求的应该是长期的、全部产品的综合最大利润，这样，企业就可以取得较大的市场竞争优势，占领和扩大更多的市场份额，拥有更好的发展前景。当然，对于一些中小型企业、产品生命周期较短的企业、产品在市场上供不应求的企业等，也可以谋求短期最大利润。

最大利润目标并不必然导致高价，价格太高，会导致销售量下降，利润总额可能因此而减少。有时，高额利润是通过采用低价策略，待占领市场后再逐步提价来获得的；有时，企业可以采用招徕定价艺术，对部分产品定低价，赔钱销售，以扩大影响，招徕顾客，带动其他产品的销售，进而谋取最大的整体效益。

2. 以获取适度利润为目标

它是指企业在补偿社会平均成本的基础上，适当地加上一定量的利润作为商品价格，以获取正常情况下合理利润的一种定价目标。以最大利润为目标，尽管从理论上讲十分完美，也十分诱人，但实际运用时常常会受到各种限制。所以，很多企业按适度原则确定利润水平，并以此为目标制定价格。采用适度利润目标有各种原因，以适度利润为目标使产品价格不会太高，从而可以阻止激烈的市场竞争；或由于某些企业为了协调投资者和消费者的关系，树立良好的企业形象，而以适度利润为其目标。

由于以适度利润为目标确定的价格不仅使企业可以避免不必要的竞争，又能获得长期利润，而且由于价格适中，消费者愿意接受，还符合政府的价格指导方针，因此这是一种兼顾企业利益和社会利益的定价目标。需要指出的是适度利润的实现，必须充分考虑产销量、投资成本、竞争格局和市场接受程度等因素；否则，适度利润只能是一句空话。

（二）销售额目标

这种定价目标是在保证一定利润水平的前提下，谋求销售额的最大化。某种产品在一定时期、一定市场状况下的销售额由该产品的销售量和价格共同决定，因此销售额的最大化既不等于销售量最大，也不等于价格最高。对于需求的价格弹性较大的商品，降低价格而导致的损失可以由销量的增加而得到补偿，因此企业宜采用薄利多销策略，保证在总利润不低于企业最低利润的条件下尽量降低价格，促进销售，扩大盈利；反之，若商品需求的价格弹性较小时，降价会导致收入减少，而提价则使销售额增加，企业应该采用高价、厚利、限制需求的策略。

采用销售额目标时，必须确保企业的利润水平。这是因为销售额的增加并不必然带来利润的增加。有些企业的销售额上升到一定程度，利润就很难上升，甚至销售额越大，亏损越多。因此，销售额和利润必须同时考虑。在两者发生矛盾时，除非是特殊情况（如为了尽量地回收现金，或者提高市场占有率），应以保证最低利润为原则。

（三）市场占有率目标

市场占有率又称市场份额，是指企业的销售额占整个行业销售额的百分比，或者是指企业的某产品在市场上的销售量占同类产品在该市场销售总量的比重。市场占有率是企业经营状况和企业产品竞争力的直接反映。作为定价目标，市场占有率与利润的相关性很强，从长期来看，较高的市场占有率必然带来高利润。美国市场营销战略影响利润系统的分析指出：当市场占有率在10%以下时，投资收益率大约为8%；市场占有率在10%～20%时，投资收益率在14%以上；市场占有率在20%~30%时，投资收益率约为22%；市场占有率在30%~40%时，投资收益率约为24%；市场占有率在40%以上时，投资收益率约为29%。因此，以市场占有率为定价目标具有获取长期较好利润的可能性。

市场占有率目标在具体运用时存在着"保持"和"扩大"两个互相关联和递进的层次。保持市场占有率的定价目标的特征是根据竞争对手的价格水平不断调整价格，以保证足够的竞争优势，防止竞争对手占有自己的市场份额。扩大市场占有率的定价目标就是从竞争对手那里夺取市场份额，以达到扩大企业销售市场乃至控制整个市场的目的。

在实践中，市场占有率目标被国内外许多企业所采用，其方法是以较长时间的低价策略来保持和扩大市场占有率，增强企业竞争力，最终获得最优利润。但是，这一目标的顺利实现至少应具备三个条件：

1）企业有雄厚的经济实力，可以承受一段时间的亏损，或者企业本身的生产成本本来就低于竞争对手。

2）企业对其竞争对手情况有充分的了解，有从其手中夺取市场份额的绝对把握。否则，企业不仅不能达到目的，反而很有可能会受到损失。

3）在企业的宏观营销环境中，政府未对市场占有率做出政策和法律的限制。比如美国制定有《反垄断法》，对单个企业的市场占有率进行限制，以防止少数企业垄断市场。在这种情况下，盲目追求高的市场占有率，往往会受到政府的干预。

（四）稳定价格目标

稳定的价格通常是大多数企业获得一定目标收益的必要条件，市场价格越稳定，经营风险也就越小。稳定价格目标的实质即是通过本企业产品的定价来左右整个市场价格，避免不必要的价格波动。按这种目标定价，可以使市场价格在一个较长的时期内相对稳定，减少企业之间因价格竞争而发生的损失。

为达到稳定价格的目的，通常情况下是由那些拥有较高的市场占有率、经营实力较强或较具有竞争力和影响力的领导者先制定一个价格，其他企业的价格则与之保持一定的距离或比例关系。对大企业来说，这是一种稳妥的价格保护政策；对中小企业来说，由于大企业不愿意随便改变价格，竞争性减弱，其利润也可以得到保障。在钢铁、采矿业、石油化工等行业内，稳定价格目标得到最广泛的应用。在汽车行业，往往是高级轿车采取稳定价格目标。

（五）提高顾客满意度目标

在现代营销策略体系中，企业应把顾客的发展和稳定放在首位，以顾客满意度为定价目标。顾客的满意既是顾客追逐的根本目的，也成为企业营销行为追求的根本目标。作为营销战略反映和实现的企业定价目标，理应将此作为定价目标体系中的核心。通常，顾客的满意度与顾客购买到的总价值和顾客购买时支付的总成本有关。

顾客购买到的商品或服务总价值构成可划分为四个方面。一是产品价值，它由产品利益、产品功能、产品特性三大板块组成。其中，产品利益是指顾客购买该产品的基本利益取向，如对有些消费者而言汽车是身份的象征，而对另一些消费者来说汽车则是生活中的代步工具。产品功能是指产品满足顾客利益取向的方法和手段。产品特性是由产品的品质、材料、品种等组成的产品特殊性，汽车产品特性主要包括车型、款式、档次、使用寿命、性能、可靠性、安全性等方面，它们是顾客选购产品的基本依据之一。二是服务价值。在现代市场经营中，随着顾客的消费观念、消费时间、消费收入的变化，顾客在购买商品时，不仅停留在产品本身的价值变化上进行选择决策，而更加重视产品附加值的大小。社会实践表明，企业向顾客提供的产品附加价值越齐全完备，其服务价值就越高，顾客从中得到的实际利益也就越大，从而购买到的总价值越大。三是员工价值，即指企业员工的就业观念、业务素质、工作效率、应变能力、亲和力等所产生的价值。这种价值的重要性在于顾客的满意直接来源于员工对顾客所做出的超值服务。因为顾客满意直接来源于企业提供的优良服务品质。四是形象价值。就顾客而言，形象价值是显示其购买到的精神、心理满意感和荣誉感的巨大支撑力量。任何一家企业都给顾客树立了一定的形象，因而形象价值包含了企业一切构成要素所创造出来的价值，在很大程度上也是产品价值、服务价值、员工价值的综合反映和结果。因此，企业高度重视自身形象的塑造，将会给顾客带去更多的总价值满意。

从顾客满意度的含义可知，当顾客购买的总成本不变时，企业可以从上述四个方面增加顾客购买的总价值。而当顾客购买的总价值不变时，要使顾客满意度提高，就只能降低顾客的总成本。顾客购买时的总成本包括了货币成本、时间成本、精神成本和体力成本。其一，货币成本的直接载体为价格，一般情况下，顾客购买时首先要考虑的就是价格的高低。而价格的高低，不但是货币支付量的大小，牵涉到顾客的支付能力，也是顾客的货币收入价值在市场交换过程中的直接体现。其二，时间成本是指顾客在购买过程中必须要考虑到的耗费时间量，由于时间可以折算成经济单位，它就成为构成顾客总成本的重要因素。一般而言，顾客购买某件产品或服务所耗费时间越长，反映了他所支付的时间成本越高。其三，精神成本和体力成本均是一种非经济成本，它的形成是源于顾客的购买过程，客观上是各种相关信息的收集、比较、决策的阶段组合，这些阶段的进展，往往就是顾客的精神和体力耗费的结果。顾客为购买商品而支出的精神和体力就构成了精神成本和体力成本。

综上所述，提高顾客满意度的途径无非是价值提高或成本下降。从价值决定价格这一基本经济规律来看，不论是顾客购买到的总价值提高，还是购买时的总成本下降，客观上都要求在价格上有所体现，即当总价值较高时，只要总成本能够吻合总价值，或者是总成本较高时，总价值也能够吻合总成本，总能保持顾客的满意度。顾客在比较总价值与总成本时，唯一可以及时得出结论的只有价格水平。所以，将提高顾客满意度作为定价目标将有助于企业更清醒地认识自己行为的特点和本质，有助于企业营销战略的实现。

由于资源的约束，企业规模和管理方法的差异，企业可能从不同的角度选择自己的定价目标。不同行业的企业有不同的定价目标，同一行业的不同企业可能有不同的定价目标，同一企业在不同的时期、不同的市场条件下也可能有不同的定价目标，即使采用同一种定价目标，其价格策略、定价方法和技巧也可能不同。总之，企业应根据自身的性质和特点，具体情况具体分析，权衡各种定价目标的利弊，灵活确定自己的定价目标。

二、产品成本

马克思主义理论告诉人们，商品的价值是构成价格的基础。商品的价值由在生产过程中物化劳动转移的价值、劳动者为自己创造的价值、劳动者为社会创造的价值组成。显然，对企业的定价来说，成本是一个关键因素。企业产品定价以成本为最低界限，产品价格只有高于成本，企业才能补偿生产上的耗费，从而获得一定盈利。但这并不排斥在一段时期在个别产品上价格低于成本。

在实际工作中，产品的价格是按成本、利润和税金三部分来制定的。成本可分解为固定成本和变动成本。产品的价格有时是由总成本决定的，有时仅由变动成本决定。成本有时分为社会平均成本和企业个别成本。就社会同类产品市场价格而言，主要的是受社会平均成本影响。在竞争很充分的情况下，企业个别成本高于或低于社会平均成本，对产品价格的影响不大。根据统计资料显示，目前工业产品的成本在产品出厂价格中平均约占70%。这就是说，一般而言，成本是构成价格的主要因素，这只是就价格数量比例而言。

汽车价格组成中最复杂同时又最具有下降潜力的就是成本。成本的构成很复杂，不同企业的情况也是千差万别的，汽车价格是成本的具体体现，成本高，汽车价格自然就高。一般来说，汽车成本包括车辆制造成本和企业运作成本，占汽车价格的50%~60%。车辆制造成本是消费者看得见的组成汽车的各种零部件的成本，也就是原材料、零部件及加工装配费用；企业运作成本是企业在实现车辆从制造至销售全过程中发生的各种费用。从我国多数企业制造成本的情况来看，零部件自制率高的比自制率低的成本要低。这项成本压缩的空间较大，通过技术创新和规模经营可以有较大幅度的下降。企业运作成本包含了企业的管理和科研费用、职工的工资福利待遇、产品的销售服务和宣传费用、制造过程中的辅助和后勤保障费用、厂房设备的折旧费用、贷款的利息等。下面简要阐述汽车成本系统中几种重要因素对其的影响。

（一）生产规模对成本的影响

在一定生产规模范围内，随着产销量的不断扩大，单位产品的总成本趋于降低，人们称这种经济现象为规模经济（又称为规模效应或规模效益）。汽车产业是典型的社会化大生产产业，规模效益的特点十分突出。在汽车领域，美国的三大汽车公司（福特、通用、克莱斯勒）、大众、丰田等少数厂商控制着全球90%以上的汽车生产和销售。事实上，各大汽车生产企业在全球竞争中为谋求有利地位，以全球为市场，通过优化产业链，在全球范围优化资源配置，以联合、兼并、重组方式构筑全球竞争优势。随着全球扩张和全球经营实践，已经赋予了"规模经济"以新的含义，即"规模经济"的最低限度被大大地提高了。对整车企业而言，20世纪80年代几十万辆、一百万辆汽车的产量足以达到规模经济，而在20世纪90年代汽车产业的最小经济规模上升到300万~400万辆甚至以上，而且还有进一步上升的趋势。其原因在于研发、制造、销售等环节要素投入增加的压力，必须通过比以往的规模大得多的产出才能分摊和消化。2012年，全球十大汽车生产国的汽车产量均超过了200万辆，最高为中国1927.18万辆。

不断扩大规模、发挥生产设备潜能、降低产品成本是很多汽车厂家致力追求的方向。反之，当生产潜能发挥殆尽，产量继续扩大时，势必要增加新的固定投资，或使企业管理成本增加，从而又导致产品的平均总成本上升，这种现象称为规模不经济。所以综合这两种情况可知，单纯地从产品的平均总成本与生产规模的关系来看，企业现有的生产能力得到完全利用（尚未引起新的投入）是最理想的情况，此时产品成本最低。这种使单位产品成本最小、收益最大的生产规模称为经济规模。企业生产规模的大小或者能否达到经济规模，不是企业主观随意确定的，它受到以下各因素的影响：

1. 企业可以占有的市场容量

这是确定企业生产规模首要的支持因素。企业生产规模的确定宜以企业经过努力能够占有的市场容量为基础。市场容量与成本是互为函数的：一方面市场容量大，企业可以扩大生产规模，降低产品成本；另一方面降低成本和售价，市场容量也会增加，为扩大生产规模创造一定条件。在我国目前经济发展水平相对不太高、汽车普及程度相对较低的时期，汽车市场容量受产品价格的影响较大，因而努力降低价格对增加市场容量的作用很大。所以企业在根据市场容量确立生产规模时，必须充分考虑到容量、规模、成本三者之间的动态关系。

2. 企业的资金、技术进步、生产方式等

例如，主机企业受资金约束，不能及时得到协作配套件，影响主机生产；或者不能扩大原来偏小的生产能力，形成新的更大经济规模，等等，这些情况都将影响企业的实际生产规模。

总之，企业生产规模受到市场容量和生产能力两个基本因素的双重制约。企业如果能够做到既不浪费最大市场容量带给企业的营销机会，又能充分发挥企业的生产潜能，就是最理想的境地。

（二）产品品种对成本的影响

单一品种的大量生产对获得较低的生产成本是非常有利的。但这种生产方式却难以满足市场对多品种的需要，减少企业的营销机会，导致营销的机会成本增加。这表明，过少的产品品种可能使得企业生产成本的降低不能弥补开销机会损失的增加，最终使得产品的平均成本上升。

同时，如产品品种过多，虽然可提高企业在市场上的适应能力，减少了企业的营销机会损失，但随着品种的增加，每个品种的产量势必下降，而零部件的相关性减少，生产设施的通用性则会下降，引起产品生产成本的增加，最终使得产品的平均成本上升。

为实现现代化的大批量定制生产方式，充分满足广大顾客的个性需求，企业必须做好品种与成本的平衡。企业可以应用成组技术，并与现代化管理方法和手段结合，对不同车型和品种的零部件进行有效组合。对汽车工业来说，"以最少的零部件作为基础，生产尽可能多的竞争能力较强的车型"是各企业最大的追求。国际上具有竞争力的汽车企业，都是在若干基本品种的发动机、变速器、车桥、制动系统等总成基础上，生产装配成千上万汽车品种。

（三）产品质量对成本的影响

质量费用是为保证和提高产品质量而支出的一切费用以及因未达到质量标准而产生的一切损失费用之和。它主要包括：

1) 外部质量损失费用，即无偿修理费用、退货和折价费用、用户损失费用。
2) 质量评价费用，即产品试验、质量检查费用。
3) 内部质量损失费用，即废品损失、修理费用。
4) 质量预防费用，即质量、工艺、管理保证和培训费用。

如果仅仅强调降低某一种质量费用，其效果不一定理想，如降低质量损失费用，质量预防费用就会增加。综合以上四种质量费用，以总质量成本最低者为最优。

（四）产品生命周期对成本的影响

产品生命周期的四个阶段对汽车产品的成本有不同的影响。导入期，由于资金大量投入，生产能力还未完全形成，生产成本很高；成长期，由于生产增长较快，成本开始下降，并在一定阶段达到保本水平；成熟期，成本进一步降低，达到最低点；衰退期，生产趋于下降，成本又上升。产品生命周期与成本的关系如图6-1所示。

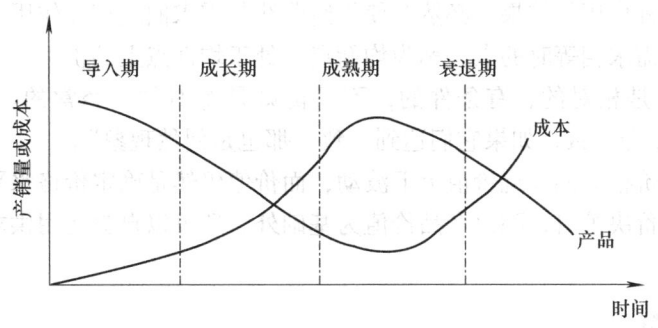

图 6-1　产品生命周期与成本的关系

（五）成本结构对产品成本的影响

汽车产品的成本结构明显具有技术构成比例高，协作配套、原材料采购比例高，劳动消耗比例高等特点。对于工业化国家，其较高的劳动生产率有利于降低汽车生产成本，但其较高的劳动力成本却抵消了这一效果；而经济落后国家的情况则正好相反，由于技术水平低，劳动生产率不高，所以尽管劳动力便宜，但汽车生产总成本并不一定低。而对于位居发展中国家前列或中等发达国家，由于其工业化程度、劳动生产率、人员技术素质都较高，劳动力成本也相对便宜（如2012年中国汽车工人每小时的平均工资水平为5美元，而美国三大汽车公司的则为70美元），汽车产品综合成本可能才是最理想的，这些国家已成为世界各汽车公司转移汽车生产的理想地点。

三、市场供需

在市场经济中，产品的价格由买卖双方的相互作用来决定，所以决定价格的基本因素有两个，即供给与需求。若供大于求，价格会下降；若供小于求，价格则会上升，这就是市场供求规律。由此看来，市场的一切交易活动的价格的变动都受这一规律的支配。正如西方经济学家亚当·斯密所说的是"看不见的手"在指挥着经济活动。所以，供求关系必然会成为影响价格形成的重要因素，它是制定产品价格的一个重要前提。这里又存在着如下关系：

1. 价格与供给的关系

供给是指在一定时间内，生产者在一定价格条件下愿意并可能出售的产品。当价格上涨时，会刺激生产者增加供给量；价格下跌时，又会引起供给量的减少。所以，供给一般随着价格的升降而增减，即价格与供给之间存在着同方向变动的关系。

2. 价格与需求的关系

需求是指消费者在一定价格条件下对某些商品的需要。当价格上涨时，会引起需求量的减少；当价格下跌时，会导致需求量的增加。可见，需求一般随着价格的上升而减少，随着价格的下跌而增加，即价格与需求之间存在着反方向变动的关系。

3. 供求关系与均衡价格

供求双方总是相互联系在一起的。当市场价格偏高时，需求量将会下降，生产者则会因价格上升增加供给量，市场上将会出现供过于求的状况，从而造成出售者之间竞争加剧，结果迫使市场价格下降。但当市场价格偏低时，需求量将会上升，生产者则会由于价格下降而减少供给量，市场上会出现供不应求的状况，从而造成购买者之间的竞争加剧，结果又导致价格上升。上述两种作用的结果，必然会使供给曲线与需求曲线相互作用在一个交点上，这个交点就是供给与需求相等时的点，称为均衡点。处于均衡点上的价格就称为均衡价格。但供求的这种平衡只是相对的、有条件的，不平衡则是绝对的、经常的。正如马克思所说"供求实际上从来不会一致，如果它们达到一致，那也是偶然现象"。

供求关系表明价格只能围绕价值上下波动，而价值仍然是确定价格水平及其变动的决定性因素，企业在定价决策时，除以产品价值为基础外，还可以自觉运用供求关系来分析和制定产品的价格。

四、市场竞争

市场竞争也是影响价格制定的重要因素。根据竞争的程度不同，企业定价策略会有所不同。按照市场竞争按程度的不同，可以分为完全竞争、不完全竞争与完全垄断三种情况。

（一）完全竞争

所谓完全竞争也称自由竞争，它是一种理想化了的极端情况。在完全竞争的条件下，买者和卖者都大量存在，产品都是同质的，不存在质量与功能上的差异，企业自由地选择产品生产，买卖双方能充分地获得市场情报。在这种情况下，无论是买方还是卖方都不能对产品价格施加影响，只能在市场既定价格下从事生产和交易。

（二）不完全竞争

它介于完全竞争与完全垄断之间，它是现实中存在的典型的市场竞争状况，其中包括完全寡头垄断、差别寡头垄断和垄断性竞争。不完全竞争条件下，最少有两个以上买者或卖者，少数买者或卖者对价格和交易数量起着较大的影响作用，买卖各方获得的市场信息是不充分的，它们的活动受到一定的限制，而且它们提供的同类商品有差异，因此，它们之间存在着一定程度的竞争。在不完全竞争情况下，企业的定价策略有比较大的回旋余地，它既要考虑竞争对象的价格策略，也要考虑本企业定价策略对竞争态势的影响。

（三）完全垄断

它是完全竞争的反面，是指一种商品的供应完全由独家控制，形成独占市场。在完全垄断竞争情况下，交易的数量与价格由垄断者单方面决定。完全垄断在现实中也很少见。

企业的价格策略要受到竞争状况的影响。完全竞争与完全垄断是竞争的两个极端，中间状况是不完全竞争。在不完全竞争条件下，竞争的强度对企业的价格策略有重要影响。所以，企业首先要了解竞争的强度。竞争的强度主要取决于产品制作技术的难易、是否有专利保护、供求形势以及具体的竞争格局。其次，企业要了解竞争对手的价格策略，以及竞争对手的实力。最后，企业还要了解和分析本企业在竞争中的地位。例如，2003年一汽大众高尔夫（GOLF）轿车下线，随其价格公布，整个市场反应平淡，几乎没有引起任何波澜，这个与厂家之前预想的情景相差万里。公平地说：高尔夫轿车定价不算过分，但是因为其属于生不逢时，上海大众率先用波罗（POLO）轿车吸引了大家的眼球，并且随着其销量的增加，价格反而一路走低，抢占了大部分市场。最终高尔夫轿车通过市场调研将价格全面下调1.3万~1.5万元，立即赢得了不小的市场。

五、其他因素

企业的定价策略除受定价目标、成本、供需以及竞争状况的影响外，还受到其他多种因素的影响。这些因素包括政策法规、消费者习惯和心理、企业或产品的形象等。

（一）政策法规

政府为了维护经济秩序，或为了其他目的，可能通过立法或者其他途径对企业的价格策略进行干预。政府的干预包括规定毛利率，规定最高、最低限价，限制价格的浮动幅度或者规定价格变动的审批手续，实行价格补贴等。随着市场运行机制的不断完善，国家对企业定价的干预将越来越多地运用经济手段来实现。在现阶段，我国的商品市场价格不仅要受到国家相关价格政策的直接影响，而且国家的投资政策、科技发展政策、劳动工资政策、税收政策等也会对不同的产品价格产生多方面的影响。因此，企业在定价过程中要综合考虑国家政策对产品供求关系和产品价格的直接或间接影响。企业要严格遵守国家的价格政策，在政策允许的范围内行使定价权力，坚持按质定价、优质优价、劣质低价的原则，以维护国家和消费者的利益，促使改善经营管理，提高产品质量。

（二）消费者习惯和心理

消费者的心理因素、文化因素等社会因素也会在一定程度上影响产品的价格，企业在进行价格决策时，对这类因素也要予以足够的重视。在现实生活中，很多消费者存在"一分钱一分货"的观念。面对不太熟悉的商品，消费者常常从价格上判断商品的好坏，从经验上把价格同商品的使用价值挂钩。消费者心理和习惯上的反应是很复杂的，在某些情况下会出现完全相反的反应。例如，在一般情况下，涨价会减少购买，但有时涨价会引起抢购，反而会增加购买。因此，企业在研究消费者心理对定价的影响时，要持谨慎态度，要仔细了解消费者心理及其变化规律。

（三）企业或产品的形象

有时企业根据企业理念和企业形象设计的要求，需要对产品价格作出限制。例如，企业为了树立热心公益事业的形象，会将某些有关公益事业的产品价格定得较低；为了形成高贵的企业形象，将某些产品价格定得较高等。

第二节 汽车定价目标

汽车企业在对汽车产品定价以前，首先要考虑一个与汽车企业总目标、汽车市场营销目标相一致的汽车定价目标，作为确定汽车价格策略和汽车定价方法的依据。科学地确定定价目标是选择定价方法和确定定价策略的前提和依据。

一般来讲，可供汽车企业选择的汽车定价目标有以下六大类。

一、以利润为导向的汽车定价目标

利润是汽车企业存在和发展的必要条件，也是汽车企业营销所追求的基本目标之一，汽车企业一般都把利润作为重要的汽车定价目标，这样的目标主要有三种：

（一）利润最大化

以最大利润为汽车定价目标，指的是汽车企业期望获取最大限度的销售利润。通常已成功地打开销路的中小汽车企业，最常以此为目标。最大利润的目标可能会导致汽车企业的高价策略，但追求最大利润并不等于追求最高汽车价格。最大利润既有长期和短期之分，又有汽车企业全部汽车产品和单个汽车产品之别。一般来说，汽车企业追求的是长期利润的最大化，在某些特定的情况下，汽车企业也有可能会通过汽车价格的提高而追求汽车企业短期的最大利润。

（二）目标利润

以目标利润作为汽车定价目标，就是汽车企业把某项汽车产品或投资的预期利润水平规定为汽车销售额或投资额的一定百分比，即汽车销售利润率或汽车投资利润率。

汽车新品种的开发和上市等汽车企业活动都将引起投资的增加，因而新近投资的回收和报酬是汽车企业定价时所必须要考虑到的因素。汽车定价就是在汽车成本的基础上加上目标利润。根据实现目标利润的要求，汽车企业要估算汽车按什么价格销售、销售多少才能达到目标利润。一般来说，预期汽车销售利润率或汽车投资利润率要高于银行存款利率。

以目标利润作为汽车定价目标的汽车企业应具备两个条件：①该汽车企业具有较强的实力，竞争力比较强，在汽车行业中处于领导地位；②采用这种汽车定价目标的多为汽车新产品、汽车独家产品以及低价高质量的汽车产品。

（三）适当利润

有些汽车企业为了保全自己，降低市场风险，或者限于实力，以满足适当利润作为汽车定价目标。这种情况多见于处于市场追随者地位的中小汽车企业。适当利润目标的限度可以随着汽车产销量的变化、投资者的要求和汽车市场可以接受的程度变化等因素有所变化。

二、以销售量为导向的汽车定价目标

这种汽车定价目标是指汽车企业希望获得某种水平的汽车销售量或汽车市场占有率而确定的目标。

（一）保持或扩大汽车市场占有率

汽车市场占有率是汽车企业经营状况和汽车产品在汽车市场上的竞争能力的直接反映，对于汽车企业的生存和发展具有重要意义。因为汽车的市场占有率与汽车企业的利润有着很强的关联性，而汽车市场占有率一般比最大利润容易测定，也更能体现汽车企业的努力方向。因此，有时汽车企业把保持或扩大汽车市场占有率看得非常重要。

许多资金雄厚的大型汽车企业，喜欢以低价渗透的方式来建立一定的汽车市场占有率；一些中小企业为了在某一细分汽车市场获得一定优势，也十分注重扩大汽车市场占有率。

汽车市场占有率的提高并不一定会带来汽车企业利润的增加，只有当汽车企业处于以下几种情况下，才适合采用该种汽车定价目标：①该汽车的价格需求弹性较大，低价会促使汽车市场份额扩大；②汽车成本随着销售量的增加呈现逐渐下降的趋势，而利润有逐渐上升的可能；③低价能阻止现有和可能出现的竞争者；④汽车企业有雄厚的实力，能承受低价所造成的经济损失；⑤采用进攻型经营策略的汽车企业。

（二）增加汽车销售量

这是指以增加或扩大现有汽车销售量为汽车定价目标。这种方法一般适用于汽车的价格需求弹性较大，汽车企业开工不足，生产能力过剩，只要降低汽车价格就能扩大销售，使单位固定成本降低，汽车企业总利润增加的情况。

我国为鼓励和保护公平竞争，保护汽车经营者和汽车消费者的合法权益，制止不正当竞争行为，国家制定了《反不正当竞争法》。在汽车定价时，不得以低于变动成本的价格销售汽车来排挤竞争对手；有奖销售的最高奖的金额不得超过 5000 元。

三、以竞争为导向的汽车定价目标

以竞争为导向的汽车定价目标是指汽车企业主要着眼于竞争激烈的汽车市场以应付或避免竞争为导向的汽车定价目标。在汽车市场竞争中，大多数汽车企业对汽车价格都很敏感，在汽车定价以前，一般要广泛收集市场信息，把自己生产的汽车的性能、质量和成本与竞争者的汽车进行比较，然后以对汽车价格有决定性影响的竞争对手或汽车市场领导者的价格为基础，来制定本企业的汽车价格。通常采用的方法有：①与竞争者同价；②高于竞争者的价格；③低于竞争者的价格。

汽车企业在遇到同行价格竞争时，常常会被迫采取相应对策，如竞相削价、压倒对方；及时调价、价位对等；提高价格、树立威望。在现代市场竞争中，价格战容易使双方两败俱伤，风险较大。所以，很多企业往往会开展非价格竞争，如在汽车质量、促销、分销和服务等方面下工夫，以巩固和扩大自己的汽车市场份额。

四、以汽车质量为导向的汽车定价目标

以汽车质量为导向的汽车定价目标是指汽车企业要在市场上树立汽车质量领先地位的目标，而在汽车价格上做出的反应。优质优价是一般的市场供求准则，研究和开发优质汽车必然要付出较高的成本，自然要求以高的汽车价格得到回报。从长远来看，在一个完善的汽车市场体系中，高价格的汽车自然代表或反映着汽车的高性能、高质量及汽车企业所能提供的优质服务。采取汽车质量导向目标的汽车企业必须具备以下两个条件：①生产高性能、高质量的汽车；②提供优质的服务。

五、以汽车企业生存为导向的汽车定价目标

当汽车企业遇到生存能力过剩或激烈的市场竞争要改变消费者的需求时，它要把维持生存作为自己的主要目标，生存比利润更重要。这时的汽车企业往往会采取大规模的价格折扣来保持汽车企业的活力和生命力。对于这类汽车企业来讲，只要他们的汽车价格能够弥补变动成本和一部分固定成本，即汽车单价大于汽车企业变动成本，就能够维持汽车企业的生存。

六、以汽车销售渠道为导向的汽车定价目标

对于那些需经中间商销售汽车的汽车企业来说，保持汽车销售渠道畅通无阻是保证汽车企业获得良好经营效果的重要条件之一。

为了使得销售渠道畅通，汽车企业必须研究汽车价格对中间商的影响，充分考虑中间商的利益，保证中间商有合理的利润，促使中间商有充分的积极性去销售汽车。

在现代汽车市场经济中，中间商是现代汽车企业营销活动的延伸，对宣传汽车、提高汽车企业知名度有十分重要的作用。汽车企业在激烈的汽车市场竞争中，有时为保住完整的汽车销售渠道，促进汽车销售，不得不让利于中间商。

例如，1974年的石油危机发生后，国际汽车市场受到严重冲击，因而汽车市场竞争异常激烈，日本的马自达公司为了推销汽车，规定每推销一辆汽车给中间商500美元的回扣奖励。这一政策使该公司保持住了完整的汽车销售渠道，保证了在1976年向市场投放的新型节油车型的销售获得了成功，使该公司受益匪浅。

综上所述，汽车企业可供选择的汽车定价目标归类如图 6-2 所示。

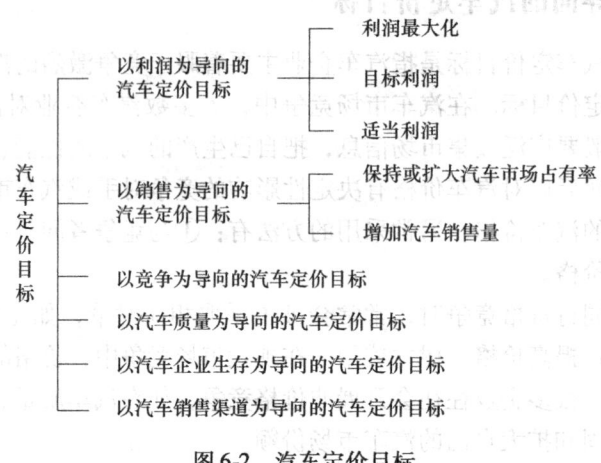

图 6-2　汽车定价目标

第三节　汽车定价方法和策略

一、汽车定价方法

汽车定价方法是指汽车企业为了在目标市场上实现定价目标，而给汽车产品制定一个基本价格或浮动范围的方法。影响汽车价格的因素比较多，但在制定汽车价格时主要考虑的因素是汽车产品的成本、汽车市场的需求和竞争对手的价格。汽车产品的成本规定了汽车价格的最低基数，汽车市场的需求决定了汽车需求的价格弹性，竞争对手的价格提供了制定汽车价格时的参照点。汽车企业根据竞争者同种汽车的价格水平，在汽车市场需求的最高价格和汽车成本费用的最低价格之间，制定不同高低的汽车价格。在实际操作中，汽车企业往往侧重于影响因素中的一个或几个因素来选定汽车定价方法，以解决汽车定价问题。由此产生了汽车成本导向定价法、汽车需求导向定价法和汽车竞争导向定价法三种汽车定价方法。

（一）汽车成本导向定价法

顾名思义，汽车成本导向定价法就是以汽车成本为基础，加上一定的利润和应纳税金来制定汽车价格的方法。这是一种按汽车卖方意图定价的方法。汽车的成本包括汽车企业在汽车生产经营过程中所发生的一切费用。

常用的以汽车成本为基础的定价方法主要有以下三种。

1. 汽车成本加成定价法

汽车成本加成定价法是一种最简单的汽车定价方法，即在单辆汽车成本的基础上，加上一定比例的预期利润作为汽车产品的售价。售价与成本之间的差额就是利润。由于利润的多少是按一定比例反映的，这种比例习惯上称为"几成"，所以这种方法被称为汽车成本加成定价法。

按照汽车成本加成定价法制定的汽车价格计算公式如下：

$$汽车价格 = \frac{单辆汽车成本 \times (1 + 汽车成本利润率)}{1 - 税率} \quad (6\text{-}1)$$

其中，

$$汽车成本利润率 = \frac{要求达到的总利润}{总成本} \times 100\% \tag{6-2}$$

例如，假设某个汽车企业一年要求达到的总利润为6000万元，总成本是30000万元，只生产某种汽车产品2000辆，产品税率为10%，计算得：

$$成本利润率 = \frac{要求达到的总利润}{总成本} \times 100\% = \frac{6000万元}{30000万元} \times 100\% = 20\%$$

$$汽车价格 = \frac{单辆汽车成本 \times (1 + 汽车成本利润率)}{1 - 税率}$$

$$= \frac{(30000万元/2000辆) \times (1 + 20\%)}{1 - 10\%} = 20万元$$

汽车成本加成定价法的优点是：第一，能使汽车企业的全部成本得到补偿，并有一定的盈利，使汽车企业的再生产能继续进行；第二，这种计算方法简便易行，由于确定汽车成本比确定汽车需求容易，因而将汽车的价格以汽车成本为依据，可以极大地简化汽车企业的定价程序，同时也使汽车企业不必经常根据汽车需求的变化来调整汽车的价格；第三，有利于国家和有关部门通过规定成本利润率，对汽车企业的汽车价格进行监督；第四，如果汽车行业都采用此法，就可以缓解汽车价格竞争，保持汽车市场价格的稳定。但在实践运用过程中，汽车成本加成定价法也存在着一些问题：首先，由于汽车成本加成定价法忽视了汽车市场的需求和竞争对手的价格，只反映生产经营中的劳动耗费，因此，根据这种方法制定的汽车价格必然缺乏对汽车市场供求关系变化的适应能力，不利于增强汽车企业的市场竞争力；其次，汽车企业成本是企业的个别成本，而不是正常生产合理经营下的社会成本，因此，有可能包含不正常、不合理的费用开支；最后，这种定价方法是以卖方的利益为出发点的，它不利于汽车企业降低成本；另外，加成率是一个估计值，缺乏科学性。可见，此定价法主要适用于汽车生产经营处于合理状态下的企业和供求大致平衡、成本较稳定的汽车产品。

2. 汽车加工成本定价法

汽车加工成本定价法是将汽车企业成本分为外购成本与新增成本后分别进行处理，并根据汽车企业新增成本来加成定价的方法。对于外购成本企业只垫付资金，只有企业内部生产过程中的新增成本才是企业自身的劳动耗费。因此，按汽车企业内部新增成本的一定比例计算自身劳动耗费和利润，按汽车企业新增价值部分缴纳增值税，使汽车价格中的盈利同汽车企业自身的劳动耗费成正比是汽车加工成本定价法的要求。

按照汽车加工成本定价法制定的汽车价格计算公式如下：

$$汽车价格 = 外购成本 + \frac{汽车加工新增成本 \times (1 + 汽车加工成本利润率)}{1 - 加工增值税率} \tag{6-3}$$

其中，

$$汽车加工成本利润率 = \frac{要求达到的总利润}{加工新增成本总额} \times 100\% \tag{6-4}$$

$$加工增值税率 = \frac{应纳增值税金总额}{销售总额 - 外购成本总额} \times 100\% \tag{6-5}$$

汽车加工成本定价法主要适用于加工型汽车企业和专业化协作的汽车企业。此方法既能补偿汽车企业的全部成本，又能使协作企业之间的利润分配和税收负担合理化，避免按汽车成本加成法定价形成的行业之间和协作企业之间苦乐不均的弊病。

3. 汽车目标成本定价法

汽车目标成本定价法是指汽车企业以经过一定努力预期能够达到的目标成本为定价依据，加上一定的目标利润和应纳税金来制定汽车价格的方法。这里，目标成本与定价时的实际成本不同，它是企业在充分考虑未来营销环境变化的基础上，为实现企业的经营目标而拟定的一种"预期成本"，一般都低于定价时的实际成本。

按照汽车目标成本定价法制定的汽车价格计算公式如下：

$$汽车价格 = \frac{汽车目标成本 \times (1 + 汽车目标成本利润率)}{1 - 税率} \tag{6-6}$$

其中，

$$汽车目标成本利润率 = \frac{要求达到的总利润}{目标成本 \times 目标产销量} \times 100\% \tag{6-7}$$

上述表明，汽车目标成本的确定要同时受到价格、税率和利润要求的多重制约，即汽车价格应确保市场能容纳目标产销量，扣税后销售总收入在补偿按目标产销量计算的全部成本后能为汽车企业提供预期的利润。此外，汽车目标成本还要充分考虑原材料、工资等成本价格变化的因素。

汽车目标成本虽非定价时的实际成本，但也不是主观臆造出来的，而要建立在对量、本、利关系进行科学测算的基础上。通常，企业成本可划分为固定成本和变动成本这两大类。小批量生产成本高的主要原因是固定总成本按产量分摊后单位固定成本高，如果在设备能力范围内将目标产量增大，就能使固定总成本分摊额减少，平均变动成本一般变化不大，并还可能由于工艺技术更熟悉而降低一些，于是就使单辆汽车成本大大降低。预期的成本降低便可将汽车价格定到能吸引消费者的水平，从而为汽车打开销路。并非汽车目标成本定得越低越好，因为要降低目标成本就必须增大目标产销量，而汽车目标产销量如果太接近一个汽车企业的生产能力极限，单辆汽车成本水平反而又会升高，因为在人员和设备满负荷运转后非熟练工人也得上第一线，机器设备故障率会上升，停机检修的时间和费用以及废次品损失会增加，资金和原材料周转脱节的现象也会增多。按照许多汽车企业的实践经验，汽车目标成本一般是在保本点往后直到设备利用率达到 80% 左右的产销量区间内确定的。

汽车目标成本定价法是为谋求长远和总体利益服务的，较适用于经济实力雄厚、生产和经营有较大发展前途的汽车企业，尤其适用于新产品的定价。采用汽车目标成本定价法有助于汽车企业开拓市场，降低成本，提高设备利用率，从而提高汽车企业的经济效益和社会效益。

（二）汽车需求导向定价法

汽车需求导向定价法是一种以需求为中心，汽车企业依汽车消费者对汽车价值的理解和对汽车需求的差别来定价，而不是依据汽车的成本来定价。

1. 对汽车价值的理解定价法

所谓对汽车价值的理解定价法，就是汽车企业按照汽车消费者对汽车价值的理解来制定汽车价格，而不是根据汽车企业生产汽车的实际价值来定价。因此，汽车企业在对汽车定价时，要先估计和测量出由汽车营销组合中的非价格因素在顾客心目中建立起来的对该汽车的认知价值。

对汽车价值的理解定价法同汽车在市场上的定位是相联系的。其方法是：①从汽车的质量、提供的服务等方面为汽车在目标市场上定价；②决定汽车所能达到的售价；③估计在此汽车价格下的销售量；④由汽车销售量算出所需的汽车生产量、投资额及单辆汽车成本；⑤计算该汽车是否能达到预期的利润，以此来确定该汽车价格是否合理，并可进一步判明该汽车在市场上的"命运"如何。

汽车企业运用对汽车价值的理解定价法的关键是，要把本企业的汽车产品与竞争者的汽车产品相比较，正确估计本企业的汽车产品在汽车消费者心目中的形象，找到比较准确的理解价值。因此，汽车企业在汽车定价前要搞好市场调研，通过广泛的市场调研，判定消费者对汽车的理解价值，才能由此来制定汽车的初始价格。目前常用的评议方法主要有直接评议法、相对评议法和诊断评议法等。

2. 对汽车需求的差别定价法

对汽车需求的差别定价法是指汽车企业根据对汽车需求方面的差别来制定汽车价格。这种汽车定价的方法首先是要注重适应消费者的不同特性，而将汽车成本的补偿置于次要的位置。采用这种汽车定价方法可以使汽车企业的定价最大限度地符合汽车市场的需求，从而促进汽车销售。

在这种汽车定价方法下，主要有以下三种情况：

（1）按汽车的不同目标消费者确定不同价格 因为同一商品对于不同消费者，其需求弹性不一样，有的对价格敏感，适当给予优惠可诱其购买；有的则不敏感，可照价收款。

（2）按汽车的不同花色、样式确定不同价格 因为对同一品牌、规格汽车的不同花色、样式，消费者的偏好程度不同，需求量也不同。因此，确定不同的价格，能吸引不同需求的消费者。

（3）按汽车的不同销售时间采用不同价格 同一种汽车因销售时间不同，其需求量也不同，汽车企业可据此制定不同的价格，争取最大销售量。

总之，对汽车需求的差别定价法能反映汽车消费者对汽车需求的差别及变化，有助于提高汽车企业的市场占有率和增强其汽车产品的渗透率。但这种定价法不利于成本控制，且需求的差别不易精确估计。

（三）汽车竞争导向定价法

汽车竞争导向定价法是依据竞争者的价格来定价，使本汽车企业的价格与竞争者价格相类似或保持一定的距离。这是一种汽车企业为了应付汽车市场竞争的需要而采取的特殊的定价方法。这种汽车定价方法的特点在于汽车的价格不与汽车的成本或需求发生直接关系。

汽车竞争导向定价法主要有以下四种方法。

1. 随行就市定价法

随行就市定价法，即以同类汽车产品的平均价格作为汽车企业定价的基础。这种方法适合汽车企业既难于对消费者和竞争者的反应做出准确的估计，自己又难于另行定价时运用。在实践中，有些产品价格难以计算，采用随行就市定价一般可较准确地体现汽车价值和供求情况，保证能获得合理效益；同时也有利于协调同行业的关系，融洽与竞争者的关系。

在垄断性较强的汽车市场上，汽车企业也往往会倾向于制定相近的汽车价格。若干个汽车企业相互降价，则每家汽车企业均难以确立绝对的优势地位，而得渔翁之利的则是汽车消费者。

此外，采用随行就市定价法，其汽车产品的成本与利润要受同行业平均成本的制约。因此,企业只有努力降低成本才能获得更多的利润。

但采取随行就市定价法并不是要汽车企业采取与竞争对手完全一样的汽车定价策略,汽车企业在制定汽车价格时,要有别于其他竞争对手,而汽车企业的市场营销策略亦要与之相协调,以应付竞争对手的价格竞争。

2. 相关商品比价定价法

相关商品比价定价法,即以同类汽车产品中消费者认可某品牌汽车的价格作为依据,结合本企业汽车产品与消费者认可的汽车成本差率或质量差率来制定汽车价格。它有以下三种计算方式:

1) 当汽车产品与消费者认可的汽车相比,成本变化与质量变化方向程度大体相似时,可按成本变化,实行"按值论价",其计算公式如下:

$$汽车价格 = 消费者认可的汽车价格 \times (1 + 成本差率) \quad (6-8)$$

2) 当汽车产品与消费者认可的汽车相比,成本上升不多而质量有较大提高时,可根据"按质论价、优质优价"原则,结合考虑供求关系,在下列区域中定价:

$$消费者认可的汽车价格 \times (1 + 成本差率) < 汽车价格 \leq$$
$$消费者认可的汽车价格 \times (1 + 质量差率)$$

式中,质量差率要通过对汽车质量效用的综合评估而确定。

3) 当汽车产品与消费者认可的汽车相比,成本下降不多而质量下降较多时,则应严格执行"按质论价"原则,实行低质廉价,其计算公式如下:

$$汽车价格 = 消费者认可的汽车价格 \times (1 - 质量差率) \quad (6-9)$$

采用这种定价法,由于价格常与消费者认可的汽车保持着由信誉、质量和成本等方面的差别而形成的一定距离,因此,这是一种以避免竞争为主要意图的定价方法。

3. 竞争投标定价法

在汽车易主交易中,可采用招标、投标的方式。由一个卖主(或买主)对两个以上并相互竞争的潜在买主(或卖主)出价(或要价)择优成交的定价方法称为竞争投标定价法。其显著特点是招标方只有一个,处于相对垄断的地位;而投标方有多个,处于相互竞争的地位。能否成交的关键在于投标者的出价能否战胜所有竞争对手而中标,中标者与卖方(买方)签约成交。

此定价法主要在政府处理走私没收汽车和企业处理多余汽车时采用。上海市对车牌的竞拍也属于这种形式。

4. 拍卖定价法

这种定价法是由汽车卖方委托拍卖行,以公开叫卖的方式来引导汽车买方报价,利用汽车买方竞争求购的心理,从中选择最高汽车价格来成交的。汽车的拍卖定价法一般多用于二手车的贸易中。

二、汽车定价策略

汽车价格竞争是一种十分重要的汽车营销手段,汽车企业要实现既定的汽车营销目标,就不仅要研究汽车定价的方法,还要研究汽车定价的策略。在激烈的汽车市场竞争中,汽车企业为了实现自己的营销战略和目标,必须根据产品特点、市场需求及竞争情况,采取各种灵活多变的汽车定价策略,使汽车定价策略与汽车市场营销组合中的其他策略更好地结合,促使和扩大汽车销售，提高汽车企业的整体效益。因此，正确采用汽车定价策略是汽车企业取得汽车市场竞争优势地位的重要手段。

（一）汽车新产品定价策略

在激烈的汽车市场竞争中，汽车企业开发的汽车新产品能否及时打开销路、占领市场和获得满意的利润，除了汽车新产品本身的性能、质量及必要的汽车市场营销手段和策略之外，还取决于汽车企业是否能选择正确的定价策略。

汽车新产品定价策略就是对汽车新产品所采取的定价策略。汽车新产品定价得当，就可能使该汽车新产品顺利进入市场，打开销路，占领市场，给企业带来利润；反之，若汽车新产品定价不当，就有可能使该新产品失败，从而影响汽车生产企业的效益。

汽车新产品定价有三种基本策略。

1. 撇脂定价策略

这是一种汽车高价保利策略，是指在汽车新产品投放市场的初期，将汽车价格定得较高，以便在较短的时期内获得较高的利润，尽快地收回投资。这种定价策略就好像在鲜奶中把浮在上面的一层奶油撇出来一样，取其精华，故而得名。采用这种汽车定价策略制定的汽车价格称为汽车撇脂价格，或汽车撇油价格。

这种汽车定价策略的优点是：①汽车新产品刚投放市场，需求弹性少，尚未有竞争者，因此，只要汽车新产品性能超群、质量过硬，就可以采取高价，来满足一些汽车消费者求新、求异的消费心理；②由于汽车价格较高，因而可以使汽车企业在较短时期内取得较大利润；③定价较高，便于在竞争者大量进入市场时主动降价，增强竞争能力，同时，也符合消费者对价格由高到低的心理。

这种汽车定价策略的缺点是：①在汽车新产品尚未建立起声誉时，高价不利于打开市场，一旦销售不利，汽车新产品就有夭折的风险；②如果高价投放市场销路旺盛，很容易引来竞争者进入市场，从而使汽车新产品的销路受到影响。因而，在采用这种汽车定价策略时要注意它的适应条件。

这种汽车定价策略一般适应于以下几种情况：

1）汽车企业研制、开发的这种技术新、难度大、开发周期长的汽车新产品，用高价也不怕竞争者迅速进入市场。

2）这种汽车新产品有较大市场需求，由于汽车是一次购买、享用多年，因而高价市场也能接受。

3）高价可以使汽车新产品一投入市场就树立起性能好、质量优的高档品牌形象。

4）汽车生产能力有限或汽车企业并无意扩大汽车产量。

2. 渗透定价策略

这是指在汽车新产品投放市场时，将汽车价格定得较低，吸引大量的消费者，以便使汽车消费者容易接受，很快打开和占领市场。这种策略就好像将水倒入沙泥中一样，水可以从沙泥的缝隙里很快渗透到底，因而得其名。

这种汽车定价策略的优点是，一方面可以利用低价迅速打开新产品的销路，占领市场，从多销中增加利润；另一方面低价又可以阻止竞争者进入，有利于控制市场。

这种汽车定价策略的缺点是，投资的回收期较长，见效慢，风险大，一旦渗透失利，企业就会一败涂地。

这种汽车定价策略一般适应于以下几种情况：

1）制造这种汽车新产品所采用的技术已经公开，或者易于仿制，竞争者很容易进入该市场。利用低价可以排斥竞争者，占领市场。

2）投放市场的汽车新产品，在市场上已有同类汽车产品，但是生产汽车新产品企业比生产同类汽车产品企业拥有较大的生产能力，并且该产品的规模效益显著，大量生产定会降低成本，收益有上升趋势。

3）该类汽车产品在市场中供求基本平衡，市场需求对价格比较敏感，低价可以吸引较多顾客，可以扩大市场份额。

4）出于竞争或心理方面的考虑，汽车企业想尽快占领某块汽车市场以求在同行业中占据领先地位。

以上两种汽车定价策略各有利弊，选择哪一种策略更为合适，汽车企业应根据市场需求、竞争情况、市场潜力、生产能力和汽车成本等因素的综合考虑，来加以合理地选择和组合，使这两种方式能在最有利的条件下发挥最好的效果。各种因素的特性及影响作用见表6-1。

表6-1 汽车撇脂定价策略与渗透定价策略选择标准

两种汽车定价策略选择标准	撇脂定价策略	渗透定价策略
汽车市场需求水平	高	低
与同类竞争汽车产品的差别性	较大	不大
汽车价格需求弹性	小	大
汽车企业生产能力扩大的可能性	小	大
汽车消费者购买力水平	高	低
汽车产品目标市场潜力	不大	大
汽车产品仿制的难易程度	难	易
汽车企业投资回收期长短	较短	较长

3. 满意定价策略

这是一种介于撇脂定价策略和渗透定价策略之间的汽车定价策略。它以获取社会平均利润为目标，所定的价格比撇脂价格低，而比渗透价格高，是一种中间价格。由于这种价格介于高价和低价之间，因而比前两种定价策略的风险小，成功的可能性大。

这种汽车定价策略的优点在于：一方面能使汽车新产品较快为市场所接受，且不会引起竞争对手的对抗；另一方面可以适当延长汽车新产品的寿命周期；另外，还有助于汽车企业树立信誉，稳步调价，并使顾客满意。

以上三种汽车新产品定价策略的汽车价格和汽车销量的关系如图6-3所示。

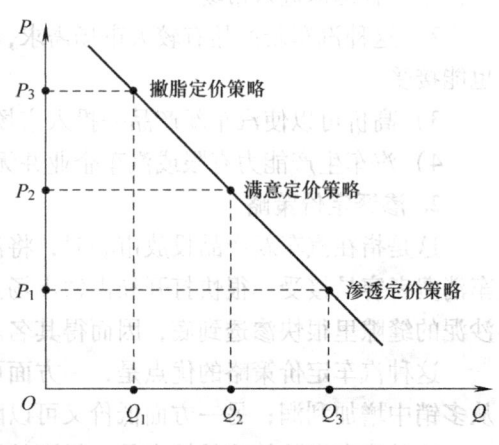

图6-3 汽车价格和汽车销量的关系

（二）按汽车产品寿命周期定价策略

在汽车产品寿命周期的不同阶段，汽车定价的三个要素——成本、消费者和竞争者都会发生变化，因此，汽车定价策略要适合时宜，要保持有效，必须有所调整。

1. 导入期定价策略

汽车消费者在起初接触汽车新产品的价格敏感性与他们长期的汽车价格敏感性之间是没有联系的。大多数消费者对新产品的价格敏感性相对较低，因为他们倾向于把汽车价格作为衡量汽车质量的标准，而且，此时没有可作对比的其他品牌汽车。但不同的汽车新产品进入市场，反应是有很大差异的。1908年，福特公司推出的T型车就是新的大批量生产技术的产物，它的先驱者已经为其进入市场铺平了道路；而新型的天然气动力的汽车却并不容易普及。

2. 成长期定价策略

在成长期，消费者的注意力不再单纯地停留在汽车产品的效用上，开始比较不同汽车品牌的性能和价格，汽车企业可以采取汽车产品差别化和成本领先的策略。一般来说，成长期的汽车价格最好比导入阶段的价格低。因为消费者对产品了解增加，价格敏感性提高。但对于那些对价格并不敏感的市场，不应使用渗透定价。尽管这一阶段竞争加剧，但行业市场的扩张能有效防止价格战的出现；然而有时汽车企业为了赶走竞争者，也可能会展开价格战。例如，美、日、韩三国的汽车企业就是在美国汽车市场走向成长期时才爆发价格战的。

3. 成熟期定价策略

成熟期的汽车有效定价着眼点不是努力挣得市场份额，而是尽可能地创造竞争优势。这时，汽车企业应尽量不要再使用捆绑式的销售。因为这样，只会使组合汽车产品中一个或几个性能更好的汽车产品难以打开市场。这时，市场为基本汽车产品定价的可调范围缩小；但汽车企业可以通过销售更有利可图的辅助汽车产品或优质服务来调整自己的竞争地位。

4. 衰退期定价策略

在衰退期，很多汽车企业选择降价，但往往不能刺激起足够的需求，结果反而降低企业的盈利能力。衰退期的汽车定价目标不是赢得什么，而是应在损失最小的情况下退出市场，或者是保护甚至加强自己的竞争地位。一般有三种策略可供选择：紧缩策略、收缩策略和巩固策略。它们的含义分别是：将资金紧缩到自己力量最强、汽车生产能力最强大的汽车生产线上；通过汽车定价获得最大现金收入，然后退出整个市场；增强自己的竞争优势，通过削价打败弱小的竞争者，占领他们的市场。

（三）折扣和折让定价策略

汽车的价格可以分为标价和成交价，标价是指汽车对外标明的价格，而成交价则是指汽车企业为了鼓励消费者购买，在汽车标价的基础上，相对地降低售价后得到的汽车价格，这种情况常发生于批发和提前付款时。在汽车市场营销中，汽车企业为了竞争和实现经营战略的需要，经常对汽车价格采取折扣和折让的优惠政策，直接或间接地降低汽车价格，以争取消费者，提高汽车销售量。灵活运用折扣和折让策略，一是它可以使汽车价格与汽车市场营销组合中的其他因素更好地配合；二是它是提高汽车企业经济效益的重要途径。

具体来说，折扣和折让分以下五种。

1. 数量折扣

数量折扣是根据买方购买的汽车数量多少，分别给以不同的折扣。数量折扣是用来鼓励买方集中购买或大批量购买汽车的定价策略。买方购买的汽车的数量越多，折扣越大。

数量折扣可分为累计数量折扣和非累计数量折扣。前者规定买方在一定时期内，购买汽车达到一定数量或一定金额时，按总量给以一定折扣的优惠；目的在于使买方与汽车企业保持长期的合作，为汽车企业培养忠实消费者，维持汽车企业的市场占有率。后者是只按每次购买汽车的数量多少给以折扣的优惠；这可刺激买方大量购买，促进汽车多销、快销，减少库存和资金占压，从而降低汽车企业的销售费用。这两种折扣价格都能有效地吸引买主，使汽车企业能从大量的销售中获得较好的利润。

2. 现金折扣

现金折扣是对按约定日期提前付款或按期付款的买主给予一定的折扣优惠，目的是鼓励买主尽早付款以利于资金周转，减少财务风险。运用现金折扣应考虑三个因素：一是折扣率大小；二是给予折扣的限制时间长短；三是付清货款期限的长短。

3. 交易折扣

交易折扣是汽车企业根据各个中间商在市场营销活动中所担负的功能不同，而给予不同的折扣，所以也称"功能折扣"。

对于交易折扣的折扣比例，汽车企业主要考虑汽车中间商在汽车销售渠道中的地位、对汽车生产企业汽车销售的重要性、购买汽车的批量、所具备的汽车促销功能、承担的风险以及汽车产品在市场上的最终售价等。

4. 季节折扣

季节折扣是指在汽车销售淡季时，给购买者一定的价格优惠。其目的是鼓励中间商和消费者购买汽车，减少库存，节约管理费，加速资金周转。季节折扣率应不低于银行存款利率。

5. 运费让价

运费是构成汽车价值的重要部分，为了调动中间商或消费者的积极性，汽车企业对他们的运输费用给予一定的津贴，支付一部分甚至全部运费。

在这里必须说明的是，一方面，汽车一般不宜采用打折的方法，宜采用回扣的方法。因为虽然同样是降价，顾客在支出了很大的一笔费用以后能够收到一些回扣的货款的感受会比仅仅是得到一种降价的产品要好一些。这也就是20世纪80年代汽车经销商经常采用回扣的方法来刺激汽车的销售，而极少有采用打折的方法的原因。

另一方面，汽车企业是否要采取折扣和折让定价的策略，折扣的限度为多少，还要综合考虑市场上各方面的因素。特别是当市场上同行业竞争对手实力很强时，一旦实施了折扣定价，可能会遭到强大竞争对手的更大折扣反击，一旦形成了竞相折价的市场局面，则要么导致市场总价格水平下降，在本企业仍无法扩大市场占有率的情况下将利益转嫁给了消费者，与竞争对手两败俱伤，要么就会因与竞争对手实力的差距而被迫退出竞争市场。

因而，企业在实行折扣和折让定价策略时要考虑竞争者实力、折扣成本、企业流动资金成本、消费者的折扣心理等多方面的因素，并注意避免市场内同种商品折扣标准的混乱，才能有效地实现经销目标。

（四）针对汽车消费者心理的定价策略

这是一种运用心理学的原理，根据汽车消费者心理要求所采用的定价策略。每一品牌汽车都能满足汽车消费者某一方面的需求，汽车价值与消费者的心理感受有着很大的关系。这就为汽车心理定价策略的运用提供了基础,使得汽车企业在定价时可以利用汽车消费者心理因素,有意识地将汽车价格定得高一些或低一些,以满足汽车消费者心理的、物质的和精神的多方面需求,通过汽车消费者对汽车产品的偏爱或忠诚,诱导消费者增加购买,扩大市场销售,获得最大效益。

具体的心理定价策略如下:

1. 整数定价策略

在高档汽车定价时,往往把汽车价格定成整数,不带尾数。凭借整数价格来给汽车消费者造成汽车属于高档消费品的印象,提高汽车品牌形象,满足汽车消费者的某种心理需求。

整数定价策略适用于:汽车档次较高、需求的价格弹性比较小、价格的高低不会对需求产生较大影响的汽车产品,由于目前选购高档汽车的消费者都属于高收入阶层,自然会接受较高的整数价格。

2. 尾数定价策略

尾数定价策略是与整数定价策略相反的一种定价策略,是指汽车企业利用汽车消费者求廉的心理,在汽车定价时,不取整数而带尾数的定价策略。这样带尾数的汽车价格在直观上给汽车消费者一种便宜的感觉;同时,往往还会给消费者一种汽车企业经过了认真的成本核算才定价,对消费者负责的感觉,可以提高消费者对该定价的信任度,从而激起消费者的购买欲望,促进汽车销售量的增加。比如,把一款汽车的价格定为9.97万元,而不定10万元,可以在直观上给消费者一种便宜的感觉,从而激起消费者的购买欲望,促进汽车销售量的增加。

尾数定价策略一般适用于:汽车档次较低的经济型汽车,价格的高低会对需求产生较大影响。在实践中,无论是整数定价还是尾数定价,都必须根据不同的地域而加以仔细斟酌。比如,美国、加拿大等国的消费者普遍认为单数比双数少,奇数比偶数显得便宜,所以,在北美地区,零售价为4.9万美元的商品,其销量远远大于价格为5万美元的商品,甚至比4万美元的商品也要多一些。但是,日本企业却多以偶数,特别是"零"作结尾,这是因为偶数在日本体现着对称、和谐、吉祥、平衡和美满。

3. 声望定价策略

声望定价策略是根据汽车产品在消费者心目中的声望、信任度和社会地位来确定汽车价格的一种汽车定价策略。声望定价策略可以满足某些汽车消费者的特殊欲望,如地位、身份、财富、名望和自我形象等,还可以通过高价格显示汽车的名贵优质。有报道称,在美国市场上,质高价低的中国产品常竞争不过相对质次价高的韩国产品,其原因就是在美国人眼中低价就意味着低档次。

声望定价策略一般适用于具有较高知名度、有较大市场影响的深受市场欢迎的著名品牌的汽车。英国名车劳斯莱斯的价格在所有汽车中雄踞榜首,除了其优越的性能、精细的做工外,严格控制产量也是一个很重要的因素。20世纪的后50年中,该公司只生产了15000辆轿车,美国艾森豪威尔总统因未能拥有一辆金黄色的劳斯莱斯汽车而引为终生憾事。

4. 招徕定价策略

这是指将某种汽车产品的价格定得非常高,或者非常低,以引起消费者的好奇心理和观望行为,来带动其他汽车产品的销售的一种汽车定价策略。例如,某些汽车企业在某一时期推出某一款车型降价出售,过一段时期又换另一种车型,以此来吸引消费者时常关注该企业的汽车，促进降价产品的销售，同时也带动同品牌其他正常价格的汽车产品的销售。

招徕定价策略常为汽车超市、汽车专卖店所采用。例如，江南奥拓将其车价定为2.98万元，成为国内市场上唯一一款低于3万元的轿车，吸引了消费者的眼光与购买兴趣。

5. 分级定价策略

这是指汽车企业在定价时，把同类汽车分为几个等级，不同等级的汽车采用不同价格的一种汽车定价策略。这种定价策略能使消费者产生货真价实、按质论价的感觉，因而容易被消费者所接受。而且这些不同等级的汽车若同时提价，对消费者们的质价观冲击不会太大。

分级定价策略中等级的划分要适当，级差不能太大或太少；否则，起不到应有的分级效果。

6. 习惯定价策略

有些汽车已经在消费者的心目中形成了一个较稳定的习惯价格，这类汽车产品的价格若稍有变动（尤其是提高价格），就会引起消费者的不满，容易使消费者产生抵触的心理。对于这类汽车产品，汽车企业不宜采用调价的方法。

7. 幸运数字定价策略

这种定价策略是根据汽车消费者对某些数字的偏好，如认为"8"字可以带来"发"财、"发"达，认为"6"字可以使事事如意、"六六"大顺等，而采用的以相应的幸运数字作为定价的依据，这样就容易使汽车购买者对该汽车产品产生一种心理上的良好感觉，认为它可以为自己带来好运，从而诱使消费者购买汽车。

这种定价策略常常被用于节日促销，幸运数字与节日的美好气氛相结合，更容易促进汽车的销售。

（五）针对汽车产品组合的定价策略

一个汽车企业往往不只生产一种产品，常常是会有多个系列的多种汽车产品同时生产和销售，这个汽车企业所生产和销售的全部汽车产品系列和项目的组合就被称做是汽车产品组合。一个汽车产品组合中的不同种汽车产品之间的需求和成本是相互联系的，但同时它们之间又存在着一定程度的"自相竞争"，因而，这时候的企业定价就不能只针对某一产品独立进行，而要结合相关联的一系列的产品组合制定出一系列的价格，使整个产品组合的利润实现最大化。这种定价策略主要有以下两种情况：

1. 同系列汽车产品组合定价策略

这种定价策略是把一个企业生产的同一系列的汽车作为一个产品组合来定价。在其中确定某一车型的较低价格，这种低价车可以在该系列汽车产品中充当明星价格，以吸引消费者购买这一系列中的各种汽车产品；同时又确定某一车型的较高价格，这种高价车可以在该系列汽车产品中充当品牌价格，以提高该系列汽车的品牌效应。

同系列汽车产品组合定价策略与分级定价策略有部分相似，但它更注意与系列汽车产品作为产品组合的整体化，强调产品组合中各汽车产品的内在关联性。

2. 附带选装配置的汽车产品组合定价策略

这种定价策略是将一个企业生产的汽车产品与其附带的一些可供选装配置的产品看做一个产品组合来定价。比如，汽车消费者可以选装该汽车企业的电子开窗控制器、扫雾器和减光器等配置。汽车企业首先要确定产品组合中应包含的可选装配置产品，其次再对汽车及选装配置产品进行统一合理的定价。例如，汽车价格相对较低，而选装配置的价格相对稍高一些,这样既可以吸引汽车消费者,又可以通过高价的选装配置获取利润,来弥补汽车的低价,增加企业利润。而一些不生产汽车选配装置的汽车企业为了获取利润,就只好将汽车的价格相对地定高一些,因而由此其市场竞争能力就自然要受到不同程度的影响。

附带选装配置的产品组合定价策略一般适用于有特殊、专用汽车附带选装配置的汽车。

(六) 汽车的价格调整

汽车在定价完成以后,由于本企业、竞争对手或汽车市场的情况发生了变化,汽车企业就需要经常对汽车的价格进行调整。汽车的价格调整主要有两种原因:一是汽车市场的供求环境发生了变化,汽车企业认为有必要对本企业汽车产品的价格做出调整,这种汽车的价格调整被称为主动调整;二是汽车企业竞争者的汽车价格发生了变动,而使汽车企业不得不做出相应的反应,以适应汽车市场竞争的需要,这种汽车的价格调整被称为被动调整。

1. 汽车价格的主动调整

汽车企业对汽车价格主动加以调整,可以采取两种策略:一是调高汽车价格;二是调低汽车价格。

(1) 调高汽车价格 在汽车市场营销过程中,汽车企业为了适应汽车市场环境和企业自身内部条件的变化,可能会将原有的汽车价格调高。

造成汽车价格调高的主要原因有以下几点:①汽车成本上升;②通货膨胀;③汽车产品供不应求,汽车市场需求旺盛;④汽车产品的改进;⑤汽车竞争策略的需要。

(2) 调低汽车价格 它是指汽车企业为了适应汽车市场环境和企业内部条件的变化,把原有汽车的价格调低。

调低汽车价格的主要原因有:①汽车企业竞争压力;②汽车企业生产能力过剩,需要扩大汽车销售,但又不能通过产品改进或加强销售等措施来扩大汽车销售;③汽车成本低;④经济形势变化。在经济紧缩的形势下,由于货币价值的上升,汽车总价格水平下降,汽车企业会因此相应地调低汽车的价格。

另外,汽车企业在主动调整汽车价格时,还应该对汽车竞争者将对该调整做出的反应加以认真地考虑,必须了解竞争对手目前的财务状况及企业目标等因素。

2. 汽车价格的被动调整

汽车价格的被动调整是指在汽车竞争对手率先调整汽车价格之后,本汽车企业在汽车价格方面做出的反应。汽车企业在进行汽车价格的被动调整之前,必须首先要对竞争者和自身的情况进行深入分析和研究。

对汽车企业本身情况的研究主要包括:①本企业的竞争实力,包括汽车质量、汽车售后服务、所占有的汽车市场份额及财力状况等;②本企业汽车产品的生命周期以及需求的价格弹性;③竞争对手汽车价格的调整对本企业所能产生的影响。

对汽车竞争对手的研究主要包括:①竞争对手价格变动的目的何在;②竞争对手的价格变动是长期的,还是暂时的;③其他的竞争对手对此会做出什么反应;④本企业对竞争对手的汽车价格调整做出反应后,竞争对手和其他的汽车企业又会采取什么措施。

一般来说,汽车价格的被动调整在竞争对手调高汽车价格时的主要方法有跟随提价和价格不变两种,在竞争对手调低汽车价格时的主要方法有置之不理、价格不变(采用另外的非价格手段进行反击)和跟着降价三种方式。其中跟着降价的方式要慎用,一般用于价格敏感度较高的车型上。至于汽车价格的调整幅度该为多少,则要根据具体情况来进行具体的分析。

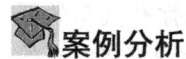案例分析

本田飞度轿车和大众奥迪轿车的定价策略分析

一、本田飞度——一步到位的低价策略

在国内经济型轿车市场上,像广州本田公司的飞度轿车一样几乎是全球同步推出的车型还有上海大众的波罗(POLO)轿车。但与飞度轿车相比,波罗轿车的价格要高得多。飞度1.3L五速手动档轿车的全国统一销售价格为9.98万元,1.3L无级变速自动档轿车的销售价格为10.98万元。而三厢波罗轿车上市时的价格为13.09万~16.19万元。飞度轿车上市后,波罗轿车及时进行了价格调整,到12月中旬,在北京亚运村汽车交易市场上,三厢波罗轿车基本型的最低报价是11.11万元。即使这样,其价格还是高于飞度轿车。虽然飞度轿车9.98万元的价格超过了部分消费者的心理预期,但在行家眼里,这是对其竞争对手致命的定价。

飞度轿车定价上也体现了广州本田公司的营销技巧。对于一般汽车企业来说,往往从利润最大化的角度考虑定价,想办法最大限度地获得第一桶金。这体现在新车上市时,总是高走高开,等到市场环境发生变化时才考虑降价。但这种方式存在一定的问题,即在降价时,因为没办法传递明确的信号,消费者往往更加犹豫,因为他们不知道企业是否已经将价格降到谷底。

广州本田公司的做法则不同,飞度轿车虽然是一个技术领先的产品,但采取的是一步到位的定价。虽然这种做法会使消费者往往要向经销商交一定费用才能够快速取得汽车,增加了消费者的负担,但供不应求的现象会让更多的消费者产生悬念。如果产量屏障被打破以后,消费者能够在不加价的情况下就可以买到车,满意度会有很大的提高,因为它给予了消费者荣誉上的附加值。对于飞度轿车为什么能够实现如此低的定价这个问题,广州本田公司的解释是,飞度轿车起步时国产化就已经超过80%。而国产化比例是决定国内轿车成本的两大因素之一。

从整体来看,飞度轿车良好的市场表现最重要的原因之一是广州本田公司采用了一步到位的低价策略,汽车性能和价格在短期内都难以被对手突破。这就使得长期徘徊观望的经济型轿车潜在消费者打消了顾虑,放弃了持币待购的心理,纷纷选择了飞度轿车。

广州本田公司采用了一步到位的低价策略,也可称为渗透定价策略,是指汽车企业以较低的成本利润率为汽车定价,以求通过"薄利多销"来实现利润指标的定价策略。这是一种比较常用的促销手段,利用人们求实、求廉的心理,一般只用于消费者对价格反应敏感的汽车产品,如中低档的经济型汽车。

从产品的生命周期来看,属于产品投入期和衰退期的汽车常常会用低价策略。前者的目的是迅速占领市场,后者是为了加快更新换代。但同时低价策略使厂家获取微利,用于市场推广的预算不足,给人以价低质次的不良感觉。

二、大众奥迪——撇脂定价策略

作为国内中高档车标杆的奥迪A6轿车的换代车型——新奥迪A6轿车,在2012年6月16日正式公布售价,除了核心配置和美国版有差异外,国产后的新奥迪A6/3.0L轿车高出了美国版逾20万元。据业内资深人士分析,德国大众公司旗下的奥迪品牌在主力车型上的过高

定价一旦失误,很可能将加速大众汽车在中国市场份额下滑,同时导致中国中高档车市重新洗牌。

一汽大众公司正式公布了全新奥迪 A6/2.4L 和 A6/3.0L 共 6 款车型的价格和详细装备表。其中 A6/2.4L 三款车型的厂家指导价格为 46.22 万~57.02 万元；A6/3.0L 三款车型的价格为 56.18 万~64.96 万元。

据了解,自 1999 年投产以来,上一代国产奥迪 A6 轿车经历了五次升级,在不到 5 年的时间里销量超过 20 多万辆,在国内豪华车市场多年来可谓是"一枝独秀",直到 2011 年市场份额仍维持在 60% 左右。

按照这个价格,新奥迪 A6 轿车的最高价格已经打破了目前国产豪华轿车最贵的一款宝马 530i 轿车。国产宝马 5 系轿车目前的价格是 53 万~61 万元,市场报价更低；日产轿车的价格是 24.98 万~34.98 万元、丰田轿车的报价是 32.8 万~48 万元,新奥迪 A6 轿车等于"让出"了原来销量最大的价格区间。

奥迪轿车采取高价策略,也可称为撇脂定价策略,是指企业以较高的成本利润率为汽车定价,以求通过"厚利稳销"来实现利润最大化。这种策略也是一种较特殊的促销手段,利用人的求名、求美心理,一般运用于价格弹性小的产品,或消费者对价格反应迟钝的产品,如具有新款式和新功能的中档汽车,以及高档豪华汽车。比如,奥迪 A8 加长型 3.0L 轿车在中国上市时售价为 118 万元,同级别的奔驰 S350 轿车售价为 120 万元,宝马 730Li 轿车售价为 110 万元,但这些轿车在国外市场定价也就在 10 万美元左右。

高价策略的优点是：新车上市之初,顾客对其尚无理性的认识,此时的购买动机多属于求新求奇。利用这一心理,第一,企业通过制定较高价格,以提高产品身份,创造高价、优质的品牌形象。上市初的高价,使企业在汽车产品进入成熟期时可以拥有较大的调价余地,以保持企业的竞争力。第二,此高价可以吸引价格敏感的顾客。企业利用高价限制需求的过快增长,获取利润尽行投资,扩大生产。

高价策略的缺点是：过高的价格不利于市场开拓,会在一定程度上抑制销售量；导致大量竞争者涌入,仿制品、替代品大量出现,迫使企业降价；价格过分高于价值,易造成消费者的反对和抵制,引发大量批评和一系列的公关问题。

讨论题：
1. 本田飞度轿车使用了什么样的定价策略？
2. 本田飞度轿车使用这一策略的原因是什么？
3. 结合案例分析本田飞度轿车使用这一策略的优缺点。
4. 大众奥迪轿车使用了什么样的定价策略？
5. 大众奥迪轿车使用这一策略的原因是什么？
6. 结合案例分析大众奥迪轿车使用这一策略的优缺点。

本 章 小 结

汽车价格策略是汽车市场营销组合中一项非常重要的组成部分,它的运用将直接关系到汽车企业的利润获得,是直接表现为盈利的一个要素。

通过本章的学习,重点在于掌握汽车定价的方法和策略,从而对不同的汽车价格策略适当、科学地加以选择。同时，读者应该能对汽车市场上各种各样、形形色色的汽车定价现象做出分析和判断，通过汽车的价格探求其背后汽车企业的销售目标和营销策略。

思 考 题

1. 影响汽车企业汽车价格的主要因素有哪些？汽车企业的定价目标有哪些？
2. 汽车企业的定价方法有哪些？汽车成本加成定价法的优点是什么？
3. 汽车新产品的定价策略有哪些？汽车企业争取最高利润是否等于制定最高价格？为什么？
4. 什么是汽车撇脂定价法，该如何操作？
5. 汽车消费者心理定价策略有哪些？请举例说明。

第七章 汽车销售渠道策略

学习目标：

了解汽车销售渠道的性质以及建立汽车销售渠道的作用；理解汽车销售渠道的模式和中间商的类型，不同类型中间商在汽车销售渠道中的定位及其功能；掌握汽车销售渠道管理的主要内容和原则。

汽车销售渠道是汽车产品实现其价值过程中的一个重要环节，它包括：科学地确定汽车销售路线，合理地规划汽车销售网络，认真地选择汽车经销商，高效地组织汽车储运，及时地将品质完好的汽车提供给消费者，以满足消费者的需求。汽车销售渠道策略是汽车企业经营管理的重要组成部分，是汽车市场营销组合中的一个关键因素，它的宗旨是加快汽车产品的流通和销售资金的周转，提高汽车企业和中间商的经济效益。

第一节 汽车销售渠道中的中间商

汽车销售渠道中的中间商是指介于汽车生产企业与消费者之间，参与汽车流通、交易业务，促使汽车买卖行为发生和实现的经济组织和个人。中间商是汽车生产企业向消费者销售汽车时的中介环节，它一头连着汽车生产企业，另一头连着汽车的最终消费者，具有平衡市场需求、集中和扩散汽车产品的功能，在汽车销售渠道中起着十分重要的作用。

一、中间商的类型

汽车销售渠道中的中间商按其在汽车流通、交易业务过程中所起的作用，可分为总经销商或总代理商、批发商或地区分销商和经销商或特许经销商。

（一）总经销商或总代理商

总经销商是指受汽车生产企业的委托，从事汽车总经销业务，并拥有汽车所有权的中间商。总代理商同样是受汽车生产企业的委托，从事汽车总代理销售业务，但不拥有汽车所有权的中间商。

（二）批发商或地区分销商

批发商是处于汽车流通的中间阶段，实现汽车的批量转移，使经销商达到销售目的的中间商。它一头连着生产企业或总经销商（或总代理商），另一头连着经销商，并不直接服务于最终消费者。通过批发商的转销汽车的交易行为，汽车生产企业或总经销商（或总代理商）能够迅速、大量地转售出汽车，减少汽车库存，加速资金周转。地区分销商处于某地区汽车流通的中间阶段，它帮助生产企业或总经销商（或总代理商）在某地区促销汽车，提供该地区汽车市场信息，承担该地区汽车的转销业务。

（三）经销商或特许经销商

经销商在汽车流通领域中处于最后阶段，它是直接将汽车销售给最终消费者的中间商。它的基本任务是直接为最终消费者服务，使汽车直接、顺利并最终到达消费者手中。它是联系汽车生产企业、总经销商、批发商与消费者之间的桥梁，在汽车销售渠道中具有突出的作用。特许经销商（亦称受许人）是从特许人（一般是总经销商）处获权在某一特定区域内直接将特定品牌汽车销售给最终消费者的中间商，按照特许经营合同，受许人可以享用特许人的商誉和品牌、获得其支持和帮助、参与统一运行、分享规模效益，是一种新型的汽车销售渠道模式。

二、中间商的功能

在汽车销售渠道中，中间商的基本功能有两个方面。一是调节汽车生产企业与最终消费者之间在汽车供需数量上的差异。这种差异是指汽车生产企业所生产的汽车数量与最终消费者所需要的汽车数量之间的差别。二是调整汽车生产企业和最终消费者之间在汽车品种、规格和等级方面的差异。

中间商的具体功能有以下几个方面：

（一）中间商沟通汽车生产企业与最终消费者

由于供需双方在地域、时间、信息沟通、价值评估及对汽车所有权等方面存在着差距，使供需双方自行完成汽车交易有一定的困难。而中间商的积极工作，可以消除上述差异，从而沟通生产企业和最终消费者，促成汽车交易，使汽车顺利地从生产领域转移到消费领域。

（二）中间商代替汽车生产企业完成市场营销职能

中间商可以代替汽车生产企业进行市场调查、刊登汽车广告、安排汽车储运、开展汽车销售以及做好售后服务工作。同时，中间商还能为生产企业提供商业信贷，催收债款，帮助汽车生产企业在消费者心目中树立信誉，拓宽市场，为汽车生产企业节省人力、物力和财力。

（三）中间商的服务增加了汽车的价值

由于中间商进行汽车运输和仓储，提供售前、售中和售后服务，从而增加了汽车的价值。

本田、通用汽车公司与其中间商的关系示意图分别如图 7-1、图 7-2 所示。

（四）中间商是汽车生产企业的信息来源

中间商最了解汽车市场情况，知道哪些汽车产品畅销、哪些汽车产品滞销，可以及时地把信息反馈给汽车生产企业，使汽车生产企业能够根据汽车市场的情况组织生产，避免生产的盲目性。

（五）中间商有利于汽车企业进入新市场

汽车企业在自行开发新市场时，往往由于缺乏经验和不了解新市场的情况，使开发工作进展缓慢。而中间商不仅市场营销经验丰富，而且贴近汽车市场，了解新市场行情，如果汽车企业依靠中间商开发新市场，可以减少风险。

（六）中间商有利于汽车企业销售新产品

当汽车企业向市场推出新产品时，依靠中间商，既可以节省在新产品营销工作中的大量

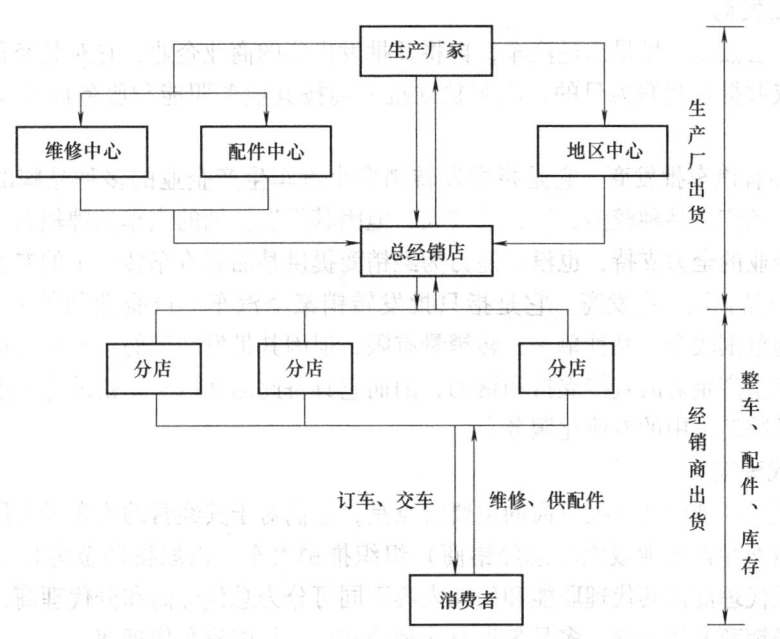

图 7-1　本田汽车公司与其中间商的关系示意图

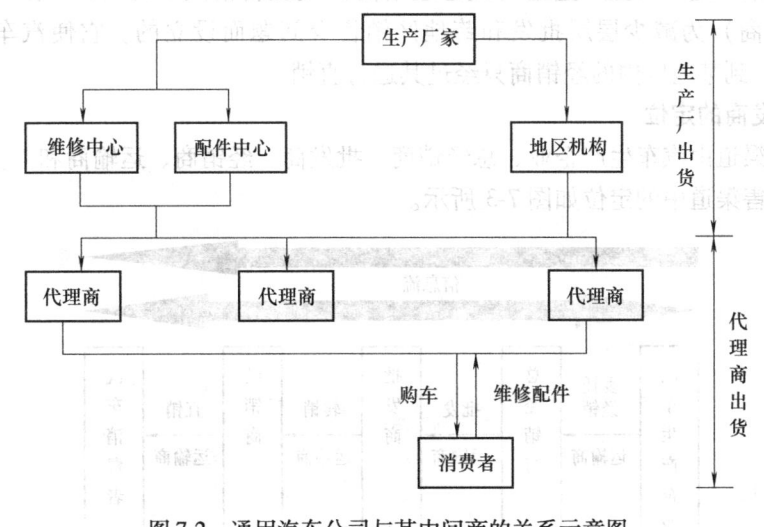

图 7-2　通用汽车公司与其中间商的关系示意图

资金，又可以利用中间商与消费者的多年联系，使新产品能够顺利销售，为企业占领市场赢得时间，使新产品的成功率大大提高。

三、批发商

（一）批发商的类型

汽车批发商按其实现汽车批量转销的特征，可分为独立批发商、委托代理商和地区分销商。

1. 独立批发商

它是指自己独立、批量购进汽车，再将其批发出售的商业企业，它对其经营的汽车拥有所有权，以获取批发利润为目的。汽车独立批发商按其业务职能和服务内容又可分为两种类型：

（1）多品牌汽车批发商　它是指批发转销多个汽车生产企业的多种品牌的汽车，它批发转销的范围较广、品种较多、转销量较大，但因其批发转销的汽车品牌较杂，无法获得诸多汽车生产企业的全力支持，也没有能力为经销商提供某品牌汽车转销中的专业化服务。

（2）单一品牌汽车批发商　它是指只批发转销某个汽车生产企业的单一品牌的汽车，它批发转销的范围较窄、品种单一、转销量有限，但因其批发转销的汽车品牌单一，能够获得此品牌汽车生产企业的直接支持和帮助，因而它具备此品牌汽车转销的专业能力，能为经销商提供此品牌转销中的专业化服务。

2. 委托代理商

委托代理商区别于独立批发商的主要特点是，它们对于其经营的汽车没有所有权，只是替委托人（汽车生产企业或汽车总经销商）组织推销汽车，以取得佣金为目的，促进买卖的实现。委托代理商按其代理职能和代理内容不同可分为总代理商和分代理商，生产企业的代理商和总经销商的代理商，多品牌汽车代理商和单一品牌汽车代理商。

3. 地区分销商

它是指在某一地区为生产企业（或总经销商）批发转销汽车的机构，是由汽车生产企业（或总经销商）为减少层层批发和跨地区销售等问题而设立的。它使汽车从生产企业（或总经销商）到某地区内的经销商只经过其进行直销。

（二）批发商的定位

汽车销售渠道由汽车生产企业、总经销商、批发商、经销商、运输商和消费者组成。批发商在汽车销售渠道中的定位如图7-3所示。

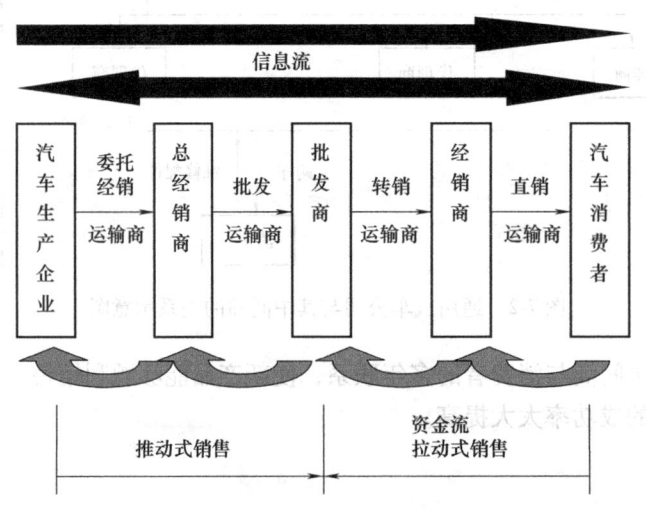

图7-3　批发商在汽车销售渠道中的定位

在这条销售渠道中，批发商处于传统的推动式销售和以市场为导向的拉动式销售之间的过渡位置。在消费者、经销商和总经销商之间，更大程度上是由消费需求拉动着经销商的销售活动和批发商转销业务的开展,又是由汽车生产企业(总经销商)年度目标和销售任务的要求推动着批发商批发业务的进行。因此,批发商最主要的功能是在目前买方市场条件下,通过发展营销网络、改进转销方式、提高转销能力,来协调供需矛盾、平衡销售计划和市场需求。

同时,批发商应有效地协调管理总经销商与经销商、消费者之间连续的物流、信息流和资金流,建立总经销商和经销商、消费者之间紧密的合作伙伴关系,提高汽车的市场竞争能力。批发商在销售网络系统中的地位如图7-4所示。

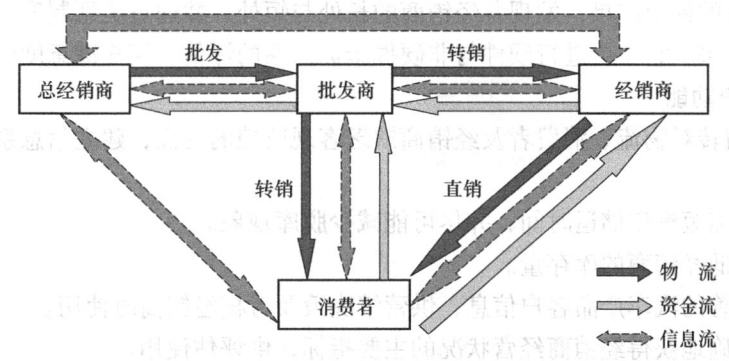

图7-4 批发商在销售网络系统中的地位

(三)批发商的功能

由于汽车批发商在汽车销售渠道和销售网络系统中处于十分重要的地位,因此,它应具有以下几个方面的功能:

1. 销售管理功能

批发商应通过销售管理,使经销商在自己的领域内规范销售,减少经销商之间的内耗,合理处理渠道冲突(水平渠道冲突及垂直渠道冲突),稳定销售价格,集中精力去开拓市场和开展服务营销。它主要进行供需矛盾的协调、销售计划的制订和执行、销售模式的转换以及对经销商销售网络的重组。

2. 售后支持功能

批发商应对经销商提供维修技术、产品知识及零部件供应的支持,提高经销商的职业化水平,并充当总经销商与经销商的协调桥梁。它主要对经销商进行技术支持以及对零部件的集散进行管理。

3. 市场营销功能

批发商应通过行之有效的市场营销活动,建立和发展经销商销售网络系统,促使经销商销售体系正规化;同时,明确加强汽车的产品定位,在工作开展过程中,有效扶植并利用已建立的市场共同体开展各项工作。它主要进行市场调研、开展营销和促销以及建立公司标志体系(CIS)等活动。

4. 储运分流功能

批发商应更及时、更准确地把汽车送至经销商处,减少甚至免除经销商在"拿车"上投入的精力和财力。它主要进行质量把关、二次配送以及中转库的管理。

5. 资金结算与管理功能

批发商应免除经销商为购车频繁奔波于销售地与总经销商之间而浪费的时间和精力,让经销商更集中于销售及服务。它主要进行经销商购车结算、资金管理和业绩评估。

6. 经销商培训功能

批发商应通过对经销商的培训，改变经销商的传统经营理念，并提高经销商业务素质，使对经销商的控制通过培训加以落实。它主要进行熟悉所管辖地区的现状、制订培训计划以及开展多方面培训。

7. 经销商评估功能

批发商应通过对经销商全面的业务评估（包括业务水平、营销技巧及最终成绩），综合参考顾客满意度的评价结果，发现各经销商的长处与短处，并通过奖惩制度，达到实现经销商业务目标的效果。它主要进行硬件与非硬件指标体系的评估、用户满意度的考核。

8. 信息系统功能

批发商为扭转对物流、消费者及经销商缺乏客观监控的局面，建立信息系统网络，以实现以下目标：

1）大幅度缩短汽车储运时间，并尽可能减少脱库现象。

2）合理降低经销商的库存量。

3）拥有完善的汽车产品客户信息，供营销决策及考核经销商时使用。

4）及时准确地获得经销商经营状况的主要指标，供评估使用。

它主要进行系统安装、操作人员培训和信息系统的扩展。

四、经销商

（一）经销商的类型

汽车市场营销是向最终消费者直接销售汽车和提供服务的系列活动。从事这种汽车市场营销活动的机构和个人称为汽车经销商。在汽车销售渠道中，经销商的形式多种多样，通常按其经营特征可以分为特许经销商和普通经销商两大类。例如，某品牌汽车销售渠道中的经销商分类标准见表7-1。

表7-1 某品牌汽车销售渠道中的经销商分类标准

经销商类别	经营特征	业务范围	硬件设备	资金能力/万元	年销售量/辆	服务质量	公共关系	人力资源
特许经销商	品牌专营	整车销售、配件供应、维修服务、信息反馈	有统一标志的展示厅、有设施完备的营销场所	>300	>500	高	好	优
准特许经销商	品牌专营	整车销售、配件供应、信息反馈	有优良的展示厅，有完好的营销场所	>250	>400	较高	较好	良
普通经销商	非品牌专营	整车销售、信息反馈	有一般的展示厅，有一般的营销场所	>200	>300	一般	一般	一般
准普通经销商	非品牌专营	整车销售	无展示厅，有营销场所	>150	>200	一般	较弱	差

（二）特许经销商

1. 汽车特许经销商的含义

汽车特许经销商是指由汽车总经销商（或汽车生产企业）作为特许授予人（简称"特许人"，Franchiser），按照汽车特许经营合同要求以及约束条件授予经营销售某种特定品牌汽车的汽车经销商（作为特许被授予人，简称"受许人"，Franchisee）。

2. 汽车特许经销商的条件

对于汽车经销商来说，只有具备以下条件才可以成为汽车特许经销商：

1）独立的企业法人，能自负盈亏地进行汽车营销活动。

2）有一定的汽车营销经验和良好的汽车营销业绩。

3）能拿出足够的资金来开设统一标志的特许经营店面，具备汽车市场营销所需的周转资金。

4）达到特许人所要求的特许经销商硬、软件标准。

普通经销商符合以上条件可以通过履行特许经销商申请和受许人审核等手续，并经双方签署汽车特许经营合同（或协议），就可正式成为某品牌汽车的特许经销商。

3. 汽车特许经销商的优势

普通汽车经销商一旦成为某品牌汽车的特许经销商，将会使其在今后的汽车市场营销活动中具有以下几方面的优势：

1）可以享受特许人的汽车品牌及该品牌所带来的商誉，使其在汽车市场营销活动过程中拥有良好的企业形象，给消费者以亲切感和信任感。

2）可以借助特许人的商号、技术和服务等，提高竞争实力，避免了单枪匹马进入激烈的市场所面临的高风险。

3）可以加入特许经营的统一运营体系，即统一的企业识别系统、统一的服务设施、统一的服务标准，使其分享由采购分销规模化、广告宣传规模化、技术发展规模化等所带来的规模效益。

4）可以从特许人处得到业务指导、人员培训、信息、资金等方面的支持和服务。

4. 汽车特许经销商的权利

作为汽车特许经销商，可享有以下相应的权利：

（1）特许经营权　它是指汽车特许经销商有权使用特许人统一制作的标记、商标、司标和标牌；有权在特许经营系统的统一招牌下经营，从而享受由著名品牌带来的利益；有权获得特许人的经营秘诀，以加入统一运作（包括：统一进货，以享受大量进货的折扣；统一促销；统一的市场营销策略等）；有权依照特许人的统一运作系统分享利益；有权按特许人的规定取得优惠政策，对特许人经销的新产品享有优先权。

（2）地区专营权　它是指汽车特许经销商有权要求特许人给予在一定特许区域内的专营权，以避免在同一地区内各加盟店相互竞争。

（3）取得特许人帮助的权利　它是指汽车特许经销商有权得到特许人的经营指导援助、技术指导援助及其他相关服务：参加特许人的各种定期培训，使用特许人的各种信息资料和市场运作情报；在经营中遇到问题时，随时和特许人的专职指导员联系；资金缺乏时，可以采取连带担保等方式，取得贷款；其他援助。

5. 汽车特许经销商的义务

作为汽车特许经销商,还应承担以下应尽的义务:

1)必须维护特许人的商标形象。在使用特许人的经营制度、秘诀以及与其相关的标记、商标、司标和标牌时,汽车特许经销商应当积极维护特许人的品牌声誉和商标形象,不得有降低特许人商标形象和损害统一经营制度的行为。

2)在参加特许经营系统统一运营时,汽车特许经销商只能销售特许人的合同产品;只能将合同产品销售给直接消费者,不得批发;必须按特许人要求的价格出售;必须从特许人处取得货源;不得跨越特许区域销售;不得自行转让特许经营权。

3)应当履行与特许经营业务相关的事项。汽车特许经销商应随时和特许人保持联系,接受特许人的指导和监督;按特许人的要求,购入特许人的商品;积极配合特许人的统一促销工作;负责店面装潢的保持和定期维修。

4)应当承担相关的费用,如加盟金、年金、加盟店包装费等。目前,世界著名的汽车企业都建立了自己的特许经销商网络。汽车企业通过品牌专营店和特许经营店的建设,不仅大大推动了企业汽车的销售,而且能够及时地为消费者提供各种服务,提高了渠道管理的水平,塑造了良好的企业形象。

案例分析 7-1

日本丰田汽车公司的销售渠道策略

日本丰田汽车公司为保证销售渠道的灵活性,建立了完善的销售渠道结构,如图 7-5 所示。日本丰田汽车公司有 5 种轿车品牌,相互间有一定的价格和产品形象差异,通过重组经销商后,确定了 300 个经销商。经销商数量的减少利于丰田汽车公司对其控制和支持,加强了丰田汽车公司和经销商之间的关系。为更广泛地接近消费者群,丰田汽车公司设置了 5600 个经销点,由于经销点数量多、易于调整,保证了丰田汽车公司分销系统的灵活性。

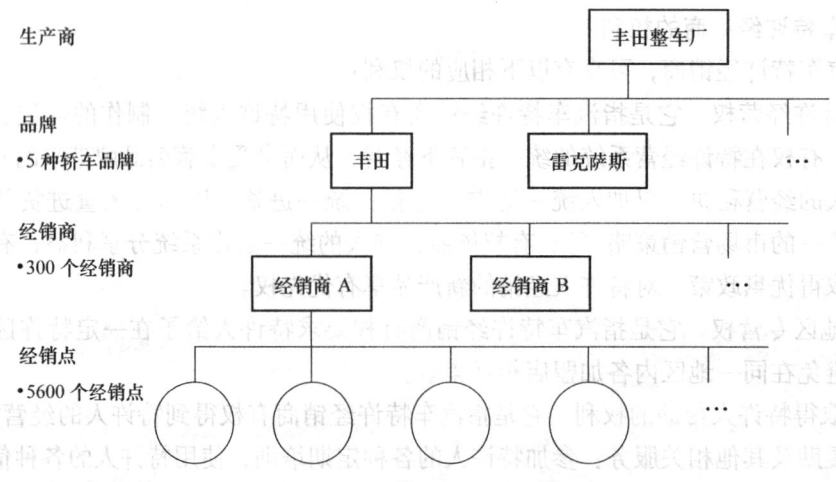

图 7-5 日本丰田汽车公司销售渠道结构示意图

第二节 汽车销售渠道的管理

对汽车销售渠道实施管理,主要是由汽车企业对物流、资金流和信息流实施管理,加速汽车产品的流通和资金的周转,提高汽车企业和中间商的经济效益。

一、汽车销售渠道的物流管理

汽车产品由汽车生产企业最终到达消费者手中,不仅要通过汽车所有权的转移,而且要经过订货、运输、仓储、存货等管理活动,才能实现汽车产品实体的空间转移。其中,最为重要的有运输和仓储,它们和企业的销售渠道相辅相成,构成了汽车销售渠道的物流系统。汽车企业制订正确的物流策略,对于降低成本、增强竞争实力、提供优质服务、提高企业效益具有重要的意义。

(一)物流的定义

"物流"一词译自英文"physical distribution",又称为实体分配,是指通过有效地安排商品仓储、转移和管理,使商品在需要的时间到达需要的地点的经营活动。物流管理的任务包括汽车生产所需原料及最终汽车产品从起点到最终使用点或消费点的实体移动的规划和执行,并在取得一定利润的前提下,更好地满足消费者的需求。

物流管理的职能是将汽车产品由其生产地转移到消费地,从而克服时间和空间的差距,创造时间效用和地点效用。物流作为市场营销的一部分,不仅包括汽车产品的运输、保管、包装,还包括在开展这些活动的过程中所伴随的资金的流通和信息的传播。它以企业销售预测为开端,在此基础上制订生产计划和存货水平。生产计划规定了采购部门为满足汽车生产需求必须订购的原料,并作为原材料存入仓库。原料经生产加工再转变成汽车产品,而汽车产品存货则是消费者订购与汽车企业制造活动的连接点。消费者订购使汽车产品的存货水平降低,而汽车制造活动则使之上升。产品经过装配、包装、厂内仓储、装运处理、出厂运输、厂外仓储,最终到达消费者手中。

(二)物流成本

每一个特定的汽车物流系统都由仓库数目、库址、规模、运输策略以及存货策略等构成,因此,每一个汽车物流系统都存在着一套总成本,可用数学公式表示如下:

$$D = T + FW + VW + S \tag{7-1}$$

式中 D——汽车物流系统总成本;

　　T——该系统的总运输成本;

　　FW——该系统的总固定仓储成本;

　　VW——该系统的总变动仓储成本;

　　S——因延迟销售所造成的销售损失的总机会成本。

在设计和选择汽车物流系统时,要考虑各种系统的总成本,然后从中选择总成本最低的物流系统。

(三)汽车的储存

汽车的储存是指汽车产品离开生产领域而尚未进入消费领域之前,在汽车销售渠道流通过程中的合理停留。它把采购、生产、销售等企业经营的各个环节有效地连接起来。为了保证汽车企业再生产的顺利进行和满足消费者的消费需求,必须保持一定数量的汽车储存。汽车的储存策略主要包括:汽车仓库的选择、汽车库存容量的控制和订货时间的确定。

1. 汽车仓库的选择

汽车仓库是汽车产品储存的主要场所,是组织汽车产品流通的必要设施。汽车仓库地址的选择是一个较难处理的问题,选择汽车仓库地址的主要标准是看是否有利于增加汽车生产企业的经济效益,主要应考虑两个因素:一是向消费者发货的运输费用;二是消费者对服务水平的要求。其目的是加速汽车产品的运输,降低汽车储存费用,提高服务质量。

2. 汽车库存容量的控制

汽车库存容量的大小与消费者的需求量密切相关。库存容量太小,可能造成脱销,不能满足消费者的需求,将失去商机;库存容量太大,又会增加成本,降低经济效益。因此,汽车企业必须按照消费者需求的变化情况,及时确定当前某一时期内的汽车需求量,采取有效的调控方式,使汽车库存容量保持在最适中水平,在及时满足消费者需求的同时,使其总成本最低。

3. 订货时间的确定

为了及时满足消费者的需求,经销商要时时检查库存,掌握库存车辆的款式、型号、颜色及数量等信息,科学、合理地确定订货时间。经销商应采取定量订货方式,根据市场需求状况,当库存量下降到预定的最低库存数量(订货点)时,及时进行订货补充,从而达到用户满意度最大化和库存成本的最低。其中订货点计算公式如下:

$$R = LT \times D/365$$

式中　R——最低库存数量;

　　　LT——送货天数;

　　　D——全年用货量。

(四)汽车的运输

汽车的运输是指借助各种运输工具实现汽车产品由生产地运送到消费地的空间位置上的转移。

1. 汽车的运输方式

汽车的运输方式(工具)是实现汽车产品地区之间移动的物资条件,常用的运输方式有以下几种:①铁路运输;②水运;③公路运输。这主要取决于运输成本、地理因素和消费者需要服务的内容。

2. 汽车的运输路线

汽车生产企业选定的运输路线要力求做到把货物交给消费者的时间最短,以确保及时交货,提高服务质量;要减少总的运输里程,以降低企业的运输费用。

3. 汽车的运输策略

汽车的运输策略即汽车生产企业选择何种运输方式和运输路线将汽车产品运送到销售地点。在选择汽车运输策略时,汽车企业必须对各种汽车运输方式之间复杂的利害关系加以平衡,同时还须考虑其他销售要素诸如仓储和存货水平的潜在影响。由于不同运输方式的相对成本会随着时间的推移而发生变化,所以,企业在探索最佳物流计划时,必须坚持企业的营销目标,充分分析市场的实际状况,做出适当的运输决策。

二、汽车销售渠道的资金流管理

汽车产品的整个流动过程不仅包括物流，还包括资金流。所谓资金流，就是指汽车产品在从汽车生产企业至最终消费者的过程中发生的一系列的资金转移和流动。中间商的财务部是进行资金结算的管理部门和执行内部会计、财务功能的职能部门，它对资金进行规划和控制，因此必须建立严格的财务管理制度，以确保资金结算、融资业务、财务评估等资金流的工作合理、有效地进行。财务管理制度的内容包括：

（一）资金结算管理

地区分销商在总经销商的汽车销售体系中担负的主要使命是从总经销商购进汽车，通过其所管辖的经销商将汽车销售给最终消费者。地区分销商的其他一切活动均是为此目的服务的。售车过程中的资金结算管理的工作流程如图7-6所示。

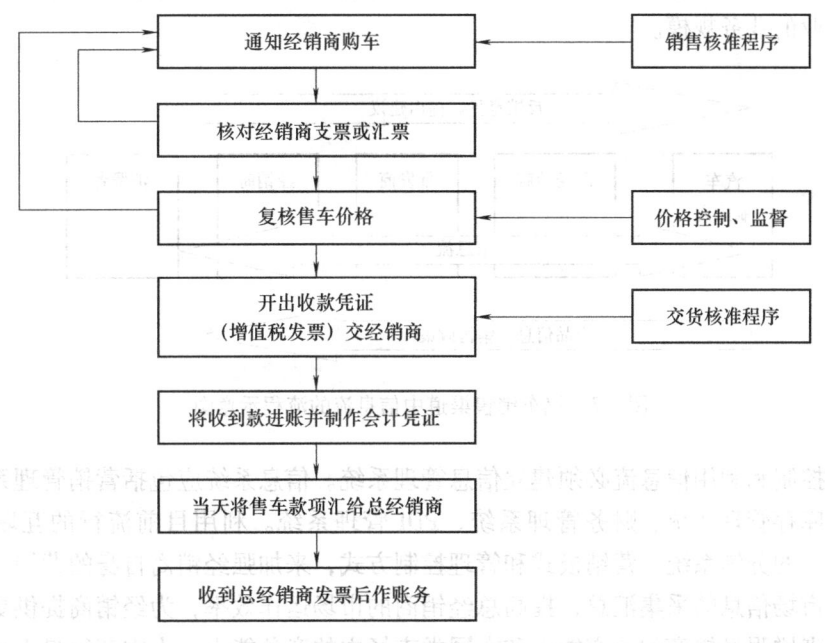

图7-6 资金结算管理的工作流程

（二）内部财务管理

内部财务管理的内容包括：制定分销商内部财务、会计管理实施办法；编制销售收入、费用、利润、税金计划以及财务考核计划；统一管理分销商的固定资产、流动资金；对分销商进行财务分析，提交财务分析报告；核算分销商的实际成本、费用，控制和监督成本和费用的开支范围；进行税务管理和账务管理；进行库存盘点；按要求编制会计报表。

（三）对经销商的财务评估

对经销商的财务评估的内容包括：编制对经销商的财务评估计划；参与对经销商售车业务的审查，重点检查经销商售车时对售车价格政策的执行情况；评估、复核固定资产投资的账务处理及其公允价值，提出支付"投资毛利"的数额、支付方式与计划等的建议；通过财务电算网络，分析经销商的财务状况，帮助其改进财务管理；采取必要的考核手段，评定经销商的经营业绩、财务指标等；评价经销商的信用记录和资信状况，为总部对合格经销商进行移库销售提供决策依据；拟订对各经销商的奖励方案。

（四）融资售车业务管理

融资售车业务管理的内容包括：向进行融资售车业务合作的承办行和协办行提供经销商的财务状况等有关资料；将分销商的信贷需求计划与销售部提供的汽车计划报告给总经销商和承办行、协办行；协助承办行和协办行做好汽车销售收入划转、筹资结算和资金清算；在承办行、协办行开立结算账户；参与建立共管账户管理，并对共管账户涉及的汽车资源进行专项管理。

三、汽车销售渠道的信息流管理

信息流几乎渗透到汽车销售渠道中的每一个环节（见图7-7），汽车企业控制和利用好这些信息流，可以及时掌握相关的信息，从而制订合理的销售计划，并依此完善内部管理，扩大汽车企业的业务规模。

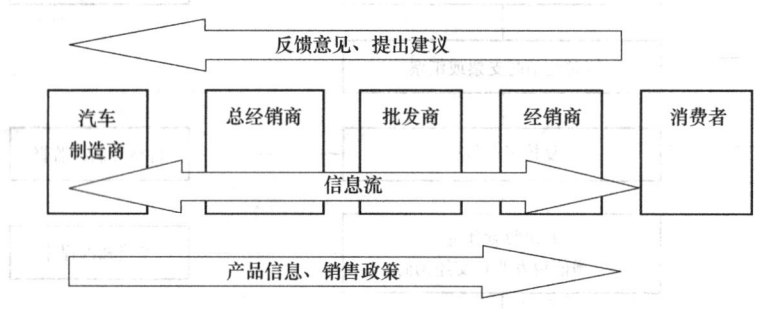

图7-7 汽车销售渠道中信息流的流程示意图

有效地控制和利用信息流必须建立信息管理系统。信息系统应包括营销管理系统、条码管理系统、库存管理系统、财务管理系统、PDI管理系统。利用目前流行的互联网通信线路，使用统一的分销系统、营销模式和管理控制方式，来加强经销商自身的营销管理，加强总经销商对市场信息的采集汇总，提高总经销商的市场运作效率，为经销商提供更加及时周到的服务，来增强经销商的应变能力和在同类市场中的竞争能力，力求获得最大的效用，并推动整个模式向电子商务模式转换。

（一）信息系统结构

信息系统的模块结构和运作结构分别如图7-8和图7-9所示。

（二）信息系统的优势

信息系统的优势主要有：
1) 具有可靠的安全机制，方便、实用、廉价的通信方式。
2) 同办公软件实现无缝连接，报表格式定义及打印更为灵活方便。
3) 各地工作不会因线路问题而受到影响，数据的保存、查询、安全性得到充分的保障。
4) 系统应用界面美观、简捷，易操作、易培训。
5) 系统只需要简单的安装即可实施运作。

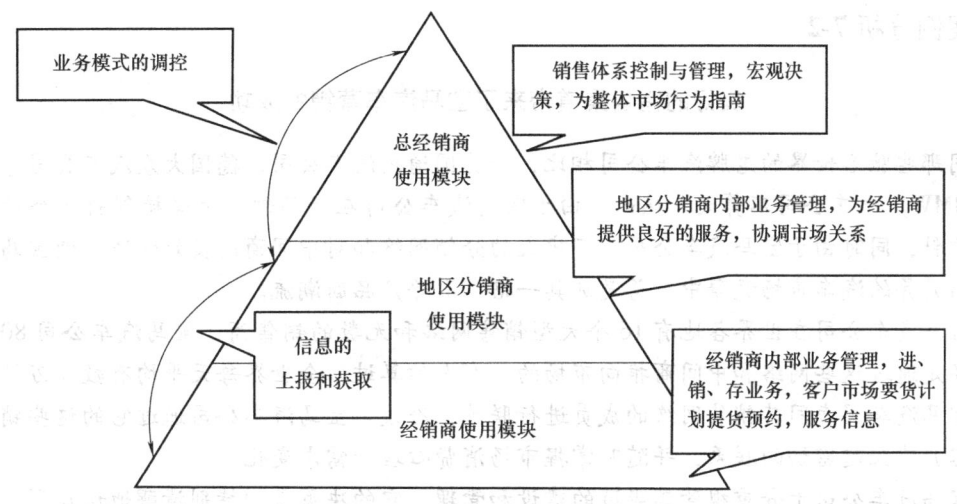

图 7-8　信息系统的模块结构

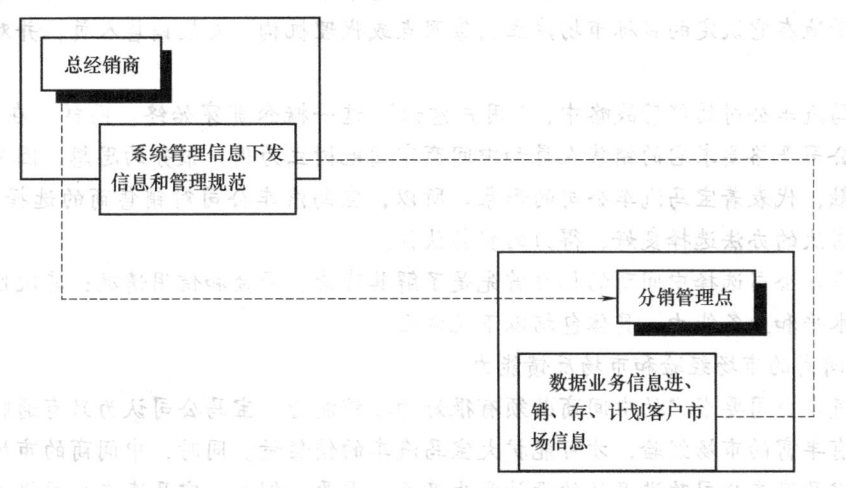

图 7-9　信息系统的运作结构

（三）对现有业务模式的影响

1. 利益

1）信息的沟通将变得迅速而容易。
2）管理将逐步迈向正规。
3）系统将帮助汽车企业获得更高的工作效率。

2. 问题

1）新的管理模式会给目前的经营模式带来风险。
2）系统试运行期间工作量将会增加。
3）系统的模式与现有模式之间的差异和冲突可能让汽车企业困惑。

案例分析 7-2

良好的销售渠道带来了宝马汽车营销的成功

同那些驰名世界的老牌汽车公司相比,如美国通用汽车公司、德国大众汽车公司等,宝马(BMW)汽车公司不算大。然而,由于宝马汽车公司在产品制造上坚持创新和个性多样化的方针,同时由于宝马汽车公司拥有庞大的分销网络和对中间商的良好管理,使宝马汽车在日新月异的汽车市场竞争中,总是别具一格,引导产品新潮流。

宝马汽车公司在世界各地有16个大型销售网络和无数的销售商,宝马汽车公司80%的新产品是通过这些网络和中间商推向市场的。有人估算过,全世界每天平均有数以万计的人针对宝马汽车买卖同其销售网络的成员进行联系、洽谈。宝马汽车公司通过它的这些销售渠道同客户建立起密切的联系,并随时掌握市场消费心理和需求变化。

宝马汽车公司十分重视营销渠道的建设和管理。它的决策者们特别清醒地认识到,无论宝马汽车的质量多么优良、性能多么先进、造型多么优美,没有高效、得力的销售渠道,产品就不会打入国际市场,就不可能在强手如林的竞争中站稳脚跟。因此,宝马汽车公司从来都不惜巨资地在它认定的目标市场建立销售网点或代理机构,发展销售人员,并对销售商进行培训。

在宝马汽车公司的经营战略中,"用户意识"这一概念贯穿始终。同样,在销售环节,宝马汽车公司严格要求它的销售人员和中间商牢固地树立为用户服务的思想,因为他们直接同用户接触,代表着宝马汽车公司的形象。所以,宝马汽车公司对销售商的选择十分严格,实行优胜劣汰的办法选择良好、得力的贸易伙伴。

宝马汽车公司选择中间商的标准首先是了解其背景、资金和信用情况;其次便是该中间商的经营水平和业务能力。具体包括以下几方面:

1. 中间商的市场经验和市场反馈能力

宝马汽车公司要求它的中间商必须有很好的推销能力。宝马公司认为只有通晓市场销售业务,具有丰富的市场经验,才可能扩大宝马汽车的销售量。同时,中间商的市场信息搜集能力对于宝马汽车公司改进产品的设计和生产至关重要。例如,宝马汽车公司根据中间商的信息反馈,特别制作和安装了保护汽车后座乘客的安全系统,受到消费者的欢迎。

2. 中间商提供服务的能力

宝马汽车公司需要通过中间商向用户提供售前、售后服务,如汽车的性能、成本、保险、维修甚至车用移动电话等特殊装备及细节问题,中间商都必须能够进行内容广泛而深入细致的咨询和服务。为此,宝马汽车公司在美洲、亚洲等地都有培训点,对中间商就用户的特殊服务和全面服务进行培训。

3. 中间商的经营设施和规模

中间商所处的地点是否适中,是否拥有现代化的运输工具和储存设施,有无样品陈列设施等,均是宝马汽车公司在选择中间商时要考虑的重要因素。

宝马汽车公司在对营销渠道的管理也极具特色。宝马汽车公司设有专门负责中间商管理的机构,经常进行监督管理。该机构要评估中间商的业绩好坏,涉及他们的推销方面的努力程度、市场信息的收集和反馈能力,对用户售前、售后服务的态度和效果等。宝马汽车公司还经常走访用户或进行问卷调查，以了解用户对销售商的评价。在宝马汽车公司进行的大规模问卷调查中，参加调查的商人和用户对宝马汽车公司的销售商的评价普遍很好。因此，尽管宝马汽车公司在与中间商签订合同中已有奖励条款，但宝马汽车公司对于受到用户赞扬的销售商还予以重奖。这样做的结果使销售商更加热衷地帮助宝马汽车公司扩大影响，促进宝马汽车不断提高质量，真正起到宝马汽车公司与用户间的桥梁作用。当然，对于受到用户不满和批评的宝马汽车公司产品销售商，经过核查属实后，宝马汽车公司坚决解除合同，另选销售商。宝马汽车公司的这些做法，从一个侧面说明了它对销售渠道管理的严格和对"用户意识"的重视程度。

此外，宝马汽车公司还大力发展销售信息交换系统，这对于现代国际企业应付日趋激烈的市场竞争是不可缺少的。这可以使销售商之间、销售商与销售网、生产厂家的信息交流快捷、方便，而用户的一些临时要求也能最大限度地得到满足。

宝马汽车公司生产汽车的历史不算很长，但它的汽车同奔驰、劳斯莱斯、卡迪拉克一样驰名世界，成为现代汽车家族中的佼佼者；而它的销售网络和广大销售商本着"用户第一"的宗旨所提供的优质服务，更是得到用户的交口称赞，连宝马汽车公司的竞争对手对此也是钦佩不已。

讨论题：

1. 通过案例了解宝马汽车公司管理其中间商的方式，它是如何在销售中体现用户意识的？
2. 结合案例分析中间商在宝马汽车公司的成功中扮演什么样的角色。
3. 宝马汽车公司成功的案例给营销带来哪些有用的启示？

本 章 小 结

本章界定了汽车销售渠道的定义，描述了其重要作用，并且介绍了它的相关参数和主要类型。同时，说明了使用销售中介机构的目的在于能使产品更及时地到达目标市场。销售渠道的主要功能是把汽车从生产企业送到消费者手中。最后，详细讲述了汽车销售渠道的体系及其科学的管理方法，表明了选择和建设汽车销售渠道对于汽车生产企业至关重要，加强对销售渠道的管理能保证销售渠道的正常运转，降低运营成本，从而为消费者提供更大的价值。

思 考 题

1. 汽车市场销售渠道的功能有哪些？
2. 请结合国内主要轿车品牌的营销模式来分析该品牌汽车销售渠道策略。
3. 为什么特许经营会在汽车销售渠道策略中得到广泛应用和迅速发展？
4. 简要分析批发商（或地区分销商）在汽车销售渠道中的地位和作用。
5. 汽车企业如何加强对销售渠道的管理？

第八章

汽车促销策略

学习目标：

了解汽车促销的含义和四种主要方式；理解汽车企业在制订汽车促销组合策略时应考虑的各种因素；分别掌握人员促销、广告、销售促进和公共关系这四种汽车促销方式的具体实施细节及其执行、评价方式；学会制订有效的汽车促销策略。

现代汽车市场营销要求开发优良的汽车产品，给予有吸引力的汽车定价，以便让目标消费者接受。除此之外，还要求汽车企业与现有的消费者、潜在的消费者和公众沟通，激发消费者的购买欲望，实现汽车产品销售。这些都需要通过汽车企业制订并执行有效的汽车促销策略来完成。因此，汽车促销策略已成为汽车企业整个营销策略中最重要的一环。

第一节 汽车人员促销策略

一、汽车人员促销的特点及过程

（一）汽车人员促销的特点

汽车人员促销是指汽车企业的促销人员利用各种技巧和方法，帮助或劝说消费者购买该品牌汽车产品的促销活动。由于汽车具有技术含量高、价值较大等特点，人员促销在汽车销售中占有很重要的地位。与广告宣传和销售促进相比，人员促销有五个明显的特征：

1）人员促销是在两个或更多的人之间，在一种生动的、直接的和相互影响的关系中进行的，是一种面对面接触，要求促销人员观察消费者的需求和特征，在瞬息之间作出调整，具有很强的针对性和灵活性。

2）人员促销要求建立各种关系，从销售关系直至个人友谊，有效的促销人员会把消费者的兴趣爱好记住，以建立长期的、良好的关系，培养顾客的忠诚度。

3）人员促销要求促销人员具备较高的综合素质，在对消费者进行销售访问时，促销人员必须做出积极的反应，即使是一句"谢谢"。

4）人员促销承担着长期的义务，改变人员促销的预算规模也较困难。

5）促销人员不仅可以将企业的信息及时、准确、全面地传递给消费者，而且能听到消费者的意见，并及时反馈给企业，通过这种双向的信息交流，为企业改进经营管理和营销活动提供依据。

（二）汽车人员促销的过程

汽车人员促销的过程如图 8-1 所示。

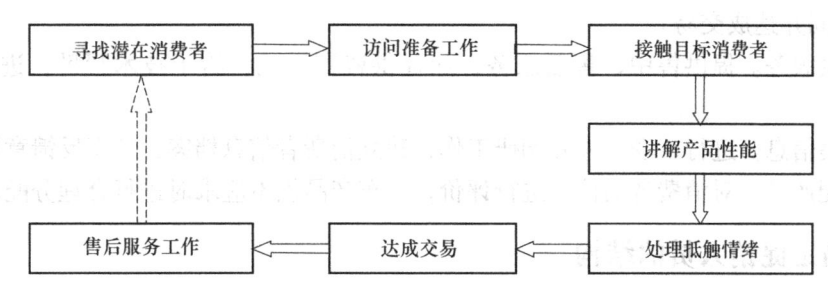

图 8-1 汽车人员促销的过程

二、汽车人员促销的任务

在现代汽车营销活动中,单纯依靠汽车产品本身已难以在竞争中取胜,越来越多的汽车企业采取了"营销服务"的总体战略:通过完善的售前、售中和售后服务,最大限度地提高消费者的价值,从而提高汽车产品的竞争力,扩大市场份额。所以,人员促销的关键任务就是向消费者提供优质的服务,从而加深消费者对企业的了解和对产品的信赖,树立起良好的企业形象。日本汽车公司在这方面做出了榜样,日本人常风趣地说:"要想摆脱曾经卖给你一辆汽车的推销员的唯一办法,就是离开这个国家。"

(一)售前服务

售前服务即企业与潜在用户的沟通。企业的促销人员要有计划地、主动地收集消费需求信息,及时将企业及汽车产品的情况传递给潜在用户(如企业的宗旨、规模、在同行业中的地位,产品的性能、规格、销售方式及售后服务的内容等),并了解其反应,更好地满足用户的要求,达到引导消费、坚定潜在用户的购买信心和决心的目的。例如,东风公司宣布,只要有用户要求,东风汽车售后服务队伍可以在 48 小时之内到达用户身边。

(二)售中服务

售中服务即企业与现实消费者的沟通。企业的促销人员要将自己产品的优势、产品能给消费者带来的特殊利益传达给消费者,协助引导消费者使用本品牌的汽车。例如,散发汽车宣传资料、介绍汽车的有关技术指标、讲解新车的性能特点等,这些工作一般都是由促销人员完成的。

(三)售后服务

售后服务即企业与产品用户的沟通。它是指企业及时征询用户的意见,提供优质的维修服务,了解用户的反馈信息,改进服务方式,建立持久的合作关系,树立良好的服务形象。有人说:"第一辆汽车是靠推销人员卖出去的,第二辆、第三辆则是靠售后服务卖出去的",可见售后服务对汽车销售的影响。法国的雷诺、雪铁龙轿车称 24 小时全天候接受和受理用户的售后服务要求,由此培养了自己忠实的顾客群体。

综上所述,可以将汽车人员促销的主要任务归纳为以下几项:

1)寻找消费者。寻找新的潜在消费者,培养主要的消费者。
2)设定目标。决定怎样在工作和寻找消费者之间分配有限的时间。
3)信息传播。熟练地将汽车产品和服务的信息传递出去。
4)推销产品。与消费者进行售前沟通,向消费者介绍汽车产品,提供汽车报价,回答消费者的疑问并达成交易。

5）提供服务。提供售中、售后服务，如提供咨询意见，给予技术帮助，进行维护培训等。

6）收集信息。进行市场调查和调研工作，建立消费者信息档案，整理反馈意见。

7）分配产品。对消费者的信誉进行评价，汽车产品供不应求时进行合理分配。

三、确定促销人员的结构

（一）按区域结构

对于汽车经销商来说，只对分布在各地的最终消费者销售汽车这一种产品，这时候的促销人员结构比较简单，一般按区域结构来安排促销人员，即对市场进行区域划分后，每个促销人员被指派负责一个区域。

其优点是：促销人员"定岗负责"，责任明确；有利于促销人员与消费者建立长期联系，提高促销成功率；促销人员仅在某一区域工作，可减少差旅费等管理费用。

（二）按消费者结构

经销商可以按照消费者细分市场，即出租车公司、工商务用户和私人用户这三个市场来安排促销人员。

其优点是每个促销人员对该特定消费群体的消费习惯和特定需要十分熟悉。但如果消费者分散范围广，则会增加相应的管理费用。

（三）按产品结构

经销商按销售的汽车产品的不同来安排促销人员。例如，整车销售和零部件销售需要不同类型的促销人员。这种促销人员由于十分熟悉所促销的汽车产品，有利于更好地与消费者沟通，向消费者传递产品信息，进行专业化的销售。

（四）复合结构

当汽车公司在一个广阔的地理区域内向许多不同类型的消费者推销多种汽车产品时，可以将以上三种促销人员结构根据不同情况加以综合采用，充分发挥各种结构的优点。

四、确定汽车促销人员的规模

确定汽车促销人员的结构之后，就可以安排促销人员的规模了。促销人员是经销商极具生产力和最昂贵的资产之一。扩大促销人员的规模将使销售量增加，但同时也会带来成本的相应增加。因此，应该使促销人员保持在一个合理的规模。

一般来说，汽车企业可以采取工作量法和销售百分比法来确定促销人员的规模。

（一）工作量法

1）按年销量大小将消费者分类。

2）确定每类消费者所需访问的次数（对每个消费者每年的促销访问次数）。通常参考竞争对手的水平，也可以根据过去的经验而定。

3）计算推销访问的总次数，即将消费者数量乘以各自所需促销访问的次数。

4）确定一个促销人员每年可进行的平均访问数。

5）计算所需促销人员数量，即将访问总次数除以一位促销人员的年平均访问数。

例如：某汽车销售企业将消费者分为 A、B 两类，每类消费者的数量及访问次数见表 8-1。

表 8-1　A、B 两类消费者的数量及访问次数

消费者类别	消费者数目/人	年访问次数/次	总访问次数/次
A 类	30	20	600
B 类	90	10	900
合计	120	30	1500

该企业每年对消费者进行 1500 次访问。如果一个促销人员每年平均访问 300 次，则该企业需要促销员 5 人。

$$促销人员数量 = \frac{年访问总数}{人均年访问次数} = \frac{1500 次}{300（次/人）} = 5 人$$

（二）销售百分比法

汽车企业根据一个特定的销售量或销售额（现行的或预测的）的百分比计算促销人员的耗费，从而确定促销人员的数量。汽车生产企业往往以计划的汽车价格为基础，按固定的百分比决定促销人员的规模预算。

其优点是可根据企业的承担能力相应地变动促销人员规模，但没有考虑到市场机会对促销人员规模的影响。

五、汽车促销人员的管理

（一）招聘和挑选

促销工作要获得成功，关键在于选择高效率的促销人员。好的促销人员可以从企业内招聘，也可以从社会上招聘。

首先，制定招聘标准。对消费者来说，好的促销人员是诚实、可靠、十分了解产品知识的，热心助人的。对经销商来说，促销人员应该是能承受风险、认真对待每一位消费者和每一次访问，具备市场学、行为心理学、口才表演等综合知识与能力的人。

然后，安排具体的招聘工作。经销商可以通过各种途径招聘，包括由现有促销人员推荐、利用人才市场、通过媒体刊登招聘广告等。挑选过程可以是一次非正式的单独面谈，也可以采用各种能力测试、经历调查等，从众多招聘人员中挑选最优秀的人选。

（二）培训

招聘到合格的促销人员后，应对他们进行必要的培训。培训方法主要有讲课、讨论、示范、学习以及以老带新等。日本丰田汽车公司将录用的促销人员送到设在丰田市的公司培训中心接受为期三天的培训，以后每年 4~6 月定期开展培训。培训期内，新促销员接受从促销入门到交货全部促销过程的培训。由于丰田汽车公司的促销人员工作十分出色，被日本企业界誉为最有促销能力的丰田"销售军团"。1990 年，雪铁龙公司开办的一个商业培训国际中心（CIFC）也取得了良好的效果。

对促销人员的培训内容应包括：

1) 企业的历史、经营目标、组织机构设置、财务状况等企业各方面的情况。
2) 企业汽车产品的型号、性能、制造过程、技术工艺特点、产品配置等汽车产品情况。
3) 各种类型的消费者的购买动机、购买习惯、购买行为特点等目标消费者情况。

4）竞争对手的战略、政策、实力等竞争对手情况。
5）促销要点、促销说明、促销术的基本原理。
6）促销的工作程序和职责。
7）促销人员的气质、风度、礼仪、社交能力等综合素质的培训。

（三）激励

尽管有的促销人员不需要企业的监督就会竭尽全力地工作，并且热爱促销工作，具有自发精神，但是企业如果能采取适当的激励措施，则会更好地调动大多数促销人员的工作积极性，激发他们的工作潜力。激励措施包括报酬激励措施和辅助激励措施两种。

报酬激励措施有：促销员的薪金和佣金以及一些其他的福利，如带薪假期、无偿用车等。

辅助激励措施有很多。定期的销售会议为销售人员提供了一个社交场所，一次摆脱日常例行性工作的休息，是一个重要的沟通和激励方法。销售竞赛提供旅游、现金等奖品激励促销人员比平常更努力地工作。总之，企业可以不用传统的报酬方式去激励促销人员并获得满意的效果。

（四）评价

汽车企业必须对促销人员的工作业绩加以考核和评价，以作为激励促销人员的标准，也可为企业制订营销战略提供必要的依据。另外，汽车企业应及时向促销人员反馈对其评价的标准和结果，以使他们能尽力按照企业的目标和要求去改进工作。

1. 评价的信息来源

汽车企业获取促销人员工作业绩的信息来源主要是销售报告，如促销员工作计划、区域营销计划、访问报告等，其他来源有消费者与其他促销人员的评价意见，主管领导的综合考察等。

2. 评价的方法

1）现在与过去销售额的比较。它是指把促销人员目前的成绩与过去的成绩进行比较，从而获得该促销人员工作进展的直接指标。

2）消费者满意评价。它是指通过信件调查表或电话访问收集消费者对促销人员服务的意见，用以作为对促销人员激励的依据之一。

3）促销人员品质评价。它包括促销人员对企业、产品、消费者及竞争对手的了解程度，对自身职责、有关法规的执行情况。例如，促销人员的陈述必须与广告内容一致，不能误导消费者，不可以诽谤竞争对手等。

第二节 汽车广告策略

一、汽车广告的作用

汽车广告是汽车企业用以对目标消费者和公众进行说服性传播的工具之一。汽车广告要体现汽车企业和汽车产品的形象，从而吸引、刺激、诱导消费者购买该品牌汽车。

汽车广告的作用在于：

（一）建立知名度

汽车广告通过各种媒介的组合投放，向汽车消费者传达新车上市的信息，吸引目标消费者的注意。汽车广告宣传可以节省促销人员向潜在消费者描述新车所花费的大量时间，快速建立知名度，迅速占领市场。

（二）促进理解

新车具有新的特点，通过广告，可以向目标消费者有效地传递新车的外观、性能、使用等方面的信息，引发他们对新车的好感和信任，激发其进一步了解新车的兴趣。

（三）有效提醒

如果潜在消费者已了解了这款新的车型，但还未准备购买，广告能不断地提醒他们，刺激其购买欲望，这比人员促销要经济得多。

（四）再保证

广告能提醒消费者如何使用、维修、维护汽车，对他们再度购买提供保证。

（五）树立企业形象

对于汽车这样一种高档的耐用消费品，消费者在购买时十分重视企业形象（包括信誉、名称、商标等），广告可以提高汽车生产企业的知名度和美誉度，扩大其市场占有率。

案例分析 8-1

最激情的代言：雪佛兰克鲁兹轿车与米勒

合作理由：产品诉求正与"米帅"形象吻合。

温特沃什·米勒这个名字对美剧《越狱》迷来说再熟悉不过，但在国内也许他饰演的那位迈克尔·斯科菲尔德（Michael Scofield）拥有更高人气。于是，上海通用汽车公司选择了米勒作为雪佛兰克鲁兹轿车中国地区的官方代言人，配合《越狱》风格的广告片，加上大幅连环画似的广告海报，使得克鲁兹轿车一上市就拥有超高关注度。显然上海通用的这招"借势"收效显著，成功地赢得了目标受众群的关注和认可。

除了成功烘托、树立品牌形象外，克鲁兹轿车的销量也取得了开门红。据厂家统计的数据显示，5月份单月克鲁兹轿车销量达到6834辆，而上市40天后总销量就突破了一万辆。作为一款新车，能够在如此短的时间内迅速获得消费者认同，占领市场份额，高知名度的代言人和有冲击力的广告宣传显然功不可没。

二、确定汽车广告目标

制定汽车广告策略的第一步是确定汽车广告目标。汽车广告目标是指在一个特定时期内，对某个特定的公众所要完成的特定传播任务。这些目标必须服从先前制订的有关汽车目标市场、汽车市场定位和汽车营销组合等决策。汽车广告按其目标可分为通知性、说服性和提醒性广告三种。

（一）通知性广告

通知性广告主要用于汽车新产品上市的开拓阶段，旨在为汽车产品建立市场需求。日本丰田汽车公司在进入中国市场时，打出"车到山前必有路，有路必有丰田车"的广告，达到了很好的宣传效果。

（二）说服性广告

说服性广告主要用于竞争阶段，目的在于建立对其某一特定汽车品牌的选择性需求。汽车企业在使用这类广告时，应确信能证明自己处于优势的宣传，并且不会遭到更强大的其他汽车品牌产品的反击。例如，"三星骏马快！优！新！"的广告，突出了该汽车产品的优势，朗朗上口。

（三）提醒性广告

提醒性广告用于汽车产品的成熟期，目的是保持消费者对该汽车产品的记忆。例如，上海大众公司仍经常为已经处于成熟期的桑塔纳轿车做广告，提醒消费者对桑塔纳轿车的注意。

三、制定汽车广告预算

汽车广告有维持一段时期的延期效应。虽然汽车广告被当做当期开支来处理，但其中一部分实际上是用来逐渐建立汽车品牌与产品商誉这类无形价值的投资。因此，汽车企业在制订汽车广告预算时要根据企业的实际需要和实际财务状况来进行；此外，还要考虑以下五个因素：

（一）产品寿命周期阶段

在推出新车型时，一般需要投入大量广告预算，才能建立其市场知名度。

（二）市场份额和消费者基础

要增加市场销售或从竞争者手中夺取市场份额需要大量的广告费用。

（三）竞争程度

在竞争者众多和广告开支很大的汽车市场上，一种汽车品牌必须加大宣传，才能引起目标消费者的注意。

（四）广告频率

把汽车产品传达到消费者的重复次数，即广告频率，也会决定广告预算的大小。

（五）产品替代性

当一家整车厂打算在汽车市场众多品牌中树立自己与众不同的形象，宣传自己可以提供独特的物质利益和特色服务时，广告预算也要相应增加。

四、设计汽车广告内容

汽车广告的有效性远比广告花费的金额更为重要。一则汽车广告只有获得消费者的注意才能增加销售量，因此汽车广告内容能否引起消费者的注意十分重要。

标题、文稿的选择等能对汽车广告的效果产生不同的影响。一个汽车广告标题为"一辆新轿车"，另一个广告标题为"这辆轿车是为你设计的吗？"。第二个标题运用了一种称为"贴标签"的广告策略，在这种策略中，消费者被表明是对这类汽车产品感兴趣的人。两则汽车广告的区别在于，第一则广告描述了汽车的特点，而第二则描述了汽车的利益。试验表明，第二则广告在整个印象方面远胜于第一则广告，消费者更容易对购买该产品产生兴趣，还有可能向朋友介绍。

在此，再举几则成功的汽车广告：

"福特永远关心您"系列性广告寓企业于公益，包括"为了您和您的孩子，请遵守交通规则"、"在高速公路上只有福特关心您"、"在高速公路上您不再孤立无援"、"在高速公路上福特帮您再上路"等,颇能赢得信赖与好感。

德国大众的甲壳虫汽车,曾有一则广告是这样写的:"如果有人发现我们的甲壳虫车发生故障,被修理厂拖走,我们将送你一万元美金。"充分表现它对品质和性能的自信。甲壳虫车的另一则广告也很有意思,该广告是针对一般人误认为甲壳虫无法在高速公路上超车加以澄清。广告标题是:"他们说它根本就办不到。"画面则是一位骑摩托车的警察,正在高速公路上给一位驾驶甲壳虫汽车的青年开超速的罚单。

劳斯莱斯汽车的广告手法更高一等:在非洲人烟绝迹的沙漠上,有位富翁驾驶的劳斯莱斯汽车发生故障进退不得,他只好徒步回城市,发电报给英国总公司的工厂,该厂当天就派直升机前往修理。数天之后,这位富翁又发电报给该公司问修理费多少,该公司打回来的电报,电文是:"我们并没有修理过你的车子,也许是你搞错了吧!"

五、选择汽车广告媒体

(一) 汽车广告媒体的种类

广告媒体种类繁多,功能各有千秋,只有选择好适当的汽车广告媒体,才能使汽车企业以最低的成本达到最佳的宣传效果,对汽车的销售起到推波助澜的作用。表8-2介绍了几类广告媒体的情况。

表8-2 各类主要广告媒体情况

媒 体	优 点	局 限 性
电视	色彩、声音、图像并存,最有效最直观,有较强吸引力、震撼力、触及面广	成本高,媒介干扰多,竞争激烈,信息瞬间即逝,观众选择性少
报纸	灵活、及时,本地市场覆盖面大,信息容量大,提供完整的产品信息,可使用特别设计的版面,如跨版广告来展示产品细节	保存性差,复制质量低,传阅者少,印刷质量不高
杂志	地理、目标顾客可选性强,可信并有一定权威性,复制率高,保存期长,传阅者多,精良的印刷品质可增强视觉冲击力	有些发行数无用,版面无保证,发行周期长,不适合刊登时效性很强的告知广告
广播	大众化宣传,地理和目标顾客的选择性强,收听灵活,成本低	只有声音,不如电视那样引人注意,展露瞬间即逝,对音效设计和处理要求高
户外广告	灵活,广告展露时间长,费用低,竞争少,视觉冲击力强	信息单一,目标顾客没有选择,内容不能经常更新,对画面品质、灯光处理要求高
售点广告	营造现场气氛,调动对以往广告的认知。售点的灯箱和大幅海报能引发购物冲动	覆盖面不高,需要与良好的销售服务相配合

(二) 选择汽车广告媒体应考虑的因素

1. 目标消费者的媒体习惯

购买跑车的大多数消费者是中青年的成功人士,所以广播和电视就是宣传跑车的最有效的广告媒体。

2. 汽车产品

对汽车来说,电视和印刷精美的杂志由于在示范表演、形象化和色彩方面十分有效,因而是最有效的媒体。有的汽车的杂志广告主要选用了能充分体现汽车外观美的设计,利用杂志印刷精美的特点，给受众以视觉上的冲击。而有的汽车的广告就未必适合用在杂志和报纸上。

3. 广告信息

包含大量技术资料的汽车广告一般要求专业性杂志做媒介，一条宣布明天有重要出售信息的广告一般用广播或报纸做媒介。一般情况下，汽车产品的针对性很强，因此比较适合在专业杂志和报纸上投放广告，能直接面向特定的受众，有助于用较低预算实现预期效果。

4. 费用

电视广告费用非常昂贵，以播出时间的长短和播放时段来计费，而报纸广告相比而言则稍便宜些。

六、评价汽车广告效果

有一则汽车电视广告，画面上是一辆翻山越岭、长途跋涉的汽车。观众中有的认为，这是一辆节省燃油的车；有的认为，这是一辆乘坐舒适的车；有的认为，这是一辆行驶平稳的车。而该广告的本意是想告诉观众，这是一辆"安全"的车。可见，该广告所要传达的信息和受众对画面的理解有相当大的距离，并没有准确、有力地揭示主题。因此，将广告信息传递给受众后，企业还要及时地对广告效果进行评价，以修正和改进广告目标和预算。广告效果的评价一般有两种方法：一是传播效果评价；二是销售效果评价。

（一）传播效果评价

汽车广告的传播效果，即汽车广告对消费者知晓、认知和偏好的影响，是衡量汽车广告效果的重要方面。传播效果的评价可在广告发布之前或广告发布之后进行。其方法有：

1. 直接评分法

这种方法要求消费者对广告依次打分。表 8-3 提供了广告评分的方法。

表 8-3 广告评分表

广告等级	最佳广告	好的广告	普通广告	中等广告	劣等广告
分值/分	80~100	60~80	40~60	20~40	0~20

注：评分办法

以下五项各为 20 分：

——此广告吸引消费者注意力如何。

——此广告促使消费者进一步细读的可能性如何。

——此广告的中心内容或其利益是否交代清楚。

——此广告的诉求的有效性如何。

——此广告激起购买行为的可能性如何。

2. 组合测试法

这种方法是请消费者观看一组广告，然后请他们回忆所看过的广告，看他们能记住多少内容，以此来评价一个广告是否突出主题及其信息是否易懂易记。

3. 实验室测试法

这种方法是利用仪器来测量消费者对广告的心理反应情况，如心跳、血压、瞳孔的变化等现象，以此来测量广告的吸引力。不过，此类试验只能测试广告的吸引力，而无法测量受众对广告的信任情况、所持态度和意图。

（二）销售效果评价

一般来说，汽车广告的销售效果比其传播效果更难于测量。因为除了广告因素之外，销售还受到许多因素的影响，如产品性能、价格、售后服务、竞争对手的行为等。通常用历史分析法和试验分析法来衡量汽车广告的销售效果。

1. 历史分析法

这种方法是运用统计技术将过去的销售和过去的广告支出，与当前的销售和当前的广告支出联系起来分析，以此来评价广告的效果。

2. 试验分析法

在某些地区广告开支高一些，在另一些地区开支低一些，如果高开支试验导致销售量大增，说明广告开支过少；如果高开支试验没有增加销售量或者低开支试验没有导致销售量下降，说明广告开支过大。这种方法必须持续足够时间，以观察改变广告开支水平后的滞后效应。

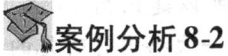
案例分析 8-2

为"汽车店"做广告

汽车店有限公司（以下简称"汽车店"）最近开发了一种新型的汽车附件产品，准备通过当地汽车配件店和像"哈尔福特"这类的全国性连锁店进行销售。市场调查表明，许多驾车人都感觉普通汽车车厢内的放物空间既小，又不顺手。你要推销的这个产品就是一种多功能的带锁放物匣，它可以很方便地固定在车厢里的几乎任何地方，可以放置像太阳镜、钱包、零钱、钥匙之类的小件物品。该产品有各种规格，它们全都色泽明丽，设计精巧。公司希望该产品能成为一种时尚用品，特别是能在年轻的男性驾车人中间流行起来。

初步的市场调查表明，该产品的主要目标消费群体是居住在伦敦或英格兰东南部，年龄在 25~40 岁的有车男士。关于与这一群体沟通最有效的办法是什么，大家有些不同的意见。表 8-4 是广告部经理所做的初步量化分析，在比较了在两大媒体——首都调频（广播）和《用什么车》（杂志）上投放广告的一些情况。

表 8-4 在两大媒体上投放广告的情况比较

各项指标	首都调频	《用什么车》杂志
听众（读者）总数	970 万人	180 万人
媒体对目标群体的渗透率	20%	60%
潜在消费者	190 万人	108 万人
广告制作费	1000 英镑	5000 英镑
每次广告费	1800 英镑	500 英镑
广告目标	80% 的人听到	80% 的人看到
需做广告次数	40 次	8 次
广告总费用	73000 英镑	45000 英镑
听到（看到）的潜在消费者	160 万人	86 万人
人均广告费	0.046 英镑	0.052 英镑
"心动—行动"转换率	1.0%	1.25%
实际购买者人数	16000 人	10750 人
平均每售一份产品的广告支出	4.60 英镑	4.19 英镑

广告经理在分析报告中是这样概括的:

据估计有970万成年人会不时收听首都调频的节目,其中有20%属于我们的目标人群。因此,通过在首都调频上投放广告,可以让目标人群中194万人了解该产品(称他们为潜在消费者)。但一般来说,每次广告又只有其中的4%能收到(即7.8万人)。

《用什么车》杂志有180万读者,他们平均每5期读1期,故每期广告有20%的潜在消费者可以读到。首都调频在任何时段平均都有4%的听众在收听。

因为广告的目的是让目标群体中的80%听见该广告,所以估计共需在首都调频作40次广告。乍一看你可能会感到奇怪,因为按计算来讲,每次4%×40次不就等于160%的目标群体都能听到该广告了吗?但是你得想到目标群体中的许多人(也许是那些边开车上班边收听广播的人)会多次听到这则广告。如果你只准备播20次(根据4%×20=80%),那么实际上至少听到过一次该广告的人会远远少于80%。因为虽然每次播广告时都有约4%的人听到,但其中不少人已经是第二次、第三次听到,故不能计算在内。之所以建议播40次,是因为估计每播一次时平均约有2%的听众是第一次听见该广告(当然第一次播出时听见的人远不止2%,但随后播出时属于第一次听见的人数会依次递减)。

在首都调频上播广告,广告的制作费用约是1000英镑。在开车高峰时间每播30s广告收费是大约1800英镑。所以,一则准备播40次广告的总费用是7.3万英镑左右。现在,假设听到该广告的目标人群中有大约1%的人真的行动起来购买该产品,则一共可售出约16000份产品(9700000×20%×80%×1%)。用73000英镑除以16000份,得到每售一份产品的广告支出为4.60英镑。用同样的方法对在汽车杂志上投放广告进行分析,结果得到每售一份产品的广告支出为4.19英镑。不过这一结果的准确与否,在很大程度上取决于我们假设的"心动—行动"转化比率的准确性如何。

第三节 汽车销售促进策略

一、汽车销售促进的概念和目标

(一)汽车销售促进的概念

汽车销售促进是汽车市场营销活动的一个关键因素。汽车销售促进包括各种短期性的刺激工具,用以刺激汽车消费者和经销商较迅速或较大量地购买某一品牌的汽车产品或服务。汽车销售促进在汽车行业中被广泛使用,是刺激销售增长,尤其是销售短期增长的有效工具。

(二)汽车销售促进的目标

汽车销售促进的具体目标要根据汽车目标市场的类型变化而变化。

对消费者来说,汽车销售促进的目标包括:鼓励消费者购买汽车和促使其重复购买;争取未使用者购买;吸引竞争者品牌的使用者购买。

对经销商来说,汽车销售促进的目标包括:吸引经销商经营新的汽车品牌,鼓励他们购买非流行的汽车产品;抵消竞争性的促销影响,建立经销商的品牌忠诚度和获得进入新的经销网点的机会;促使经销商参与制造商的促销活动。

对促销人员来说,汽车销售促进的目标包括:鼓励他们支持一种新的汽车产品,激励他们寻找更多的潜在消费者。

二、选择汽车销售促进的工具

选择汽车销售促进的工具时，要综合考虑汽车市场营销环境、目标市场的特征、竞争者状况、销售促进的对象与目标、每一种工具的成本效益预测等因素，还要注意将汽车销售促进同其他促销工具（如人员促销、广告、公共关系等）互补配合。

（一）用于消费者市场的工具

1. 分期付款

由于汽车价格一般比较高，普通消费者一次付款较难接受，因此世界各汽车公司都有分期付款业务。

分期付款通过"首期付款"的方式，把价格"降"下来，实现了较低消费层次的现实购买力，并以余款延期缴纳的方式，解决了购销双方资金和资源的双重闲置。但对汽车生产企业来说，分期付款占用资金大，周转回收慢，企业承担了较高的风险。因此，需要制定分期付款的法规，明确各方的权利和责任，建立信用评估机构，推进"分期付款购车"的健康发展。

2. 汽车租赁销售

汽车租赁销售是指承租方向出租方定期交纳一定的租金，以获得汽车使用权的一种消费方式。汽车专业租赁公司是继出租用车市场后又一大主体市场，是汽车生产企业长期、稳定的用户之一。租赁销售是刺激潜在需求向现实需求转化的有效手段。据美国市场调查机构公布的数字表明，以租赁方式售车的轿车和卡车占总销量的1/4，其中高级轿车中有超过半数以上的被租售。

租赁销售促进了汽车销售，使汽车工业获得了自我发展的资金来源，为汽车生产企业技术更新提供了资金保证。租赁销售促使经销商不断改进服务，大大提高用户满意度。

3. 汽车置换业务

汽车置换业务包括汽车以旧换新、二手汽车整新跟踪服务、二手汽车再销售等项目的一系列业务组合。汽车置换业务已成为全球流行的销售方式。2012年美国新车销量不足1450万辆，二手汽车销量却高达4800万辆。

汽车置换业务加速了汽车的更新改造。汽车置换业务的投资回报很快，加速折旧及置换，还可使企业在税赋方面享有实惠。

4. 赠品

赠品是指汽车企业为消费者购买汽车附带赠送某些礼品，如计算机、印有产品标志的日常用品、打火机、手表、真皮笔记本、夹克衫、伞、烟灰缸等小型纪念品，不同年限的汽车维修卡，不同价值的保险费（如第三者责任险），不同里程的汽车免费维护卡，免费代办汽车牌照等。对汽车这样的产品来说，尽管一般的小礼品对销售促进的影响不大，但可以提高消费者满意度，在一定程度上刺激消费者的购买欲望，使某些汽车产品品种（特别是家用经济型轿车）在局部地区的销售直线上升。

5. 免费试车

免费试车是指邀请潜在消费者免费试开汽车，刺激其购买兴趣。免费试车为消费者提供亲身体验，有利于进一步加强消费者的购买欲望，最终达成交易。

6. 售点陈列和商品示范

它是指在汽车展厅通过布置统一标准的室内装饰画、广告陈列架等结合汽车的陈列，向消费者进行展示。上海大众帕萨特轿车上市时，上汽销售总公司为所有特许经销商提供统一的装饰画，带有浓烈的现代感，符合大多潜在消费者的审美观念。

7. 使用奖励

企业为了促进汽车销售，对使用该企业汽车产品的优秀用户给予精神和物质上的奖励。一汽大众对哈尔滨地区 30 万~40 万 km 无重大修理的汽车驾驶员给予在德国参观学习的重奖。东风汽车公司对使用本企业汽车达到数万 km，且从未出过事故的驾驶员给予物质奖励，举行庆功表彰大会等。

（二）用于经销商的工具

1. 价格折扣

价格折扣是指汽车生产企业对经销商的购车给予低于定价的直接折扣。例如，鼓励其购买一般情况下不愿购买的汽车型号；增加其进货的数量；如果经销商提前付款，还可以给予一定的现金折扣等，从而刺激其销售的积极性。

2. 折让

汽车生产企业的折让用以作为经销商宣传其产品特点的补偿。广告折让用以补偿为该产品做广告宣传的经销商；陈列折让用以补偿对该产品进行特别陈列的经销商。

3. 免费商品

免费商品是指汽车生产企业对销售特定车型的汽车或销售达到一定数量的经销商，额外赠送一定数量的汽车产品，也可赠送促销资金，如现金或礼品等。

（三）用于人员促销的工具

1. 贸易展览会和集会

它是指汽车生产企业在一些年度汽车展览会或大型汽车展览会上租用摊位，展示概念车、新车的优点和性能。

2. 销售竞赛

汽车生产企业出资赞助经销商和促销人员的年度竞赛，对完成销售目标的中间商给予一定的奖励，刺激他们增加销量。

3. 纪念品广告

促销人员向潜在消费者赠送标有产品信息但价格不贵的物品，换取消费者的姓名及地址。这些物品及宣传资料通常由汽车生产企业提供。

三、汽车销售促进的实施及评价

（一）制订汽车销售促进方案

制订汽车销售促进方案可以按以下过程来进行：

1. 确定汽车促销所提供优惠的大小

一般来说，优惠越高，产生的销售反应越明显，但是销售反应的增加要大于优惠的增加。同时，促销优惠的作用还受到需求弹性的影响。

2. 确定汽车促销的对象

汽车促销的优惠只向符合特定条件的个人或团体提供，如促销资金对某些区域的消费者、公司的家属等不予提供。

3. 决定汽车促销持续的时间

理想的促销持续时间约为每季度使用3周左右，其时间长度即是平均购买周期的长度。合理的汽车促销周期长度还要根据不同类型的汽车产品来确定，以发挥交易优待的最佳效力。

4. 选择汽车促销时机

汽车销售企业应当制订出全年的汽车促销活动的日程安排，有计划、有准备地进行，以配合汽车产品的生产、销售和分销；有时需要安排临时的汽车促销活动，这就需要作出短期内的组织协作。

5. 确定汽车促销预算

确定汽车促销预算有两种方法：一种是根据所选用的各种促销办法来估计它们的总费用；另一种是按习惯比例来确定各促销预算费用占总促销预算费用的百分比，从而计算总促销预算费用。

（二）汽车销售促进的实施

汽车销售促进方案制订后，必须经过试用，再向市场投放。试用可以邀请消费者对备选的几种不同的优惠办法做出评价和打分等，也可以在有限的地区范围内进行试用性测试，以此明确促销工具选用是否适当，刺激效果是否最佳等。

汽车销售促进方案的实施必须包括销售准备阶段和销售延续阶段。销售准备阶段包括：最初的计划工作、设计工作、配合广告的准备工作和销售点的材料准备，通知现场促销人员，为个别的分销网点建立分配额，购买或印刷特别赠品或包装材料存放在中间商处准备在特定日期发放等。销售延续阶段是指从开始实施优惠办法起，到大约95%的采取此优惠办法的汽车产品已在消费者手里为止的这一段时间。

（三）汽车销售促进的评价

一般用两种方法对汽车销售促进的效果进行评价：销售数据和消费者调查。

1. 销售数据

通过销售数据可以对比出消费者在促销前后的购买行为，分析出各种类型的消费者对促销的态度，以及购买促销汽车产品的消费者后来对该品牌或其他品牌的行为。图8-2是某汽车企业在促销前后其品牌的汽车产品在市场上的份额变化情况。显然，促销吸引了新的消费者，长期市场份额效果表明这个促销活动为汽车企业赢得了新的消费者。

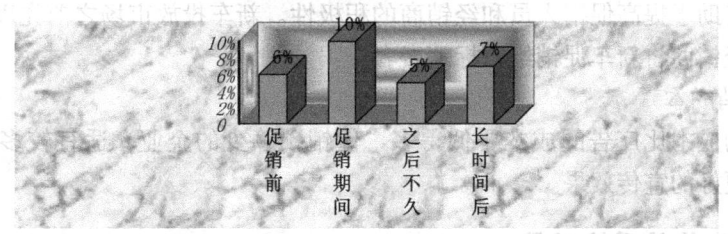

图8-2　某品牌汽车产品市场份额变化情况

2. 消费者调查

汽车企业通过消费者调查可以了解有多少人记得这次促销，他们的看法如何，以及这次促销对于他们随后选择品牌行为的影响程度。

在评估促销结果时，决策层还要注意一些可能的成本和问题。例如，促销活动可能会降低消费者对品牌的长期忠诚度，因为消费者会形成重视优惠的倾向而不是重视广告的倾向；某些促销方式还可能刺激经销商，使他们要求额外的折让；促销费用可能比计划的更昂贵等。

第四节　汽车公共关系策略

一、汽车公共关系的概念

与广告和销售促进一样，汽车公共关系是另一个重要的汽车促销工具。汽车公共关系是指汽车企业在个人、公司、政府机构或其他组织间传递信息，以改善公众态度的政策和活动。

（一）汽车公共关系的含义

汽车公共关系包括以下含义：

1）公共关系不仅在于汽车产品的公共宣传，而且在于树立汽车企业的形象、汽车产品的品牌形象。

2）公共关系有助于汽车企业妥善处理与公众的关系，为汽车企业的发展创造一个良好的外部环境。

3）公共关系通过媒体或直接传播的方式传播信息。

（二）汽车公共关系的作用

1. 建立知晓度

公共关系利用媒体来讲述一些情节，引起公众对汽车产品的兴趣。例如，在上海帕萨特轿车的诞生过程中，汽车企业便充分利用了媒体宣传和各种公关活动，来吸引目标消费者对该款车的注意力。

2. 树立可信性

如有必要，公共关系可通过社论性的报道来传播信息以增加可信性。例如："一汽汽车质量万里行"的报道，获得了公众的认可和信任，提高了企业形象。

3. 激励促销人员和经销商

公共关系有助于提高促销人员和经销商的积极性。新车投放市场之前先以公共宣传的方式披露，便于经销商将新车促销给目标消费者。

4. 降低促销成本

公共关系的成本比广告的成本要低得多，促销预算少的企业，适宜较多地运用公共关系，以便获得更好的宣传效果。

二、汽车公共关系的工具

越来越多的汽车生产企业、汽车销售企业应用汽车公共关系策略来支持他们的营销部门树立和推广品牌形象，接近和影响目标市场。

汽车公共关系策略的主要工具有：

（一）公开出版物

公开出版物包括汽车年度报告、小册子、文章、视听材料以及企业的商业信件和汽车杂志等。美国克莱斯勒公司的年度报告几乎就是一份促销小册子，向其股东促销每一种新车。小册子能在向目标消费者介绍汽车产品的性能、使用、配备等方面起到很重要的作用。汽车企业领导人撰写的文章能引起人们对汽车企业及其产品的注意。企业的商业信件和汽车杂志可以树立汽车企业形象，向目标市场传递重要新闻。例如，《中国汽车报》《中国交通报》等，都是较权威的汽车行业杂志，易获得消费者的信赖。视听材料的成本高于印刷材料，但是通过电影、幻灯、录像等进行宣传更形象、生动，能给消费者留下很深的印象。

（二）事件

汽车企业通过安排一些特殊的事件来吸引人们的注意力，使人们对该企业的新产品和企业其他事件感兴趣。这些事件包括记者招待会、讨论会、展览会、竞赛、周年庆祝会、运动会和各类赞助活动。例如，上海汽车工业销售总公司为了配合新型桑塔纳"时代超人"轿车的推出，与上海大众公司合作在新疆举行桑塔纳轿车拉力赛活动；美国福特公司的雷鸟牌汽车推出时，发邀请信给有关主管，提供他们当天的汽车使用权；日本丰田汽车公司的破坏性试验等，都是比较成功的案例。这些事件不同程度地为新产品上市在目标消费者中产生了良好的影响。

（三）新闻

公关人员应撰写或发布对汽车企业及其汽车产品有利的新闻，并争取传媒录用新闻稿和参加记者招待会。

（四）演讲

公关人员和企业领导者鼓动性的演讲能提高汽车企业和汽车产品的知名度，大大推动汽车产品的销售。企业负责人应经常通过宣传工具圆满地回答各种问题，并在销售会议上演说，树立汽车企业良好的品牌形象。例如，艾科卡在众多听众面前的具有超人魅力的讲话，大大增强了公众对克莱斯勒汽车的喜爱。

（五）公益服务活动

汽车企业可以通过向某些公益事业捐赠一定的款项和实物，以提高企业信誉。

日本丰田公司，为了确保汽车销售的市场，采用了一些"以迂为直"的公关策略。他们的做法是：

1）从解决城市的汽车与道路问题入手，成立"丰田交通环境保护委员会"。丰田公司通过投资修路和建"人行道、天桥"及对交通问题的调查研究缓解了交通拥挤的现象。

2）为儿童修建汽车游戏场，从小培养他们对汽车的兴趣。

3）开办汽车学校。1957年丰田公司投资4亿多日元，创办日本汽车学校，让更多的人学会开汽车。

以上这些活动，在一般人看来，都是平常小事，但它是一种"以迂为直"的公关策略，从而达到了开拓市场，增加销售，提高效益的目的。

（六）形象识别媒体

汽车企业可以通过企业的持久性媒体——广告标志、文件、招牌、企业模型、业务名片、建筑物、制服标记等来创造一个公众能迅速辨认的视觉形象，赢得目标消费者的注意。

三、汽车公关活动的内容

汽车公共关系的主要任务是沟通和协调汽车企业与社会公众的关系，以争取公众的理解、支持、信任和合作，从而扩大汽车销售。根据汽车企业公共关系的对象和汽车企业的发展过程，汽车公共关系的内容主要包括：

（一）汽车企业与消费者的关系

在市场经济体制下，"顾客就是上帝"。汽车企业要加强与消费者的沟通，促使消费者对汽车企业及其品牌汽车产品产生良好的印象，提高汽车企业和汽车产品在社会公众中的知名度与美誉度。

（二）汽车企业与相关企业的关系

汽车作为一种集机械、电子、化工等产品为一体的商品，企业是不可能独立完成从自然原料到产品销售的整个过程的，它无时无刻不与中间商、供应商及竞争企业发生着各种各样的关系。

（三）汽车企业与政府及社区的关系

汽车工业是国家的支柱产业，汽车企业必须处理好与政府相关职能部门的关系，赢得政府的信赖和支持；必须建立起融洽的社区关系，树立起企业在社区居民中的良好形象，为企业发展创造良好的周围环境。

（四）企业与新闻界的关系

在现代社会中，新闻媒体和新闻工作者的作用日益突出。它不仅可以创造出社会舆论，而且会引导消费，从而间接调整企业行为。汽车作为一种耐用消费品，公众在购买时是很谨慎的，汽车企业要想争取社会公众，必须处理好与媒体的关系。

（五）企业内部公共关系

汽车企业可以通过完善企业的规章制度，加强企业文化建设，满足员工的物质和精神要求，加强企业内部团结，协调好企业、员工及投资者的关系，生产出优质的汽车产品，实现汽车企业的经营目标。

四、汽车公共关系计划的执行与评价

（一）公共关系计划的执行

执行公共关系计划要求公共关系宣传人员必须持有认真谨慎的态度，当公共宣传包括了各种层次的特别事件时，如纪念性宴会、记者招待会、全国性竞赛等，就需要格外认真。公共关系宣传人员需要有细致认真的态度、灵活处理各种可能情况的能力。

（二）公共关系计划的评价

由于公共关系常与其他促销工具一起使用，故其使用效果很难衡量。汽车公共关系的效果常通过展露度、公众理解和态度情况、销售额和利润贡献三个方面来衡量。

1. 展露度

展露度是计算出现在媒体上的展露次数。这种方法简单易行，但无法真正衡量出有多少人接受了这一信息以及该信息对他们购买行为的影响。

2. 公众理解和态度情况

这是指由于公共宣传活动而引起公众对汽车产品的品牌理解、态度方面的前后变化水平。

3. 销售额和利润贡献

公共关系通过刺激市场、同消费者建立联系，把满意的消费者转变成品牌忠诚者，提高了销售额和利润。计算销售额和利润贡献率是衡量公共关系效果的最科学的方法。

案例分析

主推体验营销 小型车成一汽丰田销售主力

2011年，一汽丰田公司"花冠王"终极节油耐力测试活动历经近十天的挑战之旅，来到了青海。在环青海湖油耗测试活动中，7年"花冠王"与2010款花冠车型分别取得了油耗5.6L/百公里和4.5L/百公里的成绩。此外，2011款花冠轿车也于8月8日实施了商品强化后正式上市，品质得到了进一步提升。

一汽丰田销售公司副总经理须贺修二表示，以卡罗拉、花冠车系为代表的小型车是一汽丰田公司的主力车型，也是今年下半年企业冲击销售目标的倚重。而企业正在力推的体验式营销和经销商的大力度促销，更将促进小型车销量进一步提升。

1. 小型车阵容实力强

虽然上半年受日本地震影响，一汽丰田各车型的销售量出现了不小的下滑，但在6月恢复产能后迅速进入状态，7月即取得了5.7万辆的良好销售业绩。记者走访车市后发现，最近一段时间，在"乐驾嘉年华"等体验式营销和经销商降价、送礼包等大力度促销的推动下，一汽丰田公司各车型销售量均呈现快速上升态势，特别是卡罗拉、花冠等小型车。

须贺修二透露，眼下小型车已占到一汽丰田公司整体销售量的60%左右。卡罗拉、花冠、威驰等车型以其不同的特性，满足了不同年龄层次和收入水平消费者的用车需求。特别是此次高原环湖测试的主角花冠轿车，在商品性得到强化后，更是受到了消费者的青睐。

"从去年改款后，花冠受消费者认可度进一步提高，今年7月销量更是突破了1.2万辆，是我们一款很不错的量销车型。"须贺修二表示，随着时间的推进，花冠轿车的用户群体越来越大，覆盖面也越来越广。而花冠轿车品质的提升，也增强了一汽丰田公司小型车的整体实力。

"花冠王"终极节油耐力测试活动自北京开拔，至海拔3000m以上的青海湖，其间经历各种复杂路况，花冠车型的可操控性、舒适性及节油性能等得到了真实的检验。一汽丰田公司认为，通过此项活动，花冠轿车的品质将得到更多消费者的认可，在销售量上也会有更好的表现。

2. 体验式营销收效大

为了提升销售量，实现全年既定产销目标，一汽丰田公司下半年推出了以体验式营销为主的多项推广、促销活动。据一汽丰田公司公关总监马春平介绍，从7月开始的"乐驾嘉年华"是一汽丰田公司至今举办的规模最大的体验活动，吸引了众多消费者的关注，收效很好。此外，正在进行中的"卡罗拉，幸福相约"主题相亲活动也为一汽丰田公司赚了不少的眼球。

8月、9月一汽丰田公司还推出了针对卡罗拉和花冠的"幸福抢乐汇、好礼连连送"活动。消费者除了可以在淘宝网上秒杀外，还可参与试驾有礼等诸多活动，获得不小的购车实惠。

"7月我们的月销售量突破了5.7万辆,之所以能取得这样的好成绩,主要原因是针对全车系的体验式营销活动的开展,以及店头促销活动的配合。"

讨论题:
1. 结合所学内容分析,促销活动为什么能吸引更多的顾客?
2. 分析一汽丰田公司在中国汽车市场运用的总体促销策略。

本 章 小 结

汽车促销策略是连接汽车产品和消费者之间的桥梁,已成为汽车企业整个营销策略中最重要的一环。有效的汽车促销策略是人员促销、广告、销售促进、公共关系等促销方式的最佳选择、组合和运用。本章详细介绍了这四种主要促销方式的特点、适用范围、主要工具、效果评价等内容,并结合了大量生动的实际案例,具有一定的理论指导性和可操作性。

思 考 题

1. 汽车促销组合主要包括哪些方式?简单概括一下各种促销方式的特点。
2. 人员促销有哪些特点?
3. 在进行人员促销时,怎样合理地确定促销人员的结构和规模?有哪些常用方法?
4. 你认为在目前中国汽车市场,哪些销售促进的方法和工具对消费者最有吸引力?
5. 汽车经销商进行公共关系营销的主要目标是什么?

第九章 汽车市场营销战略

学习目标：

了解汽车服务已成为现代汽车企业竞争的焦点，理解汽车企业只有通过提高服务质量，才能在市场竞争中获胜；了解汽车市场营销必须以满足顾客为中心，掌握通过价值链管理来提高顾客让渡价值，通过顾客关系管理来实现顾客满意；理解汽车企业必须通过分析竞争环境和竞争对手，来确立市场竞争地位和基本竞争战略。

今天的汽车企业正面临着比以往更为激烈的竞争，不断地提高服务质量、满足顾客需求和战胜竞争对手是汽车企业应对竞争、加快发展的战略举措。

本章重点讨论汽车企业如何通过服务质量管理来提高服务质量，增强核心竞争能力；如何通过价值链管理和顾客关系管理来提高顾客让渡价值，实现顾客满意；如何分析竞争环境和竞争对手，来确立汽车企业的市场竞争地位和基本竞争战略。

第一节 汽车服务战略

汽车市场营销的重要特点就是汽车产品与汽车服务的联系越来越紧密，汽车服务已成为汽车企业竞争的焦点，谁能为广大汽车用户提供优质服务，谁就能在市场竞争中克敌制胜。

一、汽车服务的含义与特征

（一）汽车服务的含义

关于服务的概念，菲利普·科特勒认为："服务是一方能够向另一方提供的基本上是无形的任何活动或利益，并且不导致任何所有权的产生。它的生产可能与某种有形产品联系在一起，也可能无关联。"汽车服务的含义应当包含以下要点：①汽车服务提供的基本上是一种活动，活动的结果可能是无形的，这种活动有时也与有形汽车产品联系在一起；②汽车服务提供的是汽车产品的使用权，并不涉及所有权的转移，如提供了汽车维修服务，并不产生汽车所有权的改变；③汽车服务对其需求者的重要性并不亚于汽车产品。例如，汽车发生故障后，对维修服务的需求比对汽车产品的需求还要重要。

（二）汽车服务的特征

对制订汽车服务战略影响较大的汽车服务特征主要有以下四点：

1. 无形性

无形性也称不可触摸性。顾客在购买汽车服务之前，一般不能看到、听到、嗅到、尝到或感觉到汽车服务。因此，广告宣传不宜过多地介绍汽车服务的本体，而应集中介绍汽车服务所能提供的利益，让无形的汽车服务在消费者眼中变得有形。实际上，真正无形的汽车服务极少，很多汽车服务需要借助有形的汽车实物才可以产生。顾客购买某些汽车产品只不过因为它们是一些有效功能的物质载体，这些载体所承载的汽车服务才是最重要的。

2. 同步性

同步性也称同一性。汽车服务的供应者往往是以其劳动服务的形式直接提供给汽车购买者，汽车服务过程与汽车消费过程是同步进行的，两个过程是不可分离的。例如，汽车销售过程对汽车购买者而言是消费过程，对汽车营销人员而言是服务过程，两个过程必然同步进行。这一特征表明，汽车营销人员只有在汽车购买者到场的情况下，才需要提供服务；而汽车购买者也只能身临其境，投入服务过程中去，才可能得到服务。

3. 差异性

差异性也称异质性。汽车服务是以人为中心来提供汽车顾客所需要的服务项目，如汽车销售、汽车维修、汽车装饰等。由于提供汽车服务的人员，其文化、修养、能力与专业水平存在差异，不同的汽车服务人员操作同一汽车服务项目，汽车服务的质量就很难达到完全相同；即使同一个服务人员作同样的汽车服务项目，因时间、地点、环境与心态的不同，汽车服务的质量也难以完全一致。因此，汽车服务必须特别强调服务规范和服务标准，力求始终如一，维持高水准，树立优质服务的形象。

4. 即时性

即时性也称不可储存性。由于汽车服务与汽车消费的同步性及其无形性，决定了汽车服务不能进行储存和退换，也不能对汽车服务实施"售后服务"。而且很多汽车服务的使用价值，如不及时加以利用，就会"过期作废"。例如，汽车维修人员的等待和汽车维修设备的闲置等，均给汽车服务业带来不可补偿的损失。因此，汽车服务业的规模、定价与推广，必须力求人力和物力的充分利用。

二、汽车服务质量的内涵与评价

（一）汽车服务质量的内涵

汽车服务质量同顾客的感受关系很大，它取决于顾客对汽车服务质量的期望同其实际感知的对比差距。整体汽车服务质量不仅取决于期望质量与感知质量之比，还取决于技术质量和智能质量的水平。技术质量是指汽车服务过程的产出，即顾客从汽车服务过程中所得到的东西。对此，顾客容易感知，也便于评价。职能质量则是指汽车服务推广过程，即顾客同汽车服务人员打交道的过程，汽车服务人员的行为、态度、穿着等都直接影响顾客的感知，如何提供汽车服务和接受汽车服务的过程会给顾客留下深刻的印象。

顾客对汽车服务的期待质量通常受到四个因素的影响，即市场营销沟通、顾客口碑、顾客需求和企业形象。接受汽车服务的顾客通常能直接接触到企业的资源、组织结构和运作方式等方面，企业形象会影响顾客对汽车服务质量的认知和体验。顾客心中的企业形象较好，会谅解汽车服务过程中的个别失误；如果原有形象不佳，则任何细微的失误也会造成很坏的影响。因此，企业形象被称为顾客感知汽车服务质量的过滤器。

（二）汽车服务质量的评价

通常，可以从以下五个方面评价汽车服务质量：

1. 感知性

感知性是指提供汽车服务的有形部分，如各种设施、设备、服务人员的仪表等。顾客正是借助这些有形的可见的部分把握汽车服务的实质。有形部分提供了有关汽车服务质量本身的线索，同时也直接影响到顾客对汽车服务质量的感知。

2. 可靠性

可靠性是指汽车服务供应者准确无误地完成所承诺的汽车服务。可靠性要求避免汽车服务过程中的失误，顾客认可的可靠性是最重要的质量指标，它与核心的汽车服务密切相关。许多以优质服务著称的汽车服务企业，正是通过强化可靠性来建立自己的声誉的。

3. 适应性

适应性主要是指反应能力，即随时准确为顾客提供快捷、有效的汽车服务，包括矫正失误和改正对顾客不便之处的能力。对顾客的各项要求能否予以及时满足，表明汽车服务企业的服务导向，即是否把顾客利益放在第一位。

4. 保证性

保证性主要是指汽车服务人员的友好态度与胜任能力。汽车服务人员较高的知识技能和良好的服务态度，能增强顾客对汽车服务质量的可信度和安全感。在汽车服务产品不断推陈出新的今天，顾客同知识渊博而又友好和善的汽车服务人员打交道，无疑会产生信任感。

5. 移情性

移情性是指汽车服务企业和汽车服务人员能设身处地为顾客着想，努力满足顾客的要求。这便要求汽车服务人员有一种投入的精神，想顾客之所想，急顾客之所急，了解顾客的实际需要，甚至特殊需要，千方百计地予以满足，给予顾客充分的关心和相应的体贴，使汽车服务过程充满人情味，这便是移情性的体现。

按照上述评价标准，汽车服务企业可通过问卷调查或其他方式对汽车服务质量进行调查。调查应包括顾客的期望质量和感知质量两个方面，以便进行分析研究。汽车服务企业每年都应定期进行汽车服务质量的调查和评估。

三、汽车服务质量的管理

如上所述，顾客期望在顾客对汽车服务质量的认知中起着关键性的作用，期望和感知是否一致已成为汽车服务质量评估的决定性因素。因此，汽车服务质量管理首要的就是能够对顾客期望进行正确的管理，并在实际汽车服务过程中做到接近或超出顾客期望。为了达到这一目的，汽车服务企业可以从以下五个方面进行工作：

1. 确保承诺的实现性

明确的汽车服务承诺（如广告和人员推销）和暗示的汽车服务承诺（如服务设施外现、服务价格）都是汽车服务企业可以控制的，对其进行管理是管理期望的直接的、可靠的方法。汽车服务企业应集中精力于基本的汽车服务项目，通过切实可行的措施，确保对顾客所做的承诺能够圆满兑现。过分的承诺难以兑现，将会失去顾客的信任，破坏顾客的容忍度，对汽车服务企业是不利的。

2. 重视服务的可靠性

在顾客对汽车服务质量进行评估的多项标准中可靠性是最为重要的。提高汽车服务的可靠性能带来较高的现有顾客保持率，增加积极的顾客口碑，减少招徕新顾客的压力和再次汽车服务的开支。可靠的汽车服务有助于减少优质汽车服务重现的需要，从而合理限制顾客期望。

3. 坚持沟通的经常性

汽车服务企业应经常与顾客进行沟通，理解他们的期望，对汽车服务加以说明，或是对顾客光临表示感激，更多地获得顾客的谅解，通过与顾客经常对话，加强与顾客的联系，可以在问题发生时处于相对主动的地位。汽车服务企业积极地发起沟通以及对顾客发起的沟通表示关切，都传达了和谐、合作的愿望，而这又是顾客经常希望而又很少得到的。有效的沟通有助于在出现汽车服务失误时，减少或消除顾客的失望，从而树立顾客对汽车服务企业的信心和理解。

4. 进行优质汽车服务传送

在汽车服务过程中，顾客亲身体验了提供的汽车服务技能和汽车服务态度，有利于保持更切合实际的期望和更多的理解。每一次与顾客的接触都是一次潜在的传送优质汽车服务的机会，可使顾客感到享受了超出期望的汽车服务，而对顾客冷淡的员工则是浪费了机会。

5. 加强力量，组织重现汽车服务

虽然对完美的汽车服务的追求是优质汽车服务的特征，但在第一次汽车服务出现失误时，一流的汽车服务的重现显得十分重要。汽车服务的重现是一个超出顾客期望的绝好机会，也为汽车服务企业提供了重新赢得顾客信任的机会。汽车服务企业必须加强力量组织好重现汽车服务，使汽车服务中的问题得到令人满意的解答。虽然在汽车服务重现期间顾客对过程和结果的期望都会比平时更高一些，但顾客将比往常更加注意汽车服务的传递过程，以全身心投入来对待顾客的有效重现，能使顾客顺心惬意，并为精心组织的汽车服务重现超出期望而感到惊喜。

第二节 顾客满意战略

CS 是英文 Customer Satisfaction 的缩写，意为顾客满意。企业界对顾客满意的内涵进行了扩展，把它从一种界定指标发展成一套营销战略，直接指导企业的营销甚至经营活动，并称其为"顾客满意（CS）战略"。

一、顾客让渡价值与提升顾客满意水平

（一）顾客让渡价值与顾客满意

1. 顾客让渡价值

顾客让渡价值是顾客总价值与顾客总成本的差额。顾客总价值包括产品价值、服务价值、人员价值和形象价值；顾客总成本包括货币成本、时间成本、体力成本和精力成本。顾客让渡价值的构成如图 9-1 所示。

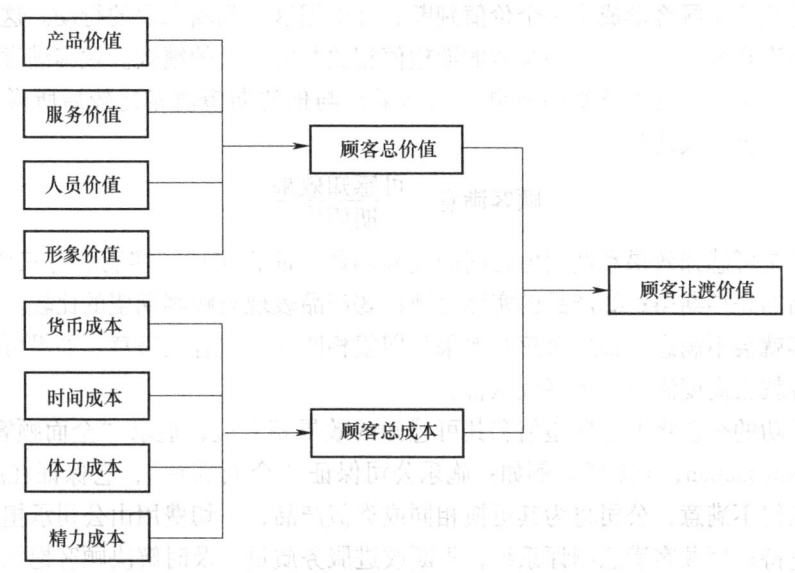

图9-1 顾客让渡价值的构成

2. 顾客让渡价值的分析

（1）顾客让渡价值的多少受顾客总价值与顾客总成本两方面因素的影响 顾客总价值是产品价值（Product Value）、服务价值（Service Value）、人员价值（Person Value）和形象价值（Image Value）等因素的函数，其中任何一项价值因素的变化都会影响顾客总价值。顾客总成本是包括货币成本（Money Price）、时间成本（Time Cost）、精力成本（Energy Cost）等因素的函数，其中任何一项成本因素的变化均会影响顾客总成本。

顾客总价值与顾客总成本的变化及其影响作用不是各自独立的，而是相互影响的。因此，企业在制订营销决策时，应综合考虑构成顾客总价值与顾客总成本的各项因素之间的相互关系，从而用较低的成本为顾客提供具有更多顾客让渡价值的产品。

（2）不同顾客群体对产品价值的期望与对各项成本的重视程度是不同的 例如，对于工作繁忙的顾客而言，时间成本是最重要的因素；而对于收入较低的顾客而言，货币成本是他们在购买时首先考虑的因素。因此，企业应根据不同顾客群的需求特点，有针对性地设计增加顾客总价值、降低顾客总成本的方法，以提高顾客的满意水平。

（3）采取"顾客让渡价值最大化"策略应掌握一个合理的度 企业通常采取"顾客让渡价值最大化"策略来争取顾客，战胜竞争对手，巩固或提高企业产品的市场占有率。但我们必须看到，片面追求顾客让渡价值最大化往往会导致成本增加，利润减少。因此在实践中，企业应掌握一个合理的度，以提高企业的经济效益为原则。

3. 顾客满意

科特勒认为"满意是一种感觉状态的水平，它来源于对一件产品所设想的绩效或产出与人们的期望所进行的比较"。顾客对产品或服务的期望来源于以往的经验、他人经验的影响以及营销人员或竞争者的信息承诺。而绩效来源于整体顾客价值（由产品价值、服务价值、人员价值、形象价值构成）与整体顾客成本（由货币成本、时间成本、体力成本、精神成本构成）之间的差异。

购买行为往往是顾客形成了一个价值判断,并根据这一判断采取的行动。这位购买者在购买之后是否满意取决于与这位购买者的期望值相关联的产品的绩效。顾客满意的定义是指一个人通过对一个产品的可感知的效果(或结果)与他的期望值相比较后所形成的感觉状态。顾客满意用公式表达为

$$顾客满意 = \frac{可感知效果}{期望值} \qquad (9\text{-}1)$$

满意水平是可感知效果和期望值之间的差异函数。能否实现顾客满意有三个重要因素:①顾客对产品的先期期望;②产品的实际表现;③产品表现与顾客期望的比较。如果效果低于期望,顾客就会不满意。如果可感知效果与期望相匹配,顾客就满意。如果可感知效果超过期望,顾客就会高度满意、高兴或欣喜。

大多数成功的企业将顾客期望值和其可感知的效果相对应,追求"全面顾客满意(Total Customer Satisfaction,TCS)"。例如:施乐公司保证"全面满意",它保证在顾客购后三年内,如有任何不满意,公司将为其更换相同或类似产品,一切费用由公司承担。施乐公司多年来一直坚持运用顾客满意测评系统,不断改进服务质量,及时解决顾客抱怨。

追求全面顾客满意(TCS)是因为那些所谓"满意"的顾客一旦发现有更好的产品,依然会很容易地更换供应商。在一个消费包装品目录里,发现44%据称"满意"的顾客后来改变了品牌选择。而只有那些真正十分满意的顾客(即忠诚的顾客)才不打算更换供应商。这就为汽车企业提出了具体的要求,那就是要让顾客达到高度满意。一项调查显示,丰田公司顾客中有75%是高度满意的,约75%的顾客说他们打算再购买丰田公司的产品。事实是,高度满意和愉快引发了一种对品牌在情绪上的共鸣,而不仅是一种理性偏好,这种共鸣树立了顾客的高度忠诚。这里的挑战就是要创造一种企业文化,要求企业内每一位员工都努力使顾客愉悦。对于以顾客为导向的企业来说,顾客满意既是目标,也是工具。所以,汽车企业的经营战略必须以全面顾客满意为中心,企业经营成败的关键是能否赢得市场和顾客。企业能做到让顾客全面满意,赢得顾客,就能争取到汽车市场的份额,在激烈的竞争中获得胜利。

4. 顾客满意度

顾客满意度就是量化了的顾客满意。顾客满意度是指人们对所购买的产品或服务的满意程度,以及由此产生的决定他们今后是否继续购买的可能性。顾客满意度的高低取决于购前期望与购后实际体验之间的关系。顾客满意度的计算公式如下:

$$顾客满意度 = \frac{顾客总价值}{顾客总成本} \qquad (9\text{-}2)$$

汽车企业要实现高度的顾客满意度,必须从以下方面来真正理解顾客需求:表达出来的需求、真正的需求、未表达出来的需求、核心需求满足后的附加需求、秘密需求。

5. 顾客忠诚

所谓顾客忠诚(Customer Loyalty),是指顾客在满意的基础上,进一步对某品牌或企业做出长期购买的行为,是顾客一种意识和行为的结合。顾客忠诚表现的特征主要有以下四点:

1)再次或大量地购买企业该品牌的产品或服务。
2)主动地向亲朋好友和周围的人员推荐该品牌的产品或服务。

3）几乎没有选择其他品牌产品或服务的念头，能抵制其他品牌的促销诱惑。

4）发现该品牌产品或服务的某些缺陷，能以谅解的心情主动向企业反馈信息，求得解决，而且不影响再次购买。

"老顾客是最好的顾客"。高度忠诚的顾客层是企业最宝贵的财富。建立顾客忠诚非常重要。强调顾客对企业贡献的有帕累托原理（Pareto Principle）：企业80%的利润来自20%的顾客（忠诚消费者）。

6. 顾客满意与忠诚的关系

满意与忠诚是两个完全不同的概念，满意度不断增加并不代表顾客对企业的忠诚度也在增加。满意本身具有多个层次，声称满意的顾客，其满意的水平和原因可能是大相径庭的：其中有些顾客会对产品产生高度的满意，如惊喜的感受，并再次购买，从而表现出忠诚行为；而大部分顾客所经历的满意程度，则不足以产生这种效果。因此，顾客满意先于顾客忠诚并且有可能直接引起忠诚，但是并不必然如此。调查显示，65%~85%表示满意的顾客会毫不犹豫地选择竞争对手的产品。所以顾客满意的最高目标是提升顾客的忠诚度，而不是满意度。

（二）价值链与价值让渡系统

1. 企业内部价值链

价值链作为公司分析诊断的一种工具，是用以识别创造更多的顾客让渡价值的各种途径，如图9-2所示。每一个企业集合了设计、生产、销售、送货和为支持其产品而采取的一系列活动。价值链把某一特定行业中创造价值和产生成本的诸活动分解为在战略上相互关联的九项活动。这九项价值创造活动分为五项基础活动和四项支持性活动。

公司的基础设施	利润
人力资源管理	
技术发展	
采购	
运入后勤 | 生产操作 | 运出后勤 | 营销与销售 | 服务	利润

图9-2 企业内部价值链

基础活动是指企业购进原材料、加工生产、将产品运出企业、上市销售到售后服务等依次进行的活动；支持性活动则始终贯穿于这些主要活动中。采购是指各项基础活动所需各种投入物的购买，而其中只有一小部分是由采购部门办理的；每项基础活动都要进行技术开发，而其中只有小部分是由研究开发部门进行的；所有的部门都需要人力资源管理；公司的基础设施涉及全部基础活动和支持性活动，以及与一般管理、计划、财务、会计、法律和政府有关事务所需要的日常开支。

2. 价值链的扩展

除了自身价值链以外，企业还会进入其供应商、分销商和最终顾客这一价值链中寻求竞争优势。以往，企业总是将其供应商和经销商视为成本中心，甚至视为"对头"。而今天，越来越多的企业慎重选择合作伙伴，制订互利的战略；与其供应链上的其他成员联合，以改善顾客让渡价值系统的绩效。新的竞争不再只是个别竞争者之间的事，而是由若干竞争者所组成的战略网的价值让渡系统之间的竞争。企业系统价值链如图9-3所示。

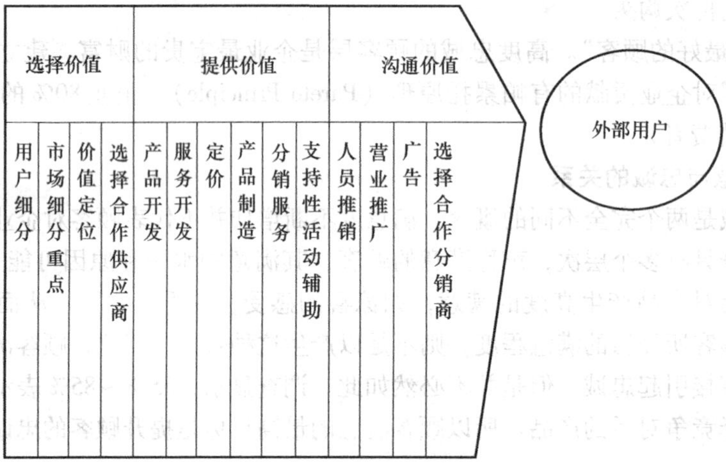

图9-3 企业系统价值链

选择价值	提供价值	沟通价值
用户细分／市场细分重点／价值定位／选择合作供应商	产品开发／服务开发／定价／产品制造／分销服务／支持性活动辅助	人员推销／营业推广／广告／选择合作分销商

外部用户

营销经理不仅要考虑推销企业现有的产品，还要考虑如何去刺激改进企业的产品；企业领导者也要考虑如何与其他部门进行合作，共同管理核心业务流程，并发展强有力的外部合作伙伴，以建立企业系统的价值链。

企业系统的价值链的业务过程由选择价值、提供价值和沟通价值组成。第一阶段为选择价值。在任何产品产生前，必须先做营销工作。营销工作的过程是细分市场，选择适当的市场目标，对开发产品进行价值定位。在这一阶段，企业还必须扩大自身价值链，选择合作的供应商。在第二阶段，进行提供价值工作。企业应明确有形产品和服务，建立目标价格，制造产品并分销给市场，同时，各种支持性活动（如管理、财会、人力）都加以辅助来提供价值。第三阶段是沟通价值。企业应组织销售力量、促销、公关、广告和其他推广工作，以告知市场该产品。可见，营销过程始于产品之前，行于产品开发生产之中，在产品销售之后还应延续。

3. 通过价值链的管理，提高顾客让渡价值

（1）运用价值链分析方法对企业自身进行诊断，以"优胜基准"（Benchmarking）作为标准工具，提高竞争优势　企业的任务是检查每项价值创造活动的成本和经营情况，并寻求改进措施。企业应对其竞争者的成本和经营情况进行估计，并以此作为企业的优胜基准。优胜基准是一门艺术，它寻找某些企业怎么样做和为什么在执行任务时比其他企业做得出色。今天，许多企业都把优胜基准作为他们的标准工具，有些企业在本行业中寻找最佳竞争者，而另一些企业则在全世界范围内寻找"最佳实践者"。要想创造更多的顾客价值，从而吸引顾客并最终实现企业的生存发展，企业就必须运用价值链的分析方法对企业自身进行诊断，并采取优胜基准的措施来改进竞争绩效。

（2）进行核心业务流程的平滑管理，需要跨职能部门的投入和合作　企业的成功不仅取决于每个部门做得如何，还取决于不同部门之间如何协调。通常，企业各部门强调部门利益最大化，而不是企业和顾客利益最大化。解决问题的途径就是加强对核心业务过程的平滑管理，其中大部分涉及跨职能部门的投入与合作。核心的业务程序有：

1）新产品实现过程。它是指在快速、高质和按目标成本开发新产品中涉及的所有活动，包括识别、研究、发展和成功地推出新产品。

2）存货管理过程。它是指在原材料、中间产品和制成品的存货管理中所涉及的所有活动，从而能在避免因库存过多而增加成本的同时，保证足够的供货。

3）订货—汇兑过程。它是指从接受订单、按时送货到收取货款这一过程中所涉及的全部活动。在这一过程中，需要加强物流管理。

4）顾客服务流程。它是指在为顾客提供各种便利的过程中所涉及的所有活动。

（三）提高顾客让渡价值，提升顾客满意水平

1. 提升顾客满意的基本理念

如何使顾客满意是一个永不过时的话题。现在大多数的企业领导者已经认识到顾客满意的重要性，并着手实施顾客满意度调研，以探究企业目前的顾客满意状况，希望找出企业目前在顾客满意方面存在的问题，提升本企业的顾客满意水平。

在具体实施提高顾客满意水平的各种措施之前，企业的领导者与全体员工应当首先确立以下理念：

1）拥有什么样的顾客取决于企业自身。

2）产品与服务应永远超前于顾客预期。

3）鼓励顾客抱怨，并为顾客提供反馈信息的机会。

2. 提高顾客让渡价值

购买者在购买产品或服务后是否满意，取决于与购买者的期望值相关联的供应品的功效，可以说，满意水平是可感知效果和期望值之间的函数。要提高顾客的满意水平，企业应从提高产品与服务的可感知效果入手。顾客让渡价值在某种意义上等价于可感知效果。因此，顾客在选购商品或服务时，往往从价值与成本两个方面进行考虑，从中选出价值最高、成本最低（即"顾客让渡价值"最大）的产品或服务，以此作为优先选购的对象。因此，提高顾客让渡价值是提高顾客满意水平的主要手段。

提高顾客让渡价值有两个可供选择的途径：①增加总的顾客价值；②减少总的顾客成本。由于总的顾客成本具有一定的刚性，它不可能无限制地缩减，因而作用有限。更积极的方法是增加总的顾客价值。具体的做法有：

1）增加产品价值。

2）提高服务价值。

3）提高人员价值。

4）提高形象价值。

5）降低货币成本。

6）降低时间成本。

7）降低精力成本与体力成本。

企业领导者与全体员工都应充分认识到顾客满意的重要性，并积极参与到提升顾客满意水平的各项举措中去。企业为使顾客满意所做的各种努力，虽然会花费一定的成本，但只要控制得当，这种付出必将获得充分的回报——不仅可以增加企业的利润，提高短期效益，还能为企业获得长远利益奠定良好的基础。

三、顾客关系管理

（一）顾客关系管理的内容

顾客关系管理（Customer Relationship Management，CRM）由高德纳咨询公司（Gartner Group）提出，其定义是企业与顾客之间建立的管理双方接触活动的信息系统。

顾客关系管理系统的建立需要技术上的支持，但是在顾客关系管理中，管理机制永远是主要的，技术只是一个部分，是实现管理机制的手段。实施顾客关系管理主要是企业的组织、流程以及文化方面的变革。

一个相对完整的顾客关系管理系统至少要包括三大内容：触发中心、挖掘中心、CRM与企业资源规划（Enterprise Resource Planning，ERP）的集成。

1. 触发中心

触发中心是畅通有效的顾客交流渠道，有电话、web、传真、电子邮件等触发手段，典型的应用是呼叫中心（Call Center）。触发中心也可以看做是企业和顾客的交流界面。

顾客交流界面的顺畅对企业来说是很重要的，这是企业和顾客接触的窗口，要设计一个令顾客满意的交流界面可以采用以下几个措施：

1）让营销人员参与顾客交流界面的设计。

2）坚持以顾客为中心，而非以企业为中心。

3）交流界面的设计应具备柔性与灵活性。

2. 挖掘中心

挖掘中心是对所获信息的有效分析，即数据挖掘技术（Data Mining）。CRM所包含的内容要比顾客数据库丰富得多，顾客数据库是CRM中必备的一个内容。

3. CRM与ERP的集成

汽车企业要提供能让顾客满意的服务或产品，首先要了解顾客的需求。数据库中的信息中就包含了这些内容，企业的挖掘中心就是根据这些已经获得的数据，对顾客和顾客群进行分析。研究企业最终顾客的特点，这些特点是企业进行市场定位的依据，研究顾客的购买倾向，可以成为企业设计产品或服务的依据，同时，企业可以对失败销售的分析了解自身所存在的问题，据此加以改善。

（二）顾客资料的范围

汽车销售行业是直接面向最终顾客的，所要搜集的顾客资料也以最终消费者的资料为主，这里所指的最终消费者除了个人之外还包括企业，因为集体购买占了汽车销售行业的一部分销售额，这在个人汽车尚未普及的中国市场中更为明显。

1. 内部顾客资料

内部顾客的个人资料在企业中通常都具备成形的资料，所要做的是使其更为详细，并且重视对这些资料的运用。企业要定期进行内部顾客的满意调查，并且对结果进行保管。

2. 外部个人顾客资料

外部顾客的资料可以包括以下几个方面：

1）与个人有关的资料。它包括性别、年龄、家庭构成、职业、学历、喜好等，这些资料的项目应当符合企业的需要。

2）与购买有关的资料。顾客资料库的重点对象是企业的现实顾客，企业要尽可能详尽地收集有关购买的资料。

3. 企业顾客资料

企业资料包括企业的名称、类型、性质、地址、通信方式等基本信息，还包括企业领导者的信息，特别是关键人物的资料。

（三）顾客资料的收集

随着现代信息、通信技术的发展，收集顾客资料方法也不断丰富，在很大程度上，这些方法与顾客满意度调查的方法有所重合，因此，企业在实际操作中可以将这两项工作统一进行。收集顾客资料的方法主要有：

1）问卷调查。
2）面谈。
3）观察法。
4）通过媒体和活动。

第三节　汽车市场竞争战略

一、汽车市场竞争环境与竞争者分析

（一）汽车市场竞争环境

汽车企业的营销活动都是在不断发展的社会环境中进行的，环境是汽车企业一切活动的约束条件，制订竞争战略不能不把汽车企业与其所处的具体环境联系起来。汽车企业竞争环境的范围很广，既有社会因素又有经济因素。一个汽车企业所面临的最直接、最关键的环境因素是汽车企业参与竞争所在的行业。汽车企业所在行业的竞争状态或竞争结构对于汽车企业确定自己的竞争原则和竞争战略等有着深刻的影响。因此，对行业的"竞争状态"或"竞争结构"的分析是汽车企业竞争环境分析的核心内容。

1. 企业面临的五种竞争力量

根据迈克尔·波特（Michael Porter）的观点，一个行业的竞争态势不是一种巧合，是由行业的根本经济结构造成的，完全超出了现时竞争者行业的范围。波特的研究表明，有五种基本力量是关键的，它们分别是行业内的现有竞争者、供应商、潜在的入侵者、替代品、购买者。对于汽车行业来说，这五种力量表现为：大量现有的汽车生产商，生产汽车动力、底盘、车身、内饰、电子系统等的供应商，准备进入汽车行业的潜在竞争者，能够替代汽车满足人们出行所需的其他交通工具，以及汽车经销商、代理商或最终消费者。这五种竞争力量的状态及集体强度决定了行业的竞争态势，确定了该行业潜在的利润水平。

汽车企业竞争战略的目标是在行业中确立自己的地位，得到最佳的防御，抵抗诸竞争力量或影响这些势力，使其对本汽车企业有利。汽车企业制定竞争战略的关键就在于透过各种竞争势力的表象，探究并分析每种竞争力量的来源。通过对诸竞争压力根源的了解，将有助于汽车企业识别自身的优势与劣势，有助于汽车企业确定自己在本行业内的有利地位，有助于汽车企业发现战略变迁可能带来最大收益的领域，把握获利的良机，避免遭受威胁的可能。所以，行业竞争的结构性也就成了战略分析的出发点。

2. 竞争力量分析

一个行业的竞争状态由五种竞争力量决定，对每一种竞争力量的具体分析成为汽车企业制订竞争战略的基础。

（1）潜在入侵者的威胁　新进入者为行业带来新的生产能力，具有获取一定市场份额的强烈愿望，会对本行业内的现有企业构成很大威胁。入侵者的威胁取决于进入壁垒的高低，进入壁垒高则威胁小。最具吸引力的行业具有进入的壁垒高、退出的壁垒低的特点，这样的行业新入侵者很难打入，而经营不善的企业可以安然撤退，新入侵者对该行业的威胁小。如果该行业进入和退出的壁垒都高，则其利润潜力就大，但往往伴随着高风险，因为经营不善的企业很难退出，必须坚持到底。如果进入和退出的壁垒都低，则企业可进退自如，获得的资金回报虽稳定，但是不高。最坏的情况是进入的壁垒低，退出的壁垒高，在经济良好时，大家都蜂拥而入，而在经济萧条时，却很难退出，生产能力过剩，收入下降。下面列举了决定进入障碍大小的主要因素：

1）规模经济。规模经济是指产品的单位成本随产品产量的增加而下降。规模经济的存在表明进入壁垒增高，潜在入侵者或者大规模进入，承担现存企业强烈还击的风险；或者小规模进入，长期忍受因高成本带来的痛苦。这两种情形都对进入者不利，使其不敢贸然行动。

2）产品差异。产品差异是指原有企业拥有受到认可的品牌和顾客的忠诚。它是企业通过长期的广告、服务、产品多样化等建立起来的。像通用、福特、大众等著名品牌就有一大批忠实的顾客。产品差异所形成的进入者障碍，将迫使进入者用很大的代价来树立自己的形象和信誉去征服现有顾客的忠诚，这种投资具有特殊的风险，不仅难以成功，而且一旦失败，会损失全部投资。

3）资本要求。当进入某一行业需要有大量的资金支持时，则该行业进入壁垒高。

4）转换成本。转换成本是指购买者变换供应者所面临的一次性成本，包括重新培训业务人员的费用、增加新设备、调整检测新工具等引起的费用，可以导致购买者对变更供应者的抵制，构成了入侵者的进入障碍。

5）销售渠道。新进入者必须通过价格折让或大量的营销推广活动来说服现有的销售渠道接受其产品，这种做法显然会减少其利润。有时，进入障碍特别高，进入者不得不开创一条全新的销售渠道。

6）不受规模支配的成本劣势。由于各种各样的原因，有时无论进入者的规模如何以及是否达到规模经济的程度，都无法达到已有企业可能拥有的成本优势。这些因素主要有：专有的产品工艺、取得原材料的有利途径、有利的市场位置（地位）、政府补贴、经验曲线等。进入者在诸多方面的劣势构成行业的进入障碍。

7）政府政策。通过对申请发放许可证的控制及对获取原材料的限制，政府能够限制或阻止某个行业进入者的进入。另外，政府也可以借助环境保护标准或安全法规等控制手段，对进入者加以限制。政府限制通常是最难逾越的行业障碍。

（2）现有行业内竞争者间的抗衡　行业内现有企业间总是存在着竞争，不同的行业，由于其行业结构（行业结构主要有四种：完全独占、垄断、垄断竞争、完全竞争）不同，竞争激烈程度不同。企业之间的抗衡采取的往往是诸如价格竞争、广告战、产品介绍以及增加顾客服务项目等战术。抗衡之所以会发生是因为一个或更多的竞争者感到了压力或看到改善其地位的机会。在绝大多数行业内,某企业采取的竞争行动会强烈地影响其他竞争者,从而会触发报复或抵制该项行动的行为。因此,企业间是相互依赖的。上面所述的行动和反应,也许会使发起行动的企业及整个行业的情况有所好转。但如果行动和抵制逐步升级,那么,该行业内所有的企业会蒙受损失,以致处境比过去更糟。具体如下:

1)众多的或势均力敌的竞争者。当一个行业内的企业为数众多时,企业各行其是的可能性很大,一些企业会自以为他们能够随意行动而不被人察觉,结果造成现有企业间的激烈抗衡。

2)行业增长缓慢。当行业处于缓慢增长时,有限的发展空间势必促使企业将力量放在争夺现有市场的占有率上,从而使行业内现有竞争白热化。

3)高固定成本和库存成本。当一个行业固定成本较高时,企业势必希望通过增加产量来降低单位产品中固定成本的分摊。这种发展趋势会使生产能力过剩,最可能导致一种结果——价格大战。

4)产品差异或转换成本的缺乏。当一个行业内企业间产品的差异性较小,购买者的转换成本较低时,购买者选择的将是价格和服务,这就会使企业在价格上和服务上展开竞争。

5)追求规模经济。某行业存在规模经济,要求企业必须大量增加生产能力,破坏了行业的供求平衡,迫使企业不断降价销售,加剧现有竞争者间的竞争。

6)退出障碍。一个企业在某行业中可能只获得较低甚至是负的利润,但由于存在很高的退出障碍,只得继续经营下去,从而使现有行业的竞争更加激烈。

(3)来自替代品的压力 一个行业内的所有企业都在与生产替代品的行业进行竞争。轿车作为一种成熟的产品,替代品的竞争压力不是来自一种全新的轿车,而是由于科技的发展迅速,轿车的配置、电子技术的应用都会发生迅猛的变化。这些变化都会对现有的轿车形成替代的竞争压力。替代品的出现往往使本行业产品的价格上限只能处于较低水平,从而限制了本行业和潜在收益。替代品所提供的可供选择的价格指标越是吸引人,对本行业利润的限制就会越严格,构成的压力也就越大。因此,本行业与生产替代品的其他行业进行的对抗,常常是本行业内所有企业采取的共同措施,是一场集体行动。通过行业所有企业进行的诸如大量而持久的广告活动、产品质量的改进、营销努力、提供更大的产品有效性等领域内的集体反应,完全有可能改善该行业的集体地位。然而,当一项替代品是在顺应发展趋势而不可抗拒和不可避免时,完全采取排斥的竞争战略将是不明智的,引进的战略也许更为可取。

(4)购买者和供应者的讨价还价能力 一方的讨价还价能力强意味着可能获得较多的收益,能力差则意味着可能受到损失。决定一个购买者或供应者讨价还价能力的主要因素有:

1)行业集中度。行业集中度高会提高自身的重要地位,使对方不得不接受自己的成交条件。

2)交易量的大小。若购买者的购买量占供应者销售量的比例很大,结果将提高该购买者的重要性,其讨价还价的地位随之加强。同样,其供应者占购买者买量的比例很大,这也将提高供应者的重要性以及它的讨价还价能力。

3)产品差异程度。标准化的产品,购买者在讨价还价中态度强硬;差异性的产品,供应者就会在交易中占据主动。

4）转换供货单位的费用。转换供货单位的费用大，购货单位讨价还价的地位就低。反之，购买者的讨价还价地位就会大大提高。

5）纵向一体化威胁的可信度。购买者后向一体化或供应者前向一体化形成了可信的威胁，将会置对方于不利地位。

6）信息的充分程度。谁掌握了越充分的有关需求、价格等方面的信息，谁就越能使自己处于有利地位，拥有更大的讨价还价能力。

（二）竞争者分析

对行业竞争环境的分析表明，有效的营销战略和计划需要对竞争者作充分的了解，竞争者的经历可以作为企业的前车之鉴，竞争者的现状可以作为企业市场定位的依据，竞争者的发展战略可以作为企业的参考，只有知己知彼，才能百战不殆。企业需要了解有关竞争者的五件事：谁是我们的竞争者？他们的战略是什么？他们的目标是什么？他们的优势与劣势是什么？他们的反应模式是什么？

1. 识别企业的竞争者

一个企业的竞争范围是非常广泛的，识别竞争者不是一项简单的工作。如果一个企业只看到当前最接近的竞争者，对潜在的竞争者没有给予足够的注意，称之为"竞争者近视症"。经验表明，潜在竞争者常常会给企业带来更大的威胁。一个企业的竞争者可以分为以下四个层次：

1）品牌竞争者。它是指以相似的价格向相同的顾客提供类似产品及服务的企业。例如，别克公司的主要竞争者是福特、丰田、本田、雷诺等中档价格的汽车制造商。

2）行业竞争者。它是指制造同样或同类产品的企业。例如，别克公司认为自己在与所有其他汽车制造商竞争。

3）形式竞争者。它是指以不同产品提供相同服务的企业。例如，别克公司认为自己不仅在与汽车制造商竞争，还在与摩托车、自行车的制造商竞争。

4）通常竞争者。它是指以不同的产品争取同一消费者购买的企业。此种竞争又称为"预算竞争"。例如，别克公司认为自己在与所有的主要耐用消费品、旅游度假、新房产和房屋修理公司竞争。

总的来说，可以从行业竞争观念和市场竞争观念来辨认企业的竞争者：

（1）行业竞争观念 一个行业是由一组生产相同产品或密切可替代产品的企业组成的，如汽车行业、石油行业、纺织行业等。所谓密切可替代产品是指具有高度需求交叉弹性的产品，即在同一行业内，一种产品的价格变化会敏感地引起另一种产品需求变化的产品。如果日本汽车的价格提高，人们就转向购买美国汽车，则这两者互为替代品。企业的经营者们应清楚，要想在本行业内卓有成就，就必须充分了解同行业的竞争伙伴，识别出同行业中自己最主要的竞争者。需要指出的是，一些行业的地方性强，而另一些行业则是全球性的，特别是进入21世纪，全球性的行业越来越多，汽车行业就是个典型的例子。对于全球性行业的企业来说，如果想要实现规模经济、赶上最先进的技术，就要开展全球性的竞争。

（2）市场竞争观念 从市场需求的观念来看，竞争者是所有那些力求满足相同顾客需要，或服务于同一顾客群的企业。汽车可以被提供相同功能的其他产品所替代，因为，顾客真正需要的是"行"的快捷工具，这种需要可由自行车、摩托车、汽车、火车、飞机、轮船等予以满足，这些产品的生产商对汽车生产商构成威胁。市场竞争观念开拓了企业管理者

2. 辨识竞争者的战略

企业必须具有辨别出竞争对手的战略及其战略变化的能力。在大多数行业中,竞争者可以分为实行不同战略的群体,每个群体由那些实行相同或相似战略的企业组成。

一个企业辨别与它竞争的那个战略群体,需要了解每个竞争者的信息,从多方面辨别,包括质量形象、纵向一体化、技术先进水平、地区范围、制造方法等。区分不同的战略群体,有助于企业识别竞争对手,有助于企业采取恰当的进攻战略或有效地避开不利的冲突,以求稳中取胜。

一个企业必须不断地观测竞争者的战略,并随着竞争对手的变化和时间的推移修订自己的战略。

3. 判定竞争者的目标

企业在辨别了主要竞争者及他们的战略后,紧接着要回答的问题是:每个竞争者在市场上追求什么?每个竞争者的行为推动力是什么?这对采取怎样的手段与竞争对手开展竞争是至关重要的。

先提出个假设:竞争者追求利润最大化。这里的利润最大化应理解为是企业在长期利润最大化与短期利润最大化之间的一种平衡,这与企业的偏好有关。短期利润目标和长期利润目标的不同权重,将表现为企业不同的手段与具体目标的组合,如获利的可能性、市场份额增长、现金流量、技术领先、服务领先等。企业了解竞争者的目标组合及各部分目标的权重,便可了解竞争者对目前的财力状况是否感到满意,以及其对各种类型的竞争性攻击会作出何种反应。比如,一个追求低成本领先的企业,对于竞争者在制造过程的技术突破所作出的反应,远比对同一位竞争者增加广告预算所作出的反应强烈。

4. 评估竞争者的优势与劣势

各种竞争者能否执行他们的战略和达到其目标,取决于每个竞争者的资源和能力。企业需要进一步辨认每个竞争者的优势与劣势。企业应收集每个竞争者业务上最近的重要数据,如销售量、市场份额、投资回报率、现金流量、毛利润等。企业还可以进行顾客认识价值分析,即要求顾客按不同的属性及其重要程度来评价本企业与竞争者提供产品或服务的价值,从中也可看到竞争者的弱点,有利于企业在进攻竞争者时避实击虚。

根据菲利普·科特勒的营销观点,为了改进企业的市场份额,应针对其竞争者中最成功的方面开展定点赶超。

5. 评估竞争者的反应模式

只凭竞争者的目标、优势和劣势还不足以解释其可能采取的行动以及对诸如削价、加强促销或推出新产品等企业举动的反应。另外,各个竞争者都有一定的经营哲学、内在的文化和某些起主导作用的信念等。这些都会对竞争者的行为模式产生影响。因此,一个企业的经营者还需要深入了解竞争者的心理状态,以求准确预见竞争者可能做出的反应。

下面是竞争中一些常见的反应类型:

1)从容型。一个竞争者对某一特定竞争者的行动没有迅速反应或反应不强烈。

2)选择型。有些竞争者只对某些类型的攻击做出反应,而对其他类型的攻击无动于衷。

3)凶狠型。这类竞争者对向其所占领域发动的任何进攻都会做出迅速而强烈的反应。

4）随机型。有些竞争者并不表露出固定的反应模式。

6. 选择竞争者以便进攻和回避

企业为了更好地获得竞争对手的信息，往往要设立专门的竞争情报系统收集信息。在获得了充分的竞争信息之后，企业的经营人员就能够较为容易地制订其竞争战略，并能更好地意识到在市场中可与谁进行有效的竞争。不过，企业决定与哪个竞争者进行最有力的竞争，还要以顾客价值分析作为保证。顾客价值分析将揭示企业与各种竞争者的相对优势和劣势，以确立企业与自身所处的位置。顾客价值分析的主要步骤如下：

1）识别顾客价值的主要属性。顾客在选择产品和营销人员时，希望得到何种功能和何种经营水平。

2）评价不同属性重要性的额定值。顾客对不同属性重要性大小的评定和排序。

3）对企业和竞争者在不同属性上的性能进行分等重要度评估。顾客对各竞争者在各个属性方面的性能有何看法和评价。

4）与特定的主要竞争对手比较。对每个属性研究某一特定细分市场的顾客如何评价企业的绩效。

5）监测不断变化中的顾客特征。当技术和特性发生变化及顾客面对不同的经济气候时，顾客特征有可能起变化。企业必须对顾客价值和竞争者地位做出重新研究。

企业进行顾客的价值分析以后，就可以在下列分类的竞争者中挑选一个进行集中攻击：

（1）强竞争者和弱竞争者　企业选择实力较弱的竞争者，可用较少的代价赢得一定的收益，但企业能力方面的进展不大。企业与强有力的竞争者进行竞争，将不得不迫使自己赶超目前的工艺水平，只要策略选择得当，也能够取得成功，将证明企业是一个与其实力相当的对手。

（2）近竞争者与远竞争者　近竞争者是指与企业相似的竞争者；反之即远竞争者。多数企业会与那些与其极相似的竞争者竞争。例如，雪佛兰汽车要与福特汽车而不是美洲豹汽车竞争。但企业不必试图"摧毁"与其最接近的竞争者，以免引来更难对付的竞争者，使原来的"胜利"变得毫无意义。

（3）良性竞争者与恶性竞争者　每个行业都有良性竞争者与恶性竞争者。一个明智的企业应支持好的、良性的竞争者，攻击坏的、恶性的竞争者，因为前者会使自己受益，而后者则将给自己带来损失。坏的竞争者的行为往往是打破行业的平衡，导致恶性竞争。因此，良性发展的企业应尽力使行业成为由良性的竞争者组成的健康行业。

良性竞争者的存在会给企业带来的一些战略益处，如增加总需求，可以为一些吸引力不大的细分市场提供服务，可以分担市场与产品开发的成本等。所以，对竞争者的存在持一种"友好"的态度，将会使大家获得长期的利益。

二、汽车市场竞争地位

在对主要的竞争者进行了充分的分析之后，汽车企业必须着手设计克敌制胜的竞争战略，以使汽车企业运用自身的竞争优势赢得市场。实际上，没有哪一种战略会适合所有的汽车企业，不同的竞争优势会有不同的竞争战略，这取决于汽车企业自身的具体情况。汽车企业必须认清自己在汽车行业的真实位置，并以此为基础，制订有效的竞争战略。

汽车企业作为市场活动的参与者，其实力和资源禀赋会有不同程度的差距。有些竞争者是强大的，而另一些是弱小的。有些拥有丰富的资源，而另一些则资金短缺。有些历史悠久，有的则刚刚组建显得稚嫩。为便于分类分析，根据各个企业在市场上占据不同的竞争位置，将汽车企业概括地分为市场领导者、市场挑战者、市场追随者及市场补缺者四种类型。这四种类型竞争者的市场份额如图9-4所示。下面的分析就是围绕这四种类型竞争者的战略选择展开。

市场领先者	市场挑战者	市场追随者	市场补缺者
40%	30%	20%	10%

图9-4 四种类型竞争者的市场份额

（一）市场领导者战略

对于绝大多数行业来说，总有被公认为是市场领导者的企业。该企业在相关的产品市场中占有最大的市场份额。它通常是在价格变动、新产品引入、分销覆盖及促销强度上，对本行业起着领导作用。领导者可能受本行业中其他企业的赞赏或尊重，也可能不会，但其他企业都承认它的统治地位。

处于统治地位的企业想要继续保持第一位的优势，应当采取强有力的行动。这可从三方面进行努力：设法扩大总市场；运用恰当的防御和进攻策略保持现有的市场份额；努力扩大市场占有率。

1. 扩大总市场

市场领导者占有巨大的市场份额，它通常在总市场扩大时获益最大。一般来说，市场领导者可通过寻找产品的新顾客、新用途和更多的使用，来扩大总市场。

2. 保护市场份额

在努力扩张总市场规模的同时，市场领导者还必须保持警惕，时刻注意保护自己现有业务不受侵犯。市场领导者处于显赫的位置，随时会有市场挑战者窥其弱点，发起攻击。

市场领导者保护自身的利益最有效的方法是不断创新，成为本行业新产品构思、顾客服务及成本降低等方面的先驱，从而不断增加其竞争效益和对顾客的价值。在汽车行业中，各大汽车公司都十分重视研究和开发，特别是处于领先地位的公司更是不吝金玉。

3. 扩大市场份额

市场领导者也可以通过进一步增加其市场份额而成长。根据美国战略研究所的PIMS研究报告，企业经营中利润与市场份额之间有直接重要的关系，许多企业希望通过扩大市场份额带来利润的增长。

人们的实践与研究表明，只有在下面两个条件下，高市场份额才会带来高利润：

（1）单位成本随着市场份额的增加而减少　市场领导者由于规模经济，经验曲线下降较快，单位成本更具优势。为了使市场份额有利的增加，一个有效的营销战略是竭力追求行业中最低成本，并以较低的价格销售把成本节约的好处转让给顾客。亨利·福特在20世纪20年代推销汽车的战略就是这样做的。

（2）公司提供一个优质产品，收取超出提供高质量所花费用的溢价　克罗斯比在他的《质量是免费的》一书中说，提高产品质量并不增加公司太多的费用，公司可在较少的报废单、售后服务等上得到节约。同时，由于它的产品十分合乎消费者的需要，消费者愿意支付较高溢价，这就是能得到较高利润率的基础。美国 IBM 公司、卡特皮拉公司、米其林公司和其他一些公司都执行了这种有利可图的市场份额成长战略。

（二）市场挑战者战略

在行业中居第二或稍后位次的企业，属于市场挑战者，可称为居次者企业。这些企业在行业中势力非常大，一般可采取两种战略之一种：可以攻击市场领导者和其他竞争者，向它们提出挑战，以夺取更多的市场份额；也可以参与竞争但不扰乱市场的竞争格局，做一个市场追随者。

下面的竞争性攻击战略适用市场挑战者。

1. 确定战略目标和竞争对手

市场挑战者首先要明确其战略目标，目标可能是增加市场份额，也可能是扩大自己的规模和势力。这里问题的关键是确定谁是竞争者，要向谁发起挑战。

1）攻击市场领导者。这一战略具有高度风险，同时也有潜在的高回报。当市场领导者名不符实或存在明显的弱点和漏洞时，攻击它就会产生非常大的意义。日本汽车在欧美汽车市场上取胜就是最好的例证。

2）攻击与自己的规模相当，但目前经营不善、财力拮据的企业。

3）攻击目前经营困难、资金不足的本地小企业。

2. 选择进攻战略

可供市场挑战者企业选择的进攻战略有以下五种：

（1）正面进攻　挑战者集中精力直接攻击竞争对手，一般是针对对手的产品、广告、价格等方面发起攻击，这种较量只有在势力明显超过对手时才可能取胜。正面进攻是向对手的实力发起攻击，而不是向它的弱点攻击，所以胜负将取决于谁有最大的实力和持久力。

（2）侧翼进攻　如果挑战者资源较少、在实力上不能压倒对方，可以采取侧翼进攻的战略，避实就虚，集中优势兵力打击敌方弱点，往往会克敌制胜。

侧翼进攻可以从两个战略角度展开：一是地理的，即进攻在全国乃至全世界竞争对手经营不善的领域；二是细分的，即寻找竞争者的产品尚未覆盖的市场缺口，并迅速填补这个缺口，将其发展为强大的细分市场。侧翼进攻最成功的例子要数日本汽车对美国汽车市场的入侵了。

（3）包围进攻　从几条战线上同时发起攻击，使竞争对手必须同时保卫它的前方、边线和后方。市场挑战者需有比竞争对手强的资源优势，并坚信包围能够完成及足够快地击垮对方的抵抗意志，包围战略才有意义。

（4）迂回进攻　这是一种最间接的进攻战略，它避开任何直接的竞争对手，向较容易进入的市场发动进攻，以扩大自己的资源基础。通常的方法有：①多样化经营无关联产品；②将现有产品打入新地区的市场来进行多样经营；③跳跃式地进入新技术领域以取代现有产品，建立自己的占优领域。

（5）游击式进攻　游击战常常是由较小的企业向较大的企业发起的。该战略是市场挑战者向竞争对手在不同的领域发动小的断断续续的攻击，目的是骚扰对方，使之疲于应付，士气衰落，并最终使自己在市场上站稳脚跟。

上述市场挑战者的进攻战略较为笼统，在实践中，市场挑战者必须把几个特定的战略组成一个总体战略。下面列举了几种特定的进攻战略：

1）价格折扣战略。市场挑战者用较低的价格，向购买者提供可与市场领导者的产品相较量的产品。

2）廉价品战略。市场挑战者用低得多的价格向市场提供一般质量或低质量的产品。

3）名牌商品战略。市场挑战者推出较高质量的产品和收取比市场领导者高的价格。

4）产品扩散战略。市场挑战者推出大量的产品品种给购买者以更多的选择，以此同市场领导者竞争。

5）产品创新战略。市场挑战者推行产品创新的战略来攻击市场领导者的地位。

6）改进服务战略。市场挑战者找到一些为顾客提供新的或更好的服务的方法。

7）分销创新战略。市场挑战者发现或发展一个新的分销渠道。

8）制造成本降低战略。市场挑战者靠有效的材料采购、较低的人工成本和更现代化的生产设备，来求得较其竞争对手更低的制造成本。

9）密集广告促销。市场挑战者靠增加自身企业的广告和产品促销费用，向市场领导者发动进攻。

（三）市场追随者战略

居于次位的企业紧紧追随市场领导者，有时会比向其发动挑战获得更多的收益。市场领导者一般要承担开发新产品、进行分销、向市场提供信息和引导市场等巨额开支。若一家企业紧紧跟上，模仿或改进市场领导者推出的新产品，由于不必承担任何创新费用，这个追随者可能会获得高额利润。相反，若这个居次位的企业向市场领导者发起进攻，市场领导者对其失去的市场份额绝不会善罢甘休，势必很快找到对策来反击并瓦解这一攻击。由于市场领导者实力强大，在一场战役中可能有更好的持久力，结果一场恶战可能会两败俱伤。因此，除非市场挑战者有能力发动一场先发制胜的攻击，否则他最好是追随领导者而非攻击领导者。多数居第二位的企业喜欢追随而不是向市场领导者挑战。

市场追随者并非是一味地追随而没有自己的战略，它必须清楚如何保持现有的顾客及如何赢得新增市场的满意份额。每一个追随者要努力在地点、服务及融资方面给它的目标市场带来有特色的优势，同时，应努力保持低制造成本和高产品质量及服务，以抵御市场挑战者的攻击。当新的市场被开发时，市场追随者也应积极进入。总之，市场追随者需要做的是确定一条不会引起竞争性报复又能获得可观利润的成本路线。可选择的战略角色有以下三类：

1. 紧跟者

紧跟者模仿市场领导者的产品、分销和广告等，但品牌名称稍有区别，寄生于市场领导者的投资之下。

2. 模仿者

模仿者在某些事情上仿效市场领导者，但在广告、价格等方面有所不同。市场领导者并不注意模仿者，同时模仿者也不进攻市场领导者。

3. 改变者

改变者改变市场领导者的产品并经常改进它们。改变者可以选择销售给其他不同市场，以避免与市场领导者的直接冲突。许多改变者成长为将来的市场挑战者。

（四）市场补缺者战略

市场补缺者战略即是小企业为避免与大企业竞争，把目标定在小市场或大企业不感兴趣的市场，借助专业化对这些市场提供有效的服务，取得成功。

出色的市场补缺者战略可以获得高额利润。市场补缺者一般会比其他随便销售该产品的企业更清楚地了解顾客的需要,知道如何为产品添加附加值,因此,补缺能够带来盈利。要使补缺者战略取得成功,还必须谨慎选择市场补缺点,寻找那些既安全又能获利的细小市场,一个理想的补缺点具有的特征是:

1）足够的规模和购买力。
2）成长的潜力。
3）被大的竞争者所忽视。
4）专门化的技能和资源。
5）能够建立顾客信誉。

为了保卫自身的地位,一些大企业现在也开始采用市场补缺者战略。市场补缺者战略有一个关键性的概念,就是专门化,即企业以专门的产品、专门的方式服务于专门的顾客。

需要指出的是,市场补缺者必须认识到自己是弱小者,必须不断地创造补缺市场,扩展补缺市场。企业不能只补缺一个市场。这样,当较多的补缺基点实力增强后,企业才能增加生存的机会和能力。

市场补缺者战略对许多企业具有很大的吸引力。人们的研究也发现,众多的中型企业实际上都在补缺,并且补缺是其成功的重要因素。一些企业进入市场一开始并不是瞄准整个市场,而是瞄准补缺机会,选择补缺的可行战略。

三、汽车市场基本竞争战略

汽车行业竞争激烈,对任何一个汽车企业来说,面对竞争对手都要有一个总的目标和竞争法宝,那就是汽车市场竞争战略。迈克尔·波特提出了三种基本竞争战略,成为众多汽车企业借鉴的理论。本节讨论这三种基本竞争战略,讨论它们的优势、适用性以及风险。

（一）三种基本竞争战略

对于汽车企业来说,竞争战略是指汽车企业在竞争中总的目标和制胜的总的策略。波特提出的三种为企业提供成功机会的战略是:总成本领先战略（Overall Cost Leadership）;标歧立异战略（Differentiation）;目标集聚战略（Focus）。

这三种战略具有内部一致性,企业可以选用一种,也可以结合使用来作为其基本目标。通常企业应选取一个基本战略为主,其余两个可做参考或辅助。

1. 总成本领先战略

这种战略着眼于通过降低总成本取得更大的价格灵活性和利润空间。成本领先要求企业积极地建立起达到有效规模的生产设施,全力以赴降低成本,抓紧成本与管理费用的控制,最大限度地降低研究与开发、服务、推销、广告等方面的成本费用。为了达到这些目标,企业管理者有必要在管理方面对成本控制给予高度重视。尽管质量、服务以及其他方面也不容忽视,但贯穿于整个战略中的主题是使成本低于竞争对手。

（1）成本领先——企业的保护伞　尽管可能存在着强大的竞争作用力,但是处于低成本地位的企业可以获得高于产业平均水平的收益,其成本优势可以使企业在与行业内竞争对手的争斗中获得保护。面对买方的调价压力,总成本领先的企业毫不畏惧,因为买方的压力最多只能将价格压到效率居于其次的竞争对手的水平。低成本也构成对强大卖方威胁的防卫,因为低成本在对付卖方产品涨价中也有较高的灵活性。导致低成本的诸因素通常以规模经济或成本优势的形式建立起进入壁垒，抵制潜在进攻者和替代品的威胁。总之，总成本领先可以在五种竞争者作用力的威胁中为企业撑起坚实的保护伞。

（2）总成本领先的取得与保持　赢得总成本最低的地位通常要求较高的相对市场份额或其他优势，诸如良好的原材料供应等；要求产品的设计要便于制造生产，保持一个较宽的相关产品系列以分散成本，以及为建起批量生产而对所有主要顾客群进行服务。由此，实行低成本战略就可能要有很大的、购买先进设备的前期投资，激进的定价和承受初始亏损的充分准备，以攫取市场份额。高市场份额可以导致采购经济性而使成本进一步降低。企业一旦赢得了成本领先地位，所获得的较高的利润又可对新设备、现代化设施进行再投资以维护成本上的领先地位。这种再投资往往是保持低成本地位的先决条件。

总成本领先战略对于汽车行业中以生产普通型汽车为主的汽车生产商尤为有价值，因为对于同样关心性价比的普通型汽车的买主来说，往往价格起更大的作用。总成本领先的汽车生产商可以通过游刃有余地降低价格来提高性价比，争取更多顾客和更大的市场份额，几大汽车公司都十分重视成本控制。

2. 标歧立异战略

第二种战略是将公司提供的产品或服务标歧立异，形成一些在全行业范围中具有独特性的东西。实现标歧立异战略的着手点有许多：品牌形象、技术特点、外观特点、客户服务、经销网络以及其他方面的独特性。最理想的状况是企业在几个方面都标歧立异。标歧立异战略并不意味着企业可以忽略成本，但此时成本不是企业的首要战略目标。

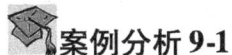

案例分析 9-1

可爱的甲壳虫

1934 年，希特勒政府委托著名的汽车设计师波尔舍生产大众买得起的国民车——"大众"，1936 年他完成了大众汽车的设计，外形轻巧可爱，当时很多守旧的德国人把这款车贬称为"甲壳虫"，说它是丑陋的怪物，于是甲壳虫就有了大名。然而，正是这"丑陋的甲壳虫"，以其滑稽的名称、出挑可爱的外观设计，成为第二次世界大战后德国青年一代的时尚，并在世界汽车业创造了奇迹。1946 年以后，甲壳虫的产量连年翻番：1950 年年产量 10万辆，1951 年就达到 15 万辆。当时，欧洲汽车业相当保守，缺乏外向竞争意识，甲壳虫是第一个例外，它把"手"伸向了北美大陆，但是被派出的第一个北美推广小组却无功而返，因为经销商们对这种又丑又小的玩意不感兴趣。但其总裁诺尔多夫不肯死心，决定在美国成立子公司，负责产品的销售和服务。随后 1000 多个统一使用德国大众蓝白标志的经销点遍布美国各地。广告攻势就像陡涨的潮水，德国式的幽默把甲壳虫画得浑圆胖矮，滑稽可笑广告词却说：美丑只是表面的。结果短短几年间甲壳虫售出 100 多万辆，年销售量超过美国的福特汽车，成了美国青年故意追求的风格，美国人亲切地称这种车为 Beetle，甚至还拍了电影。20 世纪 80 年代，到德国本土最后一辆甲壳虫下线，大众共生产了 2600 万辆甲壳虫，创单一车型产量的世界最高纪录，大众公司一跃成为德国第一大汽车公司，居世界第五位。即使现在，甲壳虫仍然作为世界各地车展的嘉宾，甲壳虫创造了汽车业的神话。

标歧立异战略利用了顾客对品牌的忠诚和由此产生对价格的敏感性下降，使企业避开竞争，在产业中赢得超常收益，建立起了对付五种竞争者作用的防御体系。采取标歧立异战略而赢得顾客忠诚的企业，在面对替代品威胁时，所处地位比其他竞争对手更为有利。

实现产品歧异有时会与争取更大的市场份额相矛盾。建立歧异会引起成本提高，如产品研发、设计、高质量的材料或周密的顾客服务等都将以成本为代价。此外，即使全行业范围的顾客都了解企业的独特优点，也并不是所有的顾客都愿意或有能力支付企业要求的较高价格，这时，企业就要权衡歧异带来的利润与市场份额之间孰轻孰重了。

3. 目标集聚战略

第三种基本竞争战略是主攻某个特定的顾客群、某产品系列的一个细分区段或某一个地区市场。2001年，浙江一个不见经传的小车——吉利以每辆3万元的价格推向市场。吉利公司的竞争战略十分明确，以低廉的价格，集中力量占领"平民市场"，而这块市场正是大企业不屑一顾，而一般的企业又无法以如此低的价格进入的。目标集聚战略可以有多种形式。虽然低成本与标歧立异都要在全行业实现其目标，集聚战略的整体却是围绕着很好地为某一特定目标服务这一中心建立的，它所制订的每一项职能性方针都要考虑这一目标。这一战略的前提是：企业能够以更高的效率、更好的效果为某一狭窄的战略对象服务，从而超过在更广阔范围内的竞争对手。

（1）目标集聚战略与前两种战略　企业通过较好地满足特定对象的需要可能会实现标歧立异，或在为这一对象服务时实现了低成本，也可能两者兼得。尽管在整个市场范围内，目标集聚战略未能取得低成本或歧异优势，但在其特定市场上是容易获得优势的。三者关系如图9-5所示。

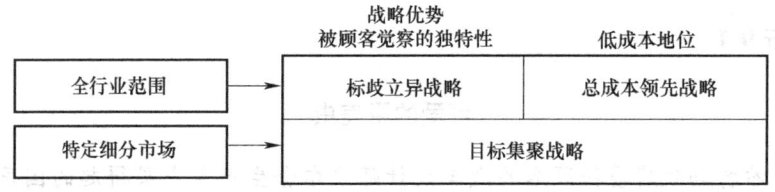

图9-5　三种基本竞争战略的关系

（2）目标集聚战略为企业带来的优势　采用目标集聚战略的企业也有赢得超过产业平均水平收益的潜力。目标集中意味着企业对于其战略实施对象或处于低成本地位，或具有歧异优势，或两者兼得。那么它将具有前面所提到的两种战略的优点，保护企业不受各种竞争力量的威胁。目标集聚战略也可以用来选择替代品最具抵抗力或竞争对手最弱之处作为企业的战略目标。

丰田公司着眼于服务需求量大的细分市场，最大限度地减少生产成本和降低价格，同时利用日本钢铁价格低的特点抵消运输成本，取得了在汽车行业的初始成功地位，凭此进一步发展。

当然，目标集聚战略也常常意味着对获取市场份额的限制，因此企业必然要权衡利润率与销售量之间的代价关系，正如标歧立异战略，目标集聚战略可能会以丧失总成本优势为代价。

4. 三种基本竞争战略的适用对象

三种基本竞争战略各有千秋，企业在考虑选用哪种战略时，除了应考虑三种基本竞争战略将对企业带来哪些利益外，还应考虑企业是否有相应的资源和技能，以及企业的组织安排能否适用其选定的某种战略（见表9-1）。

表 9-1 三种基本竞争战略的适用条件

基 本 战 略	通常需要的基本技能和资源	基本组织要求
总成本领先战略	1）持续的资本投资和良好的融资能力 2）工艺加工技能 3）对工人严格监督 4）所设计的产品易于制造 5）低成本的分销系统	1）结构分明的组织和责任 2）以满足严格的定量目标为基础的激励 3）严格的成本控制 4）经常、详细的控制报告
标歧立异战略	1）强大的生产营销能力 2）产品加工能力 3）对创造性的鉴别能力 4）很强的基础研究能力 5）在质量上或技术上领先的企业声誉 6）在产业中有悠久的传统或具有从其他业务中得到的独特技能组合 7）得到销售渠道的高度合作	1）研究与开发、产品开发和市场营销部门之间的密切协作 2）重视主观评价和激励，而不是定量指标 3）轻松愉快的气氛，以吸引高技能工人、科学家和创造性人才
目标集聚战略	针对具体战略目标，由上述各项组合构成	针对具体战略目标，由上述各项组合构成

（二）三种基本竞争战略的风险

三种基本竞争战略对汽车企业成功的贡献是不可替代的，但是，其前提是汽车企业能够根据自身特点正确地选择。同时，即使是汽车企业在其发展的某一阶段选择了正确的竞争战略，但随着汽车企业的发展、汽车行业大环境的变化，在某一阶段适用并给汽车企业带来巨大成功的战略也可能是不适用的，甚至会成为汽车企业发展的绊脚石。

从根本上看，采用基本竞争战略的风险有两种：首先，未能形成或未能保持这种战略；其次，既定战略带来的战略优势会随着产业演变而发生变化。因此，汽车企业在形成正确战略并保持其在一定阶段稳定性的前提下，应保持动态的眼光，发现潜在风险，根据竞争环境的变化，及时调整竞争战略，以立于不败之地。

1. 总成本领先战略的风险

总成本领先战略会给企业带来沉重负担。企业要为设备现代化投资，放弃陈旧的资产，避免产品系列扩展，对技术上的进步保持敏感。这种战略的风险主要来自技术的变化、竞争者的模仿或者用较低的成本进行学习、产品或市场营销的变化和成本膨胀。

2. 标歧立异战略的风险

标歧立异战略也同样包含着一些风险：

1）实行低成本的竞争对手与实行标歧立异的企业之间的成本差距过大，以至于标歧立异不再能笼络住顾客。在这种情况下，买方会舍弃由标歧立异的企业提供的某些特性、服务或形象的诱惑以节省大笔开支。

2）买主需要的标歧立异程度下降。

3）模仿使已建立的差别缩小。随着产业的成熟往往会发生这种情况。

第一种风险十分重要，因而值得进一步讨论。一个企业可能获得了歧异优势，但这种产品歧异通常只有在某个价格差范围内才能保持其优势地位。因而，如果某个实行产品标歧立异的企业，由于技术变化的原因或仅仅因为不在意而使成本升得太高，则低成本的企业就处于可进行大规模侵占的优势地位。

3. 目标集聚战略的风险

目标集聚战略包括另外一系列风险：

1) 大范围提供服务的竞争对手与采用目标集聚战略的企业间的成本差距变大，从而使针对一个狭窄目标市场的服务丧失成本优势或是目标集聚战略产生的歧异优势被抵消。

2) 战略目标市场与整体市场之间对所期待的产品或服务的差距缩小。

3) 竞争对手在战略目标市场中找到细分市场，因而使采用目标集聚战略的企业显得不够集聚。

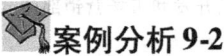

案例分析 9-2

大众推进零部件共享战略

大众汽车公司推进标准化零部件应用，该举措每年可为公司节约开支多达 50 亿欧元。不过有分析人士认为零部件共享属于利弊同存的做法。大众汽车当前正经历 20 年来最大的技术跨越（Technology Overhaul），推动标准化零部件的使用，提升旗下各品牌之间的零部件通用水平，从而达到降低公司成本的目的。

从新款奥迪 A3 开始，大众汽车集团旗下有超过 40 个车型采用标准化通用零部件，如车桥、转向柱和底盘等。标准化零部件将惠及大众、奥迪、斯柯达和西亚特等主要品牌，所涉及车型覆盖了从波罗（POLO）紧凑型车到帕萨特中型车等车辆。未来大约每年将有 350 万辆中型车及小型车共享通用零部件，在大众集团全球销售量中占据相当大的比例。

提升零部件共享水平之后，大众公司可在同一工厂内生产不同品牌车型。不过大众公司声明，无意关闭任何生产厂或进行裁员，成本上的节约主要来自于制造车辆工序的简化和速度的提升。

大众汽车开发总监哈肯贝格（Ulrich Hackenberg）表示："零部件共享将带来多方面益处，包括更短的装配时间和更高的生产灵活性。我们正在打造一种新体系，基于该构架可在任何制造厂内成功实现生产。"

IHS Automotive 公司分析师克里斯托夫·施蒂默尔（Christoph Stuermer）表示，新型紧凑车型架构较之以往平台具备更高的灵活性，因而大众汽车公司可生产高度、宽度及长度各不相同的车型。零部件共享技术未来数年内将首先用于大众在德国沃尔夫斯堡（Wolfsburg）、茨维考（Zwickau）和英戈尔施塔特（Ingolstadt）的整车厂。每座工厂的组装线调整工作每年将耗费公司 5 千万到 5 亿欧元资金不等。

法兰克福美茨勒银行（Bankhaus Metzler in Frankfurt）分析师皮佩（Juergen Pieper）估算，通过共享零部件，到 2016 年大众每年可降低支出约 50 亿欧元（65 亿美元）。他认为："零部件共享规划将成为巨大的杠杆，在降低零部件复杂性之后，可大幅提升公司利润，实现其他企业难以企及的效果。"

此次变革将成为大众教父斐迪南·皮耶希执掌公司以来最大的技术跨越。自 20 世纪 90 年代初以来，大众试图削减开支损耗，而零部件共享将推动公司实现该目标。

与汽车行业其他汽车企业相比，大众汽车公司在零部件共用方面较为激进。以宝马为例，其表示最新3系车型将有7%～9%的零部件与1系紧凑型车及5系中型车通用，从而达到降低成本的目的。

然而，零部件共享也将埋下发生普遍故障的隐患，通用部件若遭遇问题，则采用该部件的一系列车型都将面临召回风险。克里斯托夫·施蒂默尔（Christoph Stuermer）指出："如果有零部件出现故障，则可能发生普遍影响的问题。架构上联系越紧密，则故障'传染'的可能性越高。"

丰田汽车的遭遇可谓前车之鉴，其零部件较高的通用度成为2009年特大召回的成因之一。丰田品牌和雷克萨斯豪华车品牌共享了多处零部件，仅以制动系统突然加速的故障而言，在美国召回了超过800万辆汽车，同时在法院判决之下缴纳了4880万美元罚款，创造了汽车企业在美国被罚款最高纪录。

不过大众汽车公司对此并非毫无准备。大众品牌产品总监休伯特·沃尔特（Hubert Waltl）表示，大众汽车公司有把握避开故障连带问题，保证车辆的质量。其在回应相关问题的电子邮件中称："如果（零部件共享导致的）改动幅度太大，则风险当然存在。但实施阶段具有可控性。"但大众汽车公司拒绝评论此次改动造成的财政方面影响。

另外，德国杜伊斯堡·埃森大学（University of Duisburg-Essen）汽车研究中心主任费迪南德·杜登霍夫（Ferdinand Dudenhoeffer）指出，倘若奥迪豪华车与大众、斯柯达及西亚特等品牌共用零部件过多，其品牌形象或将受到拉低；而当前奥迪品牌定位于同宝马等豪华车展开竞争。

为此，大众汽车公司再次做出回应，CEO马丁·文德恩表示，大众汽车公司所生产的各品牌车辆，仍将保持"完全不同"的特色。

讨论题：

1. 根据案例并结合当前汽车市场，分析大众汽车在世界轿车市场中的竞争环境和竞争地位。

2. 从汽车市场基本竞争战略角度分析，大众汽车公司推进零部件共享战略的优势、适用条件以及存在的风险。

本 章 小 结

本章介绍了汽车服务战略、顾客满意战略和市场竞争战略三种不同类型的汽车市场营销战略。汽车企业可以：通过服务质量管理来增强自身的核心竞争能力，通过顾客关系管理来实现顾客满意，通过竞争环境和竞争对手分析来确立市场竞争地位和基本竞争战略。最后，本章着重介绍了迈克尔·波特提出的三种基本竞争战略，并详细讨论了它们的优势、适用性以及风险。

思 考 题

1. 如何通过提高服务质量来增强汽车企业的核心竞争能力？

2. 提高顾客满意度已成为企业进行竞争的有效战略，为什么现在比较汽车企业是否成功的主要指标还是市场份额？

3. 如何理解顾客让渡价值？举例说明提高顾客让渡价值的途径。
4. 一个企业应该怎样识别自己的竞争对手？
5. 试举例说明汽车市场中企业的基本竞争战略。

下篇

汽车营销实务

第十章 汽车营销人员

学习目标：
通过对汽车营销人员的职业规范介绍入手，了解汽车营销人员应具备的基本能力；熟悉汽车营销人员在商务交往中应具备的基本礼仪礼节，并运用到基本的营销实践环节中去。

第一节 汽车营销人员的职责

汽车营销人员的职责是指作为汽车营销人员必须做的工作和承担的相应责任。汽车营销人员是销售过程中的主体，是联系企业与顾客的桥梁和纽带，他既要对企业负责，又要对顾客负责。因此，汽车营销人员的职责并非仅仅是把企业的产品销售出去，而是承担着多方面的任务。每一次销售活动的具体任务是不同的，不同类型的销售工作也有不同的工作内容，但企业的汽车营销人员都承担着一些相同的基本职责。明确汽车营销人员的职责范围，不仅是对汽车营销人员的具体要求，也是挑选、培养汽车营销人员的条件、目标和方向。

具体来说，汽车营销人员的职责包括以下几个方面。

一、收集信息

企业在市场竞争中能否取得有利的地位，在很大程度上取决于信息的获得程度。汽车营销人员是企业和市场之间、企业和顾客之间的桥梁与纽带，对于获得信息具有十分有利的条件，易于获得需求动态、竞争状况以及顾客的意见等重要信息。及时地持续不断地搜集这些信息并把这些信息反馈给企业，是汽车营销人员应承担的一项重要职责。这不仅可以为企业制订正确的营销策略提供可靠的依据，而且有助于汽车营销人员提高自己的业务能力。因此，企业要加强对汽车营销人员的教育，使他们自觉地当好企业的耳目，在走访顾客、销售商品、为顾客服务的同时，有意识地了解、收集市场信息；同时，要建立必要的规章制度，要求汽车营销人员定期反馈信息，并对提供有效信息者给予物质或精神奖励，使信息反馈工作制度化、经常化。

通常，企业要求汽车营销人员搜集、总结的信息包括：

1）市场供求关系的现状及其变化趋势。
2）消费者特征、消费结构方面的情况。
3）顾客需求的现状及变化趋势。
4）顾客对产品的具体意见和要求。
5）顾客对企业销售政策、售后服务等的反映。

6）同类产品的竞争状况。

二、沟通关系

汽车营销人员应运用各种管理手段和人际交往手段，建立、维持和发展与主要潜在顾客、老顾客之间的业务关系和人际关系，以便获得更多的销售机会，扩大企业产品的市场份额。这也是汽车营销人员的重要职责。

汽车营销人员将商品销售出去，不是工作的结束，还必须继续保持与顾客的联系。汽车营销人员应改变"买卖完成即分手"的做法，应与顾客建立长期、友好的联系。销售成交后，能否保持和是否重视与顾客的联系，是关系销售活动能否持续发展的关键。汽车营销人员不仅要巩固与顾客的关系，尽善尽美地提供售后服务，定期访问、节日问候，保持稳固的产销渠道，使老顾客在更新产品时继续采用本企业产品，而且还要千方百计地发展新的关系，吸收、说服潜在顾客购买本企业的产品，不断开拓新市场、扩大企业的市场范围。国外一些企业总结出一套沟通关系的有效步骤：①确定主要客户的名单；②确定每一位汽车营销人员的联系对象；③规定沟通关系的具体目标及任务；④销售管理人员定期检查评估；⑤每个汽车营销人员根据计划目标沟通工作。

三、销售商品

将企业生产出来的商品从生产者手中转移到消费者手中，满足消费者的需要，为企业再生产创造条件是汽车营销人员最基本的职责，也是销售工作的核心环节。

销售商品是通过销售过程中的一系列活动来完成的。这些活动包括寻找潜在顾客、准备进行访问、介绍和示范产品、处理异议、确定价格及交货时间等成交条件、签订合同等；此外，还包括销售商品所必需的辅助性工作，如商务旅行、调查、案头工作、必要的交际等。据美国的一份调查表明：汽车营销人员花在旅途及等待会见的时间占全部工作时间的26%，花在调研及案头工作上的时间占全部工作时间的23%，而真正与顾客接触，说服顾客购买的时间占全部工作时间的41%。汽车营销人员的其他职责的完成与否，都有赖于是否成功地销售商品。因此，成功的销售商品为汽车营销人员履行其职责打下了良好的基础。

四、提供服务

"一切以服务为宗旨"是现代销售活动的出发点和立足点。汽车营销人员不仅要为顾客提供满意的商品，更重要的是要为顾客提供各种周到和完善的服务。服务是产品功能的延伸，有服务的销售才能充分满足顾客的需要，而缺乏服务的产品只不过是半成品。未来企业的竞争日趋集中在非价格竞争上，非价格竞争的主要内容就是服务。在市场竞争日益激烈的情况下，服务往往成为能否完成销售的关键因素。

汽车营销人员所提供的服务包括售前、销售过程中及售后服务。售前的服务通常包括：帮助顾客确认需求和要解决的问题；为顾客提供尽可能多的选择；为顾客的购买决策提供必要的咨询等。售前的服务是进行销售的前提，也为成交奠定了基础。销售过程中的服务主要包括：为顾客提供买车咨询、融资贷款、保险、上牌、办理各种手续方面的帮助。销售过程中的服务是销售成功的关键，因为这些能为顾客带来额外利益的服务项目常常成为决定成交的主要因素，尤其是在商品本身的特征和价格差别不大的情况下，顾客总是选择那些能提供额外服务的厂家。销售完成后的服务即售后服务，它主要包括：维修、维护、技术咨询、零配件的供应以及各种保证或许诺的兑现等。这些服务不仅能够消除顾客的抱怨，增强顾客的满足感，巩固与顾客的关系，为企业争取更多的客户，而且有利于树立良好的企业形象，增强企业的竞争能力。

五、树立形象

汽车营销人员通过销售过程中的个人行为，使顾客对企业产生信赖或好感，并促使这种信赖和好感向市场扩散，从而为企业赢得广泛的声誉，树立良好的形象。

汽车营销人员是连接企业与顾客的纽带，他要把企业的商品、服务及有关信息传递给顾客。汽车营销人员在进行销售时，完全代表着企业的行为。在顾客面前，汽车营销人员就是企业，顾客是通过汽车营销人员来了解、认识企业的。因此，能否为企业树立一个良好的形象，也就成为衡量汽车营销人员的重要标准之一。树立良好的企业形象，汽车营销人员需要作一系列扎实的努力。首先，要销售自己，以真诚的态度与顾客接触，使顾客对汽车营销人员个人产生信赖和好感；其次，使顾客对整个买车交易过程满意；再次，使顾客对企业所提供的各种售后服务满意。此外，汽车营销人员还应尽量帮助顾客解决有关企业生产经营方面的问题，向顾客宣传企业，让顾客了解企业。

树立了良好的企业形象，也就树立了良好的商品形象，而良好的商品形象是销售活动顺利进行的物质基础。因此，企业形象直接影响顾客的购买行为，它不仅是完成本次购买的条件，也是影响今后购买乃至长期购买的前提。

第二节 汽车营销人员的基本能力

汽车营销人员的能力是指汽车营销人员完成汽车市场营销任务所必备的实际工作能力。汽车营销人员要想取得成功，除了必须具备多方面的素质以外，还必须具备完成汽车市场营销工作的基本能力。

作为汽车营销人员应具备的能力主要有以下几个方面：

一、观察能力

汽车营销人员必须具备敏锐的观察能力，这是汽车营销人员深入了解顾客心理活动和准确判断顾客特征的必要前提。没有敏锐的观察能力，就不可能判断和使用有效的销售技巧。顾客为了从交易过程中获得尽可能多的利益，往往掩盖自己的某些真实意图。顾客的每一个行动背后，总有其特定的动机和目的；顾客在交易过程中也会或多或少地使用各种购买技巧。汽车营销人员只有具备敏锐的观察能力，才能透过表象看问题的实质。对于汽车营销人员来讲，只有具备敏锐的观察能力，才能更好地了解销售环境，更多、更好地寻找顾客，掌握购买者的行为特征，进而开展有效的销售活动。

二、记忆能力

记忆能力是指对经历过的事物能记住，并在需要时回忆起来的能力。汽车营销人员的工作繁杂，需要记住的东西很多，如顾客的姓名、职务、单位、电话、兴趣爱好；商品的性能、特点、价格、使用方法；对顾客的许诺、交易条件、洽谈时间、地点；交通工具、车船时刻等。如果汽车营销人员在顾客面前表现出记忆不佳，顾客会对他产生不信任感。这无疑会为销售工作设置障碍，影响工作效率。

记忆能力的好坏固然与天赋有很大关系，但更重要的是后天的训练。能否取得充分的记忆效果，在很大程度上取决于记忆技巧和不断地自我训练。只要持之以恒、坚持不懈地训练，是能够提高记忆力的。

然而，人的记忆能力再好也是有限的。利用记事本和计算机，做好笔记、经常分析整理相关信息并作好分类记录，有助于加强销售人员的记忆。

三、思维能力

思维是人的理性认识活动，就是在表象、概念的基础上进行综合分析、判断、推理等认识活动过程。汽车营销人员应具有的思维品质包括：思维的全面性，能从不同角度看问题，即立体思维、多路思维；思维的深刻性，站得高，看得远，把问题的本质看透；思维的批判性，不盲从，敢于坚持真理；思维的独立性，能独立思考，不受干扰，不依赖现成的答案；思维的敏捷性，反应快，遇事当机立断；思维的逻辑性，考虑问题条理清楚，层次分明。

四、交往能力

交往能力是指人们为了某种目的而运用语言或者非语言方式相互交换信息，实行人际交往的能力。汽车营销人员在工作中要与各种各样的人打交道，有效的交往会密切自己与顾客的关系，增加获得信息的渠道，提高销售效率。

交往能力不是天生的，是在销售实践中逐步培养的。要培养高超的交往能力，汽车营销人员必须努力拓宽自己的知识面；同时，要掌握必要的社交礼仪、礼节常识，如日常交往时、聚会时的礼貌、礼节等。汽车营销人员还应敢于交往，主动与人交往，不要封闭自己，应利用各种机会提高自己的社交能力。

五、劝说能力

劝说是销售工作的核心。汽车营销人员应有良好的劝说能力，劝说能力的强弱是衡量汽车营销人员水平高低的一个重要标准。汽车营销人员要说服别人、说服顾客，不仅需要有较高的说话艺术，更重要的是要掌握正确的原则。其中最重要的原则就是"抓住顾客的切身利益，展开劝说工作"。也就是说，在销售商品的过程中，汽车营销人员要重视对顾客切身利益的考虑，而不要把说服的重点放在夸耀自己的产品上。只有这样，汽车营销人员才能使自己所销售的产品与顾客利益结合起来，顾客才会对所销售的产品产生兴趣，销售才会有成效。

六、演示能力

在销售过程中，汽车营销人员要使顾客对所销售的产品感兴趣，就必须使他们清楚地认识到购买这种产品以后会得到什么好处。因此，汽车营销人员不仅要在洽谈中向顾客介绍产品的具体优点，同时，还必须向顾客证明产品确实具有这些优点。产品演示是向顾客证明产品优点的极好方法。

熟练地演示所销售的产品能够吸引顾客的注意力，使他们对产品直接产生兴趣，这是一种"活广告"。如果可能，汽车营销人员应尽一切努力做好演示工作。如果所销售的产品是不能随身携带的，汽车营销人员可以借助宣传材料、目录或其他器具，向顾客宣传介绍所销售的产品。越来越多的产品信息，无法用语言准确地传递，而必须借助于产品演示，如果用语言准确地表述，专业性太强，汽车营销人员不一定能说清楚，顾客也难以理解，产品演示就会使这个介绍过程既准确又明了。产品演示是一项专业销售技术，要求汽车营销人员必须掌握要点，形成自己独特的技巧。

七、核算能力

利用科学的方法和手段对销售工作绩效及销售计划执行情况进行必要的核算评估，是销售技术的重要组成部分。汽车营销人员必须有良好的核算能力。这是汽车营销人员提高工作效率的重要手段。汽车营销人员通过核算，可以分析销售工作及业务的效果，并从中探索规律，总结经验教训，为进一步改进和制定新的销售计划作出科学决策。销售核算的内容很多，主要包括销售核算、费用核算、利润核算及劳效核算等。

此外，销售工作还可以通过其他多种数量标准进行评估，如每日拜访次数、订车量、成交量、销售与拜访次数比、毛利、巡回时间等，这些数量标准都可以定量表示，很容易进行比较。

八、应变能力

应变能力是指汽车营销人员在遇到意想不到的情况时，能使自己在不利的形势下扭转局势，或在遇到突发事件时能处乱不惊，以自己的果断和果敢挽救可能出现或已出现的失误。这要求汽车营销人员应有灵活的头脑，能冷静、果断地处理问题。在销售活动中，销售方法必须随顾客的改变而改变，没有一种方法对任何顾客都是绝对有效的。销售的商品也不是一成不变的，企业的发展必然使经营范围不断扩大，需求的变化也导致产品的更新换代，销售活动应该不断适应这些变化。每次销售活动总是受各种因素的影响，如顾客态度和要求的变化，竞争者的加入，企业销售政策的更改，对方谈判人员及方式的更换等，这些变化往往会使销售进程中出现意想不到的曲折，汽车营销人员对此必须采取灵活的应变措施，才能确保达到预定的目标。

第三节 汽车营销人员的商务礼仪

销售活动既是一种商品销售活动，又是一种社会交际活动。汽车营销人员每天要和不同的客户和各种类型的人打交道，要应酬各种场面，必须善于交际，懂得商务礼仪。汽车营销人员销售产品的过程，也是一个销售自己的过程。在销售过程中，汽车营销人员要接近顾客，激发顾客的购买欲望，首先要让顾客对自己产生好感，才能取得顾客信任，取得销售的成功。一位汽车营销人员，有得体的仪表，高雅的风度，彬彬有礼、落落大方的举止，是成功销售自己的首要条件。

一、介绍、握手礼仪

与顾客初次相见，打完招呼后，介绍、称呼、握手就是最基本的交际礼节了。其基本的礼仪要求是：

（一）介绍礼仪

介绍是销售交际中常见的重要一环，介绍的礼节是通过交际大门的钥匙，是社交场合中相互了解的基本方式，包括为他人作介绍或相互之间的自我介绍。

为他人作介绍时，有一个基本原则，即应该受到特别尊重的一方有了解权。因此，为他人介绍的先后顺序应当是：先向身份高者介绍身份低者，先向年长者介绍年幼者，先向女士介绍男士等。汽车营销人员使用自我介绍的情况较多。自我介绍一般包括姓名、职业、单位、籍贯、经历、年龄、特长和兴趣等内容。汽车营销人员与顾客初次见面，为使谈话很快进入正题，介绍前三项就足够了。

（二）握手礼仪

握手是社会场合中运用最多的一种礼节。汽车营销人员与顾客初次见面，经过介绍后或介绍的同时，握手会拉近汽车营销人员与顾客之间的距离。但握手是有讲究的，不加注意就会给顾客留下不懂礼貌的印象。

汽车营销人员在与顾客握手时，要主动热情、自然大方、面带微笑，双目要注视顾客，切不可斜视或低着头，可根据场合，一边握手，一边寒暄致意，如"您好""谢谢""再见"等；对年长者和有身份的顾客，应双手握住对方的手，稍稍欠身，以表敬意。

二、通信、电话礼仪

（一）通信礼仪

在销售工作中，经常要使用信函，如利用信函约见顾客，用信件销售产品；生意成功，要向顾客写信致谢；对于顾客的责难，要写信进行解释；喜庆日子，向关系客户发函祝贺等。写好这些信函，对于销售产品、维系感情、扩大生意起着很重要的作用。信函不同于面对面交谈，只能通过文字来表达，顾客只能从信函的格式、内容以及文笔来了解汽车营销人员及其产品，并作出判断。所以，汽车营销人员一定要注意销售信函礼仪，讲究信函的写法。其基本要求是：书写要规范、整洁；态度要诚恳、热情；文字要简练、得体；以及内容要真实确切。

（二）电话礼仪

汽车营销人员在访问顾客之前用电话预约，是有礼貌的表现，而且，通过电话事先预约，可以使访问更加有效率。打电话预约看似简单，关键是要掌握如何说、怎么说、说些什么。

打电话要牢记"5W1H"，即 When（什么时候）；Who（对象是谁）；Where（什么地点）；What（说什么事情）；Why（为什么）；How（如何说）。

电话拨通后，汽车营销人员要简洁地把话说完，尽可能省时省事，否则易让顾客产生厌恶感，影响预约的质量以至销售的成功。

电话预约的要领是：力求谈话简洁，抓住要点；考虑交谈对方的立场；使对方感到有被尊重的感觉；没有强迫对方的意思。

成功的电话预约，不仅可以使对方对汽车营销人员产生好感，也便于销售工作的进一步进行。

三、名片使用礼仪

名片是汽车营销人员必备的一种常用交际工具。汽车营销人员在和顾客面谈时，递给顾客一张名片，不仅是很好的自我介绍，而且是与顾客建立了联系。这种方式既方便，又体面，但不能滥用，要讲究一定的礼仪。否则，会给人留下草率、马虎的印象。

一般来说，汽车营销人员初次见到顾客，首先要以亲切的态度打招呼，并报上自己的公司名称，然后将名片递给对方。名片夹应放在西装上衣里面的口袋里，而不应从裤子口袋里掏出。递、接名片时最好用双手，或右手递、左手接。递名片时，名片的正面应对着对方，名字向着顾客，最好拿名片的下端，让顾客易于接。如果是事先约好才去的，顾客已对汽车营销人员有了一定了解，或有介绍人在场，汽车营销人员就可以在打招呼后直接面谈，在面谈过程中或临别时，再拿出名片递给对方，以加深印象，并表示保持联络的诚意。异地销售，不要忘记在名片上留下所住旅馆的名称、房间号和电话号码。

名片除在面谈时使用外，还有其他一些妙用。汽车营销人员去拜访顾客时，如果对方不在，可将名片留下，顾客回来后看到名片，就知道汽车营销人员来过了。汽车营销人员还可以在名片上留言，向顾客致意或预约拜访的时间；把注有时间、地点的名片装入信封发出，可以代替正规请柬，又比口头或电话邀请显得正式；向顾客赠送小礼物，如让人转交，则随带名片一张，附几句恭贺之词，无形中关系又深了一层；熟悉的顾客家中发生了大事，不便当面致意，可寄出名片一张，省时省事，又不失礼。总之，汽车营销人员要根据时间、地点以及工作实际情况来确定什么情况下可以使用名片。

第四节　优秀汽车营销人员应具备的条件

大量的事实告诉我们，消费者在决定购买汽车时，无论是确定品牌、车型和销售商，并非完全取决于产品本身，在很大程度上取决于与他们打交道的汽车营销人员。一个优秀的汽车营销人员除了要具备上述所叙述的素质和能力之外，还应在实际工作中不断地锻炼和完善自我，做到消费者心目中的"专家型销售顾问"。一个优秀的汽车营销人员应具备以下条件：

一、比老板更了解自己的企业

顾客在选择经销商时最关注的一个问题就是将要合作的这家企业是什么样的企业、实力如何、会存活多长时间、是否值得依赖、未来会得到哪些保障等问题。为此，汽车营销人员必须了解企业的发展历史、企业文化、规模、经营状况、股东情况、未来发展方向和目标、消费者对自己所在企业的评价与口碑，借此来强化消费者的认同。

在消费者选择经销商非常注意细节的方面，不可忽略的是他们在与汽车营销人员接触中，会通过汽车营销人员不经意的一些言谈举止对该企业进行一个综合的评价。有时，作为一名汽车营销人员即使对企业有任何的不满和意见，在消费者面前绝不允许也不能谈及。如果汽车营销人员在营销过程中有意无意地透露了一些负面的情况，势必会加大消费者的心理负担，促使他们对合作产生更多的顾虑。反之，一些正面的、积极的评价和行为，更容易使消费者对汽车营销人员及销售企业产生信任，提高汽车销售的成功率。

另外，汽车营销人员对自己所在的企业要有一定深入的了解，认真地总结出企业的优势与特点，在汽车营销过程中能针对消费者提出的异议及时进行化解。比如说，客户很关心售后服务方面的问题，为了说明企业在售后服务方面的能力和水平，汽车营销人员可以列举某个时间同行业的维修技术练兵和比武的情况，以此来证明企业的势力，消除客户的顾虑。

二、比竞争对手更了解自己

知己知彼方能百战不殆，在汽车营销过程中也需要把握这个原则。一个优秀的汽车营销人员必须围绕自身产品和竞争产品，了解竞争对手的以下几个方面：

1）品牌优势。它包括品牌历史、品牌知名度和影响力、品牌给予客户的附加价值等。

2）产品优势。它包括产品的技术特点、性能水平、重要差别、同类产品销售情况、相对优缺点等。

3）经销商的情况。它包括该经销商的成长历史、企业文化、经营现状、企业领导者的特点、汽车营销人员的专业能力情况、客户对他们的评价等。

4）特殊销售政策。它包括各竞争对手正在进行或已经进行的销售活动、对消费者的承诺。

一般情况下消费者在购买汽车产品时，必然会对同类产品和销售同类产品的经销商进行比较，如果此时的汽车营销人员对竞争产品、竞争商家一无所知，很难使消费者产生信任并影响他们决策。同时，在汽车营销人员对产品和商家进行评价时切记做出负面评价，但也不能对竞争对手加倍赞赏，必须运用化解客户异议的技巧有效地处理这方面的问题。

三、比消费者更了解消费者，比他们的知识面更广

消费者从萌发购车的欲望到最终完成购买，会经历一个相对漫长的过程，从"初期的羡慕""心动""想要"到"需要"，在前三个阶段中，只是一种想法而已，并不可能落到实际行动上。此时，汽车营销人员要做的工作就是让这个过程缩短，加速消费者的心理变化，抢在竞争对手之前让消费者的需求与欲望明确化，最终达到销售的目标。要实现这种变化，汽车营销人员就必须能够透视消费者心理，明确消费者的需求，即比消费者对他们自己了解还要深入，还要准确。

四、比汽车设计师更了解汽车

现在，国内已经上市的汽车品牌大大小小已经有上百个，加上每个品牌有多个规格和型号，汽车营销人员面对的汽车产品不胜枚举，在营销活动中必须花大量的时间在对产品的认识上。丰富的产品专业知识是汽车销售核心的问题，要想成为一名优秀的汽车营销人员，应注意以下方面的知识：

1）汽车品牌的创建历史，该品牌在业界的地位与价值。

2）制造商的情况，包括设立的时间、成长历史、企业文化、产品的升级计划、新产品的研发情况、企业未来的发展目标等。

3）汽车产品的结构与原理，与其他竞争对手相比较的优势与卖点。

4）应用于新技术、新概念，如 ABS、EBD、GPS 等，对某些追求求异的消费者，应该在新技术的诠释上超过竞争对手。

5）世界汽车工业的发展，对一些影响汽车工业发展的历史事件等要清楚地掌握。
6）汽车贷款常识。
7）汽车保险常识。
8）汽车维修和维护知识。
9）汽车驾驶的常识。
10）汽车消费心理方面的专业知识。

五、能够帮助客户投资理财

汽车消费中有相当一部分是家庭消费投资，对于这类消费者，他们手中的资金有限，如何有效地利用有限的资金达成更高的购买目标是他们关注的目标。如果汽车营销人员具备较为专业的投资理财方面的知识，提供一些这方面的技巧，将会在消费者购车过程中帮助他们选择到合适的车型、付款方式等，协助客户以最佳的投资组合方式获得多方面的投资效益。

案例分析

金牌汽车营销人员——乔·吉拉德

乔·吉拉德，因售出 13000 多辆汽车创造了商品销售最高纪录而被载入吉尼斯大全。他曾经连续 15 年成为世界上售出新汽车最多的人，其中 6 年平均售出汽车 1300 辆。销售是需要智慧和策略的事业。在每位营销人员的背后，都有自己独特的成功诀窍，那么，乔·吉拉德的销售业绩如此辉煌，他的秘诀是什么呢？

一、250 定律：不得罪一个顾客

在每位顾客的背后，都大约站着 250 个人，这是与他关系比较亲近的人：同事、邻居、亲戚、朋友。如果一位营销人员在年初的一个星期里见到 50 个人，其中只要有两个顾客对他的态度感到不愉快，到了年底，由于连锁影响就可能有 5000 个人不愿意和这位营销人员打交道，他们知道一件事：不要跟这位营销人员做生意。这就是乔·吉拉德的 250 定律。由此，乔·吉拉德得出结论：在任何情况下，都不要得罪哪怕是一个顾客。

在乔·吉拉德的销售生涯中，他每天都将 250 定律牢记在心，抱定生意至上的态度，时刻控制着自己的情绪，不因顾客的刁难，或是不喜欢对方，或是自己心绪不佳等原因而怠慢顾客。乔·吉拉德说："你只要赶走一个顾客，就等于赶走了潜在的 250 个顾客。"

二、名片满天飞：向每一个人销售

每一个人都使用名片，但乔·吉拉德的做法与众不同：他到处递送名片，在餐馆就餐付账时，他要把名片夹在账单中；在运动场上，他把名片大把大把地抛向空中。名片漫天飞舞，就像雪花一样，飘散在运动场的每一个角落。你可能对这种做法感到奇怪。但乔·吉拉德认为，这种做法帮他做成了一笔笔生意。乔·吉拉德认为，每一位营销人员都应设法让更多的人知道他是干什么的，销售的是什么商品。这样，当他们需要他的商品时，就会想到他。乔·吉拉德抛散名片是一件非同寻常的事，人们不会忘记这种事。当人们买汽车时，自然会想起那个抛散名片的营销人员，想起名片上的名字：乔·吉拉德。同时，要点还在于，有人就有顾客，如果你让他们知道你在哪里，你卖的是什么，你就有可能得到更多生意的机会。

三、建立顾客档案：更多地了解顾客

乔·吉拉德说："不论你销售的是什么东西，最有效的办法就是让顾客相信——真心相信——你喜欢他，关心他。"如果顾客对你抱有好感，你成交的希望就增加了。要使顾客相信你喜欢他、关心他，那你就必须了解顾客，搜集顾客的各种有关资料。

乔·吉拉德中肯地指出："如果你想要把东西卖给某人，你就应该尽自己的力量去收集他与你生意有关的情报……不论你销售的是什么东西。如果你每天肯花一点时间来了解自己的顾客，做好准备，铺平道路，那么，你就不愁没有自己的顾客。"

刚开始工作时，乔·吉拉德把搜集到的顾客资料写在纸上，塞进抽屉里。后来，有几次因为缺乏整理而忘记追踪某一位准顾客，他开始意识到自己动手建立顾客档案的重要性。他去文具店买了日记本和一个小小的卡片档案夹，把原来写在纸片上的资料全部做成记录，建立起了他的顾客档案。

乔·吉拉德认为，营销人员应该像一台机器，具有录音机和计算机的功能，在和顾客交往过程中，将顾客所说的有用情况都记录下来，从中把握一些有用的信息。乔·吉拉德说："在建立自己的卡片档案时，你要记下有关顾客和潜在顾客的所有资料，他们的孩子、嗜好、学历、职务、成就、旅行过的地方、年龄、文化背景及其他任何与他们有关的事情，这些都是有用的销售情报。所有这些资料都可以帮助你接近顾客，使你能够有效地跟顾客讨论问题，谈论他们自己感兴趣的话题，有了这些材料，你就会知道他们喜欢什么，不喜欢什么，你可以让他们高谈阔论，兴高采烈，手舞足蹈……只要你有办法使顾客心情舒畅，他们不会让你大失所望。"

四、猎犬计划：让顾客帮助你寻找顾客

乔·吉拉德认为，干销售这一行需要别人的帮助。乔·吉拉德的很多生意都是由"猎犬"（那些会让别人到他那里买东西的顾客）帮助的结果。乔·吉拉德的一句名言就是"买过我汽车的顾客都会帮我销售"。

在生意成交之后，乔·吉拉德总是把一叠名片和猎犬计划的说明书交给顾客。说明书告诉顾客，如果他介绍别人来买车，成交之后，每辆车他会得到25美元的酬劳。几天之后，乔·吉拉德会寄给顾客感谢卡和一叠名片，以后至少每年他会收到乔·吉拉德的一封附有猎犬计划的信件，提醒他乔·吉拉德的承诺仍然有效。如果乔·吉拉德发现顾客是一位领导人物，其他人会听他的话，那么，乔·吉拉德会更加努力促成交易并设法让其成为猎犬。

实施猎犬计划的关键是守信用——一定要付给顾客25美元。乔·吉拉德的原则是：宁可错付50个人，也不要漏掉一个该付的人。

猎犬计划使乔·吉拉德的收益很大。1976年，猎犬计划为乔·吉拉德带来了150笔生意，约占总交易额的1/3。乔·吉拉德付出了1400美元的猎犬费用，收获了75000美元的佣金。

五、销售产品的味道：让产品吸引顾客

每一种产品都有自己的味道，乔·吉拉德特别善于销售产品的味道。与"请勿触摸"的做法不同，乔·吉拉德在和顾客接触时总是想方设法地让顾客先"闻一闻"新车的味道。他让顾客坐进驾驶室，握住方向盘，自己触摸操作一番。如果顾客住在附近，乔·吉拉德还会建议他把车开回家，让他在自己的太太、孩子和领导面前炫耀一番，顾客会很快地被新车的"味道"陶醉了。根据乔·吉拉德的经验，凡是坐进驾驶室把车开上一段距离的顾客，

没有不买他的车的。即使当时不买，不久后也会来买。新车的"味道"已深深地烙印在他们的脑海中，使他们难以忘怀。乔·吉拉德认为，人们都喜欢自己来尝试、接触、操作，人们都有好奇心。不论你销售的是什么，都要想方设法展示你的商品，而且要记住，让顾客亲身参与，如果你能吸引住他们的感官，那么你就能掌握住他们的感情了。

六、诚实：销售的最佳策略

诚实是销售的最佳策略，而且是唯一的策略。但绝对的诚实却是愚蠢的。销售容许谎言，这就是销售中的"善意谎言"原则，乔·吉拉德对此认识深刻。诚为上策，这是你所能遵循的最佳策略。可是策略并非是法律或规定，它只是你在工作中用来追求最大利益的工具。因此，诚实就有一个程度的问题。销售过程中有时需要说实话，一是一，二是二。说实话往往对营销人员有好处，尤其是营销人员所说的、顾客事后可以查证的事。乔·吉拉德说："任何一个头脑清醒的人都不会卖给顾客一辆六气缸的车，而告诉对方他买的车有八个气缸。顾客只要一掀开车盖，数数配电线，你就死定了。"

如果顾客和他的太太、儿子一起来看车，乔·吉拉德会对顾客说："你这个小孩真可爱。"这个小孩也可能是有史以来最难看的小孩，但是如果要想赚到钱，就绝对不可这么说。乔·吉拉德善于把握诚实与奉承的关系。尽管顾客知道乔·吉拉德所说的不尽是真话，但他们还是喜欢听人拍马屁。少许几句赞美，可以使气氛变得更愉快，没有敌意，销售也就更容易成交。

有时，乔·吉拉德甚至还会撒一点小谎。乔·吉拉德看到过营销人员因为告诉顾客实话，不肯撒个小谎，平白失去了生意。顾客问营销人员他的旧车可以折合多少钱，有的营销人员粗鲁地说："这种破车。"乔·吉拉德绝不会这样，他会撒个小谎，告诉顾客，一辆车能开上12万km，他的驾驶技术的确高人一等。这些话使顾客开心，赢得了顾客的好感。

七、每月一卡：真正的销售始于售后

乔·吉拉德有一句名言："我相信销售活动真正的开始在成交之后，而不是之前。"销售是一个连续的过程，成交既是本次销售活动的结束，又是下次销售活动的开始。汽车营销人员在成交之后继续关心顾客，将会既赢得老顾客，又能吸引新顾客，使生意越做越大，客户越来越多。

"成交之后仍要继续销售"，这种观念使得乔·吉拉德把成交看做是销售的开始。乔·吉拉德在和自己的顾客成交之后，并不是把他们置于脑后，而是继续关心他们，并恰当地表示出来。

乔·吉拉德每月要给他的1万多名顾客寄去一张贺卡。1月祝贺新年，2月纪念华盛顿诞辰日，3月祝贺圣帕特里克日……凡是在乔·吉拉德那里买了汽车的人，都收到了他的贺卡，也就记住了乔·吉拉德。

正因为乔·吉拉德没有忘记自己的顾客，顾客才不会忘记乔·吉拉德。

实训1　沟通技巧训练

一、实训描述

两人组成一个小组，进行交流后，回答其他同学提出的关于小组中另外一人的相关情况。

二、实训目标

人与人之间的沟通在人际交往中是十分重要的内容，沟通技巧的掌握和运用能力，往往能决定一名汽车营销人员的工作是否成功。沟通中的交谈、肢体语言的表达等都是训练良好沟通技巧的方法。

三、实训任务

1）完成一对一的交流，交谈内容可涉及生活、学习、工作等多个方面。

2）通过交流，对自己的交流对象有较全面的了解并与对方交换意见，以获得双方意见的一致。

3）由一方回答其他小组人员提出的关于另一方的问题。

实训2　商务礼仪训练

一、实训描述

5~6人为一小组，分别对商务礼仪中所涉及内容进行模拟演示。

二、实训目标

1）掌握介绍礼仪标准，会作自我介绍及为他人介绍。

2）掌握接电话、打电话礼仪。

3）掌握名片递接礼仪。

4）掌握仪表礼仪。

三、实训任务

1）销售人员与顾客在展厅内因价格优惠问题无法达成一致，销售人员将顾客引荐给销售经理，由销售经理回答是否能够在价格上再做一定的优惠。

2）前台接待人员接到一名顾客来电，欲寻找销售员A，但该销售员正好外出。

3）顾客首次来店，销售人员做完详细介绍后，欲与顾客交换名片。

4）销售经理为新入职的销售人员进行仪表礼仪的培训。

第十一章 汽车销售技巧

学习目标:

从汽车销售流程入手,通过对销售流程各个环节的介绍和相关程序中所需要掌握的方法和技巧的学习,通过学习汽车销售流程中需求分析、异议处理、缔结成交等技巧,掌握汽车销售过程的顺序以及技巧。

第一节 汽车销售流程

现在许多汽车知名制造企业已经充分认识到汽车销售流程对汽车产品最终成交的影响,因而他们在自己品牌的销售网络中,强化了销售流程的管理和指导,并制定了针对自身企业的一个标准销售流程。根据各个厂家品牌的汽车销售流程,可以总结出一条通行的汽车销售流程。

1. 欢迎客户

这一阶段,通常是消费者刚进入展厅,对产品、经销商和汽车营销人员都属于一个陌生的状态。作为汽车营销人员,不论是招呼顾客的眼神、肢体语言还是欢迎顾客的语言,都要做到让顾客注意并产生好印象,与他们建立一种沟通的基础,便于后续的销售。

2. 提供咨询

在与顾客打过招呼之后,在进入正式汽车销售的过程之前,汽车营销人员应与顾客通过简单的交流与沟通,了解一下顾客的基本资料和初步打算,运用一定的心理分析能力对顾客的需求进行分析,为接下来的销售过程打下基础。

3. 产品介绍

此时,汽车营销人员会极尽所能,将他所知道的产品知识向顾客介绍。在这个过程中,汽车营销人员不得不经常面对顾客的提问,这时汽车营销人员的表现将直接影响到顾客的最后购买决定,因此,汽车营销人员需要作好充分的准备,掌握销售主控权。

4. 处理异议

产品介绍后,顾客会提出各类异议,这些异议不仅局限于产品方面还包括销售手续、价格、服务等。作为汽车营销人员能圆满地解决顾客的异议,能大大缩短顾客的购买过程。

5. 缔结成交

这一阶段是整个汽车营销活动中最关键的环节,也是汽车营销活动中最难处理的环节,汽车营销人员能否在最后成功把握成交机会,一定要对汽车销售的相关程序、材料等内容相当熟悉。

6. 办理成交手续

在这一阶段主要是汽车营销人员与顾客签署有关的协议，收取订金或首付款，办理牌照、保险等相关事宜。

7. 交车

完成相关的代理手续，顾客付清钱款之后，汽车营销人员进行交车。在交车过程中，汽车营销人员应对汽车的维护、售后服务等方面进行介绍。

第二节　销售人员的自身准备

一、销售人员的形象准备

销售人员是汽车企业和产品的代言人，在顾客心目中甚至比企业负责人更具有代表性。所以，为了给顾客留下良好的第一印象，销售人员的仪容仪表就非常重要了。

（一）着装原则

销售人员切记要以身体为主，服装为辅。如果让服装反客为主，销售人员本身就会变得无足轻重，在顾客的印象里也只有服装而没有销售人员。正如著名的时装设计大师香奈尔所说："一个女人如果打扮不当，您会注意她的衣着。要是她穿得无懈可击，您就注意这个女人本身。"

销售人员要按 T（时间）、P（场合）、O（事件）的不同，分别穿着不同的服装，要根据顾客来选择与他们同一档次的服装，不能过高或过低。

销售人员无论怎样着装，着装目的要清楚，就是要让顾客喜欢而不是反感。

（二）男性销售人员的衣着规范及仪表

西装：深色，如有经济能力最好能选购高档一些的西装。

衬衫：一色，白色、浅色或中色，注重领子、袖口清洁，并熨烫平整；一定要每天更换。

领带：以中色为主，不要太花或太暗，注意和衬衣或西装的反搭配协调。

长裤：选用与上衣色彩质地相衬的面料，裤长以盖住鞋面为准。

便装：中性色彩，干净整齐，无油污。

皮鞋：黑色或深色，注意和衣服的搭配。如有经济能力最好选购一双名牌皮鞋，且要把鞋面擦亮，皮鞋底边擦干净。

短袜：黑色或深色，穿时不要露出里裤。

身体：要求无异味，可适当选用好一些的男士香水，但切忌香水过于浓烈。

头发：头发要梳理整齐，不要挡住额头，更不要有头皮屑。

眼睛：检查有没有眼屎、眼袋、黑眼圈和红血丝。

嘴：不要有烟气、异味、口臭，出门前可吃口香糖。

胡子：胡须必须刮干净，最好别留胡子。

手：不留长指甲，指甲无污泥，手心干爽洁净。

（三）女性销售人员的衣着规范及仪表

头发：干净整洁不留怪异发型，无头皮屑。

眼睛：不要有渗出的眼线、睫毛液，无眼袋、黑眼圈。
嘴唇：一定要涂有口红，并且保持口气清香。
服装：西装套裙或套装，色泽以中性为好。不可穿着过于男性化或过于性感的服装，款式以简洁大方为好。
鞋子：黑色高跟淑女鞋，保持鞋面的光亮和鞋边的干净。
袜子：高筒连裤丝袜，色泽以肉色最好。
首饰：不可太过醒目和珠光宝气，最好不要佩戴三件以上的首饰。
身体：不可有异味，选择淡雅的香水。
化妆：一定要化妆，否则是对顾客的不尊敬。但以淡妆为好，不可浓妆艳抹。

二、销售工具准备

（一）销售工具准备的好处
销售工具准备的好处有：
1）容易引起顾客的注意和兴趣。
2）使销售说明更直观、简洁和专业。
3）预防介绍时的遗漏。
4）缩短拜访时间。
5）提高效率。

（二）销售人员必备的销售工具
销售人员必备的销售工具有：
1）企业介绍。
2）汽车目录。
3）地图。
4）名片夹。
5）通信录。
6）计算器。
7）笔记用具。
8）最新价格表。
9）空白"合同申请表""拜访记录表"等专业销售表格。

销售工具不应该是别人提供的，而应是销售人员自己去创造的，这才会体现自己的独具的魅力。

第三节 访 问 客 户

一、访问前的准备

（一）熟悉企业
销售人员对所属企业的历史、规模、组织、人事、财务及营业政策等，必须熟悉，以便能回答顾客可能询问的有关问题，可以消除顾客疑虑，使顾客对企业产生信任感。

（二）认识商品

销售人员对其所销售汽车的构造原理、制造过程、操作方式、维护修理及交易条件必须了解掌握，以便能够解答顾客可能提出的一切问题。

（三）了解客户

销售人员必须对顾客的个人情况要进行一定的了解，如顾客的工作、家庭情况等。如果是企业客户，销售人员需要调查客户内部情形，如：

1）客户方面接洽者的职务、权限、毕业学校、毕业年度、出生地、他的经历与在该企业的信用程度等。

2）该企业的资本系统，是否属于某一财团。

3）该企业的大股东是谁，何人掌实权。

4）该企业的资本额是多少，财务状况如何，信用程度如何，这些方面可向其往来银行打听。

5）竞争对手与该企业的关系调查。

6）有决定权与影响力的人。

7）有制度的企业均订有管理规章，在规章之中均详细载明各人的权限。因此，作为销售人员，一定要知道你的交易是由主任、科长、经理还是总经理决定。要找到有决定权的人，对症下药，交易才有成功的希望。

除了有决定权的人之外，销售人员也不可忽略有影响力的人，如有些公司的采购必须由技术部门确认之后才下订单，在此种情形下，技术部门虽无决定权，但却有影响力。此外，像秘书、办公室主任等都是有影响力的人。

（四）认识客户心理

作为销售人员，一定切记：客户不是购买你的产品，而是购买你的产品所带给他的利益。这是认识客户心理的第一课。

换言之，销售人员要时时刻刻站在客户的立场，设身处地为他们着想，找出他决策的困难点，并提供良好的产品去解决他们的困难。

通常，销售人员以为卖出商品，收回货款就算完成任务。销售与收款固然是销售人员的任务，但仅有这两项还不够，销售人员还应从事售后服务与搜集情报的工作。以下是销售人员必须经常搜集的情报：

1）客户购买计划与购买时间。

2）有决定权的人。

3）竞争对手的状况。

4）客户需要的条件。

5）客户对本企业的看法。

6）预算。

（五）审视自我

销售人员还应经常审视自我，如仪表服饰是否得体，精神是否饱满。作为销售人员，应时常假设销售过程中存在的各种问题，从而找出处理方法，充满自信，以积极乐观的态度对待工作中的每一天。

二、如何使客户产生兴趣

人们总是对自己的事情最关心、最注意,对别人的事情自然地就放在次之的位置。销售人员如果无法引起准客户的注意,就无法引导、带动准客户的思考方向,销售人员的推销话语都将大打折扣。这种状况下,销售人员如何能激起准客户的购买欲望呢?吸引客户的注意力,不局限于商品,更重要的是销售人员如何引起客户对拜访过程的全心注意。

引起注意—产生兴趣—产生联想—激起欲望—比较产品—下决心购买,是客户购买心理的六个阶段,引起准客户的注意处于第一个阶段。

在课堂上,老师可以要求或命令学生们注意听讲,可以在课堂中立刻进行考试,以促使学生注意,老师清楚地知道若学生上课不注意听讲,只是浪费老师的口舌及时间。

销售人员无法像老师一样要求准客户注意他的话语,所以销售人员要设计出自己别出心裁、独到的方法,引起准客户的注意。在这里介绍五种引起准客户注意的方法。

(一) 别出心裁的名片

别出心裁的名片能吸引准客户的注意。名片代表递出名片的人,名片如果和一般人使用的大同小异,那么名片就无法传达特殊的信息引起准客户的注意。相反地,作为销售人员,若是你的名片设计独特,能传达一些特殊信息,必能引起准客户的注意。准客户对你也会产生一种特别的注意感,对你的言谈举止也会特别的留意。

现代社会是一个多元化、资讯化的社会,科技的进步,可使销售人员能以极低的成本迅速制作出不同形式、图文并茂的名片。因此,销售人员可针对不同的拜访对象,设计使用不同形态的名片,以立即吸引初次见面的准客户。

(二) 请教客户的意见

人的大脑中储存着无数的资讯,绝大多数的资讯平常不会想到,也不会使用到,但是当被问起某个问题时,思考会立刻集中在这个问题上,相关的资讯、想法也会突然涌入脑海,也会集中注意力思索及表达自己对问题的看法。

请教意见是吸引准客户注意的一个很好的办法,特别是当销售人员能找出一些与业务相关的问题时。当客户被请教并表达其看法时,销售人员不但能引起客户的注意,同时也能了解客户的想法,另一方面销售人员也满足了准客户被人请教的优越感。

(三) 迅速提出客户能获得哪些重大利益

迅速地告诉准客户他能立即获得哪些重大利益,是引起客户注意的一个好方法。

(四) 告诉准客户一些有用的信息

每个人对身边发生了什么事情都非常关心、非常注意,这就是新闻节目一直维持最高的收视率的原因。因此,销售人员可收集一些业界、人物或事物等最新的信息,在拜访客户时引起准客户的注意。

(五) 指出能协助解决准客户面临的问题

销售人员可以针对准客户担心的以下问题提出解决办法,将能吸引准客户的注意力:
1) 客户买车会担心上牌是否很烦琐。
2) 客户的旧车需要你帮他处理。
3) 客户需要一些装潢,但不知道哪些品牌好。

以上这五个方法,若是销售人员能恰当地运用,将会引起初次见面客户的注意力。

销售人员在拜访初次见面的客户前，为了引起准客户的注意力，请先检查是否备妥下列的要件：

1）使用能吸引准客户的名片。
2）准备了要请教准客户意见的问题。
3）列好准客户能立即获得的利益。
4）告诉准客户重要的信息。
5）能协助准客户解决的问题。

三、与客户的沟通方式

客户的类型不同，可能使客户习惯的沟通方式不同，如主导型、分析型、人际型，面对这些不同沟通方式的客户，销售人员必须调整自己的沟通方式，让客户感受到彼此的沟通是迅速的、有效的。

穆罕默德曾说："山不过来，我就走向山"。为什么呢？山是不可能调整自己顺应穆罕默德，就如销售人员无法期盼客户能迅速调整他的习性或原则，去顺应销售人员的推销风格一样。

什么是销售的有效沟通呢？有效的沟通是销售人员能赢得客户的信赖，并能通过有效的沟通工具，让客户迅速感受到他能获得的利益。

因此，有效的沟通有两个重点：赢得客户的信赖以及让客户迅速感受到他能获得的利益。面对不同类型的客户，销售人员要如何沟通呢？

（一）主导型

主导型的客户大都是自处要津，掌管决策大权，由于每天都要进行不同的决策，他们对企业需要什么，大都已有定见，他们希望销售人员能完成他的想法，就如企业内的其他人员一样都必须听命于他，完成他的主张。

面对主导型的客户，销售人员与其沟通时，必须站在对方的立场上，从大的方向考虑，避免琐碎细节，尽可能地配合对方的想法，协助对方实现他的主观。独裁型的客户作决策多半非常得迅速，销售人员必须以积极、配合的态度，迅速、果敢地回应客户的要求。

（二）分析型

从事财务、计算机、技术性质等工作的人多半属于分析型的客户。他们在决定购买时，一定要取得各种相关的详细情节、事实及证据，进行各家厂牌的各项分析、评估的工作，只有分析出的结果显示最有效益的厂牌才会考虑购置。因此，销售人员面对这类型的客户，必须尽可能地向客户提供最详细的资料，在比较资料的量与质上必须胜过竞争者。

（三）人际型

人际型的客户在工作上也是以人际关系为主导，效率并不是他们最关心的事情，虽然他们也关心效率，但是他们往往把大多数的时间花在人际关系的建立及维持上，使他们没有多余的心力去探讨效率。

面对这种类型的客户，销售人员在销售汽车前，要先和客户建立好人际关系。在没建立良好的关系前，最好不要过于急迫地去销售。只要销售人员能证明使用自己销售的产品不会给客户带来不良的影响，客户就会安心地采购。

虽然建议销售人员要调整一下推销的方式，但推销的原则——"赢得客户的信赖及推销利益"是不变的,只是不同类型的客户他们对"信赖"及"利益"的解读方式不同。因此,建议销售人员要以客户能接受及认同的方式沟通"信赖"及"利益"。

第四节 提供咨询

一、客户的需求

消费者购买汽车是因为有需求,销售人员提供咨询的目的就是了解客户需求。因此对销售人员而言,如何掌握住这种需求,使需求明确化,是最重要的也是最困难的一件事,因为消费者本身往往也无法知晓自己的需要是什么。

二、询问

发掘客户需要最有效的方式就是询问。

销售人员通过询问可以获得一些信息,包括顾客是否了解销售人员的谈话内容,顾客对销售人员的企业和销售的产品有什么意见和要求,以及顾客是否有购买欲望。

怎样询问才能获得最大的信息呢?这里有一定的询问技巧。

例如,汽车加油站的职员如果问顾客:"你需要多少公升汽油?"顾客就会很随便地回答一个数字,这个数字常常是很小的。而如果这样问顾客:"我为你把油加满吧?"顾客常常会回答"好"。油的销售量因此会增加很多。

这是一种问话使销售量增加的例子。如果销售人员想获得更多的关于顾客的信息,该采用什么样的问法呢?

下面探讨一下询问问题的几种方式,通过分析比较,孰优孰劣自然一目了然。

(一) 开放式问法

开放式问题是指发问者提出一个问题后,回答者围绕这个问题要告诉发问者许多信息,不能简单地以"是"或者"不是"来回答发问者的问题。

销售人员要想从顾客那里获得较多信息,就需要采取开放式问法,使顾客对其提出的问题有所思考,然后告知相关的信息。例如,销售人员可以这样来询问顾客:"您从事什么行业""您以前开什么车""您什么时候要用车",以开放式的问题询问顾客并且耐心地等待,在顾客说话之前不要插嘴,或者说出鼓励顾客的语言,使顾客大胆地告知有关信息,收效会很好。

顾客对于开放式的问题也是乐于接受的。他们能认真思考销售人员的问题,并告知一些有价值的信息,甚至顾客还会对销售人员的销售工作提出一些建议,这将有利于销售人员更好地进行销售工作。

(二) 封闭式问法

封闭式问题是指回答者在回答发问者的问题时,用"是"或者"不是"就能使发问者了解回答者的看法。

销售人员以封闭式问题可以控制谈话的主动权。如果销售人员提出的问题都使顾客以"是"或者"否"来回答,就可以控制谈话的主题,将主题转移到和销售产品有关的范围里,而不至于把话题扯远。同时销售人员为了节约时间,使顾客做出简短而直截了当的回

答，也可以采用封闭式问法。

一般来说，销售人员在进行推销工作时，不宜采用封闭式问法。采用封闭式问法的销售人员虽然掌握了谈话的主动权，但是并不了解顾客是否对谈话的主题感兴趣，因而也不可能从顾客那里得到太多的信息。如果销售人员确实已经了解顾客的需要以及他的兴趣，那么就可以采用封闭式问法获得直截了当的答案，提高推销效率。

开放式问题与封闭式问题得到的回答截然不同。封闭式问题的回答很简单，而开放式问题的回答所包含的信息量多，其答案也常常出乎提问者的意料。两种问题的不同在于用词，下面是两种问题的关键词对比：

开放式——封闭式；何人——是否；何事——是否；何时——有无；何处——能否；为何——将会；如何——定会。

三、积极地聆听

通常，人们认为只有在讲话的时候才会发生积极的沟通，而聆听，则是消极的。然而，如果沟通是一个双向的过程，那么聆听应当算做其中的一个积极的组成部分。

积极地聆听就是聆听者有责任地获得对说话者想要传达信息的完备和正确的理解。如果接受者希望有效地沟通，积极地聆听应该是他的目标。因为这是唯一促进良好沟通的听的形式，他试图理解全面的信息，而不仅仅是正在讲的这些。

为什么销售人员没能做到更好地聆听？首先，听是一项很难的工作。研究表明，当一个人积极地聆听时，好的新陈代谢过程会有轻度加快，体温会轻度上升，瞳孔轻微放大。这说明真正的听绝不是消极的。一个真正在听的人对正在传递的信息给予密切关注，并且向讲话者表示他或她正在关注当前的谈话。

通常人们利用不说话的时间"休息"或只是假装他们在听：他们会看着别人，点头，甚至会发出一些他们听懂了的暗示语，但实际上他们的思维却在考虑下面说的话，回想早上与配偶的争论，或者正在走神。积极地聆听意味着集中注意力，而这是一项很难的工作。

销售人员未能很好地聆听的第二个原因——当他们不说话时会感到不舒服。对销售人员来说，该点尤为明显，他们通常借口说他们不想"失去对谈话的控制"。他们害怕如果失控，他们的信息就不能获得很好的聆听。然而，他们经常感到如果不讲话就不是在销售，并且他们需要向买主提供尽可能多的信息。提供恰当信息的需求肯定是最优的，但销售人员，特别是新的销售人员不能由此而放弃积极地聆听。

有些销售人员未能很好聆听的第三个原因是他们对自己的信息比对目标客户要说的话更感兴趣。这一现象称为"说话紧张状态"。我们都有一种表达自己想说什么的愿望，这一愿望干扰了我们听的能力。

积极地聆听是给销售人员带来变化的一种重要方式。销售人员工作的很大一部分是改变顾客对产品的观念或发现如何能更好地为顾客提供服务，企业的产品或服务需要做哪些变化，这些都需要积极地聆听。

积极地倾听有三个原则：

1. 站在顾客的立场，仔细地倾听

每个人都有他的立场及价值观，因此，销售人员必须站在顾客的立场仔细地倾听顾客所说的每一句话，不要用自己的价值观去指责或评判顾客的想法，要与顾客保持共同理解的态度。

2. 要确认自己所理解的是否就是顾客所说的

销售人员必须重点式地复述顾客所讲过的内容，以确认自己所理解的意思和顾客一致，如"你刚才所讲的意思是不是指……"、"我不知道我听得对不对，你的意思是……"。

3. 要表现诚恳、专注的态度倾听顾客的话语

销售人员倾听顾客谈话时，最常出现的弱点是只摆出倾听顾客谈话的样子，内心却迫不及待地等待机会，想要讲自己的话，完全将"倾听"这个重要的武器舍弃不用。销售人员听不出顾客的意图、听不出顾客的期望，销售人员的销售有如失去方向的箭。

销售人员面对顾客的谈话，可以从下列五点锻炼倾听技巧：

1. 培养倾听技巧

销售人员应站在顾客的立场专注倾听顾客的需求、目标，适时地向顾客确认自己了解的是不是就是顾客想表达的，这种诚挚专注的态度能激起顾客讲出他更多内心的想法。

2. 让顾客把话说完，并记下重点

销售人员应记住自己是来满足顾客需求的，是给顾客带来利益的，让顾客充分表达他的状况以后，销售人员才能正确地满足他的需求，就如医生要听了病人述说自己的病情后，才开始诊断。

3. 秉持客观、开阔的胸怀

销售人员不要心存偏见，只听自己想听的或是以自己的价值观判断顾客的想法。

4. 对顾客所说的话不要表现防卫的态度

当顾客所说的事情对推销可能造成不利时，销售人员听到后不要立刻驳斥，可先请顾客针对事情更详细的解释。例如，顾客说"你公司的上牌服务太慢"，你可请客户更详细地说明是什么事情让他有这种想法，客户若只是听说，无法解释得很清楚时，也许在说明的过程中，他也会感觉出自己的看法也许不是很正确；若是顾客说得证据确凿，你可先向顾客致歉，并答应他了解此事的原委。销售人员应记住，在还没有听完顾客的想法前，不要和顾客讨论或争辩一些细节的问题。

5. 掌握顾客真正的想法

顾客有顾客的立场，他也许不会把真正的想法告诉销售人员，他也许会用借口或不实的说法搪塞，或为了达到别的目的而声东击西，或另有隐情，不便言明。因此销售人员必须尽可能地听出顾客真正的想法。

掌握顾客内心真正的想法不是一件容易的事情，销售人员最好在听顾客谈话时，自问下列的问题：

1）客户说的是什么？它代表什么意思？
2）他说的是一件事实？还是一个意见？
3）他为什么要这样说？
4）他说的我能相信吗？
5）他这样说的目的是什么？
6）从他的谈话中，我能知道他的需求是什么吗？

销售人员若能随时注意上述五点，必定能成为一位善于倾听者。

第五节 车辆展示

一、车辆展示的目的

展示车辆的目的是让顾客更详细地了解产品,相信产品的性能及其所带来的利益能满足顾客的需求。

有时尽管产品很好,有的销售人员由于不了解顾客个性,不了解顾客真的想了解什么,而一味地介绍自己的产品,反而达不到预期的效果。

二、环绕介绍

环绕产品对汽车的六个部位(见图11-1)进行介绍,有助于销售人员更容易有条理地记住汽车介绍的具体内容,并且更容易向潜在客户介绍最主要的汽车特征和好处。在进行环绕介绍时,销售人员应确定客户的主要需求,并针对这些需要作讲解。

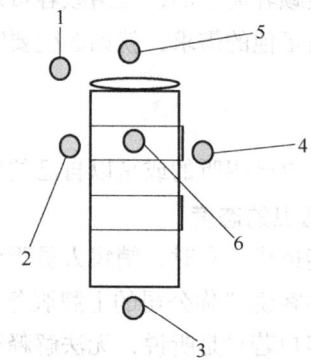

图11-1 六方位环绕介绍
1—前部 2—驾驶侧 3—后部 4—乘坐侧 5—发动机室 6—内部

三、特征利益法

结合出色的环绕介绍来展示车辆是销售过程中的一项重要因素,研究表明对顾客进行环绕介绍会带来更好的成交率—更多的销售量,且良好的环绕介绍应集中提出关键的特征,及其功能和利益。

举例如下:

1)特征:六向可调驾驶座椅。
2)功能:可前后、上下、倾斜至可躺式驾驶座椅。
3)利益:①每位顾客都可找到适合自己的舒适位置;②可调节位置使长途驾驶更舒适;③乘客可以在驾驶座躺卧。

四、客户的购买动机

(一)质量

买新车的初始投资是很高的,所以,顾客趋向于选择他们认为使用寿命长、可靠性好的车，也就是维修要求最低，近期不出故障的车。另外，汽车产品要能够适应中国的路况。

（二）价格

顾客对价格的期望与质量直接相关。人们一般认为，进口产品质量较好，值得多花一些钱。对于顾客来说，维修间隔时间和维修成本、备件成本以及最终再次出售时的价值也是较重要的。

（三）舒适性和造型

空调、音响、宽敞的空间、座椅宽度和坐垫都属于汽车舒适性的范围。顾客一般比较喜欢现代化车身、流线型造型以及新颖的外观。

（四）安全

一辆具有优秀的制动系统、耐久性好、操作可靠的汽车，对许多潜在顾客提供了安全保障。

（五）售后服务和零部件供应

在为自己的需要选择汽车产品的时候，顾客不仅寻求帮助和建议，而且，他们还要知道在何处可以得到售后服务和零部件。部件供应是否及时和成本对于顾客来说尤其重要。他们期望得到价格比较便宜的部件。

第六节 顾客异议处理

在销售洽谈过程中，当销售人员以各种形式向顾客介绍和示范商品后，在一般的情况下顾客总会有反应的。顾客的反应不外乎两种：一是同意购买，但在实际销售活动中，这种反应是较少见的；二是提出各种各样的购买异议，这种反应是很普遍的，不可避免的。销售人员只有正确地认识和把握顾客异议，并针对不同类型的顾客异议，采取不同的策略，才能促成交易。因此，正确对待和妥善处理顾客异议，是销售人员必备的基本功。

一、顾客异议的概念

所谓顾客异议是指顾客对销售人员或其推销活动所做出的一种在形式上表现为怀疑或否定或反对意见的一种反应。简单地说，被顾客用来作为拒绝购买理由的意见、问题、看法就是顾客异议。

对顾客异议应该怎么看？是欢迎还是反感，是积极对待还是消极回避，这是每个销售人员都必须作出的选择。销售人员应怎样看待顾客异议呢？

二、正确认识顾客的异议

要处理好顾客异议，销售人员首先要对异议有正确的看法与态度。有了正确的态度，才有处理好顾客异议的技巧。销售人员应该这样看待顾客异议：

（一）异议是顾客的必然反应

销售人员与顾客各是一个利益主体，当顾客用自己的利益选择标准去衡量销售人员的推销意向时，必然会产生赞同或否定的反应。一些成功的销售人员甚至认为，顾客提出异议，正是推销洽谈的目的与追求的效果。因为，只有当顾客开口说话，提出意见与反对购买的理由时，销售人员才有可能解决异议，达成销售目的。因此，销售人员不能以为顾客一提反对意见，就是对自己所推销的产品或服务不感兴趣，害怕顾客对自己提反对意见；相反，应对顾客提出的反对意见表示欢迎，并把顾客所提的反对意见作为检验自己、自己企业和所推销的产品的一个参考依据。

（二）顾客异议既是销售的障碍，也是成交的前奏与信号

顾客对销售人员与销售产品等提出异议，虽然是为进一步销售设立了障碍，但是，如果没有这些障碍的出现，销售人员始终只能唱独角戏。顾客一旦发表了异议，销售活动便进入了双向沟通阶段。因为顾客提出的异议可能是在告诉销售人员，他对销售人员的产品或服务已经发生了兴趣，但他还需要更进一步地了解商品的功能与价值，才能作出最后的决定。销售人员可以抓住这个机会，作更详细的说明，把产品的功能、特征及商品的使用价值解释得更清楚。所以说，顾客提出异议是表明销售已向成交跨进了一步，使销售有了进一步发展的基础。因此，销售人员既要看到顾客的异议为销售工作提出了障碍，又要看到解决顾客异议就可成交的前景。

（三）销售人员应认真分析顾客异议

顾客异议是多种多样的，不同的顾客会有不同的异议。对同一内容的异议又会有不同的异议根源。因此，销售人员必须仔细深入和善于观察判断顾客的言谈举止，洞察顾客的动作表情，把握顾客的心理活动状态，正确理解顾客异议的内容，区别与判断不同的异议根源，才能有的放矢地处理好顾客异议。

总之，在销售过程中，顾客异议是销售人员经常遇到的，只有正确地认识、妥善地处理，才能有效地促成交易。顾客异议是一种自然现象，销售人员要做的工作，就是充分利用顾客提出异议这一契机，及时给顾客以满意的答复，策略地使顾客加深对产品的认识，改变顾客原来的看法。

三、异议的种类

（一）对价格有异议

顾客最常讲的话就是：

"这个价钱太贵了……"

"这种价钱，我负担不起……"

"你们有价格低一点的汽车……"

对价钱有异议，是所有异议中最常见的一种，销售人员如果无法处理这种异议，十之八九，他的推销工作都会失败。

（二）对产品有异议

"听说这车很耗油……"

"我不喜欢这车的外形"

"发动机不是原装进口的"

这也是常见的一种"异议"，销售人员一定要先对产品有充分的认识，然后才能用适当的、有利的理由消除顾客的异议。

（三）对服务有异议

顾客常抱怨提车方式和时间不能跟他们配合，也抱怨定期维护工作不够理想，这些都是他们对企业提供的服务不满意。

销售人员如果能了解企业的政策和售后服务程序，就能以恰当的方式，取得顾客的谅解。

（四）对企业有异议

顾客的异议不只是针对产品，他们有时也会对企业的财务情况和经营方式提出异议，因此，销售人员要推销的往往不只是产品，还要推销汽车制造商和销售商。

（五）对订购时间有异议

有些顾客会说："我还要仔细想想……"或"下个星期再作决定吧！"

他们不肯立刻采取行动或用拖延的方式，无非是要拒绝销售人员的销售。他们不买的真正理由可能是价钱、产品或是其他问题。

遇到这种顾客，销售人员要找出真正的原因，只要还未到绝望的程度，就不要放弃。

如果顾客想改时间再谈，销售人员就要当场约定下次见面的时间，千万不要等到他要作决定时再谈。

（六）对销售人员有异议

有些顾客不肯达成交易，只是对销售人员有异议。譬如他不喜欢这个销售人员，不愿意让销售人员接近，同时也排斥销售人员带来的构想和建议。

为了不惹人讨厌，销售人员一定要穿着整洁，善于察言观色，还要设法让顾客觉得你是诚心诚意想帮他的忙，尤其重要的是不能对顾客耍小聪明，如果让顾客上一次当，他就永远不会再相信你了。

（七）因为竞争者而产生的异议

一些集团或企业顾客常常会说"我们已经有供应商了"，或者"我们现在对某品牌的汽车非常满意"。

对许多有经验的销售人员来说，有竞争对手并不是一个严重的问题，只要你能向顾客证明你的东西比别人的东西更好，你的对手就会被你击败。

（八）因为不需要而产生异议

有些客户会说：

"我根本不需要……"

"我觉得坐地铁更方便……"

四、产生异议的原因

顾客提出异议，一般是因为下列理由：

（一）习惯

大部分人在面对销售人员时，总会存有抗拒心理，他们把销售人员当成对手，想尽各种办法来推托拒绝，他们用借口甚至谎话来对付销售人员，久而久之，成了一种习惯。当每一个新的销售人员出现在他面前时，他很习惯地立刻把自己武装起来，并且很快地提出异议。对销售人员来说，只要应付得当，顾客的这种习惯并不构成任何威胁。

（二）排斥销售人员

顾客如果不愿意接纳特定的销售人员或他所代表的企业，他就会用异议来让对方打退堂鼓。不过，有些时候，他们排斥销售人员是因为他没有时间、没有兴趣或是情绪不好，甚至只是单纯地讨厌眼前的这名销售人员。

(三) 需要更多资料

一个顾客提出异议，是为了得到更多保证或是对现在的情况并不十分了解时，他会说"你只要提出更多证明，让我信服，我就买你的汽车。"其实，他心中差不多已经决定要买销售人员的产品，他提出异议，只是希望销售人员能提出更多资料，证明他这样做是正确的。

顾客心里常会有两种以上不同的意见在起冲突，当他们内心在交战，不知该买或是不该买，甚至不知是该买哪一种时，销售人员就要帮他解决，提出更多资料或证明，引导他作一项正确的决定。

(四) 没有充分了解产品的利益

这是顾客有异议的主要原因，一旦顾客了解产品对他的好处，他就没有理由提出异议了。销售人员应该了解，在大部分情况下，你的产品并不在顾客的需要清单上，如果他买了你的产品，他就没办法买清单上的其他产品。这就是说，他为了买你的产品，必须牺牲购买其他品牌汽车，因此，他一定要确定你的产品的利益能补偿他的牺牲，他才会购买你的产品。

(五) 无购买能力

购买能力是交易行为中一个重要的因素，如果顾客没有能力购买销售人员推销的产品，他就会提出许多异议。

销售人员在出门作访问前，最好先调查清楚顾客的经济情况，斟酌他的能力足以购买推销的产品时，再去登门造访，以免浪费时间和口舌。

如果销售人员没有事前打听清楚顾客的能力，但是在谈话过程中，发现他因为没钱而故意提出一些异议，这时候，销售人员就要赶紧设法结束这场没有结果的访问，安排时间去做其他更有价值的事。

(六) 顾客根本不需要的产品和服务

这也是浪费时间的访问，如果顾客根本不需要销售人员的产品和服务，销售人员就是"说破了嘴，跑断了腿"也没用。

五、处理异议的八项步骤

(一) 注意与关怀

顾客在发表他的意见时，作为销售人员要注意倾听，并且不要打断他的话；同时，除非仔细听完他的全部意见，不要妄下断言，否则，顾客会认为既然你不了解他，那就不必再谈其他的了。请注意，在倾听顾客谈话时，你要表现出了解并重视他观点的样子，即使他的异议是很荒谬的，也不可以表现在态度或表情上，而是应该让他觉得你的态度是诚恳、关怀、热心或友善的。

让对方明了你的体贴是销售工作中重要的一环，在倾听对方的异议后，不妨告诉他："你的意见的确与众不同，我确实了解你的感受"。"大部分人刚一开始都会有这种感觉，当然了，我想你一定想知道更多有关这种产品的一切"。

关怀并不是同情，销售人员一定要把握关怀的尺度，才能消除顾客异议。

(二) 评估异议

销售人员在倾听顾客述说他的异议时，要立即在心中作一番评估并且想好以什么态度以及何种方式来处理顾客的异议。

作为销售人员要知道,顾客的异议说得越多越详细,你就越知道该怎么处理这些异议;同时,你对异议的评估越正确,你就越能肯定自己该采取什么样的态度。

如果你在评估顾客的异议时,发现他只是在拖时间、找借口或是习惯性的抱怨,那你只需要点头,然后开始告诉顾客本企业产品的优点以及可能为他带来的好处。

(三) 点头效益

如果顾客的异议并没有实质内容,销售人员大可不必浪费时间去跟他争论。因为唇枪舌剑的结果,不但于事无补,反而可能把对方惹火了。

销售人员应对这类异议最明智的办法,就是先点头或是用简单的"我懂""很好"或"我了解"来赢得顾客的信任,然后再把他不知道或是没有提到的好处告诉他,让他对推介的产品、印象整个改观。

顾客述说他的异议,就是在告诉销售人员"到现在为止,你还没有把我想要的利益卖给我"如果销售人员明白了这一点,那么,对那些无关紧要的异议,销售人员只需点头而不必多辩,真正该做的就是"满足他的需要,把产品的利益卖给他",换言之,就是要告诉顾客他所不知道的产品的真正好处。

(四) 将异议转换成问话

顾客的异议代表了他的观点、意见和臆断,他既然述说了他的异议,很自然的,就一定会为他的异议辩护。销售人员的任务是消除顾客的异议,这个时候,双方处于敌对的立场,短兵相接的结果,总有一方要胜,也有一方要败。

如果顾客赢了,那么,销售人员不但输掉这场争战,也输掉了可能的销售机会。

先天上,顾客占了一种优势,那就是"大不了,不买",因此,销售人员在销售过程中,"如何扭转情势"就成了这场争战成败的关键。

"扭转情势"的第一步,就是消除顾客的敌意,解除对方的防卫线,因此,如何顺着他的话把他的异议转换成一种问话式的答辩,是销售人员应该注意到的技巧。

例如,当你的客户说"这款车,价钱太贵了"时,你不要直来直往地回答"不贵,不贵",因为这种答案是任何人都听不进去的。如果技巧地改成问话式的答案,效果就好多了,你可以说,"我明白,您的意思是担心我们产品的品质不够好,售后服务是不是良好,对吗?"这种把顾客异议转换成问话的方式,有几点好处:

1) 改变敌对的立场。让顾客觉得,你是能替他设想的"伙伴"而不是"敌人"。

2) 博取对方的好感。让顾客觉得你了解他的感觉,重视他的意见,因而产生了"与我心有戚戚焉"的感觉。

3) 把顾客嫌价钱太贵的简单意念,变成对"花钱的价值"的探讨。

4) 技巧地把价钱问题转成品质和服务的问题。如果顾客认为你说得有道理,那么,他就不会再把重点放在价格上了。

5) 在问话中,强调产品的好处能满足对方的需要,可以使原来有异议的顾客,接受你的建议,成为你真正的顾客。

(五) 答案清晰有力,并具有说服力

作为销售人员,当把顾客的异议转换成问话后,还得给这个问话一个清晰有力的答案,满足对方的需要,让对方确信购买本企业的产品是一个正确的决定,否则,顾客的异议还是

一个无法解决的问题。

当顾客的某些异议变成"同意"后,还要考虑到对方是否还有其他异议,怎么样才能知道顾客还有没有异议?最简单、最直接的方法就是请他签订单。如果他签了订单,你的推销工作便成功了;如果他不肯签,你就要再接再厉,问出原因,了解他的其他异议,然后再照着前面的方法,消除他的异议。

就实际的观点来看,请顾客签订单来了解他的异议是一种有效的方法,作为销售人员不要担心这样做会失去一位可能的顾客,要知道,不去追根究底才真的会失去顾客。如果对方的异议都已经消除,而他仍犹豫不决,不知道要不要订购本企业产品时,你不妨以别人为例(当然,这个别人,最好是对方认识并尊重的)。例如,你可以说:"牛津公司张经理,最早的感觉和看法也跟你一样,不过,他后来还是改变主意,订购了本公司的产品"。这样的说法,让对方觉得:第一,他并不是唯一先有异议,后来转成同意的人;第二,他所尊崇的人也都买了,那他就更应该买了。

适当地运用第三者的例子,对销售工作有很大的帮助,不过,作为销售人员在使用这个方法时,要注意下列几点:

1)这个第三者,确实是对方所尊崇的,最好是跟他同行,而且是他们那一行业中的佼佼者。

2)你所述说的第三者的经历是确有其事而不是凭空捏造。

3)让对方觉得,如果他不像他尊崇的第三者那样改正错误,别人知道后,可能会嘲笑他。

(六)问明对方是否满意你的答案

作为销售人员,当已经向对方给出清晰而强有力的答案后,还要问明对方是否满意你的答案。如果他说"不满意",那表示还有某些地方做得不够好,必须再努力;如果他的答案是"满意",那表示做法正确,努力也没有白费,这个时候,就应该采取进一步的行动。

(七)采取进一步行动

作为销售人员,当顾客对你的答复表示满意时,就要抓住机会,采取进一步行动,请他购买本企业的产品。如果他同意这么做,你的销售任务便圆满完成,如果他还是拒绝你的请求,你就要问出他不买的理由。

(八)找出其他的异议

如果顾客在销售人员对他的问题提供圆满答复后,仍旧不肯购买销售人员所推销的产品,那表示顾客还有其他异议,这个时候,销售人员就要耐心地照着上面的做法重来一次,问出他的异议,再设法消除他的异议。

第七节 缔结成交

一、建议购买

建议交易是整个汽车销售过程中的关键时刻,掌握提出交易建议的时机可以说是一种艺术,销售人员应当掌握。

大部分顾客在成交时会表现出犹豫不决,所以销售人员应主动提出成交,这样做的好处是：第一，可以确认顾客的要求；第二，帮助顾客作决定。但是如果太早就建议交易，很可能激起顾客的抗拒心态，一旦被顾客拒绝，销售人员与顾客的关系便出现某种程度的倒退。

二、购买时机

当顾客出现购买意愿时，顾客的肢体语言、语言语调会随之有所改变，并且会提出一系列的问题，这种情形称为顾客的购买信号。

（一）肢体语言

具体的肢体语言包括：
1）顾客肢体向前倾，或是向销售人员的方向前倾。
2）点头对销售人员看法表示同意。
3）出现放松或愉悦的表情和动作。
4）不断审视产品。
5）用心与仔细观看目录、合同，或是订货单。
6）详细地阅读说明书，并且逐条地检视。
7）眼睛闪闪发光，表现出很感兴趣的样子。

（二）提及的问题

顾客出现购买意愿时，有可能提及下列问题：
1）询问契约规定、订金金额。
2）询问指定的颜色何时交车。
3）询问办牌相关准备事宜。
4）询问贷款、缴款手续。
5）询问交车事项、交车地点。
6）询问售后服务和保修期。

三、成交技巧

一个优秀的销售人员应该知道，若想成功地完成销售，关键是全面地了解目标顾客的态度，以及他们对于产品说明和成交试探的反应。这就要求销售人员选择使用最恰当的成交技巧，而不是直接询问目标顾客是否愿意购买产品。

（一）假设型成交

销售人员假设目标顾客将要购买，通过语言或无声的行动来表示这种感觉："假如你买车，你会选择蓝色还是灰色？"或"是用现金还是信用卡支付？"

（二）二选一法

销售人员可以把最后决定集中到两点上，然后迫使顾客从二者中挑选一种办法。
销售人员："以车身的颜色来说，你喜欢灰色的还是绿色的？"
顾客："嗯！如果从颜色上来看，我倒是喜欢绿色的！"
销售人员："你真有眼光！现在最流行的就是绿色的！那么，汽车是在明天还是后天送来呢？"
顾客："既然要买，就越快越好吧！"
经过这样一番对话，顾客等于说要买了。所以这时销售人员应说："那么明天就送车"，这样即可很快缔结。

事实上，如果顾客向销售人员给出上述答复，的确就是表示他要购买销售人员所推销的产品了，如果他迟疑片刻而向销售人员表示他尚未作最后决定时，则销售人员也没有半点损失，仍然可以继续采取新的方式进行销售工作。

（三）小点促进型成交

销售人员可以从无足轻重的小的方面开始，逐步使目标顾客在更大的决定上点头。对有些目标顾客来说，作出一个大的购买决定十分困难，而对销售人员来说获得目标顾客对一些较小问题的同意或允许则比较容易。这个技巧同样适用于没有购买意图的目标顾客。在征求订单之前，销售人员就产品特性、外形、颜色、品质保修期、付款方式等方面向目标顾客提出问题。

小点促进型成交也常在第一次成交失败后，作为第二次尝试成交而应用。在这种情况下，销售人员可首先让目标顾客同意一些无关紧要的问题，然后再同意购买。

（四）利益总结型成交

这是最常用的成交方式，销售人员以总结产品特点的主要优势及其给目标顾客带来的好处来结束对产品的介绍。

（五）供应压力型成交

销售人员可以给目标顾客施加了一定的压力，让其现在购买而不拖延。销售人员暗示说很多人在购买这款汽车，以至于再晚一些，可能就买不到了，或者即使有库存，也不一定能满足目标顾客的需求量。销售人员必须非常小心，唯有当确信库存问题就要发生时，才能使用这种方法。尽管这种方法能够反映销售的真实情况，但它也不免会引起目标顾客的猜疑，尤其是销售人员的真诚及库存问题不是很明显的情况下。而且，如果库存问题不发生，那么目标顾客就会对销售人员的职业道德产生疑问，给关系的建立及将来的销售造成很大的困难。

（六）赞扬型成交

赞扬型成交特别适合那些自诩为专家、十分自负或情绪不佳的目标顾客。这类顾客比较乐于接受赞美的话，恭维可以使目标顾客喜欢倾听和作出反应。

所有的目标顾客都很重视别人对自己过人之处的真心的欣赏。作为一个销售人员，需要了解对目标顾客来说重要的是什么，并在准备成交时寻找能够在哪个方面恭维对方的方法。绝大多数人能辨别出虚伪或不恰当的赞美，因此，销售人员必须注意的是要有真诚的赞美才能使用。

第八节　售后服务

一般人常以为把汽车卖出去，销售已告完成，至于出售以后的事，他便漠不关心了。像这样的销售人员，实际上已犯了最严重的错误，那就是忽略了售后服务。没有售后服务的销售，在客户的眼里，是没有信用的销售；没有售后服务的商品，是一种最没有保障的商品；而不能提供售后服务的销售人员，也是最不能得到朋友的。

售后服务是销售的一部分，有远见的企业家和销售人员对于具有延续性销售作用的售后服务是不会掉以轻心的。现在就来讨论一下什么是售后服务，以及如何做好售后服务。

一、商品售后服务

商品的售后服务含义甚广，凡与所销售商品有连带关系且有益于购买者的服务，均属于商品的售后服务。这包括商品信誉的维护和商品资料的提供两方面内容。

（一）商品信誉的维护

售后服务最主要的目的是维护商品的信誉。一种优良的商品，在销售时总是强调售后服务的，在类似或相同商品推销的竞争条件中，售后服务也常是客户取舍的重要因素。因此，商品的售后服务也就代表了商品的信誉。一般商品信誉的维护工作有下列各种：

1. 商品品质的保证

销售人员在出售商品之后，为了使客户充分获得购买的利益，必须常常做些售后服务，这不只是对客户道义上的责任，也是维护本身商誉的必要行动。例如，专卖店出售了一辆汽车后，为了使这辆汽车能发挥正常的功能，就应该对其提供定期进行检查维护和维护的工作。

2. 服务承诺的履行

销售人员在说服客户购买的当时，必先强调与商品有关，甚至没有直接关联的服务，这些服务的承诺，对交易能否成交是极重要的因素，而如何切实地履行销售人员所做的承诺则更重要。往往有些销售人员在说服成交时，漫不经心地向客户提出售后的某种服务，后来却忽略掉了，因此很容易与客户发生误会或不愉快，如此一来，客户便有可能再也不会光临。

例如有的汽车销售人员，在说服客户时提出不少的优惠条件，说买了某款汽车以后就可以成为客户联谊会的永久会员，可以享受一些永久性的特别服务，最后却没有落实，如此，生意只做一次，而且还会留下招摇撞骗的恶名，这种做法只是急切地使产品销售出去，并不能提高客户满意度。

（二）商品资料的提供

使客户了解商品的变动情况是销售人员的一种义务。在说服一位客户以前，销售人员通常需将有关商品的简介、使用说明及各项文件资料递交给客户作参考，而在客户购买之后，却常疏于提供最新资料，这样是不妥的。

销售人员要有个基本的认识，那就是开发一位新客户远不如维持一位老客户来得重要，开发新客户在功能上是属于"治标"而真正能维持老客户才算"治本"。维持老客户的方法，除了使其产生对商品的信心之外，销售人员能继续向老客户提供有关商品的最新资料，也是一项有力的售后服务。

有许多商品，其销售资料常以报道性的文件记载，销售人员将它作为赠送客户、联络感情的工具，是最好不过的。每上市一款新车，销售人员将最新资料按时寄给客户，一方面可以给客户参考，另一方面借以报道商情。这样的做法可以让客户对商品有持续的好感，在商品资料的不断供给下，由于间接宣传的效果，往往又可以导引出更多的客户。

二、客户的维系

对客户所做的售后服务就是想要做好维系客户的工作。就实质上的功能来看，优良的售后服务无论是对销售人员个人或是其销售商都是极为有益的。诚然，所谓客户的维系是指汽车制造商、销售商及销售人员共同来维护客户。

（一）感情联络

售后服务的绝大部分，实际上就是做与客户感情联络的工作。由交易而发生的人际关系，是一种很自然而融洽的关系，人们常常因为买东西而与卖方交上朋友，销售人员及其销售商同样因为与客户的交易促成了深厚的友谊。于是客户不但成为商品的使用者，而且也变成销售商的拥护者与销售人员的好朋友。一般与客户感情联络的方法有：

1. 拜访

销售人员经常去拜访客户是很重要的事，拜访不一定非要推销，主要是让客户觉得销售人员关心他，也愿意对所销售的商品负责。销售人员的拜访不一定有任何目的，也许只是问好，也许是顺道而访，在行动上有一个原则，那就是尽可能把拜访做得自然一些，不要使客户觉得销售人员的出现只是有意讨好，更不要因为拜访对客户的生活造成干扰。

2. 书信电话联络

书信、电话都是联络感情的工具，在日常生活中用得很多。销售人员利用书信的机会也不少，譬如有些新的资料要送给客户时，可以书信方式附上便笺；客户个人、家庭及工作上有喜事出现时，致函示意，贺年、贺节、贺生日等。通常，客户对销售人员的函件会感到意外和喜悦。以电话与客户联络所发挥的效果也是不可忽视的，销售人员偶尔简短的几句问候的电话，会使客户觉得很高兴，然而交谊性的电话用词要适当、问话要得体，不能显得太陌生，也不能表现得太肉麻离谱。

3. 赠送纪念品

赠送纪念品，是一种常见的招徕手法，有些销售商对其客户一直做着很周到的服务，一有什么纪念品立刻会赠给老客户，纪念品的价值不一定很珍贵。以赠送纪念品这种方式基本上可以产生两种功能：一是满足人们的心理需求；二是它可以作为再次访问及探知情报的手段或借口，这是成功推销的捷径。

（二）情报搜集

情报搜集可以说是售后服务的另一不明显的目的，许多优秀的销售人员利用各种售后服务与客户联系接触的机会，以遂行其搜集情报的目的。因此也可以说，销售人员应该把握任何一次售后服务的时机，尽量去发掘有价值的客户，或有益于销售的任何情报。下面谈谈售后服务中情报搜集的要点：

1. 了解客户背景

销售人员在与客户做感情联系时，无论何种场合，或是拜访当时，或在电话洽谈中，或在其办公室，或在任何其他场所碰面时，销售人员都该技巧地询问或观察测知客户的背景，这包括他的家庭背景、职业背景以及社会关系。关于客户这些背景资料，销售人员应该花工夫略加整理，接触对象多了以后，很可能找到有益于推销的线索，因此，对客户的背景了解越多，就越能把握客户，经由客户的周围人士可得到意想不到的信息收获。

2. 连锁销售

老客户可以成为销售人员的义务"宣传员"，一位以真诚、热情打动客户的销售人员，碰见一些热心而乐于助人的客户，往往销售事情的沟通都会进行得很顺利，销售人员可以请客户连锁介绍——让老客户介绍新客户。

实训　展厅接待模拟实训

一、实训描述

以 5~6 人为一小组,进行展厅接待过程模拟训练。

二、实训目标

1)掌握接待礼仪的基本运用。
2)掌握提供咨询中的需求分析技巧。
3)掌握车辆展示的基本方法、步骤。
4)掌握异议分析的技巧。
5)掌握缔结成交的相关手续。
6)掌握跟踪服务的相关内容。

三、实训任务

1)顾客由展厅外进行展厅,销售人员主动上前招呼,并作简单介绍。
2)销售人员与顾客进行沟通,对顾客的购买意向、购买需求作简单了解。
3)销售人员与顾客交换意见,对顾客有购买意向的产品做六方位的环绕介绍。
4)销售人员针对顾客对产品及销售过程提出的异议进行解答,并深入了解顾客的需求。
5)完成顾客的购买过程,销售人员介绍购车手续以及售后内容。

第十二章 汽车销售实务

学习目标：

了解汽车消费信贷的基本知识和主要方式、汽车保险的基本种类；熟悉汽车消费信贷的具体操作实务；掌握具体的汽车销售操作实务和新车初检步骤。

第一节 汽车消费信贷代理服务

一、汽车消费信贷的基本概念

汽车消费信贷是信贷消费的一种形式。消费信贷是零售商、金融机构等贷款提供者向消费者发放的主要用于购买最终商品和服务的贷款，是一种以刺激消费、扩大商品销售、加速商品周转为目的，用未来收入做担保，以特定商品为对象的信贷行为。汽车消费信贷即用途为购买汽车的消费信贷。在我国，它是指金融机构向申请购买汽车的用户发放人民币担保贷款，再由购买汽车人分期向金融机构归还贷款本息的一种消费信贷业务。

在国外，尤其是发达国家信贷消费方式十分普遍。例如美国，信贷消费的历史最早，消费信贷业务也最为发达，借助消费信贷进行消费是美国居民的一个重要消费行为特征。目前，美国、西欧等工业发达国家和地区消费信贷的规模在整个信贷额度中所占的比重已达到相当高的程度。而且，无论是美国、英国、新加坡、西班牙、法国，还是日本、丹麦、挪威等国家的金融机构都向消费者提供分期付款的消费信用业务，期限长到可以父债子还。

20世纪初，在汽车大批量生产以前，由于价格十分昂贵，因而汽车只是以少数富人为消费对象的商品，是典型的奢侈品。随着福特发明的汽车装配线的采用，汽车的生产成本大幅度降低，美国汽车的产量也从1900年的4200辆猛增到1913年的462000辆和1929年的5358000辆。大批量的生产需要巨大的市场来支撑，从而必须想方设法使汽车由少数人消费的商品变成广大普通百姓都能够买得起的生活必需品。为此，美国的汽车经销商除了降低价格外，就是向购买汽车的消费者提供分期付款信贷，以刺激消费，扩大市场。自1910年首笔汽车分期付款信贷发放以来，汽车消费贷款在国外已有上百年的历史，大的跨国公司都有自己的融资公司为其产品销售提供支持。例如，通用汽车融资公司1998年总资产达1470亿美元，在全球有800万客户；1998年全欧共有2100万新车获得总计2050亿美元的贷款；在美国，通过贷款购置新车数占全部购车数的82%~85%，在德国这个比例为70%，作为发展中国家的印度为60%~70%。多年来，专业的融资公司积累了相当丰富的汽车消费贷款经验，手续简便灵活，对不同车型有不同的贷款利率，汽车贷款业务十分走俏。

汽车个人信贷消费在我国起步较晚。它是由早期的汽车分期付款销售业务转化而来的。当时银行没有介入，只是由汽车生产厂家和经销商联手，目的是扩大汽车的消费，市场反映并不热烈。随着我国汽车工业的发展，国家大力提倡个人汽车消费，并采取一系列政策措施，培育汽车市场成熟发展。近两年，随着我国城市道路交通建设步伐的逐渐加快，以及城镇居民收入水平的不断提高，个人汽车消费需求出现较大增长。

二、汽车消费信贷提供的主体

（一）我国目前汽车消费信贷的提供主体

作为一项贷款业务，我国的汽车消费信贷主要由商业银行来提供，如中国建设银行、中国工商银行、中国银行、中国农业银行以及交通银行等已经分别成立了类似汽车按揭中心的专门机构，并在汽车金融服务中心配备专门的人员。但是考虑到市场的特殊性，商业银行一般将贷款业务的许多手续委托汽车经销商代理。一些城乡信用社作为合法经营贷款业务的金融机构也提供为数不多的汽车消费信贷。还有一些经过中国人民银行批准的财务公司（主要是汽车集团下属的财务公司）已经开始做这项业务。此外还有一些专业金融租赁公司，它是以租赁的方式在参与汽车消费信贷市场的。

（二）国际上汽车消费信贷的提供主体

在国际上，提供汽车消费信贷的主体是附属于汽车公司的专业汽车金融公司。比如，在美国全部新车消费信贷中，银行仅占26%的份额。福特、通用、克莱斯勒、丰田四家专业汽车金融公司占39%，其他财务公司和信贷联盟占35%。汽车金融信贷并不仅仅促进了汽车的销售，同时非常重要的是它也是盈利的手段。这些专业汽车金融公司之所以占据较大份额，首先由于他们和生产厂商的天然联系，使得它的根本利益和厂商实际上是一致的，在关键的时候是可以互相支持的。比如在美国，汽车金融公司可以支援厂家的生产资金流动，而且对销售商有60天还款期，金融公司对销售商的期票进行承兑，对用户不但可以进行贷款和分期付款，还可以进行售后跟踪，尤其是对一些车的残值处理，这是那些非专业的汽车金融机构无法进行的。其次，由于他们只做汽车信贷业务，专业化非常强。他们为消费者提供涵盖汽车售前、售中、售后的更广泛的专业产品和服务。更重要的是，多年的从业经验使得他们开发出专门的风险控制系统、风险评估系统，甚至于专门的催讨系统，保证了较高的业务处理效率，具备了较强的竞争优势。商业银行尽管实力非常强大，但是在单一业务上却拼不过专业汽车信贷机构。他们的规模化即规模经济的问题，也是和他们的专业化联系在一起的。

这些专业汽车金融公司也早已看好我国市场，早在1995年，福特汽车财务公司就在北京设立办事处。1998—2001年德国大众金融服务公司、通用汽车金融服务公司先后在中国设立代表处，但没有开展实际业务。根据1999年11月中、美达成的有关入世的双边协议，我国将向外资开放汽车服务贸易领域，其中就包括中国允许非银行的金融机构提供汽车贷款融资——从中国加入WTO之日起，美方就可获得在汽车行业的贷款融资权，且包括非银行机构。中国入世后，通用汽车金融公司（GMAC）第一个向中国人民银行递交了成立合资汽车融资公司的申请，并且于2004年8月18日在上海成立上汽通用汽车金融公司，同年汽车贷款总额即达21976万元。面对国外汽车专业金融公司的进入，国内汽车集团也纷纷迎战，2002年12月21日，风神汽车公司与台湾裕隆公司举行了东风裕隆项目合作签字仪式，合资组建东风裕隆汽车销售公司、东风裕隆旧车置换公司、联友科技有限公司,合作经营东风汽车工业财务公司和东裕保险代理公司。

三、汽车消费信贷的主要方式

目前世界各国汽车消费信贷的方式各有不同,下面着重介绍几种有代表性的方式。

(一)美国汽车消费信贷的主要方式

在美国,向用户提供汽车消费信贷融资的方式主要有两种,即直接融资和间接融资。直接融资是由银行或信用合作社直接贷款给用户,用户用取得的贷款向经销商购买汽车,然后按分期付款的方式归还银行或信用合作社的贷款。间接融资是用户同意以分期付款的方式向经销商购买汽车,然后经销商把合同卖给信贷公司或银行,信贷公司或银行将贷款拨给经销商或清偿经销商存货融资的贷款。美国直接融资的比重约占整个用户分期付款融资的42%,间接融资占58%,而且统计资料显示,银行所占的比率逐年下降,专业信贷公司的比率逐渐上升。以专业信贷公司为主的间接融资是美国汽车消费信贷融资方式的主体。

美国汽车消费信贷方式几个特点:

1)美国的汽车消费信贷方式是通过完善的社会服务系统及先进的计算机系统来完成的,整体的操作非常有效率。

2)贷款期限一般为5年,即60个月,贷款金额约为车价的80%。

3)美国对用户消费信贷融资的法令规定广泛,主要目的是保障用户的权益。例如,法令规定汽车消费信贷销售合同必须说明利率、利息费用、月付款等贷款条件。

4)在美国,租贷融资的比例正在逐渐增加。这种方式既能使消费者可以经常更换车辆,同时又免去了处理旧车的麻烦。

(二)日本汽车消费信贷的主要方式

日本汽车消费信贷开始时主要以银行为主体来开展这项业务。到20世纪60年代前期,为了对抗美国汽车生产厂家强劲的销售能力,日本汽车工业协会提出了通过扩展消费信贷销售内容,以增加对国产汽车需求的建议,并提出应创办汽车销售金融公司。以此为契机,许多汽车公司纷纷成立金融公司来促进这项业务的开展。目前,日本约有50%的用户是通过消费信贷方式购车的,而另外50%以现金或向亲友融通资金购车。

日本汽车用户融资的方式基本可以分为以下三种:

1. 直接融资

直接融资通常是指用户直接向银行贷款购车,并以购买的汽车作为贷款的抵押物,然后再向银行进行分期付款。

2. 间接融资

这种方式与美国的间接融资基本上是一样的,即经销商将愿意以分期付款方式购车的用户,先通过汽车厂专属的信贷公司或信贩公司的信用评估,然后与用户签订分期付款合同的经销商,把这个合同转让给信贷公司或信贩公司。信贷公司或信贩公司把贷款及佣金拨给经销商。

3. 附保证的代理贷款

附保证的代理贷款是指金融机构(通常是保险公司)提供贷款给用户购车,但是整个贷款的作业从信用核准到贷款后的服务及催收都由信贩公司处理,信贩公司保证在客户不付款时要代替客户向金融机构支付贷款,信贩公司则向提供贷款的金融机构收取一定的费用。这是日本一种较为有特色的做法。

这种做法的好处是金融机构(银行或保险公司)对用户的贷款通过专业信贩公司的管理及对贷款的保证,把贷款风险降到最低,信贩公司也通过这样的安排不必考虑资金的筹措问题,用本公司提供的专业服务获取适当的报酬,这是一种高度分工的做法。

日本汽车金融融资的特点是融资的市场主体由信贩公司、银行、汽车制造厂专属的信贷公司及经销商所组成。其中,专业信贩公司占业务量的比率最大,并且逐年上升,银行占业务量的比率则逐年下降。

(三) 我国台湾地区汽车消费信贷的方式

我国台湾地区从事消费信贷融资业务的市场主体主要由制造厂专属的销售融资公司、专业的消费信贷公司及银行组成,三者占整个汽车消费信贷融资的比例分别为45%、10% 和45%。我国台湾地区的汽车消费信贷方式主要有两种:一种是由银行直接贷款给用户,而用户将取得的贷款向经销商购买汽车;另一种方式是以分期付款销货的方式,即用户通过经销商的中介,以分期付款的方式向销售融资公司买车,这是我国台湾地区消费信贷融资的一个非常有特色的做法。

这种融资方式具有如下几个特点:

1) 融资方式以附条件买卖方式完成。销售融资公司通过汽车经销商的中介,将车辆以附条件买卖的方式出售给用户。

2) 附条件买卖合同需向公路管理机关登记取得抵押权,在用户未按合同完成各项交易条件时,销售融资公司可要求买方立即清偿剩余款项或强制取回车辆进行拍卖。

3) 车辆在出售给用户前,所有权属于经销商,销售融资公司或分期付款公司必须先从经销商那里将车买回,取回所有权。

4) 消费信贷融资的金额通常是车辆零售价的 70% ~ 80%,一般分期付款期限为 2 ~ 3 年。

5) 我国台湾地区目前还没有完善的个人信用资料系统,只有银行行业公会储存了个人在银行的部分信用资料,因此,销售融资公司在作信用调查时,通常以电话访问的方式了解用户的信用状况。用户一般需要提供保证人及财产或收入证明。

(四) 我国汽车消费信贷的方式

目前,在我国提供汽车信贷业务的服务主体主要有三类:商业银行、汽车经销商和非银行金融机构,其中以商业银行为主,根据服务主体的不同,中国的汽车信贷市场上有以下三种经营模式:

1. 以银行为主体的信贷方式

该汽车信贷是由银行、专业资信调查公司、保险、汽车经销商四方联合。银行直接面对客户,在对客户信用进行评定后,银行与客户签订信贷协议,客户将在银行设立的汽车贷款消费机构获得一个车贷的额度,使用该车贷额度就可以在汽车市场上选购自己满意的产品。在该模式中,银行是中心,银行指定律师行出具客户的资信报告,银行指定保险公司并要求客户购买其保证保险,银行指定经销商销售车辆,风险由银行与保险公司共同承担。目前,国内提供汽车贷款的银行已不下 10 家。虽然各家银行所提供的服务程序不完全一样,但都是采用银行、保险、专业资信调查公司、汽车经销商合作的方式进行消费信贷业务。

2. 以汽车经销商为主体的信贷方式

该模式的汽车信贷是由银行、保险、经销商三方联手，由经销商为客户办理贷款手续，负责对客户进行资信调查，以经销商自身资产为客户承担连带责任保证，并代银行收缴贷款本息，而客户可享受到经销商提供的一站式服务。这种信贷模式的代表是北京亚飞汽车连锁总店。由于经销商在贷款过程中承担了一定风险并付出了一定的人力、物力，所以通常需要收取2%~4%的管理费。

目前，以经销商为主体的信贷方式又有新的发展，从原来客户必须购买保险公司的保证保险到经销商不再与保险公司合作，客户无需购买保证保险，经销商独自承担全部风险。比如，亚飞与光大银行推出的"三省模式"汽车信贷服务，由亚飞进行资信调查，负责贷前、贷中、贷后的信用管理，并对贷款进行全程担保。

3. 以非银行金融机构为主体的信贷方式

该模式由非银行金融机构组织进行购买者的资信调查、担保、审批工作，向购买者提供分期付款服务。目前国内的非银行金融机构通常为汽车生产企业的财务公司。上汽、一汽、天汽等都有自己的财务公司。其中，上汽的财务公司于1997年开始进行个人消费信贷业务，具体的模式如下：由经销商出30%的款项从上海大众公司提车，其余70%由上汽财务公司提供，该类车辆只能以消费信贷的形式售出。客户购买保险公司的保证保险，律师行出具资信文件，由经销商提供车辆，上汽财务公司提供汽车消费信贷业务。一旦出现客户风险，由保险公司将余款补偿给经销商，经销商再将其偿还给上汽财务公司。

四、汽车消费信贷实务

（一）汽车消费信贷工作的参与单位及其职责

汽车消费信贷工作的参与单位有汽车经销商、商业银行、保险公司、汽车厂家、公证部门、公安部门等。各单位在汽车消费信贷工作中的职责如下：

1. 经销商的职责

经销商的具体职责包括：

1）负责组织协调整个汽车消费信贷所关联的各个环节。
2）负责车辆资源的组织、调配、保管和销售。
3）负责对客户贷款购车的前期资格审查和贷款担保。
4）负责汽车消费信贷的宣传，建立咨询网点及组织客源。
5）负责售后跟踪服务及对违规客户提出处理。

2. 银行的职责

银行的具体职责包括：

1）负责提供汽车消费信贷所需资金。
2）负责对贷款客户资格终审。
3）负责贷款购车本息的核算。
4）负责监督、催促客户按期还款。
5）负责汽车消费信贷的宣传工作。

3. 保险公司的职责

保险公司的具体职责包括：

1）为客户所购车辆办理各类保险。
2）为贷款购车客户按期还款做信用保险或保证保险。
3）及时处理保险责任范围内的各项理赔。

4. 公证部门的职责

公证部门的具体职责包括：

1）对客户提供文件资料合法性及真伪进行鉴证。
2）对运作过程中所有新起草的合同协议从法律角度把关认定。
3）对与客户签定的购车合同予以法律公证，并向客户讲明其利害关系。

5. 汽车厂家的职责

汽车厂家的具体职责包括：

1）不间断地提供汽车分期付款资源支持。
2）给予经销商提供展示车、周转车的支持。
3）给经销其产品的经销商提供广告商务支持。
4）给销售达一定批量的经销商返利支持。
5）负责车辆的质量问题及售后维修服务。

6. 公安部门的职责

公安部门的具体职责包括：

1）对有关客户提供有效证明文件。
2）对骗购事件进行侦破。
3）快速办理完成车辆入户有关手续。
4）做到车辆在车款未付清前不能过户。

7. 咨询点的职责

咨询点的具体职责包括：

1）发放宣传资料、扩大业务覆盖面。
2）解答客户提出的有关购车问题。
3）整理客户资料。
4）对欲购车客户进行初、复审查。

（二）汽车消费信贷的操作实务

下面以汽车经销商为主体的信贷方式为例详细介绍汽车消费信贷的操作实务。

1. 经销商汽车消费信贷工作内设部门职责

资源部：负责商品车辆的资源组织、提运及保管。
咨询部：负责客户购车咨询服务、资料搜集及车辆销售工作。
审查部：负责上门复审，办理有关购车手续及与银行、保险、公证等部门工作的协调。
售后服务部：负责客户挑选车辆、上牌及跟踪服务。
档案管理部：负责对档案资料的登记、分类、整理、保管及提供客户分期付款信息。
财务部：收款，开票，办理银行、税务业务，设计财务流程及车辆销售核算。
保险部：为购车人所购车辆做各类保险。

2. 经销商汽车消费信贷业务的流程

（1）客户咨询　客户咨询工作主要由咨询部承担，工作内容主要是了解客户购车需求、帮助客户选择车型、介绍购车常识和如何办理汽车消费信贷购车、报价、办理购车手续等。由于客户咨询工作是直接面对客户的，所以礼貌待客、耐心解说、准确报价、周到服务是对客户咨询员的基本要求。

（2）客户决定购买　在客户咨询员的介绍和协助下，客户选中了某种车型决定购买，此时咨询员应指导客户填写"消费信贷购车初、复审意见表""消费信贷购车申请表"，报审查部审查。

（3）复审　审查部根据客户提供的个人资料、消费信贷购车申请、贷款担保等进行贷款资格审查，并根据审查结果填写"消费信贷购车资格审核调查表"等表格，还要对"消费信贷购车初、复审意见表"填写复审意见，然后将有关资料报送银行。

（4）与银行交换意见　这一阶段主要由审查部将经过复审的客户资料提交贷款银行进行初审鉴定。

（5）交首付款　这一工作由财务部负责进行，财务部在收取客户的首期购车款后，应出具收据，并为客户办理银行户头和银行信用卡。

（6）客户选定车型　客户选定车型后，由服务部根据选定车型填写"车辆验收交接单"，以备选车和提车时使用。

（7）签订购车合同书　客户选定车型后，由审查部准备好购车合同书的标准文本，交于客户仔细阅读，确认无异议后，双方签订合同书。

（8）公证、办理保险　办理公证和保险需要许多资料、手续繁复，各部门间应相互配合，这部分工作应由审查部和保险部共同承担。

（9）终审　审查部将客户文件送交银行进行初审确认，鉴定合格的有关文件提交主管领导签署意见。

（10）办理银行贷款　审查部受银行委托，与客户办理相关个人消费信贷借款手续。

（11）车辆上牌　服务部携购车发票、购车人身份证、车辆保险单等有效证件到车辆管理部门代客办理车辆上牌。

（12）给客户交车　服务部代客办理车辆上牌手续后，应留下购车发票、车辆购置费发票、车辆合格证和行驶证的复印件，然后向客户交车。

（13）建立客户档案　经销商应建立完整的客户档案，以便售后服务工作和贷款催讨工作能顺利开展。

汽车消费信贷业务中涉及许多操作性文件，这些文件中的有关说明和式样将在本节的后文中有选择地进行介绍。

3. 汽车消费贷款银行审批程序

经销商根据客户提供的个人资料、消费信贷购车申请、贷款担保等进行贷款资格审查，并根据审查结果填写"消费信贷购车资格审核调查表"等表格，然后将有关资料报送银行。

4. 汽车消费信贷的程序管理

由汽车消费信贷的操作程序可知，消费信贷的操作程序大体上可以分为：贷款申请、贷前调查、信用分析、贷款的审批与发放、贷后检查、贷款收回、逾期及逾期处理等。这几大程序中，中心环节是贷前调查、贷时审查和贷后检查，也即通常所说的贷款"三查"。把好"三查"关是保证贷款顺利发放、安全收回的关键所在，对保证贷款的经济效益具有重要的意义。汽车消费信贷的操作程序中的几个关键环节细述如下：

（1）贷款申请　这是借款人与银行发生贷款关系的第一步。作为汽车消费信贷来说，因其贷款对象是消费者个人，而不是工商企业。也正是由于这个区别，消费者个人在提出贷款申请时，其申请贷款的数额、期限以及申请时所提供的材料等都与其他贷款不同。因消费信贷的数额一般较小，而银行对申请者所要求提供的材料，却因消费者个人的资产信用状况不同于工商企业，而显得较为繁杂。

一般来说，借款人在提出借款申请时，应详细列述以下内容：

1）个人汽车消费贷款申请表。

2）有效身份证件（含身份证、临时身份证、公安部门开具的身份证遗失证明或补领证明）复印件、婚姻证明（结婚证复印件、离婚证复印件或未婚证明，其中未婚证明由借款人携带身份证及户口簿至户口所在地民政部门婚姻科即可办理，结婚证或离婚证遗失可同样处理）。

3）目前居住地址证明（完整的户口簿复印件及距申请日期两个月之内的水费、电费、煤气费、固定电话费等账单任一，上述对账单均需留有有效地址并应与借款申请书核对一致无误）。

4）职业及收入证明（工作证复印件和工资单及代发工资存折复印件或其他有效的工作、收入证明）（工商银行规定国家公务员、银行证券保险机构正式在编人员、医生、教师、高级技术人员、执业注册会计师、执业律师等申请汽车消费贷款时，若月还款额为3000元以下的可免交收入证明）。

5）有效联系方式及联系电话（由客户提供个人居住电话、单位电话、移动电话、电子邮箱地址的书面说明）。

6）在银行存有不低于规定比例的首付款凭证（在银行的存款凭证复印件）或加盖经销商财务章的首付款收据。

7）与银行认可的汽车经销商签订的购车合同。

8）担保贷款证明资料。以房产作抵押担保的，提供《房屋产权证》。如抵押物已出租，还需提供承租人出具的"一旦借款人违约，同意银行无条件处置抵押物"的书面承诺。

9）在银行开立的个人结算账户凭证及扣款授权书。

10）按银行要求提供有关信用状况的其他合法资料。

（2）贷前调查及信用分析　如果说借款人提出贷款申请是借贷关系发生的开始，那么贷款调查和信用分析，则是决定借贷关系能否发生的关键。也就是说，贷前调查和信用分析是对申请做出的反应，通过对申请人的调查和信用分析，判别申请人是否有资格取得贷款。消费信贷的贷前调查和信用分析，是通过对这些私人贷款中存在的各种风险进行评估，而这些风险无疑是与商业贷款的风险不同的。在一般的银行贷款评估时，通常要分析贷款人信用的五个方面，即品质、资本金、能力、环境和担保，其中最重要的同时也是最难于评估的莫过于对借款者的品质甄别。

1）对借款者品质的调查。

在对借款者品质进行调查时，首先必须掌握借款人的还款意愿。在这里，金融机构能获得的唯一量化资料是借款人的申请和信用记录。金融机构一般要取得借款人的身份证，核实其就业情况，审查其贷款申请的准确性，甚至必要的时候向与借款人有过借贷关系的其他单位征询。如果金融机构确认借款人存在不诚实或有欺诈行为，则会拒绝放贷。以中国工商银行上海市分行个人汽车消费贷款业务操作流程为例，该行规定调查取证的工作要点如下：

A. 调查核实汽车经销商是否为我行合作汽车经销商，如非我行合作汽车经销商，则应根据《中国工商银行上海市分行汽车经销商管理办法》新建业务合作关系。如确认为我行合作汽车经销商，也应查询分行公布的"不良汽车经销商名单"，调查经销商是否存在有抛高车价、伪造资料、协助借款人作假、违规经营风险、管理混乱、不按合作协议条款履行义务等行为。如发现有上述行为，应及时将该经销商信息逐级上报分行。不得受理非分行许可品牌的汽车贷款业务（许可品牌名单详见《中国工商银行上海市分行汽车经销商管理办法》）。

B. 调查员需到借款人和财产共有人家庭或单位调查核实借款人购车意愿的真实性、汽车价格的有效性；核实借款资料是否真实、完整、合法、有效；核实借款人主体资格情况；核实借款人的身份、职业、收入、资产、住址、联系方式、身份证件及民事行为能力等。通过与借款人面谈，了解借款人基本情况，作好谈话记录并由借款人签字确认。

第一，调查身份真实性。其具体措施是核验借款人的身份证、户口簿等身份证件。对身份证明的确认要重点核实身份证明的真实性和有效性。确认身份证明的真实性主要可通过以下途径来取得：通过身份证鉴别仪器判断真假；通过发证机关核证身份证明的真实性；通过查验身份证明的有效期来确定身份证明的有效性。如果该证明超过有效期限，则应要求其提供新的有效证明。

第二，调查职业与收入状况。其具体措施是电话或上门调查借款人提交的工作单位证明。收入证明有多种形式，如单位出具的收入证明、工资单、个人收入调节税税单、代发工资存折、房屋租赁合同及税单、股权分红税单等。其中：

● 个人收入调节税税单、代发工资存折和银行卡对账单真实性程度较高，在操作中一般要求借款人提供近3个月的上述证明单证。对于此种方式提供收入证明的，可通过电话核实收入并作好相应记录。

● 工资单，采用此种收入证明的仅限于国有企业、上市公司、政府机关、事业单位，在借款人提供工资单的同时，要求其提供工作证作为附件。对于此种方式提供收入证明的，可通过电话核实收入并作好相应记录。

● 工作单位收入证明（分行统一格式），一般情况下借款人在不能提供上述证明的情况下，应按照我行统一格式提供收入证明，并加盖单位法人公章或人事部门印章（其他印章无效），对于此种方式提供收入证明的，调查人员应做到上门核实。

● 租金收入：要求借款人提供租借合同以及纳税证明。

● 股权分红：要求借款人提供股权分红税单。

● 私营企业营业税税单、私营企业纳税申报表和银行对账单。

● 其他还款来源的调查核实。

计算还贷能力时除抵押物以外，还可引入第二还款来源，主要包括股票持仓清单、大额养老保险单、国债凭证等。其中对于股票持仓清单，应要求借款人提供其指定交易的证券公司盖章的股票持仓清单以及经核对后的股东磁卡复印件。

C. 对符合以下条件的借款人，允许其进入我行个人汽车消费贷款"绿色通道"，第一，已支付首付款比例超过5成（含）；第二，以房产抵押申请本贷款，房产抵押成数低于5成。

对进入个人汽车消费贷款"绿色通道"的借款人,经办行可结合实际情况,减免贷款资料,提高审贷效率。

D. 查询借款申请人及配偶的个人联合征信系统信用信息、分行客户预警信息数据库,了解借款人及其配偶的信用状况、资产及负债情况。对有以下三种不良信用记录的应予拒贷:第一,贷款有逾期记录的;第二,信用卡有恶意透支的;第三,有刑事记录的。此外,由于目前个人联合征信系统及分行客户预警数据库仍存在信息不完全、不充分的情况,调查岗还应细致分析借款人提供的各种借款申请资料的内在信息,如通过消费信贷台账、房贷台账、信用卡透支信息系统查询借款人及配偶在我行的贷款及归还情况,凡借款人偿债能力不足或发现已发生违约行为,不得发放新的贷款。

E. 调查借款人购车行为与购车价格的真实性。审核购车合同是否与银行指定的经销商签订,调查购车真实性、贷款用途的合法合规性、实际购车车型配置与经销商推荐是否相匹配,购车价格与市场价格是否符合。

F. 调查借款人住址。其具体措施是核验借款人提交的住址证明的真伪,核实住址房产证、水电煤账单、信用卡对账单等的真实性、一致性。居住地址的证明包含户口簿、公房租赁证明、产权证、水电煤账单等。

G. 调查借款人单位及联系方式:工作单位的核实可以通过114台查询,如114台查询没有该信息,则应通过上门查证。核验借款人填写的相关资料中电话号码等联系方式的真实性,要求借款人须提供3个联系电话,即家庭电话、单位电话和移动电话,并逐一进行核实。

H. 经办行认为需了解的其他内容。

2) 对借款者资本金的信用分析。

这里的资本金是指借款者的富裕程度、收入水平。因为消费信贷几乎都是以借款人的收入作为其还款的第一来源的,所以资本金的多少能直接反映出借款人在满足一般生活支出和偿还其他债务以后偿还贷款的能力。因此,金融机构在对资本金进行信用分析时,首先要核实判断借款人在借款申请中所报收入与实际收入水平是否相符,并且还要判断其收入来源的合法性和稳定性。其次,金融机构还要计算出借款人在满足其日常正常开支后,有哪些收入可以作为还款来源,并把这些收入与未来一定时期内贷款的本息偿还作比较。中国工商银行上海市分行个人汽车消费贷款业务操作流程是这样规定的:

在对借款人所提供贷款资料调查核实基础上,结合收集到的其他相关信息,分析客户第一还款来源、第二还款来源和贷款风险收益等。分析主要包括:

- 借款人资格和条件是否符合规定。
- 贷款用途是否符合规定。
- 通过对借款人职业、收入稳定性的分析以及借款人资产状况分析,认定借款人第一还款来源及第二还款来源。
- 信誉状况分析。分析借款人的个人住房按揭贷款、个人消费贷款、信用卡等的往来情况和履约情况。
- 市场及经营情况分析。分析汽车市场预期变化的影响,分析经销商的信誉与经营状况。
- 担保能力分析。按照交易价与评估价的"孰低原则"分析保证能力,抵押物的变现能力,确定抵押率,核实抵押物最高担保额度。
- 风险收益分析。分析贷款价格、保险公证等中间业务回报及贷款潜在风险。
- 借款人偿债能力(偿债率)分析。

$$偿债率 = \frac{按月还本付息总额}{(贷款期间的家庭月均收入 + 其他固定或稳定还款来源/还款期数)} \times 100\%$$

其中:
- "按月还本付息总额"为借款人夫妻双方月负债总额,计算公式为

$$按月还本付息总额 = \frac{贷款本金(1 + 贷款月利率 \times 贷款总月份)}{贷款总月份}$$

- 重要提示:"按月还本付息总额"既包括本次贷款月还款额,也应包括借款人夫妻双方其他负债每月应偿还贷款金额。
- 家庭收入只计算夫妻双方收入的合计,不加入家庭其他成员的收入。
- "还款期数"特指贷款总月份。
- 其他固定或稳定还款来源:40%×股票市值 + 70%×国债 + 70%×保险单现金价值 + 70%×6个月(含)以上的定期存款。其中,允许计入上述还款来源的保险单种类暂定为人寿型、投资分红型或其他储蓄型保险。

3)对借款者抵押担保物的调查

抵押是指债务人为了保证主合同的履行而以其所有的财产作为履行合同的担保,当其不履行或者不能履行合同时,主合同债权人依照有关法律或合同约定处分该抵押物并从中优先受偿。

担保是指保证人与借贷合同当事人之间协商达成的关于被保证的当事人不履行或者不能履行合同时,保证人代为履行或者连带承担赔偿损失责任的协议。

消费信贷一般要求消费者提供一定数量的抵押担保物,据以作为其还款的第二来源,即在借款者的收入不足以偿还贷款时,银行就把抵押担保物作为另一还款来源。因此,银行有必要对贷款的抵押担保物进行详细的调查。在一般情况下,抵押担保物要求必须有与贷款额度相当的价值,并且价值必须稳定,且具一定的流通性,所以银行必须要认真调查核实抵押物情况。

对抵押物的调查核实需双人调查核实,通过到房地产交易中心与实地调查(包括走访物业公司、邻近房地产中介等)相结合的方法,核查了解抵押人的担保意愿、担保抵押品的担保能力及抵押是否足额。

以房产、汽车作抵押的需实地核查抵押物权属、抵押物价值的真实性。按照抵押充足性的基本原则,依据银行认定的评估机构出具的评估报告,调查抵押物实际价值是否足额,首付款金额加贷款金额是否小于或等于汽车市场价,确认贷款最高额不超过抵押房产价值和购车款的规定比例。

(3)贷款的审批与发放 金融机构对借款人的资信状况已经有了足够的了解之后,就可根据前两个步骤所取得的资料,做出是否给予发放贷款的决定。如果金融机构认为可以放贷,就与借款人签订借款合同,发放贷款。银行有权签批人为经分行转授权的一级支行(营业部)行长(总经理)或业务主管行长(主管副总经理)。有权签批人负责审阅有关材料,根据审核人的综合评价意见,对符合贷款条件的,在授权权限内签署审批意见,并对签批意见负责。

其工作要点为：
- 阅贷款资料、调查报告、审查岗审查意见，根据贷款审核岗综合评价意见，作出贷款审批结论。
- 授权权限内签批贷款。对同意贷款的，在贷款审批表上签署审批意见，连同全套贷款资料交还审核人员，由审核人员交信贷管理部综合管理人员负责落实审批意见。
- 对不同意贷款的，在贷款审批表上签署审批意见后连同全套贷款资料逐级退回。
- 对于超权限贷款，应在贷款审批表上签署审批意见后报送分行信贷部审批。
- 金融机构审批消费贷款时，经常采用两种方法：一种是经验判断法；另一种是信用评分和数量分析法。这两种方法中，前者较具主观性，主要由信贷员根据借款人申请及对借款的信用调查后所得结果做出贷款决定；后者比较客观一些，通常是由金融机构先建立一个信用评分模型，然后，信贷员通过此模型对贷款者进行等级评分。如果总分值超过了"拒绝分值"，则信贷员批准放款，反之，拒绝放款。信用评分方法的可靠性和科学性在于模型是根据众多借款者的历史资料，运用数据统计原理而建立起来的，比经验评估法客观得多。

（4）贷后检查及贷款的收回 在贷款发放以后，金融机构为了保证贷款的及时偿还，通常要对贷款进行贷后跟踪检查。在消费信贷中，这也是不可缺少的一个环节。特别是对分期偿还贷款，银行一般要定期检查贷款的执行情况，要求借款人定期反映其收入变动状况等，以随时掌握、控制可能发生的风险。金融机构有必要加强对还款的管理，以确保这些贷款本息如期全额收回。

贷后管理由银行消费信贷业务部门（个人金融业务部）综合管理人员负责，其工作要点如下：
- 发放贷款检查。贷款发放后2个工作日内，银行信贷业务部门（个人金融业务部）综合管理员要与借款人取得联系，通知贷款已发放；贷后5个工作日内，检查贷款是否已经汇入借款人指定账户。
- 银行对借款人信息变动情况和贷款的使用及还本付息情况进行监督检查，定期了解借款人的职业、收入、住所、联系方式等变动情况，对于借款人信息发生变化的情况要及时在台账中予以更新。
- 督促借款人续保受益人为我行的抵押品财产险等相关险种。
- 对违约2个月以内（含2个月）的贷款进行催收。对违约程度不同的贷款，一般可采用以下催收方式：

违约1个月以内，电话信函催收：对违约贷款账户按规定进行电话催收和信函催收，银行向借款人寄送《个人消费贷款催收通知书》，并对电话和信函催收情况进行详细记录。电话催收包括客户姓名、电话催收时间、通话内容、催收效果或通话失败等情况的记录；信函催收包括信函催收记录、回执记录和贷款收回记录。

违约1个月以上、非质押类贷款违约的应实施上门催收：银行应认真调查借款人家庭情况，向借款人当面发出《个人消费贷款还款敦促函》，并取得回执。如果该笔贷款有连带责任保证人，则应同时向连带责任保证人发出催收通知，要求保证人履行连带保证责任，及时清偿逾期贷款本息。银行消费信贷业务部应对上门催收情况进行详细记录、整理。

违约2个月以上或确认可进入司法诉讼程序的违约贷款，可移送银行贷款催收岗催收或进入不良资产处置程序。

不良资产处置由专职人员负责，其职责如下：落实不良贷款清收计划，对于各支行报送的违约3个月（含）以上的不良贷款，负责组织集中清收、转化和呆账核销，及时处置不良贷款。

对逾期3个月（含）以上的不良贷款，逐户分析认定，决定催收方案。对借款人确无还款能力的，符合贷款核销条件的借款人可以实施贷款核销方案；对于符合以物抵债条件的借款人实施以物抵债方案。对没有还款意愿者，在诉前财产保全的前提下应诉诸法律，经法院拍卖后及时收回贷款。

贷款呆账核销工作应在坚持"逐级审查、集体审核、严格规范、实事求是"的管理原则下，严格按照核销呆账贷款的标准和条件进行，从而保证呆账贷款资料的真实性、完整性、规范性。按照规定的流程进行逐级审批，对经批准核销的呆账，作账销案存处理。除法律法规规定债权与债务或投资与被投资关系已完全终结的情况外，对已核销的呆账继续保留追索的权利，并对已核销的呆账及应收利息等继续催收。

5. 汽车消费信贷的管理要求

金融机构对消费信贷的管理要求主要突出"三性"，即盈利性、安全性和流动性。因汽车消费信贷与其他种类的贷款有很大的不同，所以在管理上也有不同的要求。

（1）汽车消费信贷的盈利性　金融机构从汽车消费信贷中所得的收益主要来自于贷款的利息及其他相关手续费。从国际上看，消费信贷的利率是各种贷款中最高的，而且大部分的消费贷款都按固定利率发放。特别是近几年来，随着金融自由化的不断发展，各国纷纷取消利率限制，使得金融机构在必要的时候能迅速提高消费贷款的利率，因而，金融机构从贷款的利息中所获收益比较高而且稳定。从实际经验来看，消费信贷的利率偏高不会影响客户的需求，这主要是由于消费者对消费贷款的利率敏感度相对较低。而且，消费信贷与商业贷款相比，前者因其规模一般较小，因而单位管理成本较大。再者，与商业贷款相比，消费信贷中借款者违约的可能性更大，需要有较大的利差以弥补可能的损失。总之，各种因素决定了消费信贷的利率得以在高位上运行，除利息收入外，金融机构还能从消费信贷中获取大量非利息收入，主要是各种手续费、服务费收入。

（2）汽车消费信贷的安全性　一般来说，在金融机构的各种贷款中，消费信贷的损失最大、风险最大，这主要是因为消费者个人收入的不稳定以及各种欺诈行为的盛行所致。

金融机构对于消费信贷的安全管理一般采取以下措施：

1）在贷款审批过程中，加强对借款人的资信分析，建立严格的评估制度，力求把借款人可能发生的由于收入不稳定和道德问题而产生的风险减少到最低限度。

2）为了使银行在风险发生时不至于遭受更大的损失或者把损失程度减到最小，银行应要求借款人提供相应价值的抵押物，以便在借款人无力偿还贷款时，银行仍能取得一定补偿。

3）加强对消费信贷的贷后检查，特别是对消费贷款，应当建立经常性检查制度。银行应对客户的贷款执行情况随时监控，尽可能将各种可能发生的风险减少至最低的程度。

（3）消费信贷的流动性　消费信贷的期限比较短，似乎不会对金融机构的流动性带来什么风险。但是，由于大多数消费信贷都实行固定利率，因此，在利率波动频繁的时候，金融机构就有可能面临流动性风险。特别是当利率下降时，借款人通常会提前偿还旧贷款，重新借新贷款来逃避利率下降给他们带来的损失，这时候就会给银行安排贷款的资金来源带来麻烦。对此，金融机构为了加强流动性管理，通常采取以下两条措施：

1）把更多的消费信贷按浮动利率定价，这一办法在抵押物市场上比较成功。但是，按浮动利率定价会使银行在成本核算及盈利上产生更多的不确定性。

2）建立消费信贷的次级市场，让贷款的最初发放者把贷款出售给那些愿意持有这种时间更长的贷款的投资者。这种方式最先在1985年初由美国的米德兰银行和所罗门兄弟公司尝试进行，近年来已颇具规模，成为银行规避流动性风险的一个有效方法。

6. 办理购车合同公证

经销商协助客户办理购车合同公证时必须注意以下几点：

1）经销商与客户所签订的购车合同是事前与公证部门协商并认定的统一文本，包括三部分内容，即《购车合同》（与购车人签订），《同意书》（与共同购车人签订），《担保书》（与担保人签订）。

2）合同公证时须在场的人有：公证员、购车人、共同购车人、担保人及销售商代表。

3）所需材料：购车人、共同购车人、担保人的户口本、身份证复印件、关系证明。

7. 办理汽车消费信贷保险及机动车辆保险的程序

当购车客户经过经销商复审、银行初审，客户交了首付款、选定了车辆，并有了"车辆交接单"《购车合同书》时，保险公司可根据经销商提供的客户文件办理保险。经销商为保险公司准备的客户文件如下：

1）购车人身份证复印件。

2）购车人户口本复印件。

3）购车人的工资收入证明复印件。

4）经过公证的购车合同书。

5）共同购车人的身份证、户口本复印件。

6）保证人的身份证复印件。

7）购车发票、汽车合格证、车辆购置附加费缴费凭证复印件。

8）首期款缴费凭证复印件。

9）车辆交接单复印件。

第二节　汽车保险的投保

一、投保注意事项

由于各家保险公司推出的机动车辆保险条款种类繁多，价格不同，因此业务员在接受投保人购买机动车辆保险时应注意如下事项：

1. 介绍机动车辆保险内容

业务员应当向投保人详细介绍所购买的机动车辆保险条款是否经过保监会批准，条款的具体内容、重点条款的保险责任、除外责任和特别约定，被保险人权利和义务，免赔额或免赔率的计算，申请赔偿的手续、退保和折旧等规定。此外，还应当注意介绍保险公司的费率优惠规定和无赔款优待的规定。通常，保险责任比较全面的产品，保险费比较高；保险责任少的产品，保险费较低。

2. 根据实际需要购买

投保人选择机动车辆保险时，业务员应了解投保人的风险和特征，根据实际情况帮助投保人选择个人所需的风险保障。业务员应对机动车辆保险市场现有产品进行充分介绍，以便投保人购买适合自身需要的机动车辆保险。

3. 投保时应告知投保人的其他事项

1) 对保险重要单证的使用和保管。投保人在购买机动车辆保险时，应如实填写投保单上规定的各项内容，取得保险单后应核对其内容是否与投保单上的有关内容完全一致。投保人对所有的保险单、保险卡、批单、保费发票等有关重要凭证应妥善保管，以便在出险时能及时提供理赔依据。

2) 如实告知义务。投保人在购买机动车辆保险时应履行如实告知义务，对与保险风险有直接关系的情况应当如实告知保险公司。

3) 购买机动车辆保险后，投保人应及时交纳保险费，并按照条款规定履行被保险人义务。

4) 合同纠纷的解决方式。对于保险合同产生的纠纷，投保人应当依据在购买机动车辆保险时与保险公司的约定，以仲裁或诉讼方式解决。

5) 投诉。投保人在购买机动车辆保险过程中，如果发现保险公司或中介机构有误导或销售未经批准的机动车辆保险等行为，可向保险监督管理部门投诉。

二、汽车保险方案的种类

我国的机动车辆保险一直实行统一颁布的条款和费率，但自 2003 年 1 月 1 日起由各家保险公司自主确定条款和费率的管理制度已经实行。中国人民保险公司、太平洋、平安、华泰、太平、大众等保险公司的车险产品纷纷面市。

1. 机动车辆损失险

车辆损失险又称车身损失险，简称车损险，它有狭义与广义之分。狭义的车辆损失险是机动车辆保险的主险之一，是指投保车辆损失的保险，在被保险人或其允许的合格驾驶员使用过程中，遭受保险责任范围内的自然灾害或意外事故，造成本车毁损，保险人依照保险合同的规定，在保险金额范围内对被保险人进行经济补偿。广义的车辆损失险是狭义车损险和全车盗抢险、自燃损失险、玻璃单独破碎险、新增加设备损失险等附加险的总和。

2. 第三者责任险

第三者责任险是由被保险人承担的经济赔偿责任转由保险人代为负责赔偿的一种保险，有法定保险和商业保险之分。就我国目前的险种体系而言，机动车辆第三者责任保险的赔付对象是指车辆以外的受侵害人员和财产，而车上人员和财产则由其相应的附加险"车上责任险"予以承保。

3. 机动车交通事故责任强制保险

机动车交通事故责任强制保险（以下简称"交强险"）是我国首个由国家法律规定实行的强制保险制度。《机动车交通事故责任强制保险条例》（以下简称《条例》）规定：交强险是由保险公司对被保险机动车发生道路交通事故造成受害人（不包括本车人员和被保险人）的人身伤亡、财产损失，在责任限额内予以赔偿的强制性责任保险。

交强险实行的 6 万元总责任限额综合考虑了赔偿覆盖面和消费者支付能力。若交强险责任限额过低，将起不到保障作用；而责任限额过高将导致费率大幅度上涨，使消费者难以承受。根据数据分析，在6万元总责任限额下可以解决大部分交通事故的赔偿问题。

交强险的目的是为交通事故受害人提供基本的保障。交通事故受害人获得赔偿的渠道是多样的，交强险只是最基本的渠道之一。交强险实行6万元的总责任限额，并不是说交通事故受害人从所有渠道最多只能得到6万元赔偿。除交强险外，受害人还可通过其他方式得到赔偿，如从商业三责险、人身意外保险、健康保险等均可获得赔偿。除此之外，交通事故受害人还可根据受害程度，通过法律手段要求致害人给予更高的赔偿。

机动车所有人或管理人在购买交强险后，还可根据自身的支付能力和保障需求，在交强险基础之上同时购买商业三责险作为补充。

目前实行6万元总责任限额比较符合当前国民经济发展水平和消费者的支付能力，以及保险公司的经营能力。交强险责任限额水平将随着国民经济的发展逐步提高。这也是国际上的通行做法。交强险制度实施一段时间后，保监会将根据《条例》规定、根据国民经济发展水平以及制度实施的具体情况，会同相关部门适时调整责任限额。

4. 机动车辆保险的附加险

机动车辆保险的附加险是指不能独立投保，须在投保基本险之后方能投保的险种。机动车辆保险的附加险主要有：

（1）全车盗抢险 承保保险车辆全车被盗窃、抢劫或抢夺，经县级以上公安刑侦部门立案证实，满60天未查明下落，由保险人按照保险金额与车辆出险时的实际价值的低者并扣除一定的绝对免赔率予以赔付；保险车辆在被盗窃、抢劫或抢夺期间受到损坏或车上零部件设备丢失需要修复的合理费用，由保险人按实际修复费用计算赔偿，最高不超过全车盗抢险保险金额。

（2）玻璃单独破碎险 承保保险车辆风窗玻璃或车窗玻璃的单独破碎，但对于安装、维修车辆过程中造成的玻璃单独破碎不予负责。投保人与保险人可协商选择按进口或国产玻璃投保。保险人根据协商选择的投保方式承担相应的赔偿责任。

（3）自燃损失险 承保保险车辆在使用过程中，因本车电器、电路、供油系统发生故障及运载货物自身原因起火燃烧，造成保险车辆的损失，以及被保险人在发生本保险事故时，为减少保险车辆损失所支出的必要合理的施救费用，保险人在保险单该项目所载明的保险金额内，按保险车辆的实际损失计算赔偿；发生全部损失的，按出险时保险车辆实际价值在保险单该项目所载明的保险金额内计算赔偿。

（4）车身划痕损失险 此险种适用于已投保车辆损失险的家庭自用或非营业用、使用年限在3年以内、9座以下的客车，对于车辆无明显碰撞痕迹的车身划痕损失，保险人负责赔偿。但该损失若是被保险人及其家庭成员、驾驶人员及其家庭成员的故意行为造成的，保险人不予赔偿。

（5）新增加设备损失险 承保保险车辆在行驶过程中，发生碰撞等意外事故，造成车上新增加设备的直接损失，保险人在保险单该项目所载明的保险金额内，按实际损失计算赔偿。

（6）车上人员责任险 承保车辆发生意外事故，造成车辆上人员的人身伤亡，依法应由被保险人承担的经济赔偿责任，由保险人负责赔偿。但是对于违章搭乘人员的人身伤亡、车上人员因疾病、分娩、自残、殴斗、自杀、犯罪行为造成的自身伤亡或在车下时遭受的人身伤亡，保险人可以免除责任。

（7）车上货物责任险　当发生意外事故，致使保险车辆所载货物遭受直接损毁，依法应由被保险人承担的经济赔偿责任，保险人负责赔偿。但是对于货物因哄抢、自然损耗、本身缺陷、短少、死亡、腐烂、变质造成的损失；违法、违章载运或因包装不善造成的损失及车上人员携带的私人物品损失，保险人不承担赔偿责任。

（8）车载货物掉落责任险　承保保险车辆在使用过程中，所载货物从车上掉下（车上所载气体或液体泄漏造成的损失除外）致使第三者遭受人身伤亡或财产的直接损失，依法应由被保险人承担的经济赔偿责任，保险人在保单载明的保险赔偿限额内赔偿。

（9）不计免赔特约险　办理了本项特约险的机动车辆发生所投保基本险或附加险的保险事故造成损失，对其在符合规定的金额内按基本险或附加险条款规定计算的免赔金额，保险人负责赔偿。

在这12个险种中，除机动车交通事故责任强制保险是强制性险种，其他的险种都以自愿为原则。车主可以根据自己的经济实力与实际需求进行投保。以下是5个机动车辆保险方案，可以供车主投保时参考。

1）最低保障方案。

险种组合：第三者责任险＋交强险。

保障范围：只对第三者的损失负赔偿责任。

适用对象：急于上牌照或通过年检的个人。

特点：只有最低保障，费用低。

优点：可以用来应付上牌照或检车。

缺点：一旦撞车或撞人，对方的损失能得到保险公司的一些赔偿，但自己车的损失只有自己负担。

2）基本保障方案。

险种组合：车辆损失险＋第三者责任险＋交强险。

保障范围：只投保基本险，不含任何附加险。

特点：费用适度，能够提供基本的保障。

适用对象：有一定经济能力的车主。

优点：必要性最高。

缺点：不是最佳组合，最好加入不计免赔特约险。

3）经济保险方案。

险种组合：车辆损失险＋第三者责任险＋交强险＋不计免赔特约险＋全车盗抢险。

特点：投保4个最必要、最有价值的险种。

适用对象：是个人精打细算的最佳选择。

优点：投保最有价值的险种，保险性价比最高，人们最关心的丢失和100%赔付等大风险都有保障，保费不高但包含了比较实用的不计免赔特约险。当然，这仍不是最完善的保险方案。

4）最佳保障方案。

险种组合：车辆损失险＋第三者责任险＋交强险＋车上责任险＋风窗玻璃险＋不计免赔特约险＋全车盗抢险。

特点：在经济投保方案的基础上，加入了车上责任险和风窗玻璃险，使乘客及车辆易损部分得到安全保障。

适用对象：一般公司或个人。

优点：投保价值大的险种，不花冤枉钱，物有所值。

5）完全保障方案。

险种组合：车辆损失险+第三者责任险+交强险+车上责任险+风窗玻璃险+不免赔特约险+新增加设备损失险+自燃损失险+全车盗抢险。

特点：保全险，居安思危才有备无患。能保的险种全部投保，从容上路，不必担心交通所带来的种种风险。

适用对象：经济充裕的车主。

优点：几乎与汽车有关的全部事故损失都能得到赔偿。投保的人不必为少保某一个险种而得不到赔偿，承担投保决策失误的损失。

缺点：保全险保费高，某些险种出险的几率非常小。

第三节 汽车销售操作实务

一、新车初检

新车购买后，车主应携带身份证、购车发票、车辆合格证等，开车到当地车管所指定的车检部门去"体检"，并缴纳验车费。事先，车主应给新车加油加水，做好行车前的检查，确保新车能够正常行驶，同时注意按磨合期的要求行驶，不可高速行驶。

（一）检前准备

在汽车检查前，车主应当备齐汽车参检所需的文件，包括使用说明书、产品合格证、发动机和底盘（车架）编号的拓印；清洁整车，检查有无漏水、漏电；检查灯光、制动系统等设备完好。

（二）填写车辆检测表

车辆检测表上一般需要填写牌照号码（新车为车辆的移动证号码）、发动机号码、底盘号码、车型、厂牌型号、受检次数、编号、检测日期、检测时间等项目，检测数据包括侧滑、前制动、后制动、驻车制动、速度表、前灯远近光、发动机废气、扬声器等。

（三）上线检测

车主持填写好的《机动车登记表》以及汽车产品合格证、购车发票等证件，将车开至检测线进行汽车初检，检查完毕后持检测审核师签署意见，由检测站盖章。

二、缴纳车辆购置附加费

车辆购置附加费是国家向购车单位和个人在购车时征收用于公路建设的专用资金。为了加快公路建设，扭转交通运输紧张状况，使公路建设有长期稳定的资金来源，国家规定对所有购置车辆的单位和个人（包括国家机关和军队）一律征收车辆购置附加费。

车辆购置附加费的标准为：国产车辆按售价的10%；进口车辆按车辆到岸价海关相关费用的组合价的10%。

有关缴纳车辆购置费需提供的材料：工商验证发票原件及复印件两张；汽车质量合格证；进口车辆需提供海关货物进口证明或罚没证明书、商检证明书；个人提供身份证，单位提供企业法人代码证，属国家控制车辆还需提供控办"准购证"。

三、证照的办理

用户购入新车，经过新车初检，缴纳车辆购置附加费以及车辆保险费后，可在公安机关车辆管理部门办理登记注册，领取证照。

用户到机动车安全技术检验机构对机动车进行安全技术检验，取得机动车安全技术检验合格证明后申请注册登记。但经海关进口的机动车和国务院机动车产品主管部门认定免予安全技术检验的机动车除外。

免予安全技术检验的机动车有下列情形之一的，应当进行安全技术检验：
1）国产机动车出厂后两年内未申请注册登记的。
2）经海关进口的机动车进口后两年内未申请注册登记的。
3）申请注册登记前发生交通事故的。

办理机动车牌照所需材料有：机动车所有人的身份证明；购车发票等机动车来历证明；机动车整车出厂合格证明或者进口机动车进口凭证；车辆购置税完税证明或者免税凭证；机动车交通事故责任强制保险凭证；法律、行政法规规定应当在机动车注册登记时提交的其他证明、凭证。

车辆管理部门自受理申请之日起2日内，确认机动车，核对车辆识别代号拓印膜，审查提交的证明、凭证，核发机动车登记证书、号牌、行驶证和检验合格标志。

实训 汽车保险选购训练

一、实训描述

为顾客推荐相关汽车保险项目，并组成最佳的保险方案。

二、实训目标

1）掌握保险基本知识。
2）掌握一般保险组合方案
3）根据顾客需要为顾客进行最佳方案推荐。

三、实训任务

1）根据顾客购买汽车车型，以及顾客情况介绍保险的价格和条款。
2）为顾客推荐2~3种的保险方案，并分析各种方案的利弊，最后由顾客选择方案后填写保险申请表。

第十三章 汽车配件销售与管理

学习目标：

了解汽车配件的基本常识；熟悉汽车配件鉴别的基本常识；掌握汽车配件采购、营销及索赔的相关知识。

第一节 汽车配件的基本类型

一、按工作性质分类

汽车配件按其工作性质可以分为汽车零部件、汽车标准件和汽车材料三种类型产品，这三种类型的产品统称为汽车配件。

（一）汽车零部件

汽车零部件一般标有统一规定的零部件编号，不同车型的汽车零部件便形成了各车型汽车配件目录。对于汽车零部件配件，一般又可分为以下几种类别：

1. 零件

零件作为汽车的基本制造单元是一个不可再拆卸的整体，是经过国家批准的各汽车生产厂所设计、生产的汽车专用件，因车型而异，通用性很小，如活塞、气门、半轴、电控系统用各种传感器、电控系统用各种执行器等。

2. 合件

合件是指两个以上的零件装成一体，起着单一零件作用的组合体，如成对的轴瓦、带气门导管的气缸盖、带盖的连杆等。合件的名称以其中的主要零件定名，如带盖的连杆，即定名为连杆。

3. 组合件

组合件是指两个以上的零件或合件组装，但不能单独起到某一机构作用的组合体，如变速器盖、离合器压板及盖等。组合件又称半总成件，但它与能单独起到某一机构作用的总成件是有区别的。

4. 总成件

总成件是指由若干个零件、合件或组合件组装成一体，能单独起到某一机构作用的组合体，如发动机总成、变速器总成、ABS 液压控制单元总成等。

（二）汽车标准件

汽车标准件是按照国家标准设计与制造的适用于汽车行业的汽车零件。对同一种标准件,其形状、尺寸、公差及技术要求是统一的,能在各种仪器、设备上通用,并具有互换性。如汽车上常用的螺栓、垫圈、键、销等均为汽车标准件。

(三) 汽车材料

作为汽车配件的汽车材料是指汽车运行的消耗材料,如各种油料、溶液、汽车轮胎、蓄电池等。汽车材料大多是由非汽车行业生产的汽车商品,一般不编入各车型配件目录,所以又称为汽车的横向产品。已编入各车型配件目录并标有国家统一规定的零件编号的产品,如各种皮碗、皮圈、软管、摩擦片、专用轴承等,均不算汽车横向产品。

二、按生产厂家分类

汽车配件根据其生产厂家不同可分为原厂配件(纯正部品)和副厂配件。

纯正部品是进口汽车配件中的一个常用名词。纯正部品即原厂配件,是指各汽车厂原厂生产的配件,而不是副厂或配套厂生产的协作件。纯正部品虽然价格较高,但质量可靠,坚固耐用,故用户均采用。一般国外原厂生产的纯正部品,其包装盒上均印有英文"GENUINE PARTS"或中文"纯正部品"字样,极易识别。

三、按物理性能分类

为便于运输包装,汽车配件根据物理性能分为易碎配件和防潮配件。

易碎配件是指在运输、搬运过程中,容易破碎的商品,如灯具、玻璃、仪表、摩擦片等。易碎配件在包装上印有黑色高脚玻璃杯标志和(或)"小心轻放"字样。防潮配件是指受潮后容易变形、变质的商品,如纸质滤芯、软木、纸垫、电器元件等。防潮配件在包装上印有黑色雨伞标记和(或)"怕湿"字样。

小贴士

汽车配件如何识真辨假

一、看配件价格

现在大部分正品配件厂家在某一区域内的配件零售价都是有规定的,甚至是全国统一价,像润滑油等大宗消耗产品更是如此;不同厂家的同一类产品价格也相差甚少(国产产品之间相比,进口与合资的产品之间相比)。如果有商家对用户说不含税以及"水货"之类的话,用户一定要留神,这往往是掩盖假冒伪劣产品,以低价诱人上钩的借口。

二、看包装标志

正品配件包装一般比较规范,包装盒、袋上都标有产品名称、规格型号、数量、注册商标、厂名厂址及电话号码等;印字字迹清晰正规,套印色彩鲜明。而假冒产品包装印刷比较粗劣,是套印色彩的,颜色比较暗淡,色块边缘不清晰,印刷品的非印刷部分总有一些斑斑点点的油墨痕迹。

有些进口配件的纸质包装是用环保再生材料制作的,非常特殊,国内目前还很少生产这种材料,因此应用较少,用户可以留一个经检验证明是正品的包装盒去比较。像不少日本汽车配件生产厂家的配件产品,一打开包装盒,就有一种有点像原木的特殊气味,而假冒的则没有。

三、看配件标志

正品配件外表印字、刻字或铸字的标记清晰正规，是明显地机械作业；假冒产品标志外观粗糙、模糊（有些正品如离合器片、制动器衬片的印字也有模糊不清的现象），像轴瓦一类产品的标志，用放大镜观看，就能看出假冒产品的字迹沟回深浅不一，是明显的人工锻刻痕迹。用放大镜观看标记的好处就在于，用肉眼不能发现的问题，会在放大镜下一清二楚。像日本的"大同"标记，如果看出是像靶纸一样的圆圈图案，必是假冒无疑。还要看装配标记是否清晰。为保证配合件的装配关系符合技术要求，在一些零件（如正时齿轮）表面刻有装配标记。若无标记或标记模糊无法辨认，将给装配带来很大困难，甚至装错。这也定是伪劣产品。

四、看油漆涂装

造假者将废旧配件经简单加工，如拆、装、拼、凑、刷漆等处理，再冒充合格品出售。像筒式减振器和离合器片总成，如果表面油漆不光滑，甚至有一些细小疙瘩，肯定是翻新件。

五、看配件外观质量

某些正品配件表面指定某种颜色，若是其他颜色，则为假冒伪劣零配件。看零件表面有无锈蚀，合格的零配件配合面既有一定的精度又有一定的表面粗糙度，越是重要的零配件，精度越高；如果零件配合表面有磨损痕迹，或涂漆配件拨开表面油漆后发现旧漆，则多为废旧件伪装。用户选购时应注意检查，若发现零件有锈蚀斑点、霉变斑点或橡胶件龟裂、失去弹性，或轴颈表面有明显车刀纹路，应予注意是否是伪劣配件。

有的伪劣产品由于制作工艺差，容易出现裂纹、砂孔、夹渣、毛刺或碰伤口，像活塞及活塞环工作表面如果有毛刺就容易造成拉缸现象。

离合器摩擦片与钢片是铆接或胶接的；纸质滤清器滤芯骨架与滤纸是胶接的；电器设备的线头是焊接的。如果发生离合器片铆钉松脱、电器元件接头脱焊、纸质滤芯接缝处脱开等现象，则不能使用。

用户还应看总成部件有无缺件。正规的总成部件必须齐全完好，才能保证顺利装配和正常运行。一些总成部件上的个别小零件若漏装，将使总成部件无法工作甚至报废。

六、要简单测试

有些产品的外观不错，但只要简单测试一下，问题就出来了。像气缸垫产品，尤其是六缸、八缸柴油车的气缸垫，正品的内部应该是H形的骨架结构，用手略微弯曲一下，非常有弹性；假冒产品的内部是网状结构，没有弹性。用户还可以检查气缸垫气缸沿口处的镶套，正品镶套和气缸体接触的那一面是与其他部分齐平的，伪劣产品则是两面凸起，使用时容易因密封不严而导致漏油、漏气和漏水等现象。

（1）看几何尺寸有无变形　有些零件因制造、运输、存放不当，易产生变形。用户在检查时，可将轴类零件沿玻璃板滚动一圈，看零件与玻璃板贴合处有无漏光来判断是否弯曲；选购离合器从动盘钢片或摩擦片时，可将钢片、摩擦片举在眼前观察其是否翘曲；在选购油封时，带骨架的油封端面应呈正圆形，能与平板玻璃贴合无弯曲；无骨架油封外缘应端正，用手握使其变形，松手后应能恢复原状。在选购各类衬垫时，也应注意检查几何尺寸及形状。

检查橡胶件还有一个方法，就是闻一闻橡胶件的气味，气味发臭则是再生橡胶。

(2) 看胶接零件有无松动　由两个或两个以上零件组合成的配件，零件之间是通过压装、胶接或焊接的，它们之间不允许有松动现象。

(3) 看转动部件是否灵活　选购机油泵等转动部件总成时，用手转动泵轴，应感到灵活无卡滞；选购滚动轴承时，一手支撑轴承内环，另一手打转外环，外环应能快速自如转动，然后逐渐停转。若转动部件转动不灵，说明内部锈蚀或产生变形，不要购买。

(4) 看表面硬度是否达标　各配合件表面硬度都有规定的要求，在确定购买并与商家商妥后，可用钢锯条的断茬去试划（但不要损伤工作面），划时打滑无划痕的，说明硬度高；划后稍有浅痕的硬度较高；划后有明显痕迹的，说明硬度低。

总之，假冒伪劣配件产品的出现，迫使用户多掌握一些法规、产品标准、材料学方面的知识，并且在实践中积累经验。

第二节　汽车配件的采购

一、汽车配件采购的含义

汽车配件的采购是一项具有预见性及计划性的工作，其采购正确、适当与否，将对配件库存影响较大，对资金的周转及经济效益具有关键性的影响。

二、汽车配件采购的方式和原则

（一）采购汽车配件的方式

汽车配件采购一般有集中进货、分散进货、集中与分散相结合及联购合销等几种方式。

1. 集中进货

集中进货是指企业设置专门机构或专门采购人员统一进货，然后将货分配给各部门销售。集中进货可以避免人力、物力的分散，还可以加大进货量，受到供货方重视，享受批量进货的优惠价，从而节省进货费用。

2. 分散进货

分散进货是指由企业内部的配件经营部门自设进货人员，在核定的资金范围内自行进货。其特点是经营相对灵活，应对市场及供求变化能力快，周转资金相对较少。

3. 集中与分散相结合

这种进货方式，一般是指通过外地采购及非固定进货关系采取的一次性进货，由各经销提出采购计划，业务部门汇总审核后集中采购。本地采购以及有固定关系的则采取分散进货，这样就具有两种采购的优点。

4. 联购合销

联购合销是指由几个配件零售企业联合派出人员，统一向生产企业或批发企业进货，然后由这些零售企业分销，此类型多适合小型零售企业之间，或中型零售企业与小型零售企业联合组织进货。这样能够相互协作，节省人力，化零为整，拆整分销，并有利于组织运输，降低进货费用。

（二）采购汽车配件的原则

1) 采购人员应综合考虑配件的质量、数量、规格、型号、价格，从而合理组织资源，保证配件适合用户的需要。

2）采购人员应依质论价、优质优价，合理确定配件的采购价格；按需进货，以销定采；"钱货两清"，钱出去，货必须进来。

3）采购人员应加强对质量的监督和检查。对于购进的配件，采购人员要防止假冒伪劣配件流入市场。在配件采购中，采购人员不要忽视质量检查，对不符合质量标准的配件要拒绝购进。

4）采购人员应保证技术资料齐全，包装完整。购进的配件必须有产品合格证及商标。实行生产认证制的产品在购进时必须附有生产许可证、产品技术标准和使用说明，同时必须有完整的内、外包装及包装标志。

5）采购人员应坚持按合同办事，要求供货单位按合同规定按时发货，以防造成配件缺货或积压。

三、汽车配件采购的工作流程

4S店配件订购系统工作流程如图13-1所示，不同车型、不同厂家配件订购略有变化，但大致相同。另外，汽车配件根据所使用需求时效情况可分为急需件和一般件，对于这两种不同的需求要求采用不同的采购流程。

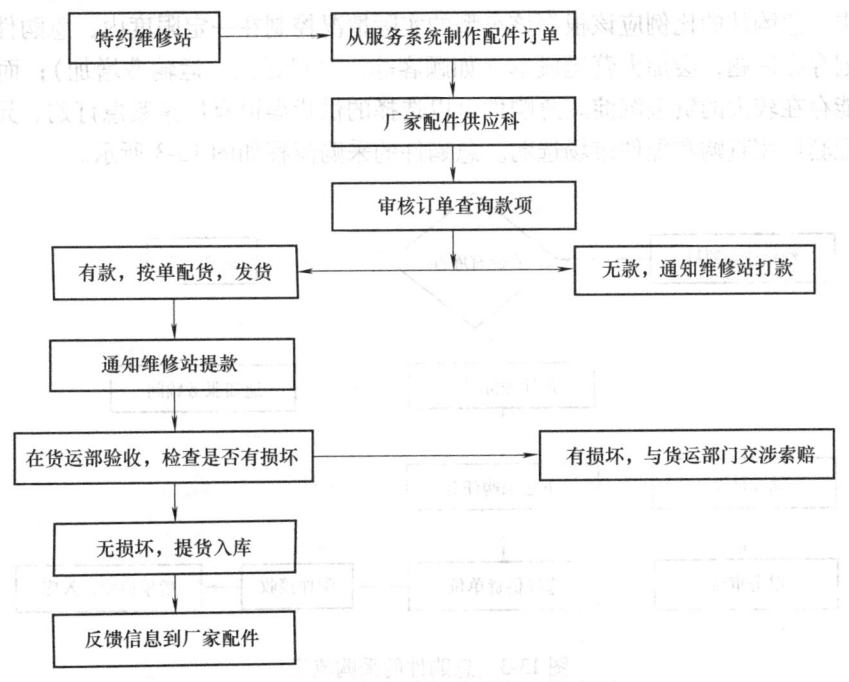

图13-1 4S店配件订购系统工作流程

（一）日常采购流程

汽车配件的日常采购直接关系到售后服务的满意程度，通常按如图13-2所示的工作流程进行。

（二）急购件的采购流程

汽车配件库存是维修服务企业的主要生产成本，因此，合理、适当地控制库存能最大限度地提高资金利用率。由于维修服务的不可预见性，不可避免地会出现配件库存缺货的情

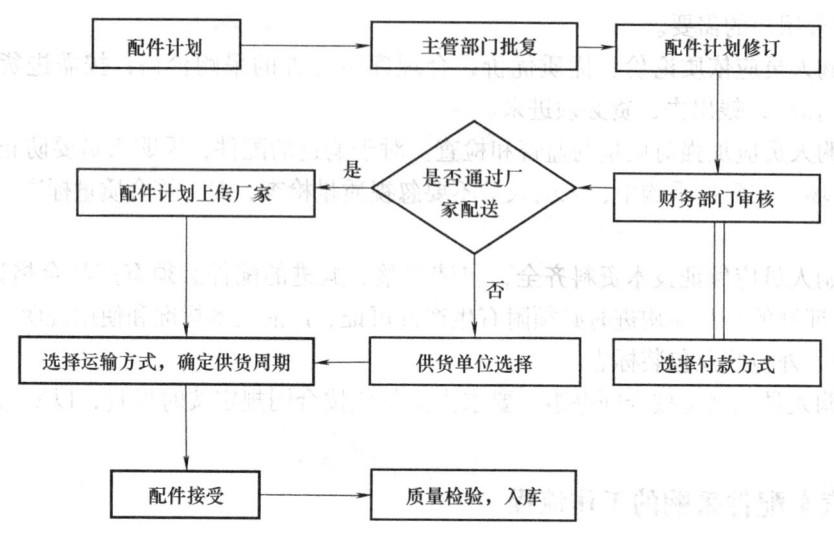

图 13-2 日常配件采购示意图

况,这就需要配件管理部门设置急购件的采购流程,以免影响企业的维修服务。在整个配件采购体系中,急购件的比例应该根据该车型的实际情况控制在一定限度内,急购件过多,说明配件计划存在问题,会加大营运成本(如顾客等待时间延长、运输费增加);而急购件过少,这可能存在较大的资金沉淀。急购件可以选择的供货渠道有厂家紧急订购、兄弟单位配送、配件配套厂家直购和配件市场选购。急购件的采购流程如图 13-3 所示。

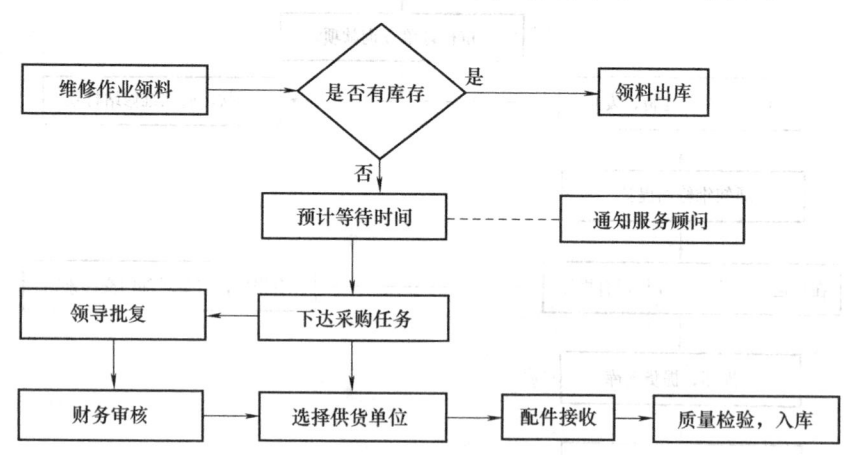

图 13-3 急购件的采购流程

四、汽车配件的验收

随着汽车工业的发展,其维修量和配件的消耗量迅速增加,配件市场也得到了大规模发展。但随之也出现了许多假冒伪劣配件,使车主受到了严重的损失,甚至造成车辆事故。所以,汽车配件采购人员在确定了进货渠道及货源,并签订了供需合同后,必须在约定的时间、地点,对配件的名称、规格、数量、质量检验无误后,方可接收。

（一）查验配件的品种

根据合同规定要求，采购人员应对配件的名称、规格及型号等进行认真查验，如果发现产品品种与合同规定的不符，则应现场妥善保管配件，并在规定时间内尽快向供方提出异议。

（二）查验配件的数量

采购人员应严格对照配件进货发票，先查验大件，再检查包装及其标志是否与发票相符。整箱配件，一般先点件数，后抽查细数；零星散装配件需点验细数；贵重配件应逐一点数；对原包装配件有异议的，应开箱开包查验细数。验收时，采购人员应注意查验配件分批交货数量和配件的总货量。

无论是自提还是供方送货，均应在交货时当面点清货物。供方代办托运的应按托运单上所列数量点清，超过国家规定合理损耗范围的应向有关单位索赔。如果实际交货数量与合同规定交货数量之间的差额不超过有关部门规定，则双方互不退补；超过规定范围的，按照国家规定计算多交或少交的数量。双方对验收有争议的，应在规定期限内提出异议，超过规定期限，将视为履行合同无误。

（三）查验配件的质量

验收配件时，最重要的是对其产品的内、外质量认真的辨别和检验。一般可用简单的"五看"方法进行。

一看配件是否"三无"产品。看配件是否有质检合格证、厂牌及商标、厂址及联系电话，否则可视为"三无"产品。

二看配件外包装是否完好，有无企业的标志及有关编码。

三看配件的质量。正规厂家的配件外表和加工精度都比较优良，若加工粗糙，外表毛糙，则可视为伪劣配件。

四看价格是否合理。正规厂家的配件价格比较合理，而伪劣配件的价格则较低或过高。

五看配件起色是否纯正。因为有的配件是把旧配件的油污和原漆去掉后，将其重新刷漆或喷漆，以旧充新，所以在购买时要仔细检查。

另外，验收时，采购人员还要注意以下原则：

第一，采用国家规定的质量标准的，按国家规定的标准验收；采用双方协议标准的，按照封存的样本或样品详细记录下来的标准验收。

接收方对配件的质量提出异议的，应在规定的时间内提出，否则视为验收无误。当双方在检或试验中对质量发生争议时，由标准化部门的质量监督机构执行仲裁检验。

第二，在数量庞大、品种规格极其繁杂的汽车配件的交易中，发现不合格品、数量短少或损害等，有时是难以避免的。如果在提货时发生以上问题，提货人员应当场联系解决。如果货到后发现，验收人员应分析原因，判明责任，做好记录。一般问题应填写"运输损益单""汽车配件销售查询单"，问题严重或牵涉数量较多、金额较大时，可要求对方派人来查看处理。

第三，汽车配件从产地到销地，要由发货单位、收货单位和承运单位三方共同协作来完成，所以必须划清各方面的责任范围。责任的划分一般为：

1）汽车配件在铁路、公路交通运输部门承运前发生的损失，和由于发货单位工作差错、处理不当发生的损失，由发货单位负责。

2）从接收中转汽车配件起，到交付铁路、公路交通运输部门运转时止所发生的损失，和由于中转单位工作处理不善造成的损失，有中转单位负责。

3）汽车配件到达收货地，并与铁路、公路交通运输部门办好交接手续后所发生的损失，和由于供货单位工作的问题发生的损失，由收货单位负责。

4）自承运汽车配件起至汽车配件交付收货单位或依照规定移交其他单位时止所发生的损失，由承运单位负责。但由于自然灾害，汽车配件本身性质和发货、收货、中转单位的责任造成的损失，承运单位不负责任。

五、汽车配件的运输

（一）不同运输方式的类型及特点

1. 铁路运输

铁路运输一般载运量大、行驶速度快、费用较为低廉且运行一般受气候条件限制较小，所以适用于大宗配件的长距离运输。但铁路运输的服务范围受现有铁路线的限制，配件的运输要受到列车运行图和列车编组计划的影响，这无疑会增加配件的在途时间，而且铁路运输一般还需要汽车等短途运输工具的配合。

2. 公路（汽车）运输

与铁路运输相比，公路汽车运输机动灵活，运输面广，只要公路所及都能到达，并且运行迅速。在运量不大、运距不长时，公路运费比铁路低，是短途运输的主要形式。一般配件部门在当地提货发货时，均采用汽车运输的方式。

3. 水路运输

水路运输包括内河运输和海上运输。水路运输具有运量大、运价低的优点。充分利用水运，不仅可以减少运输费用，而且能减轻铁路运输的负担，促进陆运和水运的合理分工。但水路运输受航道限制，速度慢，受季节和气候变化的影响大，运输的连续性差，需要配备相应的陆上运输设备和储存设备，这些缺点在一定程度上影响了对水路运输的利用。

4. 航空运输

航空运输是速度最快、运费最高的一种运输方式，具有不受地形限制的特点。由于空运费用高，所以一般只用于运距长、时间要求紧迫的急需配件的运输。航空运输目前只是作为一种辅助运输手段，一般在建有机场的少数地区和城市应急使用。

（二）配件运输方式的选择

由于各种运输方式都有其自身的特点和可供服务的内容及范围，因此，选择运输方式时，企业应根据每次运输的具体情况进行多方面的考虑。

在选择运输方式时，一般应考虑下列因素：

1）供需双方的地理位置、交通条件和当时的气候季节条件。

2）运送配件的特征，如包装、外形尺寸及其物理化学特性（如易碎性等）。

3）配件的价值，如贵重、量小、件轻的配件一般可空运，价格低、笨重或运送数量大的配件则适于铁路运输或水运。

4）配件需求的特点。对急需的配件，应采用运输速度快的运输方式；对批量大、批次多、要求供货连续性强的配件，则应选择不易受天气候影响、运送时间准确和及时的运输方式。

配件运输方式的选择没有固定的模式，一般是在考虑安全的前提下，从运输速度和运价两方面综合考虑。在运输时间能够满足要求的情况下，往往采用费用支出较低的运输方式。目前，我国的配件运输大多采用铁路运输的方式，而在同一城市各企业之间则大多采用汽车运输的方式。

六、汽车配件入库

汽车配件入库是保证库房有效储备的重要环节，主要包括常用配件入库、急用件入库和旧件入库。

（一）常用配件入库

常用配件入库主要是指按照配件计划办理入库的配件入库。配件入库是物资储存活动的开始，也是仓库业务管理的重要阶段，这一阶段主要包括：到货接运、验收入库和办理入库。常用配件入库的工作流程如图13-4所示。

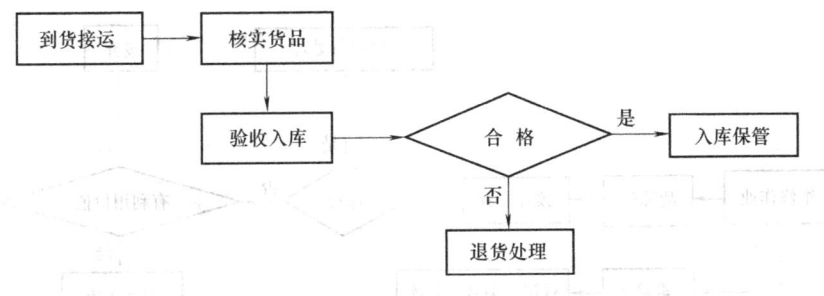

图13-4 常用配件入库的工作流程

1. 到货接运

到货接运是指接货人对照货物运单，做到交接手续清楚，证件资料齐全，为验收工作创造条件，避免将已发生损失或差错的配件入库。

2. 验收入库

验收入库是指验收人员按照一定的程序和手续对配件的数量和质量进行检查，以验证它是否符合订货合同的一项工作。验收人员随时填写验收记录，不合格品由配件主管处理，及时填写来货记录。验收入库程序如下：

（1）验收准备　验收人员准备验收凭证及有关订货资料，确定存货地点，准备装卸设备、工具及人力。

（2）核对资料　入库的配件应有的资料包括：入库通知单、供货单位提供的质量证明书、发货明细表、装箱单、承运单位提供的运单及必要的证件。

（3）实物检验　实物检验主要检验配件质量和数目。配件到库后，验收人员首先要在待检区进行开箱验收工作，并检查配件清单是否与货物的品名、型号、数量相符，做到"一及时""五不入"。一及时是指货到及时开箱验收。五不入是指品名不符不入，规格不符不入，质量不符不入，数量不符不入，超储备不符不入。

（二）急用件入库

急用件入库与顾客维修等待时间紧密相关，其流程如图13-5所示。

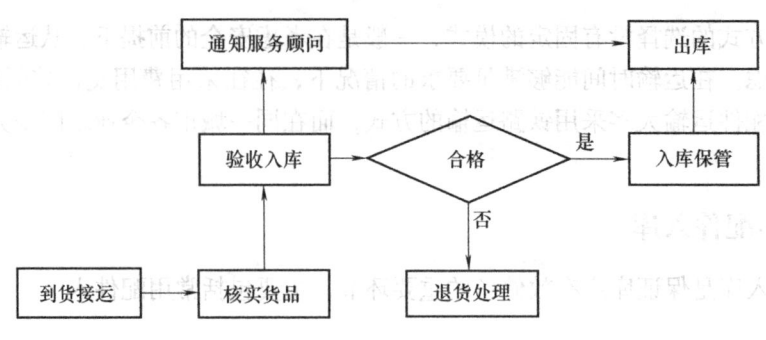

图 13-5　急用件入库流程

(三) 旧件入库

旧件入库是维修服务企业进行成本控制的重要环节，往往容易被忽视，其流程如图 13-6 所示。

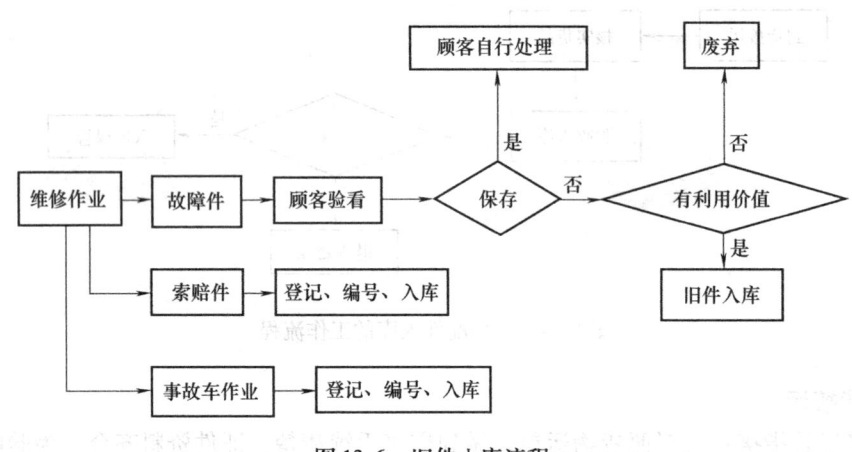

图 13-6　旧件入库流程

第三节　汽车配件的销售

一、配件销售的特点及配件消耗的规律

(一) 配件销售的特点

1. 专业技术性强

现代汽车是融合了机械、电子、液压等专业技术的集合体，其每一个零部件都具有严格的型号、规格、工况标准。要在不同型号汽车的成千上万个零件品种中为顾客快速、精准地查找出所需的配件，就必须有高度专业的技术人员，并由计算机管理系统作为保障。配件销售从业人员既要掌握商品营销知识与汽车构造知识，又要掌握汽车配件专业知识、汽车材料知识、机械识图知识，学会识别各种汽车配件的车型、规格、性能、用途，并具备配件的商品检验知识。

2. 经营品种多样

一辆汽车在整个运行周期中，约有 3000 种零部件存在损坏和更换的可能，所以经营某一个车型的零件要涉及许多品种规格的配件。即使同一品种、规格的配件，由于国内有许多企业在生产，其质量、价格差别很大，甚至还存在假冒伪劣产品。因此，要为用户推荐货真价实的配件，也不是一件很容易的事。

3. 库存占用资金量大

由于汽车配件经营品种多样化以及汽车故障发生的随机性，配件经营者要将大部分资金用于库存储备和商品在途资金储备。

4. 售后服务要求高

汽车是许多高新技术和常规技术的载体，本着对客户负责的精神，配件经营必须有售后服务与之相配。特别是技术服务至关重要。相对于一般生活用品而言，经营配件更强调售后的技术服务，这是必不可少的服务项目。

5. 季节性需求明显

四季的更替是不以人们意志为转移的自然规律，这给汽车配件销售市场带来不同季节的需求。在春雨绵绵的季节里，为适应车辆在雨季行驶，车上的雨布、各种风窗玻璃、车窗玻璃升降器、电动刮水器、刮水臂（片）、挡泥板等部件的需求量就特别多。在炎热的夏季，因为气温高，发动机件磨损大，对火花塞、进/排气门、风扇及冷却系统部件、空调工作液等的需求特别多。在寒冷的冬季，气温低，发动机难起动，对蓄电池、预热塞、起动机齿轮、防冻液、百叶窗、各种密封件等配件的需求增多。由此可见，自然规律给汽车配件市场带来非常明显的销售额，占市场销售额的30%~40%。

6. 地域性需求突出

我国有山地、高原、平原，有乡村、城镇，并且不少地区海拔相差悬殊。这种地理环境，也给其配件销售市场带来不同地域的需求。在城镇，特别是大中城市，因人口稠密、物资较多、运输繁忙，汽车起停较频繁、机件磨损量较大，其所需的离合器、制动器等部件的数量就较多。在山地高原，因山路多、弯道急、坡度大、颠簸频繁，汽车钢板弹簧就易断、易失去弹性，减振器部件也易坏，变速部件、传动部件易损耗，因此需要更换的总成件也较多。

（二）配件消耗的规律性变化

汽车配件的消耗是有一定规律的。汽车按照行驶里程有各级维护和修理的规定，各种类型的维修需要调换若干种配件。例如，汽车在正常使用寿命期，零配件的损坏是随机的、偶发性的，如果设计和制造质量好，损坏率一般很低，活塞一般是在发动机大修时才需要进行更换。汽车配件经营企业掌握车辆配件消耗的规律，就可以根据市场和用户需求采取积极的配件经销措施。

1. 配件消耗规律变化的表现特征

（1）辅助总成换件增加　维修中经常更换的辅助总成件有分电器、空气压缩机、发电机、起动机、水泵、汽油泵、制动蹄片、离合器摩擦片等。遇有辅助总成故障，用户大多要求换上新总成，旧件换下维修后作备件用。与之相应的是，组成这些辅助总成的零配件消耗就急剧减少。

（2）组合件、成套件得到大量使用　如活塞带环带销，活塞带环带销并且带连杆，精加工成各级修理尺寸、装上就用的曲轴轴瓦等，越来越受到用户和修理工的青睐。

（3）各种汽车修理包得到应用　车辆维护中必换的密封件，如离合器、制动总泵和制动分泵的皮碗、皮圈、油封，以及气缸垫、油底壳垫等密封垫片，一般集中在包装好的各种修理包内，普遍受到用户和修理工的欢迎。

（4）小规格容器包的各种汽车用液体畅销　各种小规格包装的润滑油（脂）、特种液，因其具有携带加注方便、较少废弃的优点，尤其适合单辆车辆使用，随着个人用车的增加，其销量逐渐增加。以上产品即使价格高一点，用户也乐意购买。

2. 配件消耗规律变化的原因

1）用户时间观念的更新。在激烈的市场竞争中，时间就是效益、时间就是金钱的观念在人们思想深处牢牢扎根。为了争取时间，用户要求尽量缩短在修日，最大限度地提高在用车辆利用率。维修厂家为了满足用户的要求，也想方设法筹措配件。

2）随着汽车工业和零部件制造业的发展，以及现代汽车对维修质量标准的提高，要求维修配件具有配合精密、使用维修方便、搭配合理、可靠性高等特点。在国产新型汽车和进口汽车配件供应中，这些特点表现得最为明显。

根据配件消耗的规律，积极采取措施合理调整库存结构，以适应市场需求是配件销售部门应当研究解决的主要问题。

3. 应对汽车配件消耗规律变化的措施

1）汽车配件经营企业应认真研究汽车维修配件消耗规律的变化，以及组织适销对路的配件品种供应市场，不再批量组织滞销品种，防止产生新的积压。

2）汽车配件经营企业应尽量将库存的零散件装配成质量合格的小总成件以供应市场。

3）汽车配件经营企业应委托工厂将单件加工组合成配套件或尺寸精确的配套件以供应市场。

4）汽车配件经营企业应将零散密封件分门别类制成修理包以供应市场，如制动缸、制动轮缸维修包、发动机维修包等。

5）汽车配件经营企业应按车辆规格，采用不同容器封装车辆维护必换的润滑剂（脂）、特种液，以供应市场。

二、配件销售的管理

在大多数汽车配件经营企业，门市销售是配件销售的主要方式，无论是批发经营，还是零售经营，门市销售都成为最基本、最直接的流通渠道。一般称门市销售部门为门市部、营业部、商店，也有称销售部、销售中心或销售公司。由此可知，配件销售管理的对象重点是门市销售。

（一）门市销售的柜组分工

门市销售内部各种柜组的分工，一般有如下两种形式：

1. 按各种系列分柜组

所有配件销售分柜组时，不分车型，而是按汽车部、系、品名进行分柜组销售经营。例如，经营发动机配件的，称为发动机柜组；经营工具的，称为工具柜组；经营通用电器的，称为通用电器柜组。这种柜组分工方式的优点是：

1）比较适合专业化分工的要求。因为汽车配件的分类是按照配件在一部整车的几个构成部分进行的，如发动机系统、离合器、变速器系统、传动轴系统等，这样比较能够结合商品的本质特点。再如金属机械配件归为一类、日化杂件归为一类、电器产品归为一类等，也有利于经营人员深入了解配件的性能特点、材质、工艺等配件相关知识。

2）汽车配件品种繁多。对于经营人员来说，学会本人经营的那部分配件品种的商品知识，比学会某一车型全部配件的商品知识要容易很多，这样能较快地掌握所经营品种的品名、质量、价格以及通用互换常识。尤其是进口配件的经营，由于车型复杂，而且每种车型的保有量又不太多，因此按品种系列分柜组比较好。

3）某些配件的通用互换比较复杂，哪些品种可以与国产车型的配件通用，往往需要用户提供，有的则需要从实物的对比中得出结论。如果不按品种系列而按车型经营，遇到上述情况时，就有许多不便。

2. 按车型分柜组

按不同车型分柜组，如分成桑塔纳、富康、捷达、奥迪等车型柜组。每个柜组经营一个或两个车型的全部品种。这种柜组分工方式的优点是：

1）一些专业运输单位及厂矿企业所拥有的车型种类不多，中小型企业及个体用户大多也只有一种或几种车型。目前的汽车配件用户以中小型用户为主，这些中小型用户的配件采购计划往往是按车型划分的。所以一份采购单只要在一个柜组便可以全部备齐，甚至只集中到一个柜组的 1~2 个柜台，便可以解决全部需要。

2）按车型分柜组可使汽车配件经营企业的配件目录与整车厂编印的配件目录相一致。当向整车厂提出要货时，汽车配件经营企业可以很便利地编制以车型划分的进货计划。

3）按车型分柜组有利于经济核算和管理，而孤立地经营不同车型的部分品种，则难以考核经济效益。按车型分工经营，根据社会车型保有量统计数据，把进货、销售量、库存、资金占用、费用、资金周转等几项经济指标落实到柜组，有利于企业管理的规范化。

但这种方法也有缺点，那就是每个柜组经营品种繁多，对经营人员的要求高，他们需要熟悉所经营车型的每种配件的性能、特点、材质、价格及产地，这不是一件很容易的事。而且，当一种配件可以通用于几个车型时，往往容易造成重复进货和重复经营。

柜组分工方式可以根据企业的具体条件确定。一个较大的汽车配件经营企业，往往在一个地区设立几个门市部，或跨地区、跨市设立门市部。在门市内部，相互间的分工至关重要，有的按车型分工，如经营解放、东风或桑塔纳、捷达、奥迪配件等；有的不分车型而是按品种系列综合经营；也有的二者兼有，既以综合经营为基础，各自又有几个特色车型。

（二）门市橱窗陈列和柜台货架的摆放

对汽车销售部门而言，陈列商品是十分重要的。汽车配件经营企业通过陈列样品，可以加深顾客对配件的了解，尤其对一些新产品和通用产品，更能通过样品陈列起到极大的宣传作用。

1. 配件的陈列方式

（1）橱窗陈列 这是利用商店临街的橱窗专门展示样品，是商业广告的一种主要形式。橱窗陈列商品不仅要有代表性，体现出企业的特色，如主营汽车轮胎的商店要将不同规格、不同形状的轮胎巧妙地摆出来，而且还要美观大方、引人注目。

（2）柜台、货架陈列 柜台、货架陈列也称为商品摆布，它有既陈列又销售，更换频繁的特点。柜台、货架陈列是经营人的经常性工作，也是商店中最主要的陈列。汽车配件中的小件商品，如火花塞、皮碗、修理包、各类油封等适合此类陈列方式。

（3）货顶陈列 在货架的顶部陈列商品，其特点是占用上部空间位置，视野范围较高，顾客容易观看。这种方式一般适合相关产品，如润滑油、美容清洗剂等商品陈列。

（4）壁挂陈列　它一般是指在墙壁上设置悬挂陈列架来陈列商品，适用于质量较小的配件，如轮辋、传动带等。

（5）平地陈列　它是指将一些大而笨重、无法摆上货架或柜台的商品，在营业场地的地面上陈列，如蓄电池、发动机总成、离合器总成等。

2. 配件陈列应注意的事项

（1）易于顾客辨认，满足顾客要求　陈列人员要将商品摆得成行成列、整齐、有条理、多而不乱、易于辨认。

（2）明码标价　陈列的商品要明码标价，有货有价。商品随销随补，不断档、不空架，把所有待销售的商品展示在顾客面前。

（3）定位定量摆放　陈列人员摆放商品要定位定量，不要随便移动，也便于经营人员取放、盘点、提高工作效率。

（4）分类、分等级摆放　陈列人员应按商品的品种、系列、质量等级等有规律地摆放，以便用户挑选。

（5）连带商品摆放　陈列人员应把使用上有联系的商品摆放在一起陈列，这样能引起顾客的联想，具有销售上的连带效应。

（三）营业前的准备

营业前，门市工作人员应做好以下准备工作：

1）整理好店容和卫生，整理好个人仪容仪表。

2）检查柜台、柜顶、壁挂、平地商品摆放，检查商品摆放的位置和数量，不要让顾客感到杂乱无序。平地摆放的商品要留出通道，要让顾客感到醒目、整齐、有序。

3）备好售货用账目、票据，以及要找给顾客的零用钱和收款登记表。

4）营业前全员上岗。

（四）门市销售部门应注意的问题

1. 门市销售人员不能坐等客户

当前汽车配件市场供大于求，市场竞争十分激烈，门市销售人员除了日常的接待客户外，还应主动通过走访、邀请、电话、信函等交流手段来熟悉用户。门市销售人员应与购货比较集中的单位（如公交公司、搬运或储运公司、出租车公司、厂矿车队、汽车运输公司、部队后勤保障部门、修理厂等）主动加强联系，要熟悉其主管人员、主办人员，以及其车辆、车型保有情况，建立用户档案，根据汽车配件的消耗规律来判断其进货计划，使销售工作有的放矢。

2. 货款结算应保持谨慎态度

货款结算方式有现金收讫、转账支票、托收承付、担保延期付款等方式。但目前社会上的"三角债"愈演愈烈，因此除关系密切、信誉好的用户外，门市销售部门应及时回笼货款。

3. 制定合理的销售价格体系

汽车配件门市销售部门应在销售中发挥价格杠杆作用，根据市场需求变化、进货成本，在不违背国家有关规定的前提下，灵活定价，适当调高畅销品、名优产品价格，但是对代理销售的产品均应征求厂家的意见；适当调低滞销商品价格，必要时为加速资金周转，可亏本或保本出售；对于批发价商品，要根据购买数量、成本进价核算，薄利多销，在整个营销中有赔有赚，以盈补亏。

4. 全面认识优质服务

门市销售人员不只应面带微笑、热情接客，更重要的是练好"内功"。每个用户，特别是大用户购买配件时，总是希望在一个地方能够满足其对全部配件的需要，并且要求质好价廉。因此，门市销售部门就必须在品种、质量、价格上下功夫。门市销售人员必须根据汽车配件车型多、品种繁、专用性强的特点，不但要懂得所经营配件的通用互换情况，而且还要了解同一车型、不同代产品的配件。不然，就会造成本来可以通过互换的不同车型的配件，不能实现销售，降低了用户的满足率。同时，还会造成因不知道同一车型、不同代产品不能通用的知识所带来的销售失误。所以，门市销售人员必须学会识别各种配件的车型、名称、规格、用途，掌握汽车配件基本知识。只有这样，才能为用户提供满意的咨询导向和售后服务，与用户建立起牢固的感情纽带。

5. 理顺进销关系

进货与供货不能脱节，门市销售部门必须按汽车配件消耗规律、门市销售情况、库存数量及各种销售走向安排进货，一旦预见到将会发生品种短缺，立即联系进货，保障常规易损易耗配件的充足供应，最大限度地满足用户需求。今后的发展趋势是门市销售记账实现现代化办公，利用计算机准确、快捷地统计出各种销售情况，这样可以更好地理顺进销关系、提高工作效率。

6. 考核经济效益和社会效益

一般企业对于考核经济效益比较重视，主要指标是考核"纯利润"，对配件商品供应率（即用户购买品满足率）却不太重视。配件商品供应率是一项反映用户对企业在当地市场上销售品种的满足程度，尤其是对本企业所经营的、当地保有量大的车型配件的满足程度的指标。考核办法是，在一段时间内抽取有代表性的老用户的采购单，把采购单上的品种总数作为分母，把本企业满足的品种总数作为分子，得出的数据再乘以100%。这个百分数越大，说明企业的品种覆盖率越高，社会效益越好，同时也可以扩大销售，促进经济效益的提高。

7. 处理好退货业务

用户一般是由于商品质量不合乎要求或者是由于所购商品不适合应用而退货。不论是哪一种情况，门市销售人员都应给予妥善处理：遇到前者时，首先必须验明是否确是本企业售出的商品，并经证明质量状况是否符合标准，然后按规定处理；遇到后者时，也要首先验明是否是本企业售出的商品，再查验商品有无损坏，并在规定退还期内，报请门市负责人按规定退换。对于不符合退换规定的，门市销售人员应耐心解释。

8. 介绍相关规定

顾客在购买汽车配件时，有时并不十分清楚所购买配件在使用时的注意事项，门市销售人员应详细向顾客介绍该配件功能、性能特点及使用方法，有时还需示范或让顾客亲自试用，有条件时，可向顾客分发使用说明书。

汽车对于配件质量有一定要求，因此，门市销售人员应对汽车配件的产地、质量、特点等有较深的了解，积极如实地向顾客介绍；同时，对有些配件还应介绍其质量保修规定，这也是顾客十分关心的问题，如保修年限、承保范围、费用分担等问题。此外，门市销售人员还应向用户发送质量保修卡。

三、汽车配件销售的售后服务

（一）售后服务的作用

1）汽车配件经营企业为客户提供及时、周到、可靠的服务，可以保证客户所购汽车配件的正常使用，最大限度地发挥汽车配件的使用价值。

2）争取客户，增强企业的竞争力。除了产品性能、质量、价格之外，优质的售后服务还可以增加客户对产品的好感，提高产品的口碑，提高企业的声誉，迎来更多的客户，从而增强企业的竞争能力。

3）收集客户和市场的反馈信息，为企业正确决策提供依据。售后服务不仅可以使企业掌握客户的信息资料，还可以广泛收集客户意见和市场需求信息，为企业经营决策提供依据，使企业能按照客户意见和市场需求的变化进行决策，从而提高决策的科学性、正确性，减少风险和失误。无论对于汽车配件经营企业还是对于客户，售后服务都是很重要的。汽车配件经营企业也大都认识到，汽车配件卖出去不是销售的结束，而是占领市场的开始。

（二）售后服务的内容

售后服务是汽车配件经营人员在配件售出、到达客户手里后，继续提供的各项服务。良好的售后服务不仅可以巩固已争取到的客户，还可以通过这些客户的宣传，树立良好的企业形象，争取到新的客户，开拓新的市场。售后服务主要包括下列内容：

1. 建立客户档案

客户的档案管理是对客户的有关材料以及其他技术资料加以收集、整理、保管和对变动情况进行记载的一项专门工作。建立客户档案直接关系到售后服务的正确组织和实施。档案管理必须做到以下几点：

1）档案内容必须完整、准确。
2）档案内容的变动必须及时。
3）档案的查阅、改动必须遵循有关规章制度。
4）要确保某些档案及资料的保密性。

客户档案可采用卡片的形式，主要内容包括客户名称、详细地址、邮政编码、联系电话、法定代表人姓名、注册资金、生产经营范围、经营状况、信用状况、供销联系人、银行账号、何时与其建立交易关系、历年交易记录、联系记录、配件消耗、配件来源情况等。

2. 对客户进行分类

建立客户档案时，档案建立人员应在对客户进行调查分析的基础上进行分类。

一类客户：资信状况好、经营作风好、经济实力强、长期往来成交次数多、成交额较大、关系比较牢固的基本往来户。

二类客户：资信状况好、经济实力不太强，但也能进行一般的交易、完成一定购买额的一般往来户。

三类客户：资信状况一般、业务成交量较少，可作为普通联系户。

对于不同类别的客户，汽车配件经营企业应采取不同的经营策略，优先与一类客户成交，对其在资源分配和定价上适当优惠；对二类客户要"保持"和"培养"；对三类客户则应积极争取，加强联系。

3. 保持与客户的联系

建立客户档案和客户分类的目的在于及时与客户联系，了解客户的要求，并对客户的要求作出答复。门市销售人员应经常查阅最近的客户档案，了解客户对汽车配件的使用情况以及存在的问题。门市销售人员与客户进行联系时应遵循以下准则：

1）了解客户的需求。应了解客户及汽车配件在使用中有什么问题。
2）专心听取客户的要求并作出答复。
3）多提问题，确保完全理解客户的要求。
4）总结客户的要求。在完全理解了客户的要求以后，还要归纳一下，填写"汽车配件客户满意度调查表"。
5）对于一、二类客户，可定期或不定期召开用户座谈会或邀请他们参加本企业的一些庆典或文化娱乐活动，加深与他们的感情。

4. 退货上门和质量"三包"

送货服务大大方便了客户，目前在汽车配件经营行业应用较为普遍。对售出的配件实行质量"三包"（包退、包换、包修），维护了客户的权益：降低了客户的风险，而且也提高了企业的信誉，从而可以刺激客户的消费。

5. 了解配件使用信息

汽车配件经营企业要积极主动向大客户，如汽车修理企业、出租车公司、运输公司、租赁公司等，了解车辆状况，按配件消耗规律找出客户的需求规律，以便及时协助客户合理储备配件。具体需了解的信息包括：

1）了解客户的车辆状况，主要了解客户拥有的车型、车数、购买时间和使用状况。
2）找出客户对配件消耗的规律。汽车的使用寿命周期由初期使用—正常使用—大中修理—后期使用—逐渐报废这样一个过程组成。对于专业运输企业和工厂、工矿企业所使用的专业运输车辆，配件消耗在这个全过程中有以下规律性：

初期——正常运行期。维护用配件处于正常消耗阶段。

二期——使用故障期。在此期间，事故件消耗上升。

三期——中修期。在此期间，以磨损消耗的配件为主，如发动机高速运动部位的零部件。

四期——大修期。在此期间。也是以磨损消耗的配件为主，如发动机、离合器、变速器等部位的零部件。

五期——混合期。在此期间，主要是定期维护用配件和磨损消耗的配件，以及由于大、中修质量影响造成返修所消耗的配件。

六期——二次大修期。在此期间，除消耗第一次大修用配件外，底盘要全部检修，更换部分零部件。这部分零部件一般不属于正常磨损，而是由于检查、调整不及时造成的，主要是滚动轴承损坏导致齿轮损坏。因此，维修人员必须在第一次大修时对底盘各部、总成进行全面检查和调整。

后期——逐渐报废期。在此期间，配件消耗下降，配件储备处于紧缩阶段。

根据以上分析，可以看出配件消耗有以不同使用时期的不同消耗为重点的动态增减规律，它反映了配件消耗规律的普遍性，这是一种函数关系。配件储备定额应与上述函数关系建立对应关系，加上一定的安全储备量，这就是动态储备定额。按这个定额储备配件，就能满足车辆在不同使用时期配件消耗的需要。这样既保证了维修车辆配件消耗的需要，又相对节省了储备资金，同时避免配件积压和报废损失。

3）协助客户合理储备配件。配件储备要建立在消耗的基础上，以耗定存，加强分析配件的消耗规律，为制订维修配件储存计划提供依据。

汽车配件经营企业应根据车辆技术性能和使用条件，制订车辆在整个使用寿命周期内的配件消耗分期计划，确定不同时期的配件消耗重点，进而确定库存量和库存结构。

汽车配件经营企业应认清总成和零件的存量关系，使存量合理化。总成可以分为大总成、小总成和事故总成，它们应分别采取不同方法进行储备。

大总成，如发动机、变速器等，这类总成损坏率小，主要部件损坏时才需更换，储备不应过多，甚至可以在需要时临时采购。这样做的主要原因是其价格较高，这样做可以节省储备资金。

小总成，如供油泵、发电机等，这类总成一般易损，它们占用全车总成的 2/3 左右，修理时占用工时较长，影响车辆完好率，并且一般总成比它的成套零件价格便宜。这类总成内的零件往往只有若干件易损，全部备齐也不经济。当前，随着人们的时间观念的增强，一般要求更换小总成，将原小总成收下，待修理好后作为以后再次损坏时的备用品。汽车配件经营企业可以根据实际使用情况，多备小总成，在摸清内部损坏零件的情况后，再有目的地储备零件。

事故总成多在总成事故发生后，再及时向供货单位约定。车架、保险杠、前/后桥一般不易损坏，故通常不提前储备。

对保有量极少的车型，如油罐车和牵引车等，汽车配件经营企业要采取特殊管理方法，以防急需时因配件待料而直接影响生产，因此必须想方设法保证配件供应。除加强与有车单位的横向联系外，汽车配件经营企业应对易损配件储备充足，保证正常维修需要。大、中修配件集中在发动机（离合器、变速器）等部位，汽车配件经营企业可考虑备用总成，供修理时更换，换下的旧总成可在充足时间内修理，未储备的配件也可以在此期间采购。旧总成修复后可作备用，这样就减少了库存配件量。底盘配件可在第一次大修时检修调整，有目的地进行储备。

第四节 汽车配件的保修索赔

一、保修索赔期与索赔范围

汽车配件的生产是一个相当严密的过程，各工序都有严格的检验关卡。但由于无法预计的原因，产生配件质量缺陷是不可避免的，因此汽车制造厂或配件制造厂对其汽车产品及配件提供了有条件的保修索赔。保修索赔是一项为了尽量减少由于质量问题对用户造成的不便与损失，并为树立品牌形象，为营销与售后赢得市场所做出的售后服务工作。各汽车制造厂的保修索赔具体规定尽管有些不同，但原则上区别不大。

（一）保修索赔的条件

1）必须是在规定的保修索赔期内。

2）用户必须遵守《保修维护手册》的规定，正确驾驶、维护、存放车辆。

3）所有保修服务工作必须由汽车制造厂设在各地的特约服务站实施。

4）必须是由特约服务站售出并安装的或原车上的配件，方可申请保修。

（二）保修索赔期

1. 整车保修索赔期

整车保修索赔期为从车辆开具购车发票之日起的 24 个月或车辆行驶累计里程 4 万 km 内，两条件以先达到的为准，超出以上两个范围之一者，说明该车超出保修索赔期。

2. 配件保修索赔期

1）在整车保修索赔期内由特约服务站免费更换安装的配件，其保修索赔期为整车保修索赔期的剩余部分，即随整车保修索赔期的结束而结束。

2）由用户付费并由特约服务站更换和安装的配件，按从车辆修竣、客户验收合格日和相应公里数计算，其保修索赔期为 12 个月或 4 万 km（两条件以先达到的为准）。在此期间，因为保修而免费更换的同一配件的保修索赔期为其付费配件保修索赔期的剩余部分，即随付费配件的保修索赔期的结束而结束。

3）特殊零部件的保修索赔期依照特殊零部件保修索赔规定执行。

（三）保修索赔范围

1）由汽车制造厂生产、供应的车辆和零部件，在正常使用、维护条件下，发现有材料或制造工艺缺陷的均属于索赔范围，但正常磨损的零部件不属于保修范围，如火花塞、机油滤芯、传动带、离合器片、润滑油、制动蹄片、轮胎的正常磨损等。

2）在保修索赔期内车辆正常使用情况下整车或配件发生质量故障的，修复故障所花费的材料费、工时费均属于保修索赔范围。

3）在保修索赔期内车辆发生故障无法行驶，需要特约服务站外出抢修的，特约服务站在抢修中发生的交通、住宿等费用也属于保修索赔范围。

4）汽车制造厂为每一辆车提供两次在汽车特约服务站的免费维护，两次免费维护的费用属于保修索赔范围。其中，免费维护项目有：

① 2000km 免费维护项目
- 更换润滑油及机油滤清器。
- 检查传动带。
- 检查空调暖风系统软管和接头。
- 检查冷却液，检查冷却系统软管及卡箍。
- 检查通风软管和接头，清洗空气滤清器滤芯。
- 检查燃油箱盖、油管、软管和接头。
- 检查制动液和软管，检查、调整驻车制动器。
- 检查轮胎和充气压力。
- 检查灯、喇叭、刮水器和洗涤器。

② 6000km 免费维护项目
- 更换润滑油及机油滤清器，检查传动带。
- 检查变速器油、差速器油，检查动力转向液，必要时添加。
- 检查空调暖风系统软管和接头。
- 检查冷却液、冷却系统软管及卡箍。

- 检查通风软管和接头，清洗空气滤清器滤芯。
- 检查燃油箱盖、油管、软管和接头。
- 检查制动液和软管，检查、调整驻车制动器。
- 检查轮胎和充气压力。
- 检查灯、喇叭、刮水器和洗涤器。
- 检查排气管和安装支座，检查调整前、后悬架及底盘车身螺栓。

（四）不属于保修索赔的范围

1）凡不按汽车使用手册的规定使用，未定期进行维护，无强保记录者，造成非正常损坏或引起交通事故的。

2）无保修手册的。

3）超出"三包"规定的时间或里程的零部件。

4）在"三包"期内，顾客未经售后服务部或维修站同意，自行解体修理或更换零部件的。

5）顾客自行改装、改型或装用非原厂配件的。

6）由于修理造成的误工费及间接损失。

7）无法确认行驶里程的，从购车之日起按200km/天计算里程。

8）车辆不是在汽车制造厂授权服务站维修，或者车辆安装了未经汽车制造厂售后服务部门许可的配件的。

9）用户私自拆卸更换里程表，或更改里程表读数的车辆（不包括汽车特约服务站对车辆故障诊断维修的正常操作）。

10）因为环境、自然灾害、意外事件造成的车辆故障（如酸雨、树汁、沥青、地震、冰雹、水灾、火灾、车祸等）。

11）在保修索赔期内，用户车辆出现故障后未经汽车制造厂（或汽车特约服务站）同意继续使用而造成进一步损坏的，汽车制造厂只对原有故障损失（须证实属产品质量问题）负责，其余损失责任由用户承担。

12）车辆发生严重事故时，用户应保护现场，并应保管好损坏零件，但不能自行拆卸故障车。经汽车制造厂和有关方面（如保险公司等）鉴定事故原因后，如属产品质量问题，汽车制造厂将按规定支付全部保修及车辆拖运费用。如未保护现场或因丢失损坏零件以致无法判明事故原因，汽车制造厂不承担保修索赔费用。

（五）其他有关保修索赔的规定

1. 库存车辆的保修

由汽车制造厂派出的技术服务代表定期（至少每3个月1次）对中转库和代理商（经销商）展场的车辆进行检查，各地特约服务站配合。对车辆因放置时间较长而出现的油漆变（褪）色、锈蚀、车厢地板扭曲变形等外观缺陷，由汽车制造厂索赔管理部批准后可以保修。保修工作由汽车制造厂设在各地的特约服务站完成。

2. 保修索赔期满后出现的问题

对于过了保修索赔期的车辆，原则上不予保修索赔。如果确属耐用件存在的质量问题，则由汽车制造厂技术服务代表和汽车特约服务站共同对故障原因进行鉴定，在征求汽车制造厂索赔管理部同意后可以按保修处理。因维护、使用不当造成的损坏或是易损件的损失，则不能保修。

3. 更换仪表

因仪表有质量问题而更换仪表总成的，汽车特约服务站应在用户《保修维护手册》上注明旧仪表上的里程数及更换日期。

4. 故障原因和责任难以判断的情况

对于故障原因和责任难以判断的情况，如果用户确实按《使用说明书》规定使用和维护车辆且能出示有关证据（如提供维护记录），需报汽车制造厂索赔管理部同意后才予以保修。

二、保修索赔

（一）保修索赔的工作流程

1）用户到特约服务站报修。

2）业务员根据用户报修情况、车辆状况及车辆维护记录，预审用户的报修内容是否符合保修索赔条件（特别要检查里程表的工作状态），如果不符合，则请用户自行付费修理。

3）把经预审符合保修索赔条件的车辆送至保修工位，索赔员协同维修技师确认故障点及引起故障的原因，并制订相应的维修方案、审核是否符合保修索赔条件。如果不符合保修索赔条件，则通知业务员，请用户自行付费修理。

4）业务员在确认用户车辆符合保修索赔条件后，根据情况等汽车制造厂索赔管理部审批通过，然后及时对用户车辆进行保修索赔。

5）保修结束后，在索赔件上挂上"索赔旧件悬挂标签"，送入索赔旧件仓库统一保管。

6）业务员每天要统计当天的索赔申请，填写"索赔申请表"。

7）在规定时间内，业务员每月一次向汽车制造厂索赔管理部提交"索赔申请表"。

8）索赔员每月一次按规定时间、按规定包装索赔件（见索赔件处理规定）并由第三方物流负责运回汽车制造厂索赔管理部。

9）经汽车制造厂索赔管理部初步审核，对不符合条件的索赔申请予以返回，索赔员根据返回原因立即修改，下次提交索赔申请时一起提交，以待再次审核。

10）汽车制造厂索赔管理部对符合条件的索赔申请审核完成后，将"索赔申请结算单"返给各特约服务站，特约服务站根据结算单金额向汽车制造厂索赔管理部进行结算。

（二）售前索赔

通过汽车制造厂检验的车辆，还要经过第三方物流、特许经销商、最终户用中各道接车检查，之间可能会检查出一些厂方检验遗漏的质量问题，这些质量缺陷的保修属于售前索赔。为了规范新车交接各方的检验程序，分清新车受损的责任方，一般有以下规定：

1）物流商承接新车时，装车前必须认真执行新车交接检验程序，特别注意油漆、玻璃、外装饰件、内饰、轮胎及其外装饰、随车附件、工具资料等。如果发现问题，物流商应及时请汽车制造厂销售部门解决。检验合格、经双方签字确认后，物流商将负责运输全程新车的完好，运输途中造成的一切损失将由物流商承担。

2）经销商承接新车时，必须认真执行新车交接检验程序，特别注意油漆、玻璃、外装饰件、内饰、轮胎及其外装饰、随车附件、工具资料等，检验合格后经双方签字确认。

3）检验中，经销商若发现新车存在制造质量问题，应将其记录在"新车交接单"上，经双方签字确认。其中发生的维修费用由经销商提交售前索赔申请，经汽车制造厂索赔管理部审定后予以结算。

4）检验中发现新车存在非制造质量问题，如人为损坏、碰撞、异物污渍、酸碱侵蚀、附件遗失等，如果属物流商责任，由经销商负责修复，维修费用由物流商当场支付，维修费用按索赔标准结算。交接双方如果存在分歧，则应由当地区域销售经理和区域服务经理现场核定。如果区域销售经理和区域服务经理无法及时到达现场，则经销商先在"新车交接单"上记录下问题（必要时拍摄照片），并经双方签字确认，事后由经销商提交给索赔管理部审定。

5）检验中，若发现新车存在不明原因的问题，经销商应记录下问题（必要时拍摄照片）并经双方签字确认后，交给索赔管理部审定。

（三）配件索赔

用户自行付费且在服务站更换的零部件或总成，在保修索赔范围内出现质量故障，这类索赔情况属于配件索赔。提出这类配件索赔的，用户必须在"索赔申请表"后附带购件发票的复印件。换件修复后，还需要在更换配件的付费发票备注栏内如实写明当时车辆已经行驶的公里数。

三、索赔旧件的管理

（一）索赔旧件处理规定

1）通常情况下，被更换下来的索赔旧件的所有权归汽车制造厂，各特约服务站必须在规定时间内，按指定的方式将其运回汽车制造厂索赔管理部。

2）更换下来的索赔旧件应挂上"索赔旧件悬挂标签"，保证粘贴牢固并按规定填写好该标签。零件故障处需要详细填写，相关故障码和故障数据也须填写完整。"索赔旧件悬挂标签"由汽车制造厂索赔管理部统一印制，特约服务站可以向索赔管理部领取。

3）故障件的缺陷、破损部位一定要用红色或黑色不易脱落的颜料、记号笔做出明显标记。

4）应尽可能保持拆卸下来后的索赔旧件的原始故障状态，一些规定不可分解的零件不可擅自分解，否则将视做该零件的故障为拆卸不当所致，不予索赔。

5）旧润滑油、变速器油、制动液、转向器用油、润滑油脂、冷却液等不便运输的索赔旧件，如无特殊要求则不必运回，应按当地有关部门规定自行处理（应注意环保）。

6）在规定时间内将索赔旧件运回。回运前，索赔员需要填写"索赔件回运清单"，注明各索赔旧件的装箱编号。索赔旧件必须统一装箱，箱子外部按规定贴上"索赔旧件回运装箱单"并把箱子封装牢固。

7）汽车制造厂索赔管理部对回运的索赔旧件检验后，返回或取消存在问题的索赔申请。

8）被取消索赔申请的旧件，各特约服务站有权索回，但须承担相应运输费用。

（二）"索赔旧件悬挂标签"的填写与悬挂要求

1）索赔员应在悬挂标签上如实填写所有内容，保证字迹清晰和不易褪色。

2）如果遇到特殊索赔，在悬挂标签备注栏内一定要填写授权号。

3）所有标签应该由索赔员填写并加盖专用章。

4）保证一物一签，物和签要对应。

5）悬挂标签一定要固定牢固。对于无法悬挂的，应用透明胶带将标签牢固粘贴在索赔件上，同时保证标签正面朝外。

（三）索赔件的清洁和装运要求

1）发动机、变速器、转向器、制动液罐等内部的油液要全部放干净，外表保持清洁。

2）更换下来的索赔旧件必须统一装箱，即相同索赔件集中装在同一包装箱内，并且在每个包装箱外牢固贴上该箱索赔件的"索赔旧件回运装箱单"，注明装箱号与索赔件的零件号、零件名称和零件数量，在规定时间内由物流公司返运到汽车制造厂索赔管理部。

3）各个装箱清单上的索赔件种类和数量之和必须与"索赔件回运清单"上汇总的完全一致。

4）"索赔件回运清单"一式三联，经物流公司承运人签收后，第一联由特约服务站保存，第二联由物流公司保存，第三联由物流公司承运人交汽车制造厂索赔管理部。

四、质量情况反馈规定

汽车特约服务站或4S店售后服务中心直接面对客户，因此最了解客户的需求，掌握着第一手的客户信息、质量信息以及客户对汽车制造厂质量、服务评价的信息。所以，特约服务站反馈的信息是汽车制造厂提高产品质量、调整服务政策的重要依据。

每一个特约服务站都应该组织一个质量检查小组，由经理带领，会同索赔员、服务顾问、配件管理人员、车间主任和技术骨干，对进入特约服务站维修的所有车辆的质量信息进行汇总研究，技术分析，排除故障试验，并向汽车制造厂索赔管理部定期做出反馈。汽车制造厂售后服务部将为提高汽车产品的质量，提高各特约服务站的维修水平定期发布技术通信和召开质量、技术研讨会。同时，汽车制造厂索赔管理部将把质量情况反馈工作作为对特约服务站年终考核的一项标准，并对做得出色的站点加以嘉奖。

质量情况反馈的工作内容：

1. 重大故障报告

各特约服务站在日常工作中遇到重大的车辆故障时，必须及时、准确、详尽地填写"重大故障报告单"，并立即传真至汽车制造厂索赔管理部，以便汽车制造厂各部门能及时做出反应。重大故障包括：影响车辆正常行驶的故障，如动力系统、转向系统、制动系统的故障；影响乘客安全的故障，如主/被动安全系统故障、轮胎问题、车门锁止故障等；影响环保的故障，如排放超标、油液污染等。

2. 常见故障报告和常见故障避除意见

各特约服务站应坚持在每月月底对当月进厂维护的所有车辆产生的各种故障进行汇总，统计出发生频率最高的十项故障或故障零件，并对故障原因进行分析，提出相应的故障避除意见。各站需在每月月初向汽车制造厂索赔管理部提交上月的常见故障报告和常见故障避除意见。

3. 用户质量抱怨反馈表

各特约服务站应在用户进站维修、电话跟踪等与用户交流过程中，积极听取用户对汽车制造厂的意见，并作好相应记录。意见包括某处使用不便、某处结构不合理、某零件使用寿命过短、可以添加某些配备、某处不够美观等。各站需以季度为周期，在每季度末提交

"用户质量抱怨反馈表"。

实训　配件真伪识别

一、实训描述

两个相同配件,一个为原厂正品,一个为仿冒品,通过辨认,检查其真伪。

二、实训目标

1) 掌握配件正确的标号方法。
2) 掌握配件材料使用标准。
3) 掌握配件真伪的辨别技巧。

三、实训任务

1) 检查配件是否有质检合格证、厂牌及商标、厂址及联系电话,否则可视为"三无"产品。
2) 检查配件外包装是否完好,有无企业的标志及有关编码。
3) 检查配件的质量、外表和加工精度是否符合标准。
4) 检查配件起色是否纯正、有无重新喷漆的痕迹。

第十四章 二手车评估与销售

学习目标：

了解二手车鉴定估价的概念和特点、二手车估价的计价标准；熟悉二手车鉴定评估的操作流程；通过学习二手车评估的具体案例，能够运用基本的理论知识进行二手车评估。

第一节 二手车鉴定估价

一、概述

（一）二手车鉴定估价的概念

二手车鉴定估价是指由专门的鉴定估价人员，按照特定的目的，遵循法定或公允的标准和程序，运用科学的方法，对二手车进行手续检查、技术鉴定和估算价格的过程。

二手车鉴定估价从实质上来说，是市场经济的产物，是适应生产资料市场流转的需要，在鉴定估价人员所掌握的市场资料和对市场进行预测的基础上，对二手车辆的现时价格作出预测估算。

二手车鉴定估价由六大要素组成，即鉴定估价的主体、客体、特定目的、程序、标准和方法。鉴定估价的主体是指二手车鉴定估价由谁来承担；鉴定估价的客体是指鉴定估价的对象；鉴定估价目的是指二手车发生的经济行为，直接决定鉴定估价标准和方法的选择；鉴定估价的程序是指对具体车辆进行鉴定评估全过程的具体步骤和工作环节；鉴定估价标准是对鉴定估价采用的计价标准；鉴定估价的方法是用以确定二手车评估值的手段和途径。

（二）二手车鉴定估价的特点

机动车作为一类资产，有别于其他类型的资产有其自身的特点，其主要特点一是单位价值较大，使用时间较长；二是工程技术性强，使用范围广；三是使用强度、使用条件、维护水平差异很大；四是使用管理严，税费附加值高。车辆的本身特点决定了二手车鉴定估价的特点：

1. 二手车鉴定估价以技术鉴定为基础

由于机动车辆本身具有较强的工程技术特点，其技术含量较高。机动车在长期的使用过程中，由于机件的摩擦和自然力的作用，它处于不断磨损的过程中。随着行驶里程和使用年数的增加，车辆实体的有形损耗和无形损耗加剧；其损耗程度的大小，因使用强度、使用条件、维修等水平差异很大。因此，评定车辆实物和价值状况需要通过技术检测等技术手段来鉴定其损耗程度。

2. 二手车鉴定估价都以单辆为评估对象

由于二手车单位价值相差比较大、规格型号多、车辆结构差异很大。为了保证评估质量，对于单位价值大的车辆，一般都是对于各辆整车，分部件逐辆、逐件地进行鉴定评估。为了简化鉴定估价工作程序，节省时间，对于以产权转让为目的、单位价值小的车辆，也不排除采取"提篮作价"的评估方式。

3. 二手车鉴定估价要考虑其手续构成的价值

由于国家对车辆实行"户籍"管理，使用税费附加值高。因此，对二手车进行鉴定估价时，除了估算其实体价值以外，还要考虑由"户籍"管理手续和各种使用税费构成的价值。

（三）二手车鉴定估价的目的和任务

二手车鉴定估价的目的是正确反映机动车的价值量及其变动，为将要发生的经济行为提供公平的价格尺度。

1. 确定二手车交易的成交额

二手车成交时，按其成交额收取一定的管理费，成交额是按二手车鉴定估价人员评估的价格来确定的。

2. 二手车的所有权转让

二手车在交易市场上进行买卖时，买卖双方对二手车交易价格的期望是不同的，甚至相差甚远。因此需要鉴定估价人员对被交易的二手车辆进行鉴定估价，评估的价格作为买卖双方成交的参考底价。

3. 抵押贷款

银行为了确保放贷安全，要求贷款人以机动车辆作为贷款抵押物。银行为回收贷款安全起见，要对二手车辆进行鉴定估价。而这种贷款的安全性在一定程度上取决于对抵押评估的准确性。

4. 法律诉讼咨询服务

当事人遇到机动车辆诉讼时，委托鉴定估价人员对车辆进行评估，有助于把握事实真相；同时，法院判决时，可以依据鉴定估价人员的结论为法院司法裁定提供现时价值依据。

5. 拍卖

对于公务车辆、执法机关罚没车辆、抵押车辆、企业清算车辆、海关获得的抵税和放弃车辆等，都需要对车辆进行鉴定估价，以在预期之日为拍卖车辆提供拍卖底价。

6. 鉴定违规车辆

鉴定、识别走私车、盗抢车，非法拼装车、报废车、手续不全的车，严禁这些车辆在二手车交易市场上交易。

（四）二手车鉴定估价的业务类型

二手车鉴定估价业务类型是指鉴定估价的业务性质。按鉴定估价服务对象不同，鉴定估价的业务类型分为：交易类和咨询服务类业务。交易类业务是服务于二手车交易市场内部的交易业务，它以收取交易管理费的一部分作为有偿服务；咨询服务类业务是服务于二手车交易市场外部的非交易业务，它按各地方政府物价管理部门对二手车鉴定估价制定的有关规定实行有偿服务，如融资业务的抵押贷款估价，为法院提供的咨询服务等。

(五) 二手车鉴定估价的价值概念

1. 二手车评估的价值是交易价值

从某种意义上讲，二手车评估的价值是效用价值，是从"有用即值钱"的角度去探究值多少钱。二手车评估价值从表面上看是鉴定估价从业人员判定、估算的价值，但车辆价值的真实价值是产权交易发生时的交易价值，而交易价值的最终判定者是交易双方当事人。成功和正确的价值估定是将交易双方当事人都认为合理并被认同的价值，因而二手车鉴定估价人员也应从交易双方当事人角度考虑二手车的价值问题。

2. 评估的价值是市场价值

从某种意义上说，被评估的车辆价值的真正意义是其作为市场价值的货币表现。因为，二手车评估的依据来源于市场，具有现实的、接受市场检验的特征；二手车的价值是一个动态的概念，因而对其评估中的价值是指特定时间、地点和市场条件下的价值，具有很强的时效性，即二手车评估价值是指评估基准上的市场价值。

(六) 资产评估的客体

资产评估的客体如图14-1所示，从中可以看出二手车属于固定资产一类产品，所以机动车鉴定估价的理论依据和估价方法都是以资产评估学为指导思想的。

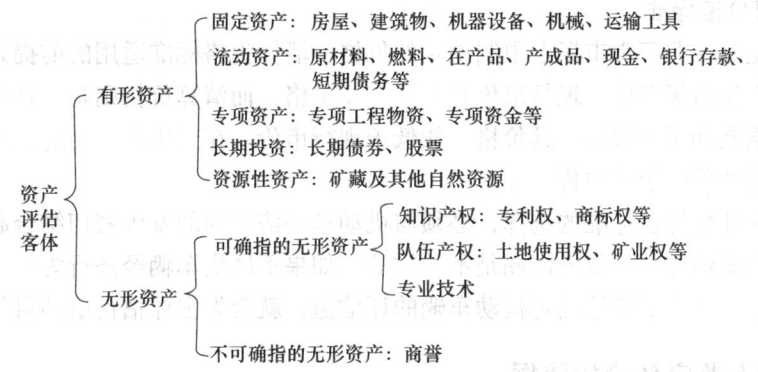

图 14-1 资产评估的客体

二、二手车估价的计价标准

根据我国资产评估管理要求，二手车估价遵守四种类型的标准：重置成本标准、现行市价标准、收益现值标准和清算价格标准。

(一) 重置成本标准

重置成本是指在现时条件下，按功能重置机动车并使其处于在用状态所耗费的成本。重置成本的构成与历史成本一样，是反映车辆的购建、运输、注册登记等建设过程中全部费用的价格，只是按现有技术条件和价格水平计算。重置成本标准适用的前提是车辆处于在用状态，一方面反映车辆已经投入使用；另一方面反映车辆能够继续使用，对所有者具有使用价值。决定重置成本的两个因素是重置完全成本及其损耗（或称贬值）。

(二) 现行市价标准

现行市价是车辆在公平市场上的售卖价格。现行市价标准源产生于公平市场，具有如下规定性：有充分的市场竞争，买卖双方没有垄断和强制，双方都有足够的时间和能力了解实情，具有独立的判断和理智的选择。决定现行市价的基本因素有：

1. 基础价格

它是指车辆的生产成本价格。一般情况下，一辆车的生产成本高低决定其价格的高低。

2. 供求关系

车辆价格与需求量成正比关系，与供应量成反比关系。当一辆车有多个买方竞买时，车的价格就会上升，反之则会下降。

3. 质量因素

它是指车辆本身功能、指标等技术参数及损耗状况。优质优价是市场经济法则，在二手车评估中，质量因素对车辆价格的影响必须予以充分考虑。

（三）收益现值标准

收益现值是指根据机动车辆未来预期获利能力的大小，按照"将本求利"的逆向思维——"以利索本"，以适应的折现率或资本化率将未来收益折成现值。可见，收益现值是指为获得二手车辆以取得预期收益的权利所支付的货币总额。收益现值标准适用的前提条件是车辆投入使用，同时，投资者投资的直接目的是获得预期的收益。

（四）清算价格标准

清算价格是指在非正常市场上限制拍卖的价格。清算价格标准适用的前提条件与现行市价标准的区别在于市场条件。现行市价是公平市场价格，而清算价格则是一种拍售价格，它由于受到期限限制和买主限制，其价格一般低于现行市价。在二手车交易的实践中，二手车的拍卖均是这种性质的价格出售。

对于二手车评估计价标准的选择，必须与机动车经济行为的发生密切结合起来，不同的经济行为所要求车辆评估价值的内涵是不一样的。如果不区别车辆经济行为确定评估价值类型——计价标准，或者统统地确定机动车辆的评估值，就会失去评估价值的科学性。

三、二手车鉴定估价的依据

（一）理论依据

二手车鉴定估价的理论依据是资产评估学，其操作方法按国家规定的方法操作。

（二）政策法规依据

二手车鉴定估价的政策法规依据有：《国有资产评估管理办法》《国有资产评估管理办法实施细则》《汽车报废标准》等。

（三）二手车的价格依据

二手车的价格依据：一是历史依据，主要是二手车辆的账面原值、净值等资料，它具有一定的客观性，但不能作为估价的直接依据；二是现实依据，即在评估价值时都要以基准日这一时点的现实条件为准，即现时的价格、现时的车辆功能状态等。

四、二手车鉴定估价的工作原则

（一）公平性原则

公平、公正是二手车鉴定估价工作人员应遵守的一项最基本的道德规范。鉴定估价人员的思想作风、工作态度应当公正无私。评估结果应该是公道、合理的，而绝对不能偏向任何一方。

（二）独立性原则

独立性原则要求二手车鉴定估价工作人员应该依据国家的有关法规和规章制度及可靠的资料数据，对被评估的二手车价格独立地做出评定。坚持独立性原则是保证评估结果具有客观性的基础。鉴定估价人员的工作不应受外界干扰和委托者意图的影响，公正、客观地进行评估工作。

（三）客观性原则

客观性原则是指评估结果应以充分的事实为依据。它要求对二手车计算所依据的数据资料必须真实，对技术状况的鉴定分析应该是实事求是的。

（四）科学性原则

科学性原则是指在二手车评估过程中，鉴定估价人员必须根据评估的特定目的选择适用的评估标准和方法，使评估结果准确合理。

（五）专业性原则

专业性原则要求鉴定估价人员接受国家专门的职业培训，经职业技能鉴定合格后由国家统一颁发执业证书，持证上岗。

（六）可行性原则

可行性原则亦称有效性原则。要想使鉴定估价的结果真实可靠又简便易行，就要求鉴定估价人员是合格的，具有较高的素质；评估中利用的资料数据是真实可靠的；鉴定估价的程序与方法是合法的、科学的。

五、二手车评估的基本方法

（一）现行市价法

现行市价法又称市场法、市场价格比较法。它是指通过比较被评估车辆与最近售出类似车辆的异同，并将类似车辆的市场价格进行调整，从而确定被评估车辆价值的一种评估方法。现行市价法是最直接、最简单的一种评估方法。这种方法的基本思路是：通过市场调查，选择一个或几个与评估车辆相同或类似的车辆作为参照物，分析参照物的构造、功能、性能、新旧程度、地区差别、交易条件及成交价格等，并与评估车辆一一对照比较，找出两者的差别及差别所反映的在价格上的差额，经过调整，计算出二手车辆的价格。

现行市价法应用的前提条件：需要有一个充分发育、活跃的二手车交易市场，有充分的参照物可取。二手车交易越频繁，与被评估相类似的车辆价格越容易获得。参照物及其与被评估车辆可比较的指标、技术参数等资料是可收集到的，并且价值影响因素明确，可以量化。

运用现行市价法，重要的是要能够找到与被评估车辆相同或相类似的参照物，并且参照物是近期的、可比较的。所谓近期，即指参照物交易时间与车辆评估基准日相差时间相近，一般在一个季度之内。所谓可比，即指车辆在规格、型号、功能、性能、内部结构、新旧程度及交易条件等方面不相上下。

现行市价法的优点：能够客观反映二手车辆目前的市场情况，其评估的参数、指标，直接从市场获得，评估值能反映市场现实价格，评估结果易于被各方面理解和接受。

现行市价法的缺点：需要公开及活跃的市场作为基础，然而我国二手车市场还只是刚刚建立，发育不完全、不完善，寻找参照物有一定的困难。可比因素多而复杂，即使是同一个生产厂家生产的同一型号的产品，同一天登记，由不同的车主使用，受其使用强度、使用条件、维护水平等多种因素作用，其实体损耗、新旧程度都各不相同。

现行市价法评估的步骤：

1）收集资料。收集评估对象的资料，包括车辆的类别名称、车辆型号和性能，生产厂家及出厂年月，了解车辆目前使用情况，实际技术状况以及尚可使用的年限等。

2）选定二手车交易市场上可进行类比的对象。所选定的类比车辆必须具有可比性，可比性因素包括：型号、制造厂家、来源、使用年限、行驶里程数、实际技术状况、市场状况（市场处于衰退萧条或是复苏繁荣，供求关系是买方市场还是卖方市场）、交易动机和目的（卖方以清偿为目的或是以淘汰转让为目的；买方是获利转手倒卖或是购建自用）、车辆所处的地理位置、成交数量、成交时间。

3）分析、类比。综合上述可比性因素，对待评估的车辆与选定的类比对象进行认真的分析类比。

4）计算评估值。分析调整差异，作出结论。

（二）收益现值法

收益现值法是将被评估的车辆在剩余寿命期内预期收益用适用的折现率折现为评估基准日的现值，并以此确定评估价格的一种方法。从原理上讲，收益现值法是基于这样的事实，即人们之所以占有某车辆，主要是考虑这辆车能为自己带来一定的收益。如果某车辆的预期收益小，车辆的价格就不可能高；反之，车辆的价格肯定就高。投资者投资购买车辆时，一般要进行可行性分析，其预计的内部回报率只有在超过评估时的折现率时才肯支付货币来购买车辆。应该注意的是，运用收益现值法进行评估时，是以车辆投入使用后连续获利为基础的。在机动车的交易中，人们购买的目的往往不是在于车辆本身，而是车辆获利的能力。因此该方法较适用投资营运的车辆。

收益现值法的优点：与投资决策相结合，容易被交易双方接受；能真实和较准确地反映车辆本金化的价格。

收益现值法的缺点：预期收益额预测难度大，受较强的主观判断和未来不可预见因素的影响。

收益现值法评估的程序：

1）调查、了解营运车辆的经营行情，营运车辆的消费结构。

2）充分调查了解被评估车辆的情况和技术状况。

3）确定评估参数，即预测预期收益，确定折现率。

4）将预期收益折现处理，确定二手车评估值。

（三）清算价格法

清算价格法是以清算价格为标准，对二手车辆进行的价格评估。所谓清算价格，是指企业由于破产或其他原因，要求在一定的期限内将车辆变现，在企业清算之日预期出卖车辆可收回的快速变现价格。清算价格法在原理上基本与现行市价法相同，所不同的是迫于停业或破产，清算价格往往大大低于现行市场价格。这是由于企业被迫停业或破产，急于将车辆拍卖、出售。

清算价格法适用于企业破产、抵押、停业清理时要售出的车辆。此时若有机动车辆进行评估，可用清算价格为标准。

1. 企业破产

当企业或个人因经营不善造成严重亏损，不能清偿到期债务时，企业应依法宣告破产，法院以其全部财产依法清偿其所欠的债务，不足部分不再清偿。

2. 抵押

抵押是以所有者资产作抵押物进行融资的一种经济行为，是合同当事人一方用自己特定的财产向对方保证履行合同义务的担保形式。提供财产的一方为抵押人，接受抵押财产的一方为抵押权人。抵押人不履行合同时，抵押权人有权利将抵押财产在法律允许的范围内变卖，从变卖抵押物价款中优先受偿。

3. 清理

清理是指企业由于经营不善导致严重亏损，已临近破产的边缘或因其他原因将无法继续经营下去，为弄清企业财物现状，对全部财产进行清点、整理和查核，为经营决策（破产清算或继续经营）提供依据，以及因资产损毁、报废而进行清理、拆除等的经济行为。

在二手车评估中决定清算价格的有以下几项主要因素：

1. 破产形式

如果企业丧失车辆处置权，出售的一方无讨价还价的可能，那么以买方出价决定车辆售价；如果企业未丧失处置权，出售车辆一方尚有讨价还价余地，那么以双方议价决定售价。

2. 债权人处置车辆的方式

债权人处置车辆的方式按抵押时的合同契约规定执行，如公开拍卖或收回已有。

3. 清理费用

在破产等评估车辆价格时应对清理费用及其他费用给予充分的考虑。

4. 拍卖时限

一般来讲，拍卖时限长，售价会高一些；拍卖时限短，售价会低一些。这是由快速变现原则的作用所决定的。

5. 公平市价

公平市价是指车辆交易成交双方都满意的价格。在清算价格中卖方满意的价格一般不易求得。

6. 参照物价格

参照物价格是指在市场上出售相同或类似车辆的价格。一般来说，市场参照物价格高，车辆出售的价格就会高，反之则低。

二手车评估清算价格的方法主要有：

1）现行市价折扣法。它是指对清理车辆，首先在二手车市场上寻找一个相适应的参照物；然后根据快速变现原则估定一个折扣率并据以确定其清算价格。

2）模拟拍卖法（也称意向询价法）。这种方法是根据向被评估车辆的潜在购买者询价的办法取得市场信息，最后经评估人员分析确定其清算价格的一种方法。用这种方法确定的清算价格受供需关系影响很大，要充分考虑其影响的程度。

3）竞价法。它是由法院按照法定程序（破产清算）或由卖方根据评估结果提出一个拍卖的底价，在公开市场上由买方竞争出价，谁出的价格高就卖给谁。

（四）重置成本法

重置成本法是指在现时条件下重新购置一辆全新状态的被评估车辆所需的全部成本（即完全重置成本，简称重置全价），减去该被评估车辆的各种陈旧贬值后的差额作为被评估车辆现时价格的一种评估方法。其理论依据是：任何一个精明的投资者在购买某项资产时，它所愿意支付的价钱，绝对不会超过具有同等效用的全新资产的最低成本。如果该项资产的价格比重新建造或购置一全新状态的同等效用的资产的最低成本高，投资者肯定不会购买这项资产，而会去新建或购置全新的资产。这也就是说，待评估资产的重置成本是其价格的最大可能值。

重置成本法的基本计算公式如下：

$$被评估车辆的评估值 = 重置成本 - 实体性贬值 - 功能性贬值 - 经济性贬值 \quad (14-1)$$

$$被评估车辆的评估值 = 重置成本 \times 成新率 \quad (14-2)$$

实体性贬值也称为有形损耗，是指机动车在存放和使用过程中，由于物理和化学原因而导致的车辆实体发生的价值损耗，即由于自然力的作用而发生的损耗。二手车一般都不是全新状态的，因而大都存在实体性贬值。确定实体性贬值的依据是新旧程度，包括表体及内部构件、部件的损耗程度。假如用损耗率来衡量一辆全新的车辆，其实体性贬值为百分之零；而一辆完全报废的车辆，其实体性贬值为百分之百；处于其他状态下的车辆，其实体性贬值率则介于这两个数字之间。

功能性贬值是由于科学技术的发展导致的车辆贬值，即无形损耗。这类贬值又可细分为一次性功能贬值和营运性功能贬值。一次性功能贬值是由于技术进步引起劳动生产率的提高，现在再生产制造与原功能相同的车辆的社会必要劳动时间减少，成本降低而造成原车辆的价值贬值。具体表现为原车辆价值中有一个超额投资成本将不被社会承认。营运性功能贬值是由于技术进步，出现了新的、性能更优的车辆，致使原有车辆的功能相对新车型已经落后而引起其价值贬值。具体表现为原有车辆在完成相同工作任务的前提下，在燃料、人力、配件材料等方面的消耗增加，形成了一部分超额运营成本。

经济性贬值是指由于外部经济环境变化所造成的车辆贬值。所谓外部经济环境，包括宏观经济政策、市场需求、通货膨胀、环境保护等。经济性贬值是由于外部环境而不是车辆本身或内部因素所引起的达不到原有设计的获利能力而造成的贬值。外界因素对车辆价值的影响不仅是客观存在的，而且对车辆价值影响相当大，所以在二手车的评估中不可忽视。

重置成本法的优点：比较充分地考虑了车辆的损耗，评估结果更趋于公平合理；有利于二手车辆的评估；在不易计算车辆未来收益或难以取得市场（二手车交易市场）参照物条件下可广泛应用。

重置成本法的缺点：工作量较大，且经济性贬值不易准确计算。

成新率是反映二手车新旧程度的指标。二手车成新率是表示二手车的功能或使用价值占全新机动车的功能或使用价值的比率，也可以理解为二手车的现时状态与机动车全新状态的比率，成新率作为重置成本法的一项重要的指标，如何科学、准确地确定该项指标是二手车评估中的重点和难点。因为成新率的确定不仅需要根据一定的客观资料和检测手段，而且在很大程度上依靠评估人员的学识和评估经验来进行判断。

二手车鉴定估价成新率的确定方法通常采用使用年限法、技术鉴定法、综合分析法三种方法。

1. 使用年限法

使用年限法首先是建立在二手车在整个使用寿命期间，实体性损耗是随线性递增的。机动车价值的降低与其损耗的大小成正比。因此，使用年限法的数学表达式如下：

$$成新率 = \left(1 - \frac{已使用年限}{规定使用年限}\right) \times 100\% \tag{14-3}$$

由式（14-3）可知，运用使用年限法估算二手车的成新率涉及两个基本参数，即机动车已使用年限和机动车规定使用年限。

机动车的规定使用年限即机动车的使用寿命。机动车使用寿命的概念与汽车使用寿命的概念相同，它分为技术使用寿命、经济使用寿命和合理使用寿命。这里所指的机动车规定使用年限是指机动车的合理使用寿命，可参照《汽车报废标准》来确定。

已使用年限是指二手车开始使用到评估基准日所经历的时间。

运用使用年限法估算二手车成新率注意两点：第一，使用年限是代表车辆运行或工作量的一种计量，这种计量是以车辆的正常使用为前提的，包括正常的使用时间和正常的使用强度。在实际评估过程中，应充分注意车辆的实际已使用的时间，而不是简单的日历天数，同时也要考虑实际使用强度。第二，已使用年限不是指会计折旧中已计提折旧年限，规定使用年限也不是指会计折旧年限。

2. 技术鉴定法

技术鉴定法是评估人员用技术鉴定的方法测定二手车的成新率的一种方法。评估人员先对二手车辆进行技术观察和技术检测来鉴定二手车的技术状况，再以评分的方法或分等级的方法来确定成新率，这种方法是以技术鉴定为基础的。技术鉴定法分部件鉴定法和整车观测分析法。

部件鉴定法是对二手车辆按其组成部分对整车的重要性和价值量的大小来加权评分，最后确定成新率的一种方法。其做法是：将车辆分成若干个主要部分，根据各部分的建造费用占车辆建造成本的比重，按一定百分比例确定权重，各部分功能与全新车辆对应的功能相同，则该部分成新率为1%～96%，其功能完全丧失，则成新率为0；再根据这若干部分的技术状况给出各部分成新率，分别与权重相乘即得各部分的成新率，最后将各部分的成新率加权即得二手车的成新率。

这种方法费时费力，车辆各组成部分权重难以掌握，但评估值更接近客观实际，可信度高。它既考虑了二手车实体性损耗，同时也考虑了二手车维修换件对车辆的价值的影响。这种方法一般用于价值较高的机动车辆评估。

整车观测法主要是采用人工观察的方法，辅之以简单的仪器检测，对二手车技术状况进行鉴定、分级以确定成新率的一种方法。对二手车技术状况分级的办法是先确定两头，即先确定刚投入使用不久的车辆和将报废处理的车辆，然后再根据车辆评估的精细程度要求在刚投入使用不久与报废车辆之间分若干等级。

二手车成新率评估参考表见表14-1。

表 14-1　二手车成新率评估参考表

车况等级	新旧情况	有形损耗率（%）	技术状况描述	成新率（%）
1	使用不久	0～10	刚使用不久，行驶里程一般在 3 万～5 万 km，在用状态良好，能按设计要求正常使用	90～100
2	较新车	11～35	使用一年以上，行驶 15 万 km 左右，一般没有经过大修，在用状态良好，故障率低，可随时出车使用	65～89
3	旧车	36～60	使用 4～5 年，发动机或整车经过大修一次，大修较好地恢复原设计性能，在用状态良好，外观中度受损，恢复情况良好	40～64
4	老旧车	61～85	使用 5～8 年，发动机或整车经过二次大修，动力性能、经济性能、工业可靠性能都有所下降，外观油漆脱落受损、金属件锈蚀程度明显。故障率上升，维修费用、使用费用明显上升。但车辆符合《机动车安全技术条件》，在用状态一般或较差	15～39
5	待报废处理车	86～100	基本到或到达使用年限，通过《机动车安全技术条件》检查，能使用但不能正常使用，动力性、经济性、可靠性下降，燃料费、维修费、大修费用增长速度快，车辆收益与支出基本持平，排放污染和噪声污染到达极限	15 以下

3. 综合分析法

综合分析法是以使用年限法为基础，再综合考虑对二手车价值影响的多种因素，以系数调整确定成新率的一种方法。其计算公式如下：

$$成新率 = \left(1 - \frac{已使用年限}{规定使用年限}\right) \times 调整系数 \times 100\%$$

鉴定估价时要综合考虑的因素有：车辆的实际运行时间、实际技术状况；车辆使用强度、使用条件、使用和维护情况；车辆的原始制造质量；车辆的大修、重大事故经历；车辆外观质量等。它充分考虑了影响车辆价值的各种因素，评估值准确度较高，适合使用于中等价值的二手车辆，这是二手车鉴定估价最常用的方法之一。

六、二手车鉴定估价的程序

普通资产的整个评估工作可分为三个阶段四个步骤和若干具体环节。三个阶段即前期准备、评估操作和后期管理三个阶段。四个步骤即申请立项、资产清查、评定估算和验收确认四个步骤。

对于二手车，相比其他资产有其自身特点，二手车鉴定估价操作程序是指对具体的评估车辆，从接受立项、受理委托到完成评估任务，出具评估报告的全过程的具体步骤和工作环节。

通常二手车交易市场发生的二手车评估业务有：
- 单个的二手车交易业务。这类业务一般都是零散地一辆一辆地进入市场交易。
- 多辆或批量的旧机动车评估业务。这类业务特点是数量比较集中，车辆少则 5～10

辆，多则几十辆。这些客户大多是生产企业或运输企业。

对于上述评估业务中，前者评估操作程序相对简单，后者评估操作相对复杂，下面将多辆或批量交易的评估业务一般的操作程序简述如下：

1. 前期准备工作阶段

二手车鉴定估价的前期准备工作主要包括业务接待、实地考察、鉴定评估委托协议书。根据鉴定估价的要求，鉴定估价人员本身需要做的准备工作为向委托方收集有关资料、了解情况。

2. 现场工作阶段

现场工作阶段的主要任务是检查手续、核查实物、验证委托人提供的资料、鉴定车辆技术状况。

3. 评定估算阶段

评定估算阶段一方面要继续收集所欠缺的资料；另一方面对所收集的数据资料进行筛选整理。鉴定估价人员应根据评估目的选择适用的估价标准和评估方法，本着客观、公正的原则对车辆进行评定估算，确定评估结果。

4. 自查及撰写评估报告阶段

这一阶段主要是鉴定估价人员对整个评估过程进行自查，对鉴定估价的依据和参数再进行一次全面核对，在重新核对无误的基础上，撰写评估说明和报告，最后登记造册归档。

第二节 二手车的鉴定评估与销售

一、二手车鉴定评估

二手车鉴定评估业务操作流程如图 14-2 所示。

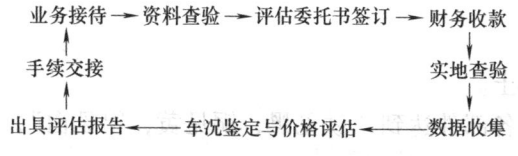

图 14-2 二手车鉴定评估业务操作流程

（一）车辆评估需要提供的资料

1) 车辆登记证书、行驶证、附加费证、保险卡、养路费缴讫单、保修卡等随车资料。
2) 车辆来历证明。
3) 车辆所有人身份证明。
4) 车辆所有人提供的委托代理证明。
5) 车辆所有人的公章（单位）。

（二）实地查验内容

1) 车辆外观：碰撞、刮擦、划痕、裂痕、凹瘪、油漆脱落。
2) 车况核对：发动机号、车架号、颜色、发动机种类、变速器种类、轮胎、内饰、灯光。

3）机械状况：发动机、行驶系统、悬架系统、变速器、冷却系统、转向系统、离合器、润滑系统、制动系统。

4）电器设备与空调系统。

（三）评估数据的收集

1）车辆重置价值或同类型车辆市场价格。

2）该车或同类型车辆本年度销售量。

3）车辆配件价格。

4）车辆百公里油耗。

5）车辆行驶里程。

6）车辆已使用年限。

（四）评估报告应附资料

1）二手车鉴定评估委托书。

2）车辆行驶证复印件。

3）二手车技术勘察表。

4）鉴定估价师职业资格证书复印件。

5）鉴定评估机构营业执照复印件。

（五）评估价格的影响因素。

1）重置价格。

2）成新率：使用年限、行驶公里数。

3）技术因素：技术状况、维护、制造质量、工作性质、工作条件。

4）市场因素：评估目的、车型因素、销售因素、配件因素、油耗因素、平均行驶里程。

二、二手车销售基本技术条件

（一）车辆清洁

1）外表无油渍无泥土。

2）发动机无污垢，各部件达到"铁见黑，铜见黄，铝见白"，车架号和发动机号清晰可辨。

3）驾驶室、行李箱无杂物。

（二）车身

1）车身饰条和门窗橡胶条齐全有效。

2）保险杠车牌安装牢固。

3）车门启闭自如，各锁齐全有效。

4）车身外表无大于 $100\sim200cm^2$ 的凹陷变形，烂穿面积总和不大于 $50\sim100cm^2$（客车取上限，卡车取下限）。

5）轿车车身面漆应无明显色差，露底划痕总长不大于 $50cm$，面漆脱落或起泡面积总和不大于 $100cm^2$。

6）车体周正，对称高度差小于 $4cm$。前纵梁应无明显弯曲、折皱变形。

（三）发动机

1）各种罩、盖、传动带、管件等附件应齐全有效，机脚安装牢固。

2）无点滴状漏油、漏水及漏电、漏气（四漏）。

3）应能在三次内依靠起动机顺利起动。各缸均能正常工作，不得缺缸。

4）各缸气缸压力不小于原厂标准的 75%。

5）在各种状况下，应无明显异响。

6）加速时应无放炮或回火现象，急速运转应平稳，转速差不应高于原厂标准的 15%。

7）润滑油、冷却液（冬天应为防冻液）液面应达规定限度。

8）废气排放符合要求。

（四）转向系统

1）方向盘的自由转动量不大于 15°，转动时无卡阻现象。

2）横、直拉杆球销无裂纹、无明显松旷，连接牢固，锁止有效。

3）转向助力泵运转正常无异响，助力泵油无滴漏，液面正常。

4）路试中，各速度段应无方向摆振及明显跑偏。

（五）制动系统

1）制动缸、制动轮缸以及管接头连接处应无明显漏油，制动液面正常。严禁采用不同牌号的制动液添加补充。

2）真空助力泵能工作正常，真空管连接良好不漏气。

3）制动蹄片间隙应符合原厂要求，回位应迅速，无明显涨鼓夹盘现象。

4）路试方法检验制动减速度和制动稳定性时，应符合 GB 7258—1997 的要求。

5）驻车制动的最大效能产生在全行程的 3/4 以内。车辆空载时，在 20% 的坡道上采用驻车制动时，5min 内车辆不应发生溜坡，或在发生最大驻车制动效能时，车辆挂二档不能起步，参见表 14-2。

表 14-2 车辆制动要求

车 辆 类 型	制动初速度/(km/h)	满载制动距离/m	空载制动距离/m	制动稳定性（任何部位不超出试车道宽度）/m
9 座及以下的载客车	50	≤20	≤19	2.5
其他总质量≤4.5t 的汽车	50	≤22	≤21	2.5
其他汽车和无轨电车	30	≤10	≤9	3.0

（六）传动系统

1）离合器接合平稳、分离彻底，起步时无异响、抖动和打滑现象。离合器踏板自由行程和工作高度符合要求。

2）离合器总泵、分泵以及管接头连接处应无明显漏油，油液高度符合要求。

3）手动变速器应档位清晰，路试时无异响，不跳档，不乱档。

4）自动变速器应档位显示准确，无明显漏油，油液高度符合要求。车辆挂档后有起步蠕动感。路试时换档平稳，无明显冲击。

5）传动轴连接牢固，十字节无明显松旷。路试时，左右打足方向时球笼无异响。

（七）行驶系统

1）轮胎螺钉紧固，轮胎气压符合要求。

2）轮胎花纹深度：轿车≥1.6mm，其他车≥3.2mm。轮胎上无大于25mm的割伤，布层不外露。

3）两前轮轮胎应同品牌、同型号、同花纹，花纹深度相近。

4）轮胎无异常偏磨，前束符合原厂要求。

（八）悬架系统

1）减振器无明显松旷和漏油，减振元件完好。

2）两边前、后轴距离差不大于5mm。

（九）电器仪表

1）各种灯光完好，安装牢固，能正常工作。

2）刮水器、喇叭工作正常。

3）车速表、里程表、发动机转速表、冷却液温度表、气温表等仪表工作正常。机油灯、充电灯、冷却液温度灯等状态指示灯工作正常。ABS（防抱死制动系统）、SRS（安全气囊系统）发动机故障指示灯在打开点火开关时应亮，待几秒钟自检后自动熄灭。

4）电线不裸露，电路静态漏电量小于15mA。

（十）备件

1）备有完好的备胎、千斤顶和轮胎螺钉扳手。

2）备有有效灭火器。

三、销售二手车时应注意的问题

1）车辆来源及使用性质。车辆是否有抵押及产权纠纷等问题；进口车辆需确认车辆是否属于海关罚没、工商罚没、走私车、套牌车等各种情况；是否有更换发动机、车身未办理手续的情况。

2）车辆技术状况。

3）违章及事故情况。

4）年检是否有逾期未检的情况，养路费保险费及其他费用有无欠费情况。

5）车辆交易应委托正规机构办理过户转籍相关手续，办理过户手续时必须将养路费、附加费手续一并办理；有必要签订买卖合同，双方签字，明确双方的权利及义务。

6）选好汽车型号。同类车型，发动机排量越小，经济性越好。根据我国的道路条件，轿车选用排量为2～2.5L的发动机，9～12座旅行车选用1.8～2.2L的发动机，0.5t客货车选用2～2.5L的发动机，1.5～1.75t客货车选用3L的发动机为宜。应选择零配件有保障、维修方便的车辆，这样既可以减少维修费用又可减少停驶时间。

四、二手车销售定价

（一）定价因素

1）成本因素：包括固定成本费用和变动成本费用。

2）供求关系：包括需求与价格规律、供给与价格规律、供求与均衡价格。

3）竞争状况。
（二）定价目标（见表 14-3）

表 14-3　二手车定价目标

利润目标	销售量目标	竞争目标
最大利润目标	最大销售量目标	维持企业生存目标
适度利润目标	保持和扩大市场占有率目标	保持和稳定价格目标
预期投资收益目标	保持与销售渠道良好关系目标	应付和避免价格竞争目标
		取得市场领先地位目标

（三）定价方法

1. 成本加成定价法

成本加成定价法是指根据单位成本加上一定百分比的加成来确定产品销售价格。

2. 需求导向定价法

需求导向定价法是指根据市场需求状况和消费者对产品的感觉来确定价格，价格随需求的变动而变化。

3. 竞争导向定价法

竞争导向定价法是指企业根据自身竞争力，参考成本和供求状况，将价格定位错位于竞争者，以实现企业定价目标和总体经营战略，谋求企业生存与发展。

第三节　二手车鉴定评估实例

一、大众出租车评估实例

某公司一辆大众出租车，2010 年 2 月 26 日来二手车交易中心交易，经与客户洽谈，了解车辆情况，填写二手车鉴定估价登记。对该出租车鉴定估价分析如下：

大众车属国产名牌车，其工作性质属城市出租营运车辆，常年工作在市区或市郊，工作繁忙，工作条件较好。从车辆使用年数和累计行驶公里数来看，年平均行驶近 10 万 km，使用强度偏大；加上车辆日常维护、维护较差；发现发动机排气管冒蓝烟，车身前左侧撞击受损，所以应该着重检查车辆动力性能和检测前轮定位是否正确。

经外观检查，油漆有局部脱落现象；车厢内饰有两处烟烧伤痕迹。经路试作紧急制动检查，方向稍向左跑偏，但属正常情况之列。用力踩加速踏板，车辆提速困难，发动机排气管冒蓝烟。经发动机功率检测发现发动机功率比原设计功率下降 20%，判定活塞、活塞环、缸套磨损严重，导致燃烧室窜机油。车辆前左侧受撞击，经前轮定位仪检测，前轮定位正常，不影响转向。其他情况均与使用 1 年 7 个月的新旧程度基本相符。从总体感觉看来，车辆技术状况较差。

通过上述技术鉴定认为：购买者购买该车辆，需要进行一些项目维修和换件（如换活塞、活塞环、缸套组件，表面做漆等）后，才能投入正常使用。鉴于这种情况，首先采用使用年限法估算车辆正常情况下的成新率，再综合考虑影响成新率的各项因素，采用"一揽子"评估方法确定综合调整系数，具体计算如下：

1）估算成新率。根据国家规定出租车使用年限为8年，折合96个月，从初次登记之日至评估基准日的已使用年限为1年7个月，折合19个月。根据车辆实际技术状况，综合调整系数确定为0.8，故成新率为 $(1-19/96)\times100\%\times0.8=64\%$。

2）经市场询价，评估基准日同型号的大众车市场成交价为100400元。

3）计算评估值为 $100400 元\times64\%=64256 元$

假若车辆无需进行项目维修和换件，采用加权平均法确定综合调整系数以微调成新率。

经过对车辆的技术鉴定和全面了解，各影响因素调整系数取值为：①技术状况差取0.8；②维护情况较差取0.9；③制造质量属国产名牌取1；④工作性质属营运车辆取0.7；⑤工作条件较好取1。

采用加权平均法估算综合调整系数为：

$$0.8\times30\%+0.9\times25\%+1\times20\%+0.7\times15\%+1\times10\%=0.87$$

综合调整系数计算评估值为 $100400 元\times(1-19/96)\times100\%\times0.87=70053 元$

填写二手车鉴定估价登记表和二手车鉴定估价作业表存档备查，见表14-4和表14-5。

表14-4 二手车鉴定估价登记表　　　　2010年2月25日

车　主	××公司		所有权性质	公\私	联系电话	××
住址	××			经办人		××
原始情况	车辆名称	大众	型号	DC7140E	生产厂家	上海
	结构特点	普通	发动机号	0001343	车架号	004274
	载重量/座位数/排量		1.6L		燃料种类	汽油
使用情况	初次登记日期	2008年7月	牌照号	××	车籍	××
	已使用年限	1年7个月	累计行驶里程	14.5万km	工作性质	出租
	大修次数		发动机	/（次）	工作条件	好
			整车	/（次）		
	维护情况		较差		现时状态	在用
	事故情况		左前侧撞击，车身受损			
	现时技术状况		发动机加速困难，排气管冒蓝烟，车身后部油漆局部脱落			
手续情况	证件		齐全、有效			
	税费		齐全、有效、养路费交至2009年6月			
价值反映	购置日期	2008年6月	账面原值/元	110800	账面净值/元	83000
	车主报价/元	83000	重置价格/元	100400	初估价格/元	75000

表14-5 二手车鉴定估价作业表　　　　编号 99022601

车　主	××公司		所有权性质	公\私	联系电话	××
住　址	××				经办人	××
车辆名称	大众		型号	DC7140E	生产厂家	上海
结构特点	普通		发动机号	0001343	车架号	004274
载重量/座位数/排量			1.6L		燃料种类	汽油
初次登记日期	2008年7月		牌照号	××	车籍	××
已使用年限	1年7个月		累计行驶里程	14.5万km	工作性质	出租
大修次数		发动机	/（次）	工作条件		好
		整车	/（次）			
维护情况			较差	现时状态		在用
事故情况				左前侧撞击，车身受损		
现时技术状况				技术状况较差		
账面原值/元	110800		账面净值/元	83000	成交价格/元	65000
重置价格/元	100400		成新率（%）	64	评估价格/元	64256
鉴定估价目的：交易参考底价						
鉴定估价说明： 采用综合鉴定分析法确定成新率，因车况较差成新率较正常情况下下降20%						
鉴定估价师（签名）：	××		审核人（签名）：××			

二、二手夏利轿车评估实例

品牌型号：天津一汽夏利 N3　颜色：蓝色
登记日期：2006 年 11 月
行驶里程：17542km
使用性质：非营运
车辆配置：直列三缸电子控制汽油喷射发动机，手动 5 档变速器，转速表，多功能仪表，四辐方向盘，电动后视镜，手动空调，单碟 CD 音响，前门电动窗防夹手，遥控中控锁，铝合金轮，高位制动灯，车门内侧织物，带有化妆镜的遮阳板，数字式时钟，模压车顶内衬，前排 3 点式安全带，多功能折叠式后排乘客座椅，第二排座椅头枕，大型吸能保险杠。

1. 静态鉴定

维护上乘，有轻微划痕。针对该车只使用半年左右，着重检查车架有没有发生过严重碰撞，经仔细检查没有发现碰撞修复痕迹。该车全车漆属原车漆，前、后保险杠有轻微划痕，属一般性擦伤，对车辆本身并未造成影响，车内所有设备操作正常，没有损坏的部件。

2. 动态鉴定

该车发动机整体性能不错，由于该车为三缸发动机，排量 1.1L，特别是在开了空调后动力相对不足，起动后怠速相对不稳，但该车加速有力，且变速器不像一般微型车那样生涩，入档相当轻松。检查底盘和悬架系统时，并没有发现悬架系统出现其他异常。只是在行驶过程中，车厢内来自路面的噪声较大，影响了乘坐的舒适性，这是大部分经济型轿车的通病，由于该车无助力转向，令在车速较低和泊位时驾驶人感觉转向较费力。

3. 综合评述

本车只跑了 1.7 万 km 算是准新车，夏利轿车的技术相对成熟稳定，保有量大，维修费用低，经济省油。只是 1.1L 排量的车型在市场上销路不是很大，在夏天用车感觉动力和空调不足，冷却液温度偏高。综合市场行情，结合车况分析，该车的评估价应该在 3 万元左右。

三、二手吉利轿车评估实例

评估车型：吉利

上户日期：2009 年 4 月

行驶里程：14143km

颜色：白色

配置：电喷四缸，1.31L 汽油发动机，5 速手动变速器，四门为电动门窗，还加装有中控、CD、桃木、倒车雷达

1. 静态检查：外观

此车是 2009 年 4 月上户的，使用时间不到两年。外观整洁干净，漆面较平整，前车主对车辆外观的日常维护做得比较到位。经过仔细检查，可以确定车身表面是原车漆，但车身有少部分轻微擦刮。车轮损耗轻微，可能是车主近期换过轮胎。打开机器盖后，看到发动机周围很干净。前翼子板内侧也没有发现异常现象，表明该车前侧没有经过比较大的撞击。打开车门，可以看到中控台、仪表盘等部件都比较新，各开关和仪表工作正常。由于车主加装了 CD，音响效果不错。

2. 动态检查：维护

该车起动时，发动机工作正常，电器设备完好。仪表、灯光均工作正常，车辆提速平稳迅速。挂档行车，变速顺畅，转向灵敏，发动机动力较好。通过里程表读数得知行驶里程为 14143km。作紧急制动检查，制动系统工作正常。从查、看、操作等方面来看，车辆技术状况及维护比较好。

综合分析：价值 2.8 万元

通过对市场和现场实物勘验评价，该车型的市场占有率很少，再考虑到车主急需变现等原因，利用重置成本法和清算价格法对这辆吉利轿车的评估值为人民币 28000 元整。

实训 二手车静态评估实训

一、实训描述

为一辆已使用三年、平时作为上下班代步工具的家庭型轿车作二手车静态检查。

二、实训目标

1）掌握汽车产品的基本知识。

2）掌握二手车所涉及的证、照及相关单据。
3）掌握车辆静态检查的步骤、方法和技巧。

三、实训任务

1）对二手车辆进行实伪检查，判断车辆是否合法、能否交易。
2）对二手车辆进行外观检查，判断是否有碰撞、喷漆等痕迹。
3）对二手车辆进行内部检查，判断内饰的新旧程度等。
4）对二手车辆进行机械检查，判断机械性能是否完善。

参 考 文 献

[1] 陈永革,徐雯霞,何瑛,等.汽车市场营销 [M].2版.北京:高等教育出版社,2012.
[2] 陈永革,陈诚,宋志培,等.汽车营销实务 [M].北京:高等教育出版社,2012.
[3] 约翰 A 昆奇,罗博特 J 多兰,托马斯-J-科斯尼克.市场营销管理:教程和案例 [M].吕一林,译.北京:北京大学出版社,2000.
[4] 张国方.汽车营销 [M].北京:人民交通出版社,2003.
[5] 陈永革,徐雯霞,何瑛,等.汽车服务贸易概论 [M].北京:机械工业出版社,2006.
[6] 陈永革,何瑛,徐雯霞,等.二手车贸易 [M].北京:机械工业出版社,2006.
[7] 何忱予.汽车金融服务 [M].北京:机械工业出版社,2006.